Mira Kuhn · Fabian Briel

Frankreich

Pyrenäen – GR10

Vom Atlantik durch die Pyrenäen ans Mittelmeer

53 Etappen und 5 Varianten

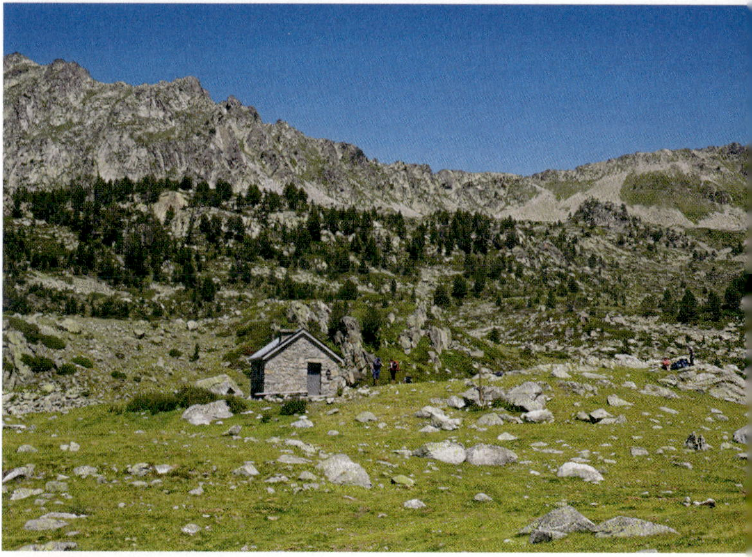

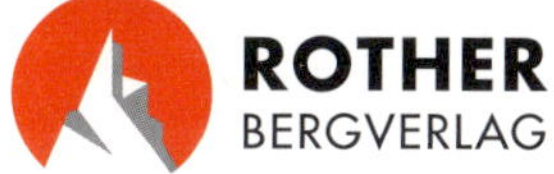

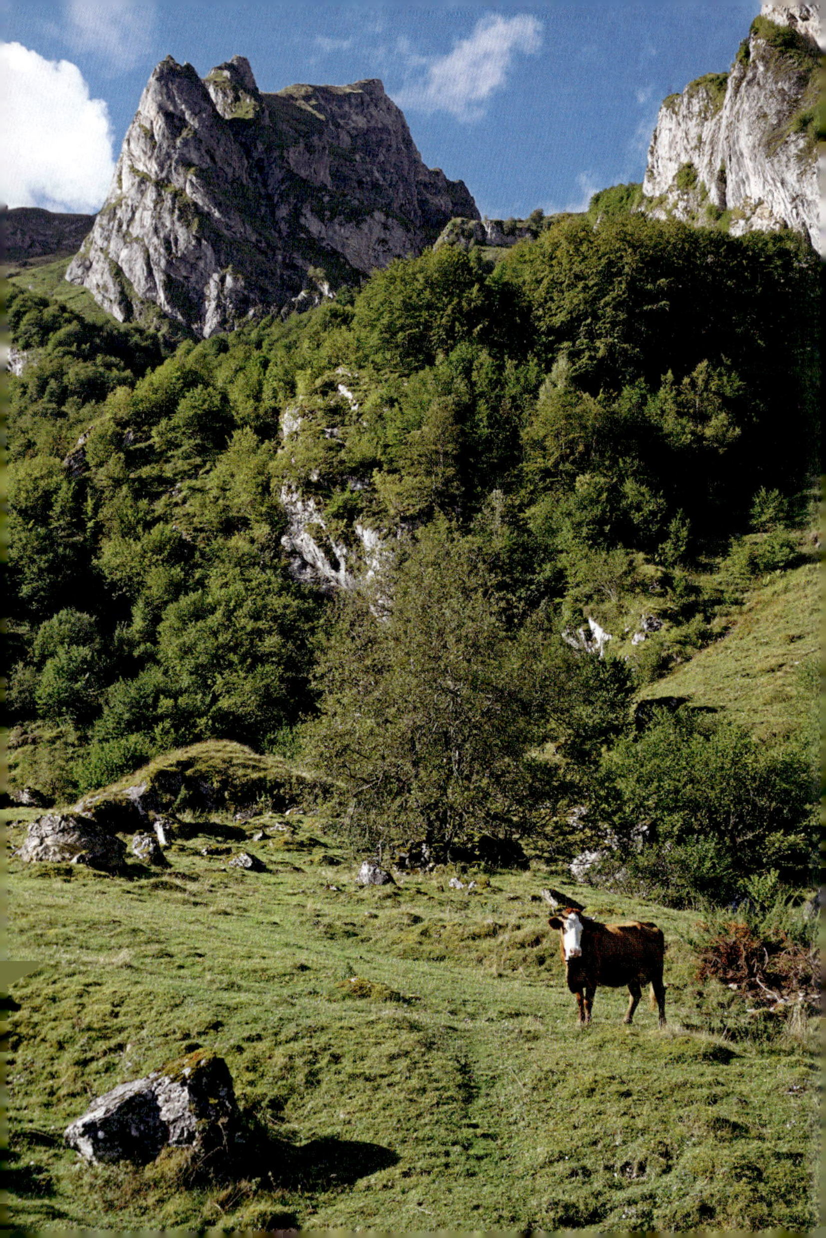

VORWORT

Für uns war der GR 10 nicht nur Urlaub, Spaß und Wandergenuss, sondern auch eine Aufgabe. Diese erschien uns zwischenzeitlich unerfüllbar. Den GR 10 empfanden wir mit seinen 53 Etappen gerade am Anfang als nicht enden wollend. Er ist mit rund 935 km sogar länger als der klassische Jakobsweg, der sogenannte Camino Francés. Dabei stellt er sehr viele Herausforderungen an die Wandernden. Und so waren wir mehrere Male kurz davor, aufzugeben. Wir sagten uns: »Jetzt ist das Fass aber wirklich voll«, oder fragten uns: »Warum tun wir uns das alles an?« Das war der Fall direkt am zweiten Tag, als es einfach nicht aufhören wollte zu regnen. Das war der Fall nach der ersten Woche, als wir beide furchtbar vom Rucksack aufgescheuerte und entzündete Hautstellen am Beckenknochen hatten, die sich immer weiter verschlimmerten. Und das war ein drittes Mal der Fall, als uns jemand unsere Fotokamera stahl.

Letztendlich wurden diese Katastrophen nach einer mehr oder weniger langen Phase des Zweifelns immer wieder irgendwie bewältigt. Wir lernten, uns anzupassen. Mit jeder Etappe wurden wir dann ein bisschen stolzer auf das schon Geschaffte. Der Weg ließ unser Selbstvertrauen wachsen, nährte unseren Optimismus und schenkte uns zum Glück bei fast jeder Etappe unzählige kleine »bonheurs«. Für uns waren das vor allem tolle Badestellen, überwältigende Aussichtspunkte und die zufälligen Begegnungen. Die Natur erlebten wir als wild und ungezähmt, den Horizont als weit und das Leben als ursprünglich, bodenständig und unmittelbar.

Oft konnte uns auch ein liebevoll zubereitetes französisches Menü wiederherstellen. Ansonsten leistete das allabendliche Glas Rotwein seinen Beitrag. Wir unterhielten uns mit anderen Wandernden, die häufig ähnliche Sorgen hatten. Man jammerte sich seinen Frust von der Seele und bekam manchmal noch einen guten Tipp. Meist kam es schneller als gedacht zu einem Wiedersehen.

Wer all diese Mühen auf sich nimmt, die schweißtreibenden Aufstiege, das einfache Leben in den rauen Bergen und die brennenden Füße am Abend, der wird mit Erlebnissen und Erfolgsgefühlen belohnt, die einen stolz machen dürfen. Wir konnten über uns hinauswachsen und lernten uns und unsere wahren Bedürfnisse immer besser kennen.

Wir freuen uns, dass Sie diese einmalige Aufgabe angenommen haben und wir Sie bei Ihrer Grande Randonnée begleiten dürfen. Halten Sie durch, genießen Sie Ihre unzähligen »bonheurs« und bleiben Sie unversehrt. Bereits jetzt sagen wir herzlichen Dank für alle Kommentare, Zuschriften, Verbesserungen und Anregungen, die uns erreichen werden!

Graz, Frühjahr 2023

Mira Kuhn und Fabian Briel

Sattgrüne Weiden bei der Cabane du Litor (Etappe 15).

INHALTSVERZEICHNIS

Ariège

Pyrénées Orientales – Östliche Pyrenäen

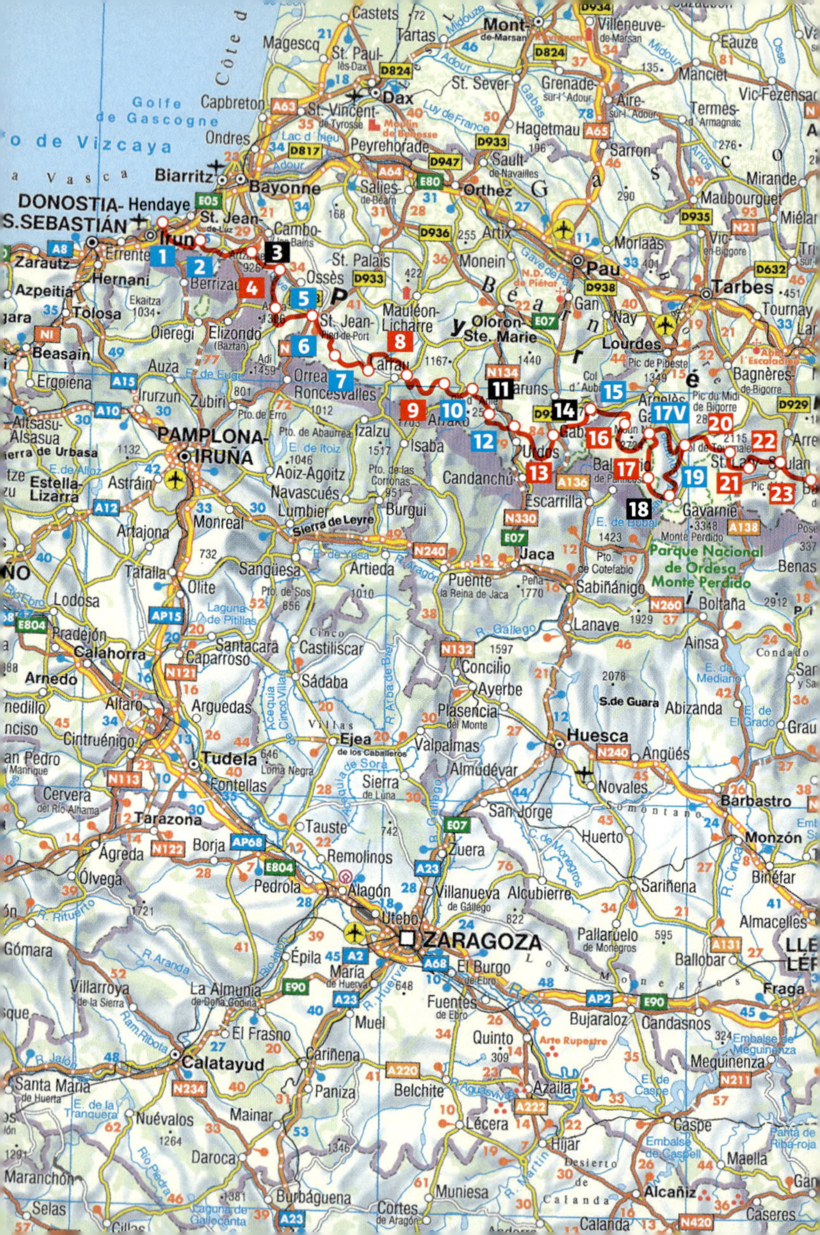

Golfe de Gascogne
Golfo de Vizcaya
Côte d
DONOSTIA-S.SEBASTIÁN
Hendaye
Irun
Biarritz
Bayonne
St. Jean-de-Luz
Cambo-les-Bains
Capbreton
Ondres
Magescq
Castets
St. Paul-lès-Dax
Dax
St. Vincent-de-Tyrosse
Moulin de Benesse
Peyrehorade
Tartas
Mont-de-Marsan
Villeneuve-de-Marsan
St. Sever
Grenade-sur-l'Adour
Aire-sur-l'Adour
Hagetmau
Sault-de-Navailles
Salies-de-Béarn
Orthez
Artix
Monein
Pau
Morlaàs
Eauze
Manciet
Vic-Fezensac
Termes-d'Armagnac
Sarron
Mirande
Maubourguet
Vic-en-Bigorre
Tarbes
Tournay
Lourdes
Nay
Gan
N.D. de Piétat
Oloron-Ste. Marie
Mauléon-Licharre
St. Palais
Ossès
St. Jean-Pied-de-Port
Bagnères-de-Bigorre
Pic du Midi de Bigorre
Pic de Pibeste
Argelès-Gazost
Gavarnie
Monte Perdido
Parque Nacional de Ordesa Monte Perdido
Zarautz
Errenteria
Hernani
Azpeitia
Tolosa
Berrizaun
Elizondo (Baztan)
Oieregi
Ekaitza
Beasain
Ergoiena
Auza
Irurzun
Zubiri
Orreaga Roncesvalles
Izalzu
Isaba
Candanchú
Urdos
Escarrilla
Jaca
Sabiñánigo
Biescas
Altsasu-Alsasua
Sierra de Urbasa
PAMPLONA-IRUÑA
Aoiz-Agoitz
Navascués
Lumbier
Burgui
Estella-Lizarra
Astráin
Monreal
Sierra de Leyre
Artajona
Tafalla
Olite
Sangüesa
Artieda
Puente la Reina de Jaca
Peña 1770
Lanave
Boltaña
Ainsa
Lodosa
Pradejón
Calahorra
Arnedo
Alfaro
Santacara
Caparroso
Castiliscar
Sádaba
Concilio
Ayerbe
Arguedas
Plasencia del Monte
S.de Guara
Abizanda
Huesca
Angüés
Cintruénigo
Tudela
Fontellas
Ejea de los Caballeros
Valpalmas
Almudévar
Novales
Barbastro
Sierra de Luna
Cervera del Río Alhama
Tarazona
Borja
Tauste
Remolinos
Zuera
San Jorge
Huerto
Monzón
Binéfar
Ágreda
Ólvega
Pedrola
Alagón
Villanueva de Gállego
Alcubierre
Sariñena
Almacelles
Utebo
ZARAGOZA
Pallaruelo de Monegros
Ballobar
Fraga
Épila
María de Huerva
El Burgo de Ebro
Gómara
Villarroya de la Sierra
La Almunia de Doña Godina
Fuentes de Ebro
Bujaraloz
Candasnos
Muel
Quinto
Arte Rupestre
Calatayud
El Frasno
Cariñena
Mequinenza
Santa María de Huerta
Paniza
Belchite
Azaila
Caspe
Nuévalos
Mainar
Lécera
Híjar
Maella
Daroca
Burbaguena
Muniesa
Alcañiz
Selas
Cortes de Aragón
Calanda
Caseres

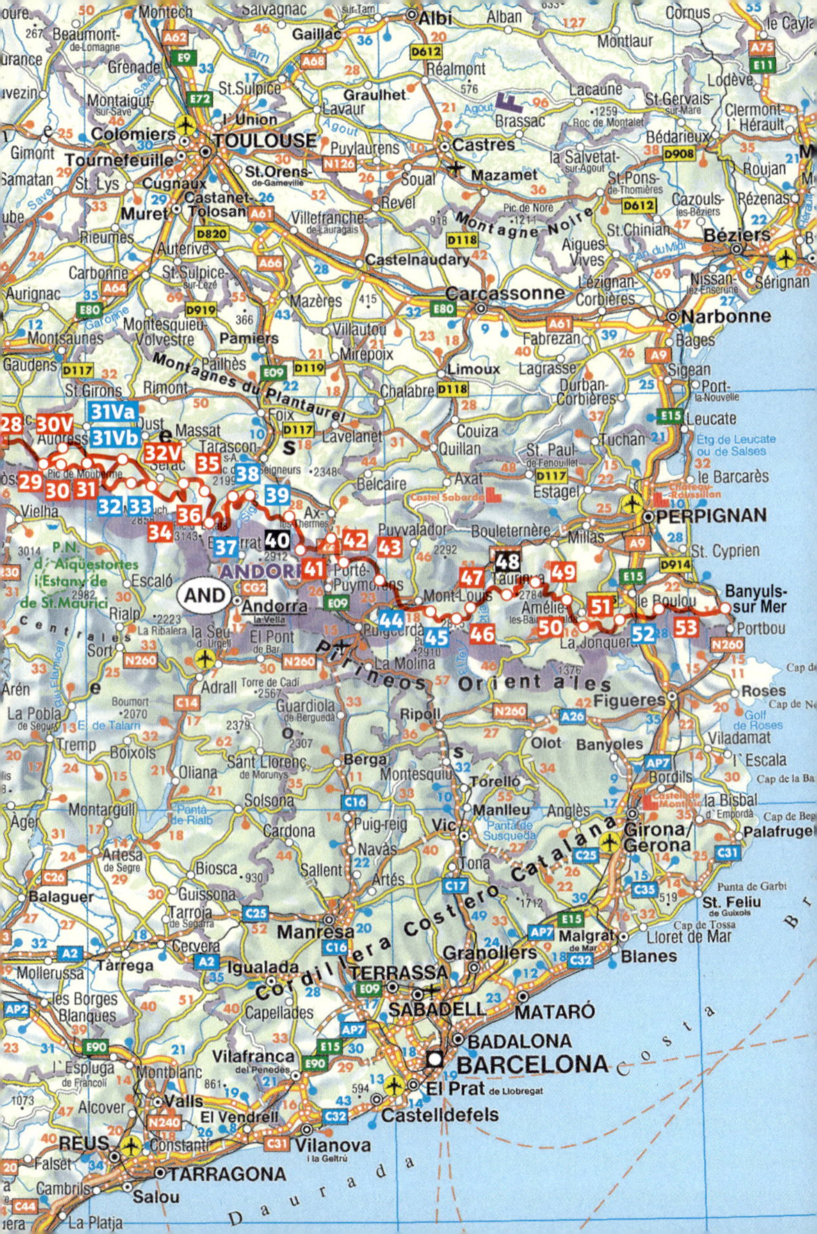

Montech
Salvagnac
Albi
Alban
Cornus
Beaumont-de-Lomagne
Gaillac
Montlaur
Grenade
Réalmont
Lodève
St.Sulpice
Graulhet
Lacaune
St.Gervais-sur-Mare
Montaigut-sur-Save
Lavaur
Brassac
Clermont-l'Hérault
Colomiers
L'Union
TOULOUSE
Castres
Bédarieux
Gimont
Tournefeuille
Puylaurens
la Salvetat-sur-Agout
Roujan
St.Orens-de-Gameville
Soual
Mazamet
St.Pons-de-Thomières
St. Lys
Cugnaux
Castanet-Tolosan
Revel
Cazouls-les-Béziers
Muret
Villefranche-de-Lauragais
Pic de Nore
Montagne Noire
St.Chinian
Béziers
Rieumes
Auterive
Aigues-Vives
Castelnaudary
Carbonne
St.Sulpice-sur-Lèze
Nissan-lez-Enserune
Sérignan
Aurignac
Mazères
Carcassonne
Lézignan-Corbières
Narbonne
Montesquieu-Volvestre
Pamiers
Villautou
Fabrezan
Bages
Montsaunes
Mirepoix
Gaudens
Pailhès
Limoux
Lagrasse
Sigean
Montagnes du Plantaurel
St.Girons
Rimont
Chalabre
Durban-Corbières
Port-la-Nouvelle
Foix
Leucate
Massat
Lavelanet
Couiza
Tuchan
Etg.de Leucate ou de Salses
Aulus
Tarascon-s-A.
Quillan
St. Paul-de-Fenouillet
Seignerus
Belcaire
Axat
le Barcarès
Castel Sabarda
Estagel
Château-Roussillon
Vielha
Pic de Mouberme
Ax-les-Thermes
Puyvalador
Bouleternère
Millas
PERPIGNAN
St. Cyprien
P.N. d'Aigüestortes i Estany de de St.Maurici
Escaló
ANDORRA
Porté-Puymorens
Mont-Louis
Amélie-les-Bains
le Boulou
Banyuls-sur Mer
AND
Andorra la Vella
Portbou
Rialp
La Ribalera
la Seu d'Urgell
El Pont de Bar
Puigcerdà
La Jonquera
Sort
La Molina
Pirineos Orientales
Arén
Adrall
Torre de Cadí
Figueres
Roses
La Pobla de Segur
Boumort
Guardiola de Berguedà
Ripoll
Golf de Roses
Tremp
Boixols
Sant Llorenç de Morunys
Berga
Olot
Banyoles
Viladamat
L'Escala
Oliana
Montesquiu
Torelló
Bordils
Montargull
Solsona
Manlleu
Anglès
la Bisbal d'Empordà
Àger
Cardona
Puig-reig
Vic
Pantà de Susqueda
Girona/Gerona
Palafrugell
Artesa de Segre
Navàs
Sallent
Tona
Biosca
Artés
Cordillera Costero Catalana
Punta de Garbí
Balaguer
Guissona
St. Feliu de Guíxols
Tarroja de Segarra
Manresa
Malgrat de Mar
Lloret de Mar
Cervera
Tàrrega
Igualada
Granollers
Blanes
Mollerussa
TERRASSA
Les Borges Blanques
Capellades
SABADELL
MATARÓ
L'Espluga de Francolí
Montblanc
Vilafranca del Penedès
BADALONA
BARCELONA
Alcover
Valls
El Prat de Llobregat
El Vendrell
Castelldefels
REUS
Constantí
Vilanova i la Geltrú
Falset
TARRAGONA
Cambrils
Salou
La Platja
Costa Daurada
Costa Brava
28
30V
31Va
31Vb
32V
29
30
31
32
33
34
35
36
37
38
39
40
41
42
43
44
45
46
47
48
49
50
51
52
53

WICHTIGE HINWEISE FÜR UNTERWEGS

Etappeneinteilung und Anforderungen

Die Beschreibung der Pyrenäen-Durchquerung auf dem GR 10 folgt der von der Mehrheit der Wandernden gewählten Richtung von West nach Ost. Obwohl die französischen Wanderführer zu Beginn auch für die entgegengesetzte Richtung angeboten wurden, setzte sich aus nicht geklärtem Grund die Altantik-Mittelmeer-Richtung durch und der Verkauf der anderen Publikationen wurde eingestellt.

Der gut 935 km lange Weg vom Atlantik zum Mittelmeer ist in 53 Tagesetappen aufgeteilt. Dabei wurde darauf geachtet, dass am Ende jeder Etappe zumindest eine Unterkunft oder bewirtschaftete Hütte liegt, sodass die Wanderung auch ohne Zelt möglich ist.

Der GR 10 gilt als der leichteste und der am besten markierte der drei Wege durch die Pyrenäen (siehe auch Seite 15). Da er jedoch immer wieder bis in die Täler hinunterführt, sind dabei dennoch große Höhenunterschiede zu bewältigen: Auf der gesamten Strecke summieren sie sich auf rund 53.300 Hm im Auf- und Abstieg.

Gleichzeitig liegt darin aber auch der große Vorteil des GR 10: So können in den Talorten immer wieder die Vorräte nachgefüllt oder Ruhetage eingelegt werden. Dabei ist es am Ende einer Etappe immer möglich, in einer bewirtschafteten Unterkunft zu übernachten (lediglich bei den Etappen 26 und 38 muss auf ein nahe gelegenes Restaurant ausgewichen werden).

Blick vom Col d'Ayous zum isoliert stehenden Pic du Midi d'Ossau (dt. Mittagsspitze) (Etappe 13).

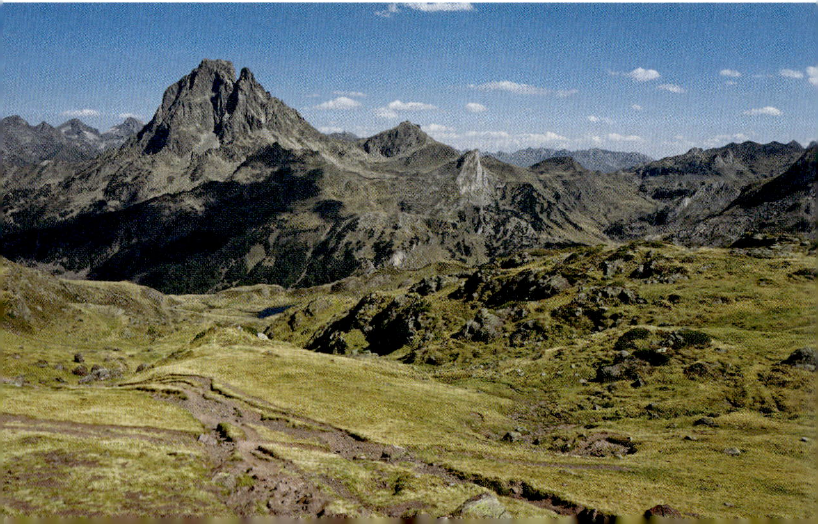

Grundsätzlich steht der GR 10 auch Neulingen im Bereich des Weitwanderns offen. Die Orientierung ist dank der guten Markierung relativ einfach. Der Weg verläuft überwiegend auf guten Pfaden, im Hochgebirge meist auf mäßig steilen Steigen. Dennoch entstehen durch die teils geringe Unterkunftsdichte (besonders im Ariège, Etappen 25 bis 41) für Wandernde ohne Zelt doch oft immense Etappenlängen. Hier sollte man in jedem Fall über eine sehr gute Kondition verfügen.
Um die Herausforderungen der einzelnen Etappen besser beurteilen zu können, sind diese hinsichtlich ihrer Schwierigkeit in drei Farben unterteilt. Diese bilden jedoch nur die technischen Anforderungen in Hinblick auf Wegbeschaffenheit und Orientierung ab. Gerade bei mehrtägigen Fernwanderungen sollten aber immer auch die Weglänge und vor allem die Höhenmeter berücksichtigt werden. Treten bei einzelnen Etappen besondere Schwierigkeiten auf, wird auf diese im Infoteil der Etappen hingewiesen.
Die allgemeine Schwierigkeitseinteilung erklärt sich wie folgt:

SCHWIERIGKEITSKATEGORIEN

■ = Leicht

Leichte Etappen auf Straßen, breiteren Feld- und Forstwegen sowie gut begehbaren Pfaden. Die Markierungen sind meist gut. Es herrscht keine Absturzgefahr.

■ = Mittel

Mittelschwere Etappen auf vorwiegend breiten Wegen, Steigen oder Pfaden. Die Orientierung kann aufgrund dürftiger Markierungen schwieriger sein. Abschnittsweise ist Trittsicherheit und/oder Schwindelfreiheit erforderlich.

■ = Schwierig

Anspruchsvolle Etappen durch stellenweise wegloses oder alpines Gelände. Hier kann auch die Orientierung mitunter schwierig sein. Trittsicherheit und Schwindelfreiheit sind zwingend erforderlich.

Gehzeiten und Zeitplanung

Die angegebenen Zeiten beziehen sich auf das reine Gehen ohne Pausen jeglicher Art. Dabei richtet sich die Angabe im Wanderführer nach der Gehzeit der Autorin und des Autors mit Mehrtagesrucksack.
Besonders für Wandernde, die auf Unterkünfte angewiesen sind, ist speziell bei sehr langen Etappen ein früher Aufbruch empfehlenswert. Aber auch im Sommer bei hohen Temperaturen kann durch einen zeitigen Start der sengenden Mittagshitze aus dem Weg gegangen werden. Dann kann man die heißeste Tageszeit z. B. mit einer ausgiebigen Siesta meiden.

Der Umwelt zuliebe ...

Auch beim Wandern hinterlassen wir einen ökologischen Fußabdruck, aber im Einklang mit der Natur unterwegs zu sein, ist gar nicht so schwer!

VORBEREITUNG UND ANFAHRT

- Sich vorab informieren, worauf in Bezug auf Natur und Umwelt in der jeweiligen Wanderregion besonders zu achten ist.
- Soweit möglich mit Bahn und Bus anreisen, Wander- und Rufbusse nutzen.
- Ist eine Anfahrt mit dem Auto nötig, Fahrgemeinschaften bilden.
- Bei weiten Anfahrten Mehrtagestouren planen oder von einem Quartier vor Ort aus mehrere Touren absolvieren.
- Flugreisen möglichst reduzieren und durch Beiträge zu Klimaschutzprojekten kompensieren.

KLEIDUNG UND AUSRÜSTUNG

- Beim Kauf von Outdoor-Kleidung auf umweltfreundliche und faire Herstellung achten und Kleidungsstücke möglichst viele Jahre nutzen.
- Ausrüstung kann man eventuell auch gebraucht kaufen oder ausleihen.
- Reparieren statt neu kaufen.

VERPFLEGUNG

- Beim Einkauf Bio-Ware, regionale und saisonale Erzeugnisse bevorzugen.
- Hütten und Gasthäuser auswählen, die regionale Produkte verwenden.
- Auf Einwegflaschen und Plastikverpackungen verzichten, stattdessen wiederverwendbare Trinkflaschen und Brotzeitboxen benutzen.

ÜBERNACHTUNG

- Bei lokalen Anbietern buchen, damit Menschen vor Ort profitieren.
- Auf Hütten und in anderen Unterkünften Strom und Wasser sparen.

UNTERWEGS

- Wege benutzen und Abkürzer vermeiden.
- Sperrungen von Wegen und Schutzgebieten respektieren.
- Keine Blumen pflücken und keine Pflanzen entnehmen.
- Waldbrandgefahr beachten.
- Müll wieder mit nach Hause nehmen und dort entsorgen.
- Toilettengänge in freier Natur möglichst vermeiden.
- Lärm vermeiden.
- Hunde an die Leine nehmen.

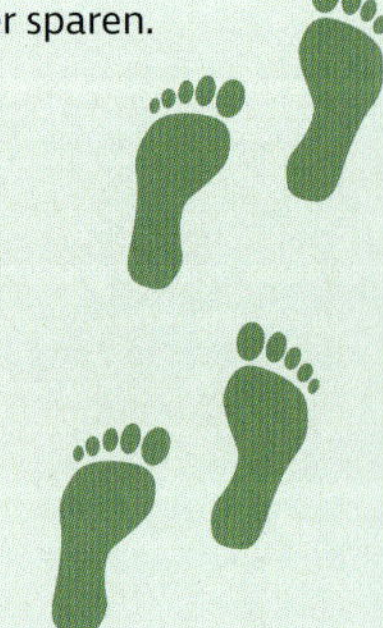

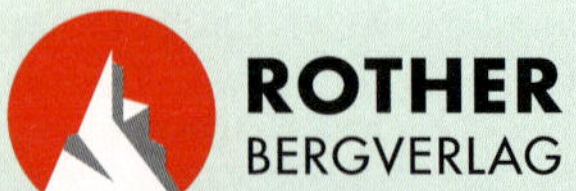

Aufteilung der Gesamtstrecke in Teile und Abschnitte

Den gesamten GR 10 an einem Stück zu erwandern, ist ein unvergleichliches Erlebnis. Um die Durchquerung der Pyrenäen aber auch Wandernden mit weniger Zeit zu ermöglichen, haben wir die Gesamtstrecke in vier große Teile untergliedert (siehe Übersicht S. 12/13). Diese entsprechen grob den vier französischen Départements in den Pyrenäen: Pyrénées Atlantiques (Teil A: Etappen 1–12), Hautes-Pyrénées (Teil B: Etappen 13–25), Ariège (Teil C: Etappen 26–41) und Pyrénées Orientales (Teil D: Etappen 42–53). Jede Region weist dabei charakteristische Eigenheiten auf. Da alle vier Teile in größeren Orten beginnen und enden, sind sie gut mit öffentlichen Verkehrsmitteln erreichbar.
Außerdem gibt es Vorschläge für kürzere Mehrtagestouren. Dafür haben wir jeden der vier Teile in je zwei Abschnitte gegliedert, für die jeweils ungefähr eine Woche eingeplant werden muss. Auch hier wurde auf eine gute Erreichbarkeit der Start- und Zielorte mit öffentlichen Verkehrsmitteln geachtet. Damit können die acht Abschnitte beliebig zusammengesetzt werden.

Gefahren

Die Gefahr eines plötzlichen Wetterumsturzes kann grundsätzlich nie ausgeschlossen werden. Da Gewitter besonders häufig und heftig ab dem Nachmittag bis in die Nacht auftreten, ist gerade für Wandernde mit Zelt größte Vorsicht geboten. Ausgesetzte Biwakstellen für die Nacht, wie beispielsweise an Gipfeln oder Kämmen und Graten, sollten mit Vorsicht genossen werden. Um auf Unwetter vorbereitet zu sein, empfiehlt es sich, im Vorfeld und auch regelmäßig während der Tour den Wetterbericht zu checken sowie auf Hinweise am Himmel zu achten.
Viele Etappen führen durch Kalksteingelände. Bei Nässe verwandeln sich die Kalkplatten schnell in Rutschbahnen. Hier ist erhöhte Vorsicht geboten. Im

GPS-TRACKS UND KOORDINATEN DER AUSGANGSPUNKTE

Auf **gps.rother.de** stehen zu diesem Wanderführer GPS-Tracks und die Koordinaten der Ausgangspunkte zum kostenlosen Download bereit. Dieser QR-Code führt direkt zum Download.
1. Auflage, Passwort: **462901pve**
Die GPS-Tracks können in die **Rother App** importiert werden. In der App kann man unterwegs stets sehen, wo man gerade ist und wo es langgeht. **Anleitungen dazu: rother.de/gps**
Trotz sorgfältiger Prüfung können wir Fehler und zwischenzeitliche Veränderungen nicht ausschließen. Verlassen Sie sich für die Orientierung niemals einzig und allein auf die GPS-Daten, sondern beurteilen Sie die Verhältnisse vor Ort.

AUFTEILUNG DES GR 10 IN TEILE UND ABSCHNITTE

■ Teil A: Pyrénées Atlantiques – Westliche Pyrenäen

Hendaye – Saint-Jean-Pied-de-Port (Abschnitt 1)

Etappen 1–5, 102 km, ↗ 4800 Hm, ↘ 4650 Hm, 5 Tage, 36 h

Während des Auf und Abs durch das Hügelland lernt man die baskische Kultur und Architektur kennen. Am Weg liegen viele traditionelle Dörfer wie Sare, Ainhoa, Bidarray. Aufgrund der niedrigen Meereshöhe ist dieser Abschnitt außerhalb des Hochsommers zu empfehlen. An heißen Tagen sind die Felsbecken der Flüsse immer für eine Abkühlung gut. Das Wetter kann zu jeder Jahreszeit sehr wechselhaft sein. Vom Zielort Saint-Jean-Pied-de-Port ist die Rückkehr zum Ausgangspunkt Hendaye mit dem Zug möglich.

Saint-Jean-Pied-de-Port – Etsaut (Abschnitt 2)

Etappen 6–12, 123 km, ↗ 6600 Hm, ↘ 6200 Hm, 7 Tage, 46.45 h

Einige Etappen dieses Abschnitts durch die langsam ausgeprägtere Hügellandschaft haben mehrere Anstiege und können sich durchaus in die Länge ziehen. Auf den Hochweiden kann es sehr windig sein, dann kommt der Buchenwald von Iraty (fr. Forêt d'Iraty. sp. Selva de Iraty, Etappe 7) im französisch-spanischen Granzgebiet wie gerufen. Ein Highlight sind die Gorges d'Holzarté mit der Hängebrücke (Etappe 9). Ab Sainte-Engrâce (Etappe 10) ändert sich das Landschaftsbild und es wird steiler und felsiger.

■ Teil B: Hautes-Pyrénées – Hochpyrenäen

Etsaut – Luz-Saint-Sauveur (Abschnitt 3 – Tipp der Autoren)

Etappen 13–19, 149 km, ↗ 8800 Hm, ↘ 8680 Hm, 7 Tage, 60 h

Mit dem Eintritt in die Hochpyrenäen werden erhöhte Anforderungen an Trittsicherheit und Schwindelfreiheit gestellt. Die meisten Etappen sind sehr lang, können jedoch dank der vielen Unterkünfte problemlos angepasst werden. In diesem Abschnitt passieren wir die meisten bekannten Highlights, weshalb er am häufigsten gewählt wird. Am spektakulären Lac d'Ayous, über dem der Pic du Midi d'Ossau thront, beginnt der »Seenteil« der Pyrenäen (Etappe 13). Die beeindruckenden Etappen 17 bis 19 ermöglichen einen Abstecher zum Petit Vignemale und zum bekannten Cirque du Gavarnie.

Luz-Saint-Sauveur – Bagnères-de-Luchon (Abschnitt 4)

Etappen 20–25, 98 km, ↗ 6100 Hm, ↘ 6200 Hm, 6 Tage, 41.30 h

Dieser Abschnitt ist bereits deutlich ruhiger als der vorherige, jedoch genauso schön. Es wechseln sich längere mit kürzeren Etappen perfekt ab. Wir stoßen dabei auf eine Vielzahl wunderschöner Seen, wobei Etappe 21 mit neun Seen an einem Tag den Rekord hält. Viele Gebirgssträßchen und Pässe teilen wir uns hier mit Rennradfahrern, die zum Beispiel in Barèges auf dem Weg zum von der Tour de France bekannten Col du Tourmalet sind oder Rast am Col de Portet (Etappe 22) machen.

Teil C: Ariège

Bagnères-de-Luchon – Aulus-les-Bains (Abschnitt 5)

Etappen 26–34, 155 km, ↗ 10.500 Hm, ↘ 10.400 Hm, 9 Tage, 66 h

Mit dem Eintritt in das Ariège (Etappe 29) erleben wir häufig eine Abgeschiedenheit, aber auch eine besondere Herzlichkeit. Weniger Einkaufsläden und Unterkünfte zwingen uns zu einer sorgfältigen Planung. Durch die spärliche Infrastruktur lassen sich auch die Etappen in ihrer Länge weniger homogen aufteilen. Wo uns die Etappen zu lang werden, müssen wir uns mit Varianten, Abkürzungen oder Notunterkünften weiterhelfen. Ein Hingucker ist der Mont Valier, 2838 m (Etappe 32), das Wahrzeichen des Ariège. Wenige Kilometer vor dem Abschnittsziel Aulus-les-Bains warten noch über 200 m hohe Wasserfälle auf uns.

Aulus-les-Bains – Mérens-les-Vals (Abschnitt 6)

Etappen 35–41, 104 km, ↗ 6570 Hm, ↘ 6270 Hm, 7 Tage, 47.30 h

Die Gipfel des Ariège sind zwar nicht mehr so hoch und wild wie in den Hochpyrenäen, aber es sind deshalb nicht weniger Höhenmeter zu bewältigen, weil der Weg häufig in die tiefen Täler ab- und wieder aufsteigt. Gleich bei der ersten Etappe müssen wir die herrlichen Gletscherseen rund um das Refuge des Étangs de Bassiès noch einmal besonders genießen, bevor allmählich »nur« noch Stauseen den Weg säumen. Etappe 39 führt über mehrere Anstiege auf das aussichtsreiche Plateau de Beille, das sowohl im Sommer als auch im Winter eine Attraktion ist. Mehrere Cabanes in sehr gutem Zustand ermöglichen eine individuelle Aufteilung der langen Etappen.

Teil D: Pyrénées Orientales – Östliche Pyrenäen

Mérens-les-Vals – Arles-sur-Tech (Abschnitt 7)

Etappen 42–50, 128 km, ↗ 6500 Hm, ↘ 7200 Hm, 8,5 Tage, 48.30 h

Dieser Abschnitt besticht durch unberührte Natur und eine besonders reiche Flora. Das Wetter wird allmählich stabiler und trockener, weshalb die angegebenen Quellen versiegen können. Mérens-les-Vals liegt verkehrsgünstig in einem engen Tal, ca. 50 km nordöstlich von Andorra la Vella. Das wieder alpine Terrain bleibt bis zum Ende dieses Abschnitts im Bereich der 2000er-Marke. Highlights der Region sind der Petit Train Jaune (Etappe 44), die höchste Schmalspurbahn Europas, sowie der 2784 m hohe Pic du Canigou (Etappe 48, Variante).

Arles-sur-Tech – Banyuls-sur-Mer (Abschnitt 8)

Etappen 50–53, 77 km, ↗ 3400 Hm, ↘ 3700 Hm, 3,5 Tage, 27.15 h

Der letzte Abschnitt verlangt uns keine größeren bergsteigerischen Fähigkeiten mehr ab. Es gibt zwar noch steile Anstiege, aber diese sind nicht mehr so lang, und zwischendurch können wir uns auf breiteren Wegen erholen. Immer wieder erblicken wir in der Ferne das blaue Mittelmeer.

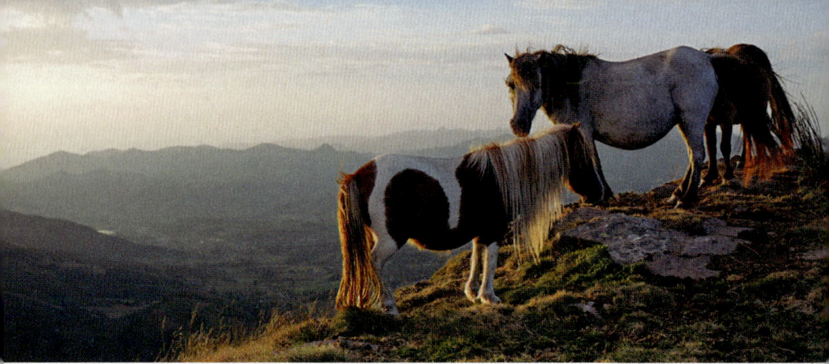

Schwindelfreie Pferde am aussichtsreichen Grenzkamm bei Etappe 4.

blockigen und weglosen Felsgelände ist zudem die Orientierung erschwert. Hier kann es außerdem schnell zu Verstauchungen kommen.

Besonders an heißen Tagen kann aber auch ein zu geringer bzw. ausgeschöpfter Wasservorrat zur realen Gefahr werden. Aus diesem Grund sollte unbedingt vor Beginn der Etappe überprüft werden, ob und wie oft unterwegs die Wasserflaschen aufgefüllt werden können. Auf natürliche Quellen sollte man sich jedoch nicht bedenkenlos verlassen, da diese in besonders heißen und trockenen Jahren schon früh im Jahr ausgetrocknet sein können. Am besten frischt man also die Vorräte auf, so oft sich die Gelegenheit dazu bietet.

Pottok-Ponys und Kühe gehören mit Sicherheit zu den Tieren, denen man auf dem GR 10 am häufigsten begegnet. Grundsätzlich sind beide Tierarten recht umgänglich und stellen keine Gefahr dar, solange sie sich nicht angegriffen fühlen. Am besten ist es, einfach etwas Abstand zu halten und die Tiere weit-

SYMBOLE

- Ort mit Einkehrmöglichkeit
- Einkehrmöglichkeit
- Übernachtungsmöglichkeit
- unbewirtschaftete Hütte, Cabane, Notunterkunft
- kostenpflichtiger Campingplatz
- Aire de bivouac (ausgewiesener, kostenloser Zeltplatz)
- Parkplatz
- Busanschluss
- Bahnhof
- Gipfel
- Kirche, Kapelle
- archäologische Stätte
- Picknick-/Rastplatz
- Aussichtsplatz
- Quelle, Brunnen, Wasserhahn (in den Tourenkärtchen: blauer Punkt)
- Sattel, Passübergang, Col
- Brücke
- Höhle, Grotte

ABKÜRZUNGEN

EZ	Einzelzimmer	SP	Stellplätze auf einem Campingplatz
DZ	Doppelzimmer	HP	Halbpension
MBZ	Mehrbettzimmer (meist geringere Bettenanzahl als im Schlafsaal, Betten nicht einzeln buchbar)	VP	Vollpension
B	Anzahl der Betten in einer Unterkunft	SV-Küche	Selbstversorger-Küche
P	Anzahl der Schlafplätze in einer Cabane/ Not-/Schutzhütte	LM-Laden	Lebensmittel-Laden (meist kleines Angebot)
		WC	öffentliche Toilette
		KS	Kühlschrank
		LP	Lunchpaket

gehend in Ruhe zu lassen. Erhöhte Vorsicht ist dann geboten, wenn Wandernde mit Hund unterwegs sind und Jungtiere in der Herde dabei sind. Hunde müssen in diesen Fällen unbedingt angeleint werden, da die Muttertiere sich sonst bedroht fühlen und zum Schutz ihrer Jungen auf Wandernde losgehen können. Im Nationalpark Pyrenäen (Teile der Etappen 13, sowie 16–18) gilt ein generelles Hundeverbot.
Einem Wolf oder Bären zu begegnen, grenzt hingegen fast an ein Wunder.

Drei große Wege durch die Pyrenäen

Gleich drei große Fernwanderwege machen eine Durchquerung der Pyrenäen vom Atlantik bis zum Mittelmeer bzw. auch umgekehrt möglich.

- Der GR 10 (GR = fr. Grande Randonnée, dt. Fernwanderweg) verläuft vollständig auf der französischen Seite der Pyrenäen. Eine überdurchschnittlich gute Wegmarkierung und die vergleichsweise häufige Möglichkeit der bewirtschafteten Übernachtung eröffnen auch Debütanten in Sachen Weitwandern zumindest abschnittsweise eine Pyrenäendurchquerung.
- Der GR 11 (GR = sp. Gran Recorrido, dt. Fernwanderweg) ist das spanische Gegenstück zum GR 10. Da der GR 11 jedoch oft über längere Phasen durch höhere Lagen führt, bietet er seltener die Möglichkeit, Einkäufe zu tätigen. Zudem muss bei nicht wenigen Etappen in unbewirtschafteten Hütten und Unterständen genächtigt werden.
- Der HRP (fr. Haute Randonnée Pyrénéenne, dt. Pyrenäen-Höhenweg) folgt dem Verlauf des Pyrenäen-Hauptkammes. Er verläuft überwiegend durch hochalpines Gelände und stellt die Wandernden damit vor große Herausforderungen. Eingekauft werden kann oft tagelang überhaupt nicht. Da nur wenige Hütten direkt am Weg liegen, sollte auf dem HRP unbedingt ein Zelt mitgenommen werden. Im Gegensatz zum GR 10 und GR 11 ist der HRP nicht einheitlich markiert. Markierungen finden sich immer nur dann, wenn die Route mit einem anderen ausgewiesenen Weg zusammenfällt. Ein guter Orientierungssinn sowie Karte und/oder GPS-Gerät sind auf dem HRP unverzichtbar.

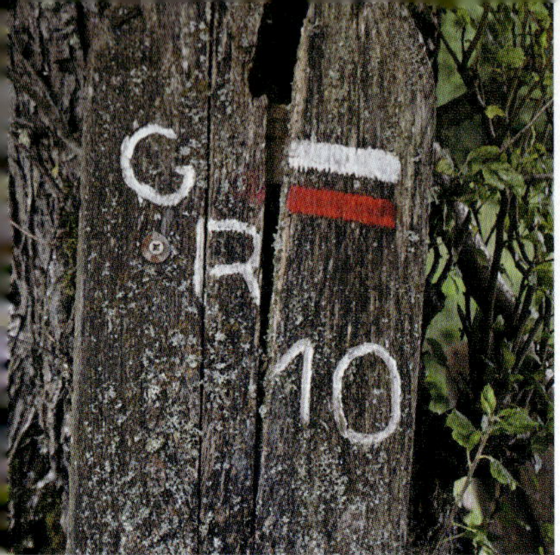

Wegmarkierung des GR 10.

Markierungen

Der GR 10 gehört sicherlich mit zu den am besten markierten Fernwanderwegen. Die durchgängig einheitliche weiß-rote Markierung wird von zahlreichen Freiwilligen regelmäßig überprüft und auf den neuesten Stand gebracht. Trotz der intensiven Bemühungen kann es jedoch immer wieder vorkommen, dass neue Wegverläufe des GR 10 noch nicht mit Markierungen versehen wurden oder die alten Markierungen noch sichtbar sind. In solchen Fällen ist es wichtig, aufmerksam zu sein und im Voraus die Etappenbeschreibungen genau zu lesen. In den meisten Fällen kann auch dem alten Wegverlauf bedenkenlos gefolgt werden, da dieser nach weniger Zeit wieder mit dem neuen Verlauf zusammenkommt. Manchmal kann es aber auch mehrere Tage dauern, bis die Wege wieder aufeinandertreffen (z. B. bei den Etappen 17 bis 19 zwischen Cauterets und Luz-Saint-Sauveur), oder der alte Wegverlauf ist aufgrund von Felsstürzen oder Wegesperrungen gar nicht mehr begehbar. In diesen Fällen sind meist Umleitungen ausgewiesen.

Die Markierungen folgen dabei grundsätzlich einem einheitlichen Prinzip: Die zwei parallelen Balken in rot und weiß weisen auf die normale Gehrichtung beziehungsweise den richtigen Weg hin. Richtungsänderungen an Abzweigen werden mit einem geknickten rot-weißen Balken angezeigt. Besonders hilfreich ist die Kennzeichnung nicht relevanter Abzweigungen mit einem rot-weißen »X«. Dies weist darauf hin, dass man diese Wege nicht einschlagen soll.

Fast immer kann man sich darauf verlassen, dass dieses Markierungssystem einen von schwerwiegenden Verirrungen bewahrt. Dabei gilt in der Regel:

1. Trifft man lange Zeit auf keine Markierungen, befindet man sich vermutlich nicht mehr auf dem GR 10.
2. Verläuft der Weg lange auf eintönigen Schotterwegen oder Straßen und es gibt längere Zeit keine Markierung, so hat man wahrscheinlich eine Abzweigung verpasst.

Mit diesen Faustregeln im Gepäck sollte die Gefahr des Verlaufens gemindert sein.

Karten

Aufgrund der hervorragenden Markierung des GR 10 ist es nicht zwingend notwendig, zusätzlich zu den Tourenkärtchen in diesem Buch weitere Wanderkarten mitzunehmen. Wer jedoch an Karten interessiert ist, gerne einen

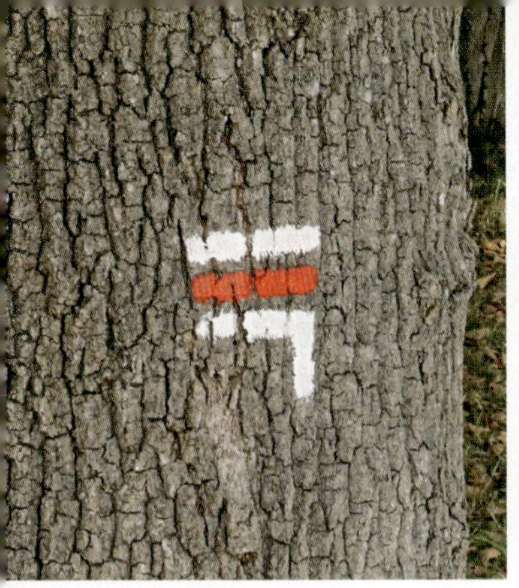

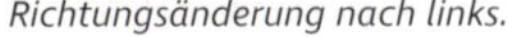

Richtungsänderung nach links.

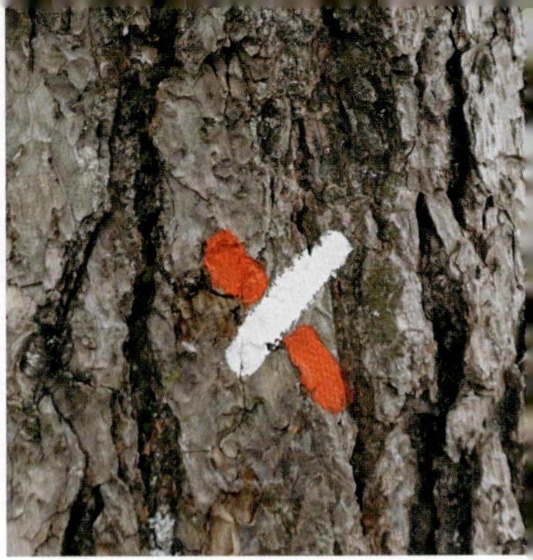

Wegmarkierung falscher Weg.

Überblick hat und es auch in Erwägung zieht, ab und an einen Abstecher oder eine eigene Route zu planen, dem seien die Wanderkarten des IGN (Institut Géographique National) im Maßstab 1:50.000 empfohlen.

Die IGN-Karten mit den Nummern 1 bis 8 sowie 10 und 11 decken das komplette Gebiet des GR 10 ab. Die entsprechenden Karten werden auch bei jeder Etappe erwähnt. Kaufen kann man die IGN-Karten entweder direkt vor Ort im jeweiligen Wandergebiet oder auch online auf ignrando.fr unter »Boutique IGN«.

Wer Geld und Gewicht sparen, aber dennoch nicht auf analoge Karten verzichten möchte, der kann sich auch einfach die vier französischen Wanderführer FFRandonnée TopoGuides zulegen, die die relevanten Ausschnitte der IGN-Karten im Maßstab 1:25.000 beinhalten. Auch diese sind vor Ort oder im Internet auf ffrandonnee.fr unter »Boutique – Topoguides – GR 10« erhältlich.

Es gibt auch die Möglichkeit, digitale Karten offline auf dem Handy oder Wandernavi zu speichern. Darauf kann der von uns aufgezeichnete GPX-Track (s. Kasten Seite 11) angezeigt und mittels GPS-Signal navigiert werden. Es empfiehlt sich eine App, bei der man Karten herunterladen und offline nutzen kann (z. B. Rother Touren App, Alpenvereinaktiv oder Komoot).

Höhenangaben

In den Pyrenäen variieren die Angaben zu Höhen mitunter stark. Wir haben uns dazu entschieden, die Höhendaten mithilfe einer digitalen Karte zu ermitteln, da dies insgesamt die zuverlässigsten Werte liefert. Vor Ort, beispielsweise an Cabanes oder Refuges, können die Höhenangaben jedoch erheblich von denen im Buch abweichen, da sie häufig stark gerundet werden.

Beste Reisezeit

Für eine Durchquerung der Pyrenäen auf dem GR 10 gibt es nicht die einzig passende Jahreszeit. Vielmehr hängt die Wahl der Reisezeit von verschiedenen Faktoren wie dem persönlichen Wandervorhaben oder den von Jahr zu Jahr unterschiedlichen Bedingungen (z. B. Schneereichtum) ab.

Die Mehrheit der Wandernden, die den gesamten GR 10 gehen, startet Ende Mai bis Mitte Juli in Hendaye. Dies hat den Vorteil, dass die Strecke zu dieser Zeit in den meisten Jahren überwiegend schneefrei und somit ohne Zusatzausrüstung wie Steigeisen oder Pickel begangen werden kann. Zudem herrscht in den Monaten Juli bis September die stabilste Wetterlage, was jedoch nicht bedeutet, dass Regen generell ausgeschlossen werden kann. Je nach Quelle werden zwischen zwei und mehr als zehn Regentage in den Sommermonaten angegeben. Unserer eigenen Erfahrung nach liegt die Anzahl zumindest im Westen der Pyrenäen noch wesentlich höher.

Was touristisch besonders erschlossene Regionen wie den Großteil der Zentralpyrenäen angeht, so sind diese vor allem in den Monaten Juli und August stark frequentiert. Während dieser Zeit hat ganz Frankreich Sommerferien, die die Französinnen und Franzosen am liebsten im eigenen Land verbringen. Die Refuges müssen dann unbedingt im Voraus gebucht werden. Außerhalb dieser zwei Monate ist dagegen oft kaum etwas los. Dementsprechend muss dann aber damit gerechnet werden, dass Touristeninformationen, Restaurants bei Skistationen und mitunter auch Refuges geschlossen sind.

Wer nur einen Teil des GR 10 erwandern möchte, kann auch die Zeit außerhalb der Sommermonate nutzen. Insbesondere in den niederen Lagen der Pyrenäen in Richtung Atlantik herrschen im Sommer nicht selten an die 30 Grad. Bei einer Wanderung im Frühjahr oder Herbst kann man der Hitze auf diesem Abschnitt aus dem Weg gehen.

Im Hintergrund ist der Lac d'Anglas (Etappe 14) im Nebel zu erahnen.

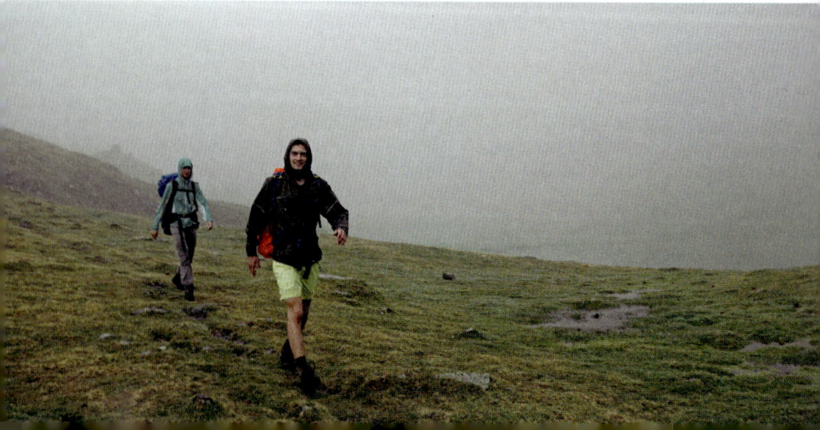

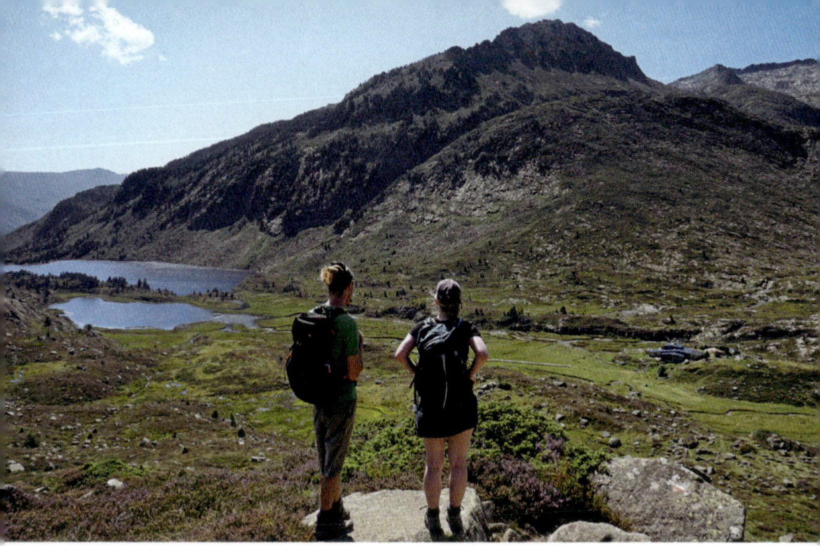

Étang du Pla de la Font (vorne) und Étang Majeur, rechts: Refuge de Bassiès (Etappe 35).

Ausrüstung

Wie bei jeder anderen Fernwanderung gilt auch für den GR 10: Weniger ist mehr! Nicht selten müssen Wandernde ihre Unternehmung schon nach wenigen Tagen abbrechen, da das Gewicht des Rucksacks zu hoch ist und sich dadurch körperliche Beschwerden einstellen. Da jeder Mensch sehr unterschiedliche Bedürfnisse hat, möchten wir hier keine vollständige Packliste vorschlagen. Dennoch haben wir während zahlreicher Wandertage viele Erfahrungen die Ausrüstung betreffend machen dürfen, die wir gerne teilen möchten.

Rucksack

Je größer der Rucksack, desto größer ist die Gefahr, unnötige Dinge einzupacken! Bei der Wahl des Rucksacks sollte man besonders sorgfältig sein und ein möglichst angenehm zu tragendes Modell wählen. Die Bandbreite reicht dabei von Ultraleichtrucksäcken, die nur ein halbes Kilogramm wiegen, bis hin zu knapp drei Kilogramm schweren Rucksäcken mit ausgetüfteltem Tragesystem. Ein guter Hüftgurt ist dabei in jedem Fall Pflicht, um das Gewicht von den Schultern fernzuhalten. Für Menschen mit besonders schmalem Körperbau hat es sich als sinnvoll erwiesen, die Hüfte zusätzlich mit einem Schwamm oder Ähnlichem auszupolstern, um Entzündungen vorzubeugen. Verfügt der Rucksack nicht über eine integrierte Regenhülle, sollte ein ausreichend großer Regenüberzug mitgenommen werden, der selbst bei heftigem Niederschlag für einen trockenen Rucksackinhalt sorgt. Zudem kann

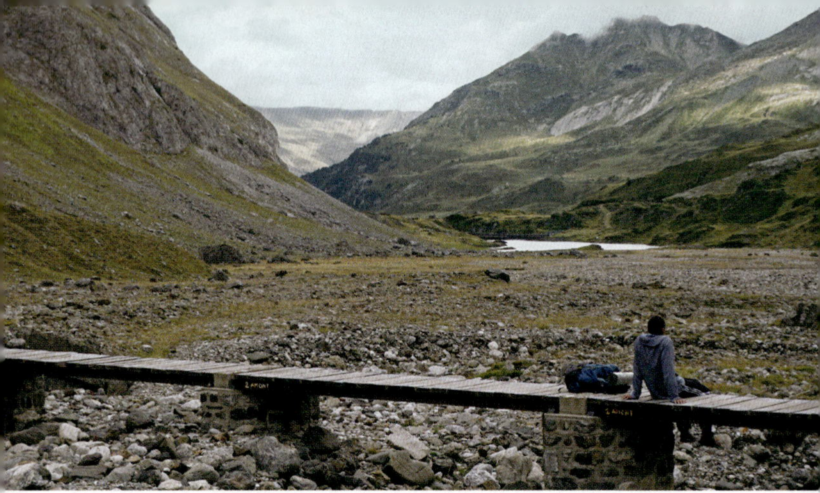

An einer Holzbrücke mit Blick zum Stausee Barrage d'Ossoue (Etappe 19).

der Regenschutz auch bei feuchtem oder schmutzigem Untergrund über den Rucksack gezogen werden und dieser dann während der Pause als Sitzgelegenheit verwendet werden.

Kleidung

Hier bieten sich besonders Kleidungsstücke (Socken, T-Shirts, eventuell Unterwäsche) aus Merinowolle an, da diese lästige Gerüche bindet, dabei schön warm hält und zudem sehr schnell trocknet. Hier sollte nach Möglichkeit auf mulesing-freie Produkte geachtet werden.

Aufgrund der wechselnden Temperaturen empfiehlt sich eine Zipp-Wanderhose. Die lange und kurze Hose in einem spart Gewicht und ist für unterschiedliche Situationen geeignet.

Eine (dünne) Daunenjacke sollte auch in den Sommermonaten nicht fehlen. Nachts kann es besonders im Zelt empfindlich kalt werden.

Halstuch, Handschuhe und Kopfbedeckung empfehlen sich für warme und kalte Tage.

Eine gute Regenjacke ist Pflicht. Ob eine Regenhose und/oder ein Regenponcho getragen wird, ist Geschmackssache. Für leichtere Regenfälle kann auch die Mitnahme eines kleinen Wanderschirms sinnvoll sein.

Badebekleidung für die schönen Seen sollte auch in den Rucksack.

Schuhe

Hohe Wanderschuhe, die über den Knöchel gehen, schützen vor Verstauchungen. Besonders mit schwerem Gepäck und bei losem Geröll lohnt sich der zusätzliche Halt.

Wer sein Gepäck auf ein Minimum reduziert, kann auch mit einem niedrigen Trailrunning-Schuh gut beraten sein, sofern Gebirgserfahrung und Trittsicherheit vorhanden sind. Dessen flexible Sohle und leichtes Gewicht sorgen für ein kraftsparendes Vorankommen.

Unterkunftsmöglichkeiten

Alle Etappen wurden so geplant, dass am Etappenziel zumindest eine Unterkunft beziehungsweise bewirtschaftete Hütte zur Verfügung steht. Das heißt: Der Weg kann durchgehend ohne Zelt bewältigt werden.
Abgesehen vom Ariège ist die Situation an Unterkünften in den restlichen Teilen der Pyrenäen hervorragend. Nicht selten finden sich auch zwischen den Etappenzielen Übernachtungsmöglichkeiten, sodass die vorgeschlagenen Etappen individuell ausgedehnt oder verkürzt werden können.
Im Tourenteil werden bei jeder Etappe alle Arten von Übernachtungsmöglichkeiten aufgeführt, die direkt oder in naher Entfernung zum GR 10 liegen. Das sind:

- **Hôtels:** Besonders in den niedrigeren Lagen und in größeren Orten finden sich entlang des GR 10 eine Vielzahl an Hotels in allen Preisklassen.
- **Chambre d'hôtes:** Diese entsprechen Fremdenzimmern bzw. Frühstückspensionen, vergleichbar mit dem englischen Bed & Breakfast. Es wird in einfachen Einzel-, Doppel- oder Mehrbettzimmern geschlafen. Bettwäsche und Handtücher werden ebenso wie ein eigenes Bad meist zur Verfügung gestellt. Chambre d'hôtes sind familiengeführt und es gibt nur wenige Zimmer. Die Betreuung ist somit persönlich und herzlich. Das Preisniveau liegt zwischen dem von Hotels und dem von Gîtes d'étapes.
- **Gîtes d'étapes:** Zweckmäßige, auf Fernwandernde ausgerichtete Unterkünfte von meist privaten, aber auch kommunalen Betreibern im unteren

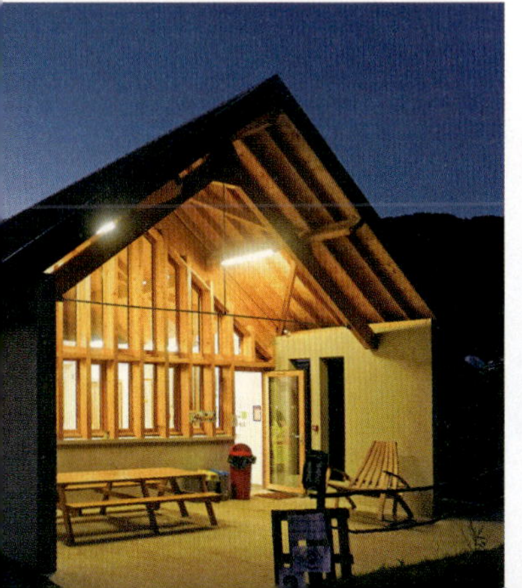

SV-Küche des Camping Lauzart (Etappe 12).

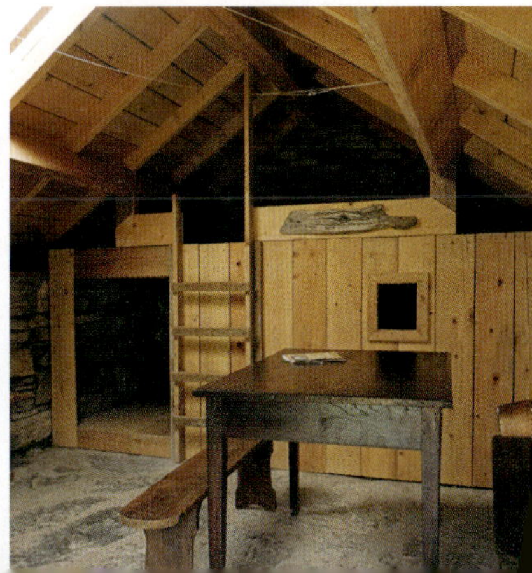

Die hübsche Cabane de Féas (Etappe 10).

Preissegment (15–30 € pro Nacht). Von der Ausstattung her haben sie eine breite Spannweite, daher hier nur eine Idealbeschreibung: Geschlafen wird in Dortoirs (französisch für Schlafsaal) in Etagenbetten. Teils werden auch Zimmer mit weniger Betten (Mehrbettzimmer) angeboten. Duschräume und Toiletten werden gemeinschaftlich genutzt. Gegessen wird im Gemeinschaftsraum, wobei man die Wahl hat zwischen Halbpension und Selbstversorgung in der mit Kochgeschirr ausgestatteten Selbstversorgerküche. Der Wunsch nach Halbpension muss bei der Reservierung angegeben werden, weil die Betreiber je nach Nachfrage einkaufen. Sie bereiten meist ein Abendessen für alle zu, das aus mehreren Gängen besteht und in der Regel sehr schmackhaft ist (s. Essen). Einige Gîtes bereiten auch ein Lunchpaket für unterwegs zu bzw. bieten tagsüber Mittagessen an. Nicht zu verwechseln sind die Gîtes d'étapes mit den Bezeichnungen »Gîtes de France« oder »Gîte rural« für Urlaubsgäste mit längerem Aufenthalt.

- **Refuges:** Dies sind bewirtschaftete Berghütten, ähnlich jenen in den Alpen. Die Ausstattung ist dabei jedoch oft wesentlich einfacher: Überwiegend wird in großen Lagern genächtigt, Duschen gibt es so gut wie nie. Abends kann zu einer vorgegebenen Uhrzeit am gemeinsamen Essen teilgenommen werden. Dabei wird meist ein dreigängiges Menü, oft mit Wein, serviert. Auch Frühstück wird in den Refuges angeboten. Wer vegetarisch isst oder Allergien hat, sollte unbedingt im Voraus Bescheid geben!
  Auf Hütten des französischen Alpenvereins (FFCAM) können Mitglieder des Deutschen oder Österreichischen Alpenvereins sowie des Schweizer Alpen-Clubs dank Gegenrecht günstiger übernachten. In besonders touristischen Gegenden und zur Haupturlaubszeit ist eine frühzeitige Reservierung (teilweise online möglich) unerlässlich. In der Regel gibt es auch die Möglichkeit, rund um die Refuges zu zelten und die Infrastruktur der Hütte gegen einen vergünstigten Tarif mitzubenutzen.

Refuge de Bayssellance, eine der zahlreichen FFCAM-Hütten auf dem GR 10 (Etappe 18).

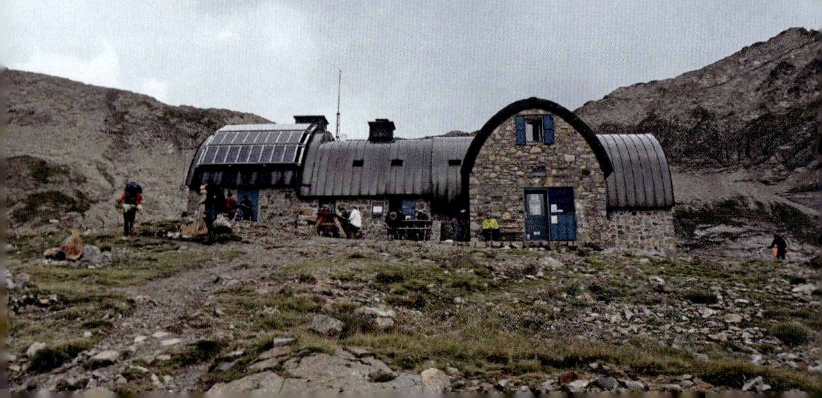

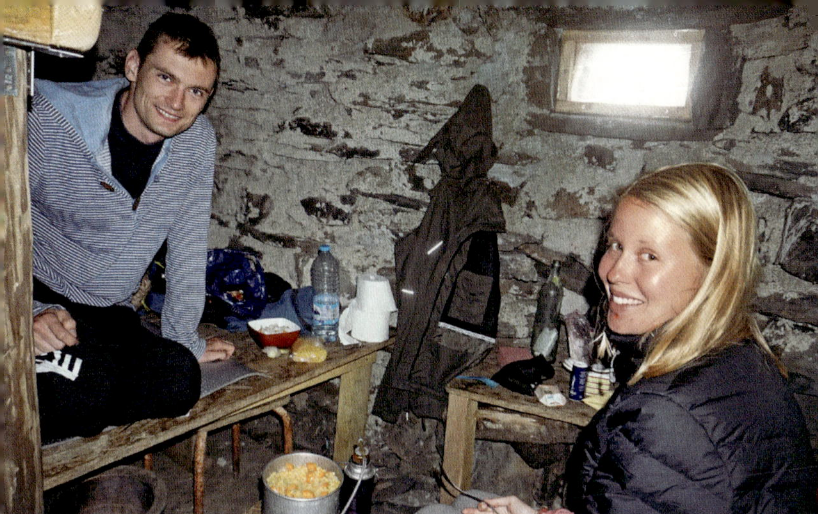

Gemütliches Abendessen in der Cabane d'Hourquette d'Arre (Etappe 14).

- **Cabanes/Abris:** Dies sind unbewirtschaftete Schutz- bzw. Nothütten, die oft Schäfern gehören. Im Sommer (Juli und August) nächtigen diese häufig selbst in den Cabanes; dann ist entweder nur ein Teil der Hütte für Wandernde zugänglich oder sie kann überhaupt nicht genutzt werden. Man schläft kostenlos und ohne vorherige Reservierung bzw. Anmeldung auf einfachen Holzplattformen mit Matratzen oder auf der eigenen Isomatte. Ein guter Schlafsack schützt vor Kälte. Besonders neue und schöne Cabanes (oft im Ariège) sind besser ausgestattet und bieten auch Tisch, Bänke oder auch Lebensmittel zum Kauf an. Für den Erhalt dieser hervorragenden Infrastruktur sollte ggf. eine Spende hinterlassen werden.
  Der Nachteil, wenn man sich auf Cabanes verlässt, besteht darin, dass man nie so genau weiß, wie die Hütte ausgestattet ist, in welchem Zustand sie sich befindet, wie groß der Andrang ist oder ob sie gerade überhaupt geöffnet ist. Hilfreich ist, sich im Vorfeld auf pyrenees-refuges.com zu informieren. Hier hinterlassen Wandernde Bilder und Kommentare zu den Cabanes und Abris.
- **Campingplätze:** Die Dichte an Campingplätzen ist in Frankreich sehr groß. Die Spannweite reicht dabei von einfachen Plätzen mit wenig Komfort bis hin zu Luxus-Ressorts mit Pool und vielem mehr. Besonders günstig sind die von den Gemeinden unterhaltenen Plätze (»camping municipal«).
- **Aire de bivouac:** Dies sind offiziell ausgewiesene Zeltflächen in Wandergebieten. Manchmal handelt es sich nur eine grasige Fläche, ein anderes Mal gibt es auch ein (Trocken-)WC, Picnickbänke oder einen Trinkwasserbrunnen.

- **Freie Zeltmöglichkeiten:** Die Mehrheit der Wandernden auf dem GR 10 hat ein Zelt dabei (siehe unten). Bei entsprechendem Verhalten wird freies Zelten überall geduldet. Erfahrene und aufmerksame Wandernde werden überall auf der Strecke tolle Zeltmöglichkeiten ausfindig machen können. Auf besonders empfehlenswerte Stellen wird jeweils bei den Etappenbeschreibungen hingewiesen.
  Im Nationalpark Pyrenäen (Teile der Etappen 13, sowie 16–18) ist das Campieren verboten. Dennoch ist es in der Zeit von 19 bis 9 Uhr erlaubt, das Zelt für eine Nacht aufzustellen (= »biwakieren«), solange man sich mehr als eine Stunde zu Fuß von der nächsten Straße entfernt befindet.

Zelten und Selbstversorgung

Trotz des zusätzlichen Gewichts kann es sich lohnen, ein Zelt mitzunehmen. Die Vorteile liegen vor allem in der zusätzlichen Flexibilität. Wer nicht auf Unterkünfte angewiesen ist, kann sich die Etappen wesentlich freier einteilen und dadurch in der Gehzeit ausgewogenere Etappen absolvieren. In den gesamten Pyrenäen wird das Zelten trotz offiziellem Verbot geduldet, ist weit verbreitet und man fühlt sich damit immer willkommen.
Besonders im Ariège (Etappen 25 bis 37) ist der GR 10 unserer Meinung nach nur eingeschränkt ohne Zelt zu empfehlen. Dieser Teil der Pyrenäen ist sehr dünn besiedelt und die Zahl der Unterkünfte dementsprechend geringer als in den übrigen Gebieten. Damit ergeben sich manchmal Etappen, die für normal gut trainierte Wandernde zu lang ausfallen.

Manchmal gibt es durch Steinwälle windgeschützte Zeltstellen, wie hier unterhalb des Refuge de Bayssellance (Etappe 18).

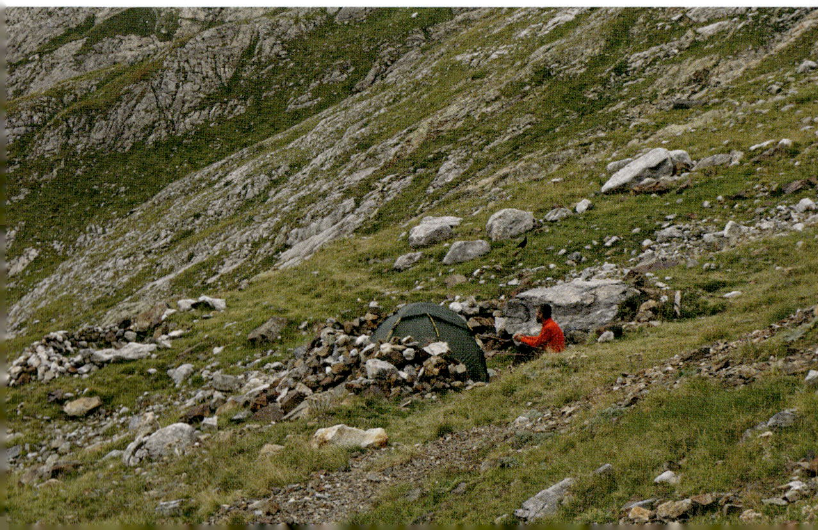

Wer auch ohne (schweres) Zelt flexibel sein möchte, kann eine Kompromisslösung wählen: Mit einem auch für kühlere Temperaturen ausgelegten Schlafsack und einer Isomatte kann man auch in den unbewirtschafteten Cabanes übernachten (siehe S. 23). Diese verfügen meist über Schlafgestelle aus Holz, nur selten auch über Matratzen.

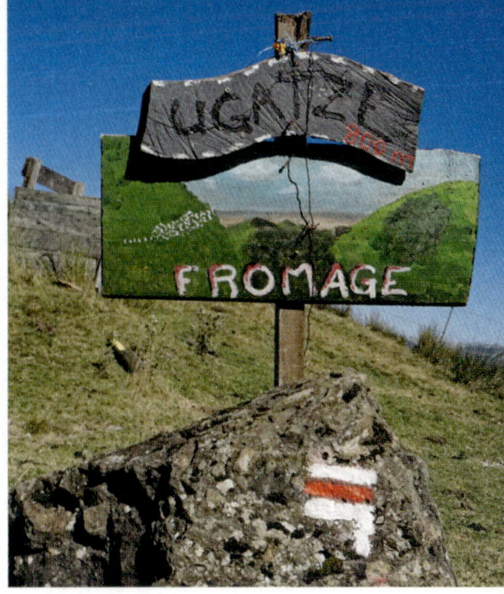

Käseverkauf am Col Ugatzé (Etappe 8).

Für all diejenigen, die nicht auf die Annehmlichkeit eines sauberen Bettes und einer warmen Mahlzeit verzichten möchten, sind bei manchen besonders langen Etappen Varianten beschrieben. Diese Routen weisen in kürzeren Abständen Unterkünfte auf und sind somit auch für durchschnittliche Wandernde gut zu schaffen.

Um unterwegs kochen zu können, empfiehlt es sich aufgrund des geringen Gewichts, einen Gaskocher mitzunehmen; schwere Spirituskocher sind weniger geeignet. Kartuschen können in Frankreich fast überall nachgekauft werden. Oftmals sind jedoch nur die sogenannten Stechkartuschen erhältlich. Die zum Wandern beliebteren und praktischen Kartuschen zum Schrauben beziehungsweise zum Klicken findet man zumindest in der Mehrheit der auf Wandernde eingestellten Geschäfte. Da jedoch besonders die Schraubkartuschen sehr teuer sind, kann es sich schnell auszahlen, einen Adapter mitzunehmen, um auch die »Klickkartuschen« verwenden zu können und gleichzeitig flexibler zu sein.

Wandern mit Kindern

Eine Fernwanderung mit Kindern birgt zusätzliche Herausforderungen. Da insbesondere jüngere Kinder unter zehn Jahren noch nicht ihr gesamtes eigenes Gepäck tragen können, müssen die Eltern dementsprechend mehr schultern. Bei manchen Abschnitten des GR 10, wie in großen Teilen des Ariège, sind die Etappen für Kinder zu lang. Hier müsste auf jeden Fall ein Zelt mitgenommen werden, was zusätzliches Gewicht bedeutet.

Wesentlich einfacher ist das Wandern mit Kindern in weniger abgelegenen Abschnitten wie den Hochpyrenäen oder auch in Richtung Mittelmeer.

Die Mehrheit der Familien mit Kindern, die wir getroffen haben, sind nicht den ganzen GR 10 gewandert, sondern waren meistens nur einige Tage von Hütte zu Hütte unterwegs. Eine solche Unternehmung ist unter der Voraussetzung, dass die Kinder motiviert sind, sicherlich gut machbar und eine einmalige Erfahrung. Wie auch bei allen anderen Aktivitäten gilt beim

Fernwandern: Eltern kennen ihre Kinder am besten und sollten relativ gut abschätzen können, was sie diesen zumuten können. Im Zweifelsfall beginnt man eben etwas kleiner.

Essen und Einkaufen

Frankreich ist für seine Küche weltweit bekannt. Dementsprechend haben die Mahlzeiten dort einen besonderen Stellenwert. Im Gegensatz zum deutschsprachigen Raum sind Menüs in Frankreich sehr verbreitet. Mittags sind diese meist sehr günstig, während die Preise am Abend höher liegen. Zudem bieten Restaurants oft ein Tagesessen (»Plat du jour«) an. Baguette wird zu jedem Essen gereicht.

Im Supermarkt sind die Preise, besonders was Obst und Gemüse angeht, bedeutend höher als in Deutschland. Abhilfe schaffen spezielle Obst- und Gemüseläden, die preiswerte saisonale und regionale Produkte anbieten. Kleine Gemischtwarenläden (»Épiceries«), die am GR 10 liegen, bieten oft auf Wandernde zugeschnittene Lebensmittel an. Einziger Nachteil sind dabei die mitunter horrenden Preise.

Besonders bei kleinen Geschäften und generell auf dem Land ist stets die Mittagspause (ab 12/13 bis teilweise 15/16 Uhr) mit einzuplanen. Immer häufiger bieten auch Gîtes d'étapes und Campingplätze die für Wandernde wichtigsten Lebensmittel und Gaskartuschen an.

Bei der Vorbereitung der Etappen sollten Selbstversorgende immer an die Einkaufsplanung denken. Mitunter kann es mehrere Tage keine Möglichkeit geben, die Vorräte aufzustocken. Bei den Etappen sind die jeweiligen Einkaufsmöglichkeiten angeführt.

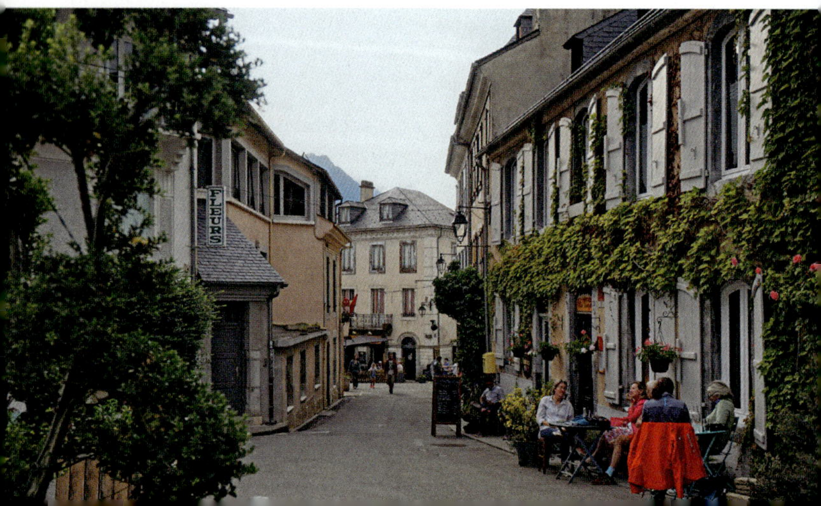

Gemütliche Einkehr in der Altstadt von Luz-Saint-Sauveur (Etappe 19).

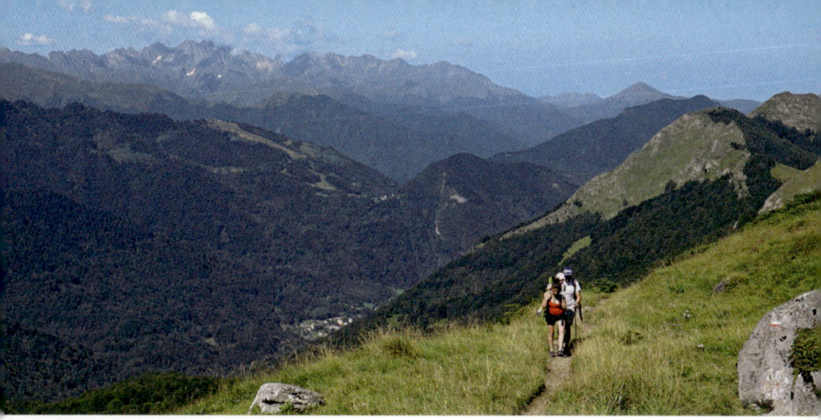

Mama trägt das Kind beim Aufstieg zur Port de Saleix in der Kraxe (Etappe 35).

Wasser

An heißen Tagen, im Sommer und in tiefer gelegenen Abschnitten des GR 10 wie in den westlichen Pyrenäen kann die Beschaffung von Wasser zum echten Problem werden. Hilfreich sind zahlreiche öffentliche Trinkwasserbrunnen oder Wasserhähne sowie ausgewiesene Quellen. Bei den Etappen sind jeweils alle Möglichkeiten der Wasserbeschaffung aufgelistet (in den Tourenkärtchen mit blauem Punkt dargestellt). In manchen Fällen kann es notwendig sein, das Wasser mit speziellen Wassertabletten (z. B. Micropur) zu behandeln; entsprechende Hinweise werden gegeben.
Grundsätzlich sollte man sich nicht auf alle beschriebenen Quellen verlassen, da diese in trockenen Jahren schon früh versiegt sein können. Daher sollte man immer eine ausreichende Reserve dabeihaben.

Anreise und Rückfahrt

Aufgrund der unterschiedlichen Start- und Zielorte empfiehlt sich bei der Begehung des GR 10 die Anreise mit öffentlichen Verkehrsmitteln.
Wandernde, die nur einen Teil der Strecke begehen oder eine Pause einlegen möchten, finden Informationen zu den öffentlichen Verkehrsmitteln bei den Etappenbeschreibungen.

- **Mit dem Zug:** Die An- und Abreise mit dem Zug ist grundsätzlich komfortabler und schneller, dafür aber auch wesentlich teurer als mit dem Fernbus. Von allen deutschen Bahnhöfen führt die Fahrt zum Startort Hendaye über Paris. Dort muss meist innerhalb der Stadt per Metro der Bahnhof gewechselt werden. Hendaye kann vom Bahnhof Paris-Montparnasse aus direkt mit dem TGV in weniger als fünf Stunden erreicht werden. Auch die Rückfahrt ab Banyuls-sur-Mer kann per Zug erfolgen: von Banyuls per Regionalzug zum TGV-Bahnhof im 35 km entfernten Perpignan, ab dort via Paris und mit Umsteigen weiter ins Heimatland.

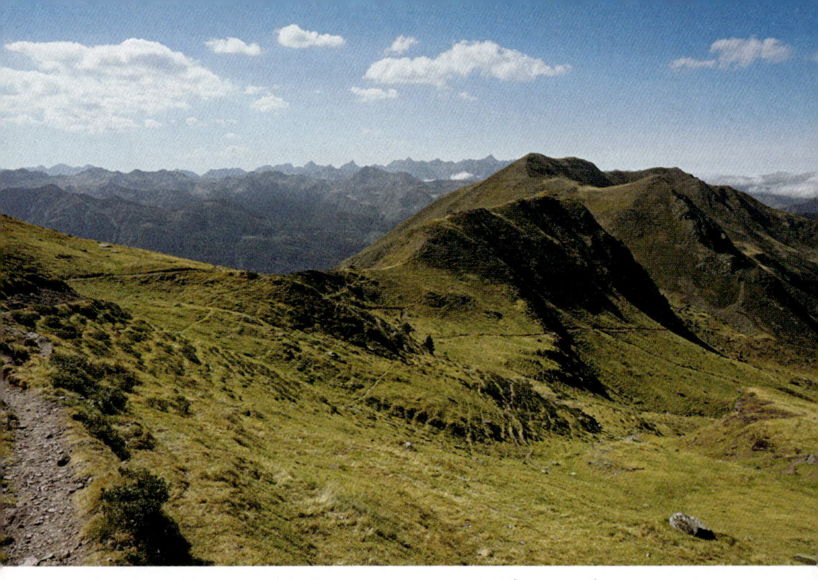

In den Genuss dieser Aussicht kommt man nur zu Fuß (Etappe 13).

- **Mit dem Bus:** Auch die An- und Abreise mit dem Bus erfolgt meist über Paris. Von dort aus bieten FlixBus sowie der französische Anbieter BlaBlaBus Fahrten von und nach Hendaye bzw. Bayonne (knapp 30 km von Hendaye entfernt) sowie Perpignan an. Von Perpignan besteht aktuell mit Flixbus auch eine Direktverbindung in Richtung Frankfurt (Main) über Karlsruhe. Da sich die Busverbindungen und -anbieter jedoch häufig ändern, müssen im Voraus immer aktuelle Informationen eingeholt werden.
- **Mit dem Auto:** Die Anreise mit dem eigenen Fahrzeug empfiehlt sich vor allem dann, wenn nur ein Teilstück des GR 10 gegangen und die Wanderung eventuell noch mit einem Urlaub vor Ort verbunden wird. Dazu erreicht man aus dem Norden Deutschlands Hendaye über Belgien, Paris und Bordeaux. Die Rückreise ab Banyuls-sur-Mer erfolgt über Lyon. Von Süddeutschland aus fährt man über Lyon und Bordeaux nach Hendaye. Von Banyuls führt der kürzeste Rückweg meist über die Schweiz.
- **Mit dem Flugzeug:** Der nächste Flughafen von Hendaye aus befindet sich in Biarritz (30 km). Aktuell gibt es von einigen deutschen Großstädten Direktflüge nach Biarritz; ansonsten ist ein Zwischenstopp in Paris notwendig. Von Banyuls-sur-Mer aus befindet sich der nächste Flughafen in Perpignan. Von dort aus ist zumeist ein Zwischenstopp in Paris oder Belgien notwendig. Direktflüge nach Deutschland werden bei vielen Fluggesellschaften ab Barcelona, Spanien (200 km von Banyuls-sur-Mer entfernt) angeboten.

Verkehrsinfrastruktur vor Ort

In den Ortschaften entlang der Etappen bestehen häufig Busverbindungen, worauf im Tourenteil hingewiesen wird. Leider ändern sich die Fahrpläne oft oder es gelten in der Ferienzeit oder am Wochenende andere Pläne. Daher werden keine genauen Fahrtzeiten angegeben, sondern diese sollten vorher z. B. im Internet für die gewünschte Linie herausgesucht werden. Wo möglich, ist deshalb eine Internetadresse angegeben. Leider sind die Fahrpläne zum Teil recht kompliziert, gerade bei Verbindungen mit Umstieg. Dennoch können wir persönlich eine Auskunft durch die Touristeninformation nicht empfehlen, da wir wiederholt schlechte Erfahrungen machen mussten.

Zu beachten ist, dass häufig nur wenige Busverbindungen am Tag bestehen und in manchen Fällen der Mitfahrwunsch bis spätestens 16 Uhr am Vortag angemeldet werden muss (siehe bei den betroffenen Etappen). Verspätungen sind nicht ungewöhnlich. Dafür ist Busfahren in Frankreich mit pauschal 1–2 € außergewöhnlich günstig und die Fahrer:innen sind in der Regel sehr hilfsbereit.

Einige wenige Etappenziele sind per Bahn zu erreichen. Sowohl der Anfangspunkt am Atlantik als auch das Ziel am Mittelmeer haben besten Bahnanschluss (s. Anreise mit dem Zug). Die Bahnschalter in den Bahnhöfen sind in der Regel besetzt und die Mitarbeiter helfen bei Fragen gerne weiter. Da die Bahn das bequemste und zuverlässigste Verkehrsmittel ist, um vom oder zum GR 10 zu gelangen, wurden die Start- und Endpunkte der acht

Alternatives Transportmittel?

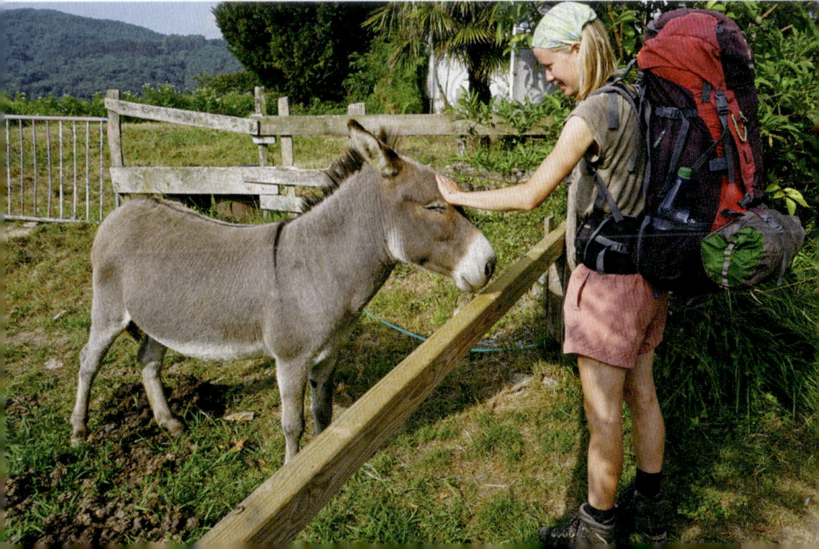

Abschnitte (siehe Seite 12/13) so gewählt, dass man per Zug bzw. Bus und Zug anreisen kann.
Unterwegssein per Autostopp ist in Frankreich gerade in abgelegenen Regionen üblicher als in Deutschland. Wir waren von der Hilfsbereitschaft der Franzosen und Französinnen stets positiv überrascht. Dennoch kann das Trampen auf selten befahrenen Sträßchen zur Geduldsprobe werden und die Fahr- bzw. Reisedauer lässt sich schlecht planen. Wer auf der sicheren Seite sein möchte, der ruft sich besser ein Taxi.

Geld

Besonders in den abgelegeneren (Berg-)Regionen des GR 10 können Unterkünfte, Einkäufe und Ähnliches meist nur in bar bezahlt werden. Daher ist es wichtig, stets ausreichend Bargeld dabeizuhaben.
Geldautomaten gibt es an folgenden Orten entlang des GR 10 (sowie abseits; in Klammern die Etappe): Hendaye (1), Sainte-Étienne-de-Baïgorry (4), Saint-Jean-Pied-de-Port (5), La-Pierre-Saint-Martin (10, abseits), Laruns (13, abseits), Gourette (14), Arrens-Marsous (15, abseits), Cauterets (16), Gavarnie (18, abseits), Luz-Saint-Sauveur (19), Barèges (20), Saint-Lary-Soulan (22, abseits), Bagnères-de-Luchon (25), Seix (32, abseits), Vicdessos (36, abseits), Les Cabannes (39, abseits), Bolquère (44), Arles-sur-Tech (50), Le Perthus (52), Banyuls-sur-Mer (53).

Telefonieren

Frankreich hat die Ländervorwahl +33 bzw. 0033. Bei Telefonaten nach Frankreich bzw. von einem ausländischen Smartphone aus wird die Null der eigentlichen Telefonnummer (im Wanderführer in Klammer gesetzt: +33 (0) plus Telefonnummer) nicht mitgewählt.
Teilweise verläuft der GR 10 auf spanischem Gebiet. Spanien hat die Ländervorwahl +34 bzw. 0034, danach folgen neun Ziffern (ohne Null als Vorwahl).

Wichtige Telefonnummern und Internetseiten

Touristische Informationen:

- Pyrénées Atlantiques: Tel. +33 (0)5 59 30 01 30, tourisme64.com
- Hautes-Pyrénées: Tel. +33 (0)5 62 56 70 00, tourisme-hautes-pyrenees.com
- Ariège: Tel. +33 (0)5 61 64 60 60, pyrenees-ariegeoises.com
- Pyrénées-Orientales: Tel. +33 (0)4 68 51 52 53, tourisme-pyreneesorientales.com bzw. tourismus-mittelmeerpyrenaen.de

Notruf:

Im Notfall wählt man die europäische Notrufnummer 112. Man wird dann automatisch an die zuständige Stelle weitergeleitet.
Daneben gibt es in Frankreich auch spezielle Notrufnummern: +33 15 (Notarzt), +33 17 (Polizei) und +33 18 (Feuerwehr).
Die Bergrettung ist in Frankreich unter der Nummer +33 (0)4 50 53 16 89 (PGHM; Peloton de Gendarmerie de Haute Montagne) zu erreichen.

Öffentliche Verkehrsmittel:
Zug: SNCF, Tel. +33 (0)8 92 35 35 35, sncf.com
Bus: Region Pyrénées-Atlantiques: Tel. +33 (0)9 70 87 08 70, transports.nouvelle-aquitaine.fr. Gesamte Region Occitanie: lio.laregion.fr.
Die Telefonnummern für die einzelnen Departements sind jeweils bei den entsprechenden Etappen angegeben.

Wetterbericht

Besonders in den Bergen ist die Verlässlichkeit der verschiedenen Wetterdienste nur bedingt gut. Auf plötzlich einsetzenden Regen oder starke Gewitter sollte man dementsprechend immer gefasst sein. Die genauesten Vorhersagen trifft der Erfahrung nach Météo-France (meteofrance.com).

Sprache

Um sich mit den Einheimischen verständigen zu können, ist es in jedem Fall von Vorteil, über Französischkenntnisse zu verfügen. Dabei heißt es, keine Scheu zu haben, auch wenn man nur ein paar Worte beherrscht. Mitunter können solche Bemühungen Tür und Tor öffnen. Außerhalb der kleinen Dörfer sprechen vor allem die jüngeren Leute meistens auch Englisch. Direkt beim Start in Hendaye werden aufmerksamen Wandernden die besonderen Häusernamen, Ortsbezeichnungen und zweisprachigen Schilder auffallen. Im grenzübergreifenden Baskenland ist es üblich, dass diese auf Französisch beziehungsweise Castellano (also Spanisch) und auf Baskisch beschrieben sind. Euskara bzw. Euskera, wie Letzteres auf Baskisch heißt, gilt als die älteste Sprache Europas und dabei mit keiner noch heute gesprochenen Sprache verwandt.

Am Ende des GR 10 in Richtung Mittelmeer mischen sich erneut anders klingende Sprachmelodien unter das Französische. Zwar ist das Katalanische in den französischen Pyrénées Orientales weniger präsent als auf der anderen Seite der Grenze in Spanien, jedoch gibt es auch hier noch insbesondere ältere Menschen, die diese Sprache im Alltag sprechen.

Um während der Wanderung auf dem GR 10 sprachlich bestens gewappnet zu sein, finden Sie auf Seite 295 eine kleine Liste mit den wichtigsten Begriffen rund ums Wandern inklusive deutscher Übersetzung.

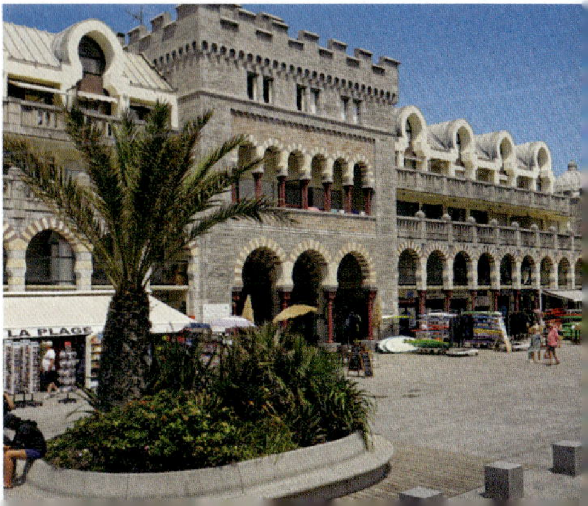

Unser Ausgangspunkt ist das Alte Casino an der Strandpromenade in Hendaye.

WANDERN IN DEN PYRENÄEN

Beim Begriff »alpin« dürfte die Mehrheit der deutschsprachigen Wanderer und Bergliebhaber als Erstes an die Alpen denken, die Wiege des Alpinismus. Durch ihre geografische Nähe, aber auch die gemeinsame Sprache und Kultur sind sie uns vertrauter als andere Gebirge. Leider sind sie in Teilen auch entsprechend überlaufen. Ganz anders die Pyrenäen. Im äußersten Südwesten Frankreichs an der Grenze zu Spanien gelegen und rund 1000 Kilometer von der deutschen Grenze entfernt, bescheren sie noch jene Ruhe, von der man in weiten Teilen der Alpen nur noch träumen kann. Wer die weite Reise auf sich nimmt, wird in dem Gebirgszug in weiten Teilen mit purer Natur und Ursprünglichkeit belohnt.

Die Pyrenäen

Im Westen durch den Atlantischen Ozean begrenzt, im Osten bis an das Mittelmeer reichend, erstrecken sich die Pyrenäen auf einer Länge von rund 430 km. Gleichzeitig bilden sie die natürliche Grenze zwischen Frankreich im Norden und Spanien im Süden des Gebirges. Diese Barriere weist dabei sehr unterschiedliche Dimensionen auf: Während die Pyrenäen im zentralen Teil noch eine Breite von bis zu 150 km erreichen, trennen die beiden Staaten im östlichen Teil des Gebirges gerade noch 10 km Granit und Kalk.

Über dem Lac d'Aubert erhebt sich die spektakuläre Felskulisse des Pic Ramougn, 3011 m (Etappe 21).

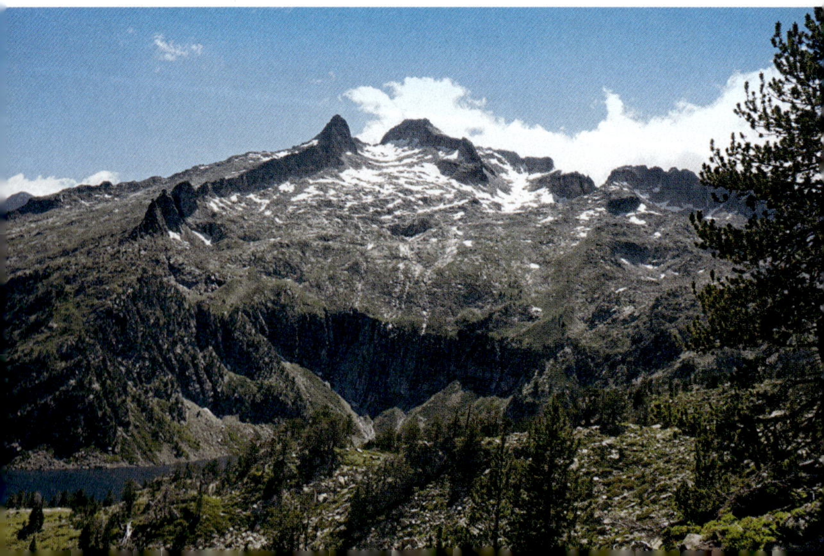

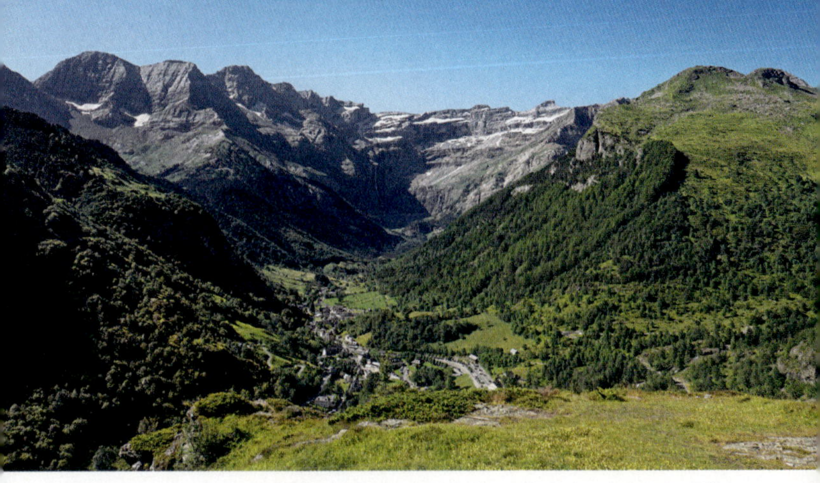

UNESCO-Welterbe: der beeindruckende Felsenkessel Cirque de Gavarnie (Etappe 19).

Die höchste Erhebung der Pyrenäen dürfen die Spanier ihr Eigen nennen. Der im südlichen Maladeta-Massiv gelegene Pico Aneto (3404 m) überragt den 3289 m hohen Vignemale, den höchsten Berg auf französischer Seite, um mehr als 100 Meter.

Vor Millionen von Jahren war anstelle der heutigen Pyrenäen nur ein riesiger Ozean zu finden. Doch dann begannen sich die Eurasische und die Iberische Platte langsam aufeinander zuzubewegen und falteten nach und nach unter Einwirkung gigantischer Kräfte die Pyrenäen auf. Vor etwa 40 Millionen Jahren hatten sie schließlich ihr uns heute bekanntes Erscheinungsbild erreicht.

Die Pyrenäen sind dabei von unzähligen Gegensätzen geprägt. Nach Westen zum Atlantik hin geht das Gebirge sachte in die wellige Hügellandschaft des Baskenlandes über. Nach Osten hingegen warten die Pyrenäen in weniger als 10 Kilometern Entfernung zum Mittelmeer noch mit Höhen von über 1000 m auf. Ein ähnlicher Kontrast ist auch in Nord-Süd-Richtung zu finden. Während die Pyrenäen auf spanischer Seite langsam und sanft auslaufen, weisen sie nach Norden hin eine deutlich schroffere Gestalt mit teilweise abrupt abfallenden und felsigen Steilwänden auf.

Die Wetterscheide entlang des Gebirgshauptkamms sorgt dafür, dass auf französischer Seite mit mehr Niederschlägen gerechnet werden muss, während auf der Südseite trockeneres und sonniges Wetter überwiegt. Diese Tatsache sollte einen dennoch nicht von der Pyrenäendurchquerung auf dem GR 10 abhalten. Je nach Jahreszeit kann man auch auf der Nordseite durchaus mit einem längeren regenfreien Zeitfenster beglückt werden. Da-

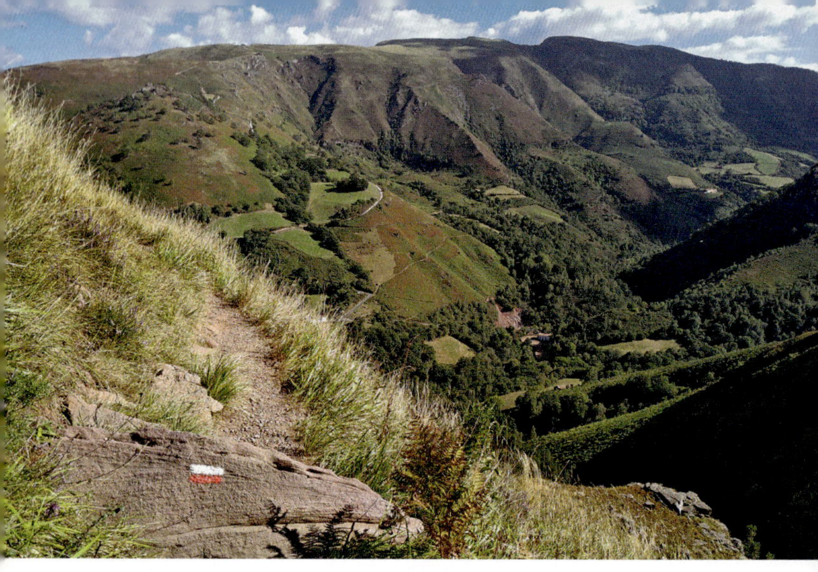

Heile baskische Gebirgswelt über Bidarray (Etappe 3).

für darf man sich hier an den saftig-grünen Wiesen und den sprudelnden Gebirgsbächen erfreuen.
Besonders prägend für die Gestalt der Pyrenäen war die Eiszeit. Noch vor 15.000 Jahren bedeckten zahlreiche Gletscher das Gebirge. Obwohl heute nur noch ein Bruchteil der ehemaligen Eisriesen zu sehen ist, haben diese dennoch ihre deutlich sichtbaren Spuren hinterlassen. Die tief eingeschnittenen, fast ausschließlich in Nord-Süd-Richtung verlaufenden Täler, die zahlreichen Bäche und Flüsse und vor allem die unzähligen Seen zeugen auch heute noch von der eisigen Vergangenheit.
Unterteilt wird die Nordseite des Gebirges in die westlichen/atlantischen Pyrenäen, die Zentral- oder Hochpyrenäen sowie die östlichen Pyrenäen.

Nationalpark Pyrenäen

Der im Jahr 1967 gegründete Parc National des Pyrénées ist der einzige seiner Art in den französischen Pyrenäen. Vom Vallé d'Aspe bis zum Vallé d'Aure erstreckt er sich auf rund 100 km entlang der französisch-spanischen Grenze. Mit dem Cirque de Gavarnie und dem vergletscherten Vignemale-Massiv beherbergt der Park gleich zwei Naturschätze von unvergleichlichem Wert. Komplettiert wird der französische Nationalpark durch die beiden spanischen Nationalparks Aigüestortes und Ordesa y Monte Perdido.
In allen drei Nationalparks sind die Verhaltensregeln und Biwakzeiten (siehe freie Zeltmöglichkeiten Seite 24) unbedingt zu beachten!

Vegetation

Auf Meereshöhe beginnend und endend, bewegen wir uns auf unserer Pyrenäendurchquerung zwischendurch auf über 2700 m Höhe. Den höchsten Punkt erreichen wir auf Etappe 18 an der Hourquette d'Ossou auf 2734 m. Dementsprechend unterschiedlich gestaltet sich auch die uns umgebende Vegetation.

Besonders in den niederen Lagen bis knapp 1000 Meter überwiegt für die Viehhaltung gerodetes Weideland. Leider fehlen dadurch auch die oft sehnsuchtsvoll herbeigewünschten schattenspendenden Bäume. Dafür winden sich zahlreiche Brombeersträucher um die Weidezäune, was uns besonders in der Sommerzeit zugutekommt.

In den noch erhaltenen Wäldern der Pyrenäen überwiegen Buchen und Tannen. Je höher man kommt, umso mehr dominieren die weitgehend anspruchslosen Kiefern. Im Gegensatz zu den Alpen liegt die Baumgrenze in den Pyrenäen deutlich höher und so sind kleine Kiefern auch noch in Lagen um 2400 m zu finden. Blumen sind weniger zahlreich vorhanden. Dennoch erfreuen uns, abhängig von der jeweiligen Jahreszeit, beispielsweise Pyrenäen-Hahnenfuß, Narzissen, Pyrenäen-Schwertlilien oder mit einigem Glück sogar Enzian.

Auf den Etappen durch die Zentralpyrenäen, die immer wieder auch in hochalpines Gelände vorstoßen, weicht die Vegetation schließlich kargen Schutt- und Gesteinslandschaften. Einzig Moose und Flechten trotzen noch jener lebensfeindlichen Umgebung.

Wilde Brombeeren.

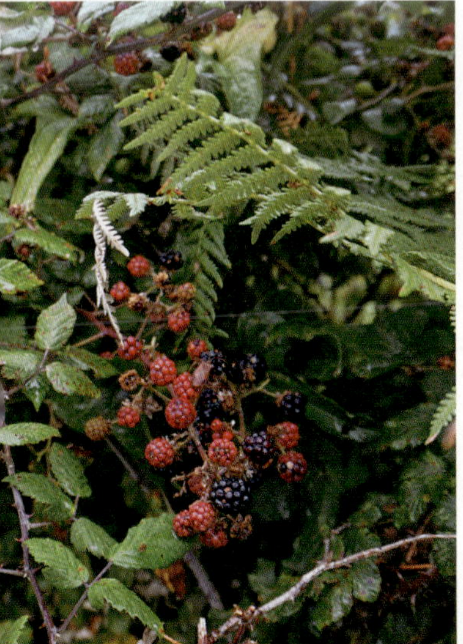

Pyrenäen-Schwertlilie.

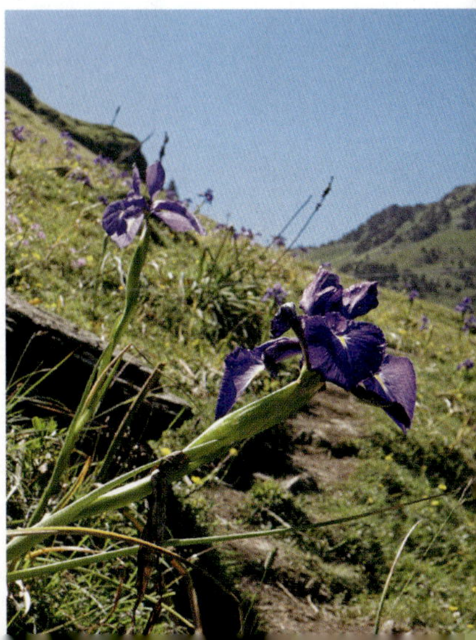

Tierwelt

Wer mit offenen Augen auf dem GR 10 unterwegs ist, kann viele verschiedene Tierarten entdecken. Direkt am ersten Tag, wenige Kilometer, nachdem man den Ausgangspunkt Hendaye hinter sich gelassen hat, trifft man auf die freilaufenden Pottok-Ponys. Während der ersten Etappen durch das Baskenland sind sie tägliche Begleiter.

Aber auch in der Luft tut sich einiges. Mehrere Geierarten nennen die Pyrenäen ihr Zuhause. Am häufigsten wird man den Gänsegeier beobachten können. Besonders am Pic d'Iparla (Etappe 4) lohnt es sich, einen Blick in den Himmel zu werfen. Darüber hinaus kann man immer wieder auch große Mönchsgeier, deutlich kleinere, bräunliche Schmutzgeier sowie die seltenen Bartgeier sehen.

Bei den Insekten sind besonders die zahlreichen Schmetterlinge zu erwähnen. Um die 300 verschiedene Arten kommen in den Pyrenäen vor.

Unter den Amphibien sind unter anderem Eidechsen, Frösche, Kröten und Molche vertreten. Zudem leben hier mehrere Schlangenarten, wobei einzig die Aspisviper als giftig gilt. Für Menschen ist sie jedoch ungefährlich.

In den höheren Lagen muss man nicht übermäßig Glück haben, einem Murmeltier zu begegnen. Seit deren Auswilderung in den 1940er-Jahren haben sie sich auch in den Pyrenäen munter verbreitet. Steinböcke jedoch sind trotz intensiver Bemühen mittlerweile ausgestorben. Die Pyrenäengämse, die eng mit ihren Artgenossen in den Alpen verwandt ist, wird man dafür umso öfter durch steiles Gelände und Geröll springen sehen.

Wollt ihr bitte mal Platz machen? Erster Kontakt mit den freilaufenden Pottok-Ponys (Etappe 1).

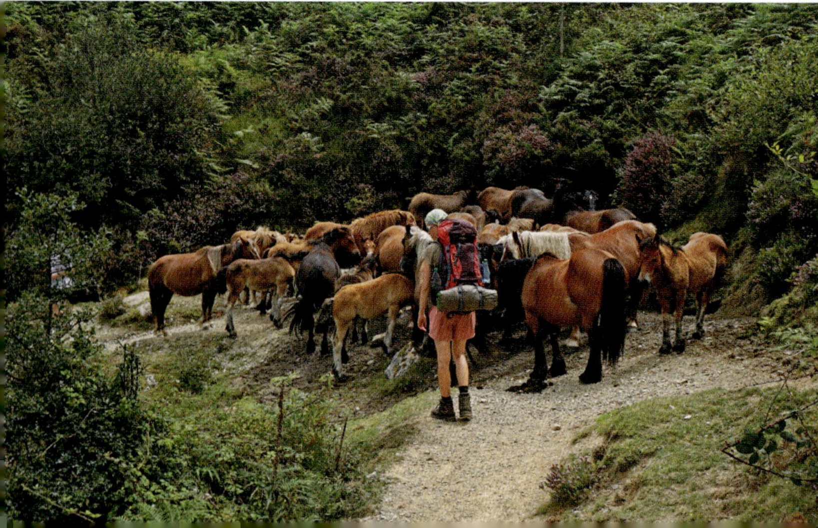

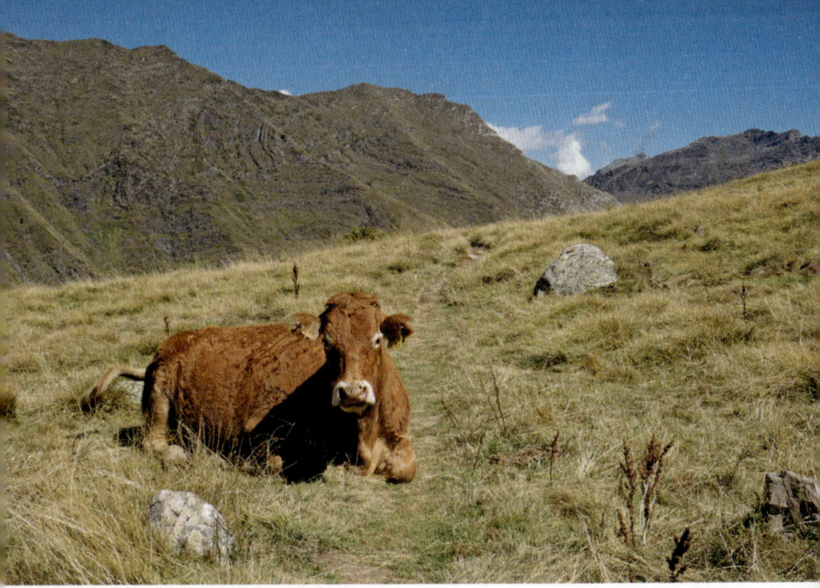

Einfach vorbeigehen! (Etappe 18)

Das Tier, das mit Sicherheit die größte Kontroverse auslöst, ist der Europäische Braunbär. Nachdem dieser vor einigen Jahrzenten durch die Jagd als nahezu ausgerottet galt, wurden in den 1990er-Jahren wieder vermehrt Tiere aus Slowenien und Kroatien in den Pyrenäen ausgewildert. Der Bestand hat sich seither stetig erhöht und so wird heute von ungefähr 50 dort lebenden Braunbären ausgegangen.

Diese Entwicklung erfährt jedoch nicht nur positive Resonanz. Denn nicht selten kommt es vor, dass ein Bär sich in die Nähe von Höfen wagt und ganze Schaf- und Ziegenherden reißt. Einige der Bauern und Hirten machen deshalb weiterhin Jagd auf den Braunbären. Dadurch werden immer wieder Tierschützer auf den Plan gerufen, denn der Europäische Braunbär steht unter Naturschutz. Wandernde müssen jedenfalls wenig Angst haben, einem der Bären zu begegnen. Im Allgemeinen sind die Tiere überaus scheu und meiden den Menschen. Mit ausreichendem Sicherheitsabstand lassen sich Braunbären im Parc d'Ours in Borçe (Etappe 12) beobachten.

Zu den Besonderheiten der Pyrenäen gehören auch die verschiedenen endemischen Tierarten, die ausschließlich dort zu finden sind. Um dem maulwurfartigen »Pyrenäen-Desman« zu begegnen, muss man jedoch viel Glück haben, da die Tiere sich hauptsächlich in Gebirgsbächen und -seen aufhalten. Wer das Tier länger betrachten möchte, dem sei ein Besuch des interessanten Pyrenäen-Museums in Lourdes (siehe Seite 38) zu empfehlen.

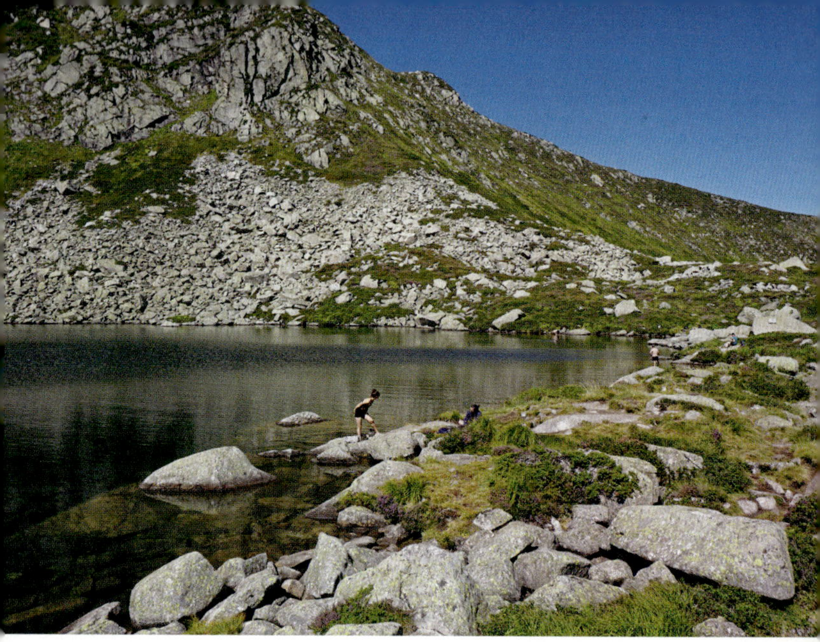

Badepause am Bergsee Étang d'Alate (Etappe 35).

Baden

Badesachen sollten bei einer Wanderung auf dem GR 10 in keinem Rucksack fehlen. Während die Flüsse meist ziemlich kalt sind, üben besonders die zahlreichen Seen eine immense Anziehungskraft aus. Je nach Jahreszeit können sich diese selbst in den Höhenlagen auf bis zu 20 Grad erwärmen. Wem dies immer noch zu kalt ist, kann sich in einem der am Weg liegenden Thermalbäder entspannen oder bei den natürlichen heißen Quellen (Etappe 42) eine Pause einlegen. Am Beginn und am Ende der Pyrenäendurchquerung schließt sich der Kreis mit einem Bad im Meer.

Das Pyrenäen-Museum in Lourdes

Bei ausreichend Zeit empfiehlt sich ein Besuch des Pyrenäen-Museums in Lourdes. Dieses ist in der über der Stadt thronenden Burg untergebracht und beherbergt eine spannende Sammlung an ausgestopften Tieren sowie Exponaten zur Kultur in den Pyrenäen. Auch ein Botanischer Garten mit allen wichtigen Pflanzen des Gebirgszugs gehört zum Museum (chateaufort-lourdes.fr).

Schafherde am Fuß des Soum Couy, 2315 m (Etappe 11).

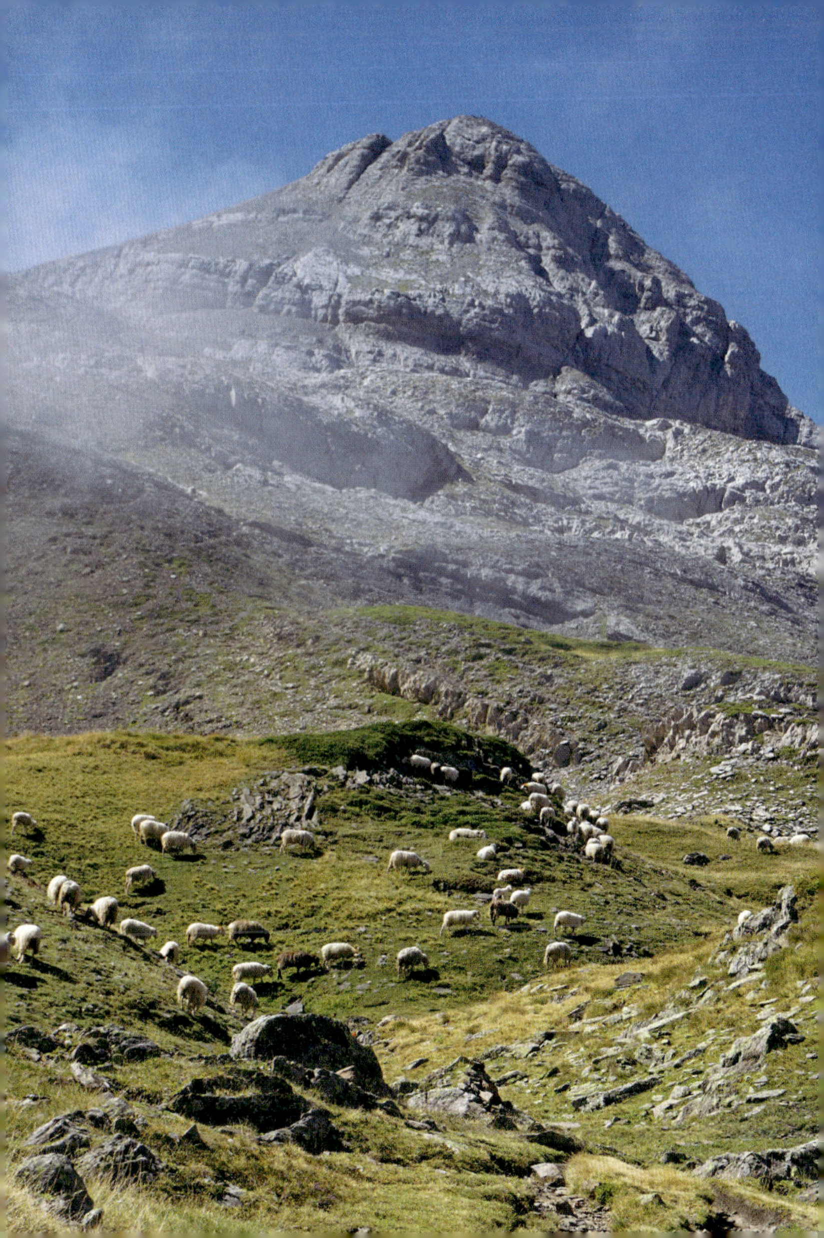

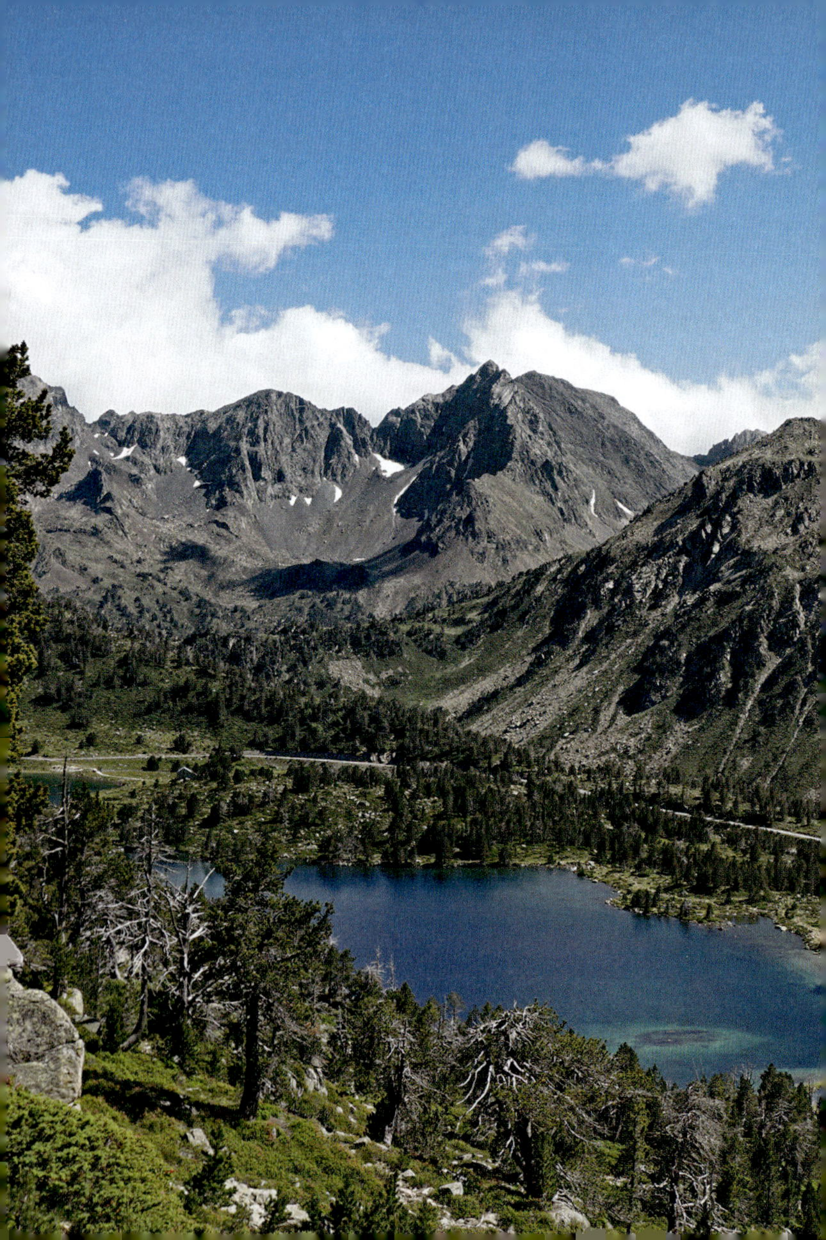

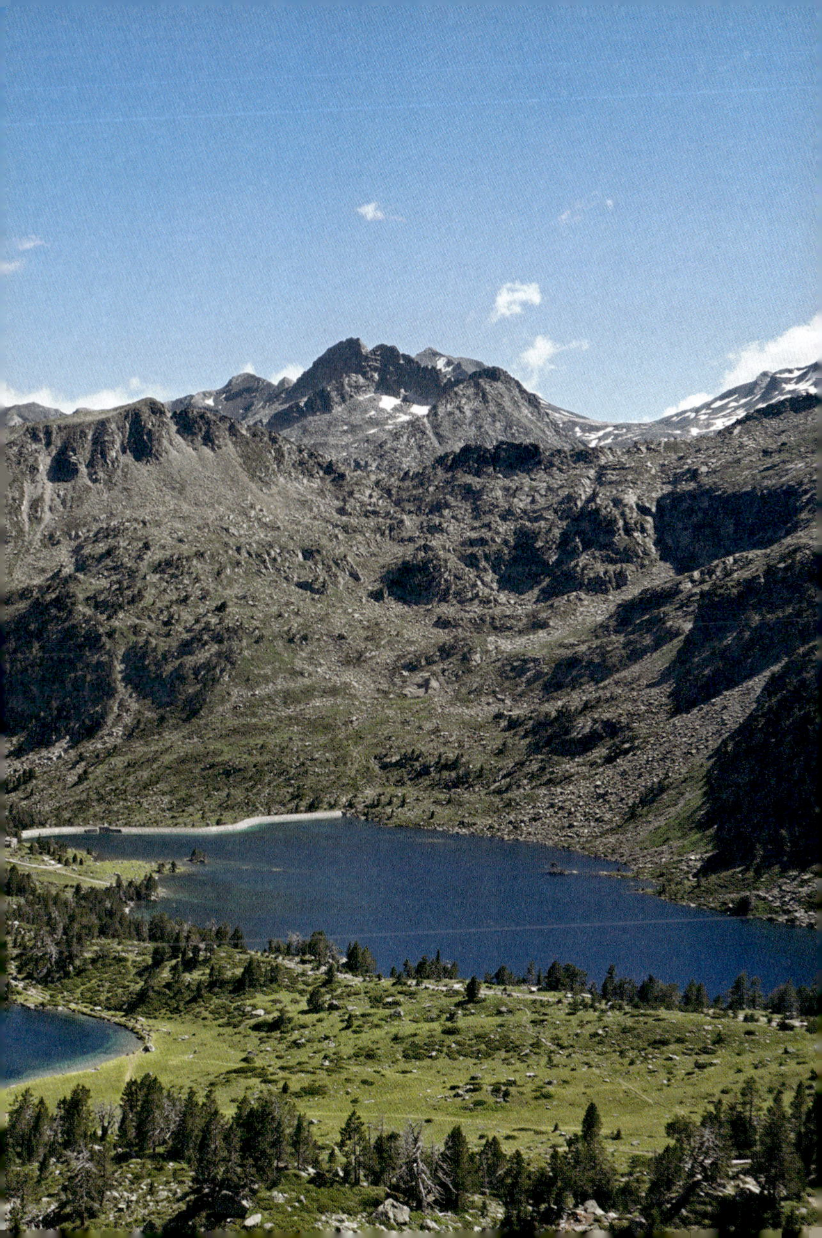

1 Hendaye-Plage – Olhette

7.45 h | 21,9 km | ↗1010 m | ↘950 m

Facettenreicher Auftakt: vom Atlantik ins baskische Hügelland

Bevor wir mit unserer Pyrenäendurchquerung beginnen, lädt uns der bei Surfern beliebte französische Küstenort Hendaye zu einer Erfrischung im bis zu 24 Grad warmen Wasser des Atlantiks ein. Bis zu 53 Tage wird es dauern, bis wir unsere Füße in das kühle Nass des Mittelmeers eintauchen können. Die erste Etappe unserer Pyrenäenüberquerung macht es uns leicht, dem Alltag den Rücken zu kehren, und stimmt uns direkt auf das hügelige Auf und Ab des Baskenlands ein. Der bei guter Sicht fantastische Rundblick vom Gipfel des Xoldokogaina, 486 m, zögert unseren Abschied vom Meer noch etwas hinaus und lässt uns auf die bereits hinter uns liegenden ersten Kilometer zurückschauen. Nach der Ruhe in der Natur überrascht uns der Rummel am Col d'Ibardin an der Grenze zwischen Spanien und Frankreich umso mehr. Einheimische und Touristen kommen hierher, um sich auf spanischer Seite mit Lebensmitteln, Tabak und Alkohol zu wesentlich günstigeren spanischen Preisen einzudecken. Nachdem wir den Pass hinter uns gelassen haben, wird es zunehmend schattiger und entlang des Baches herrschen besonders im Hochsommer angenehm kühle Temperaturen.

Ausgangspunkt: Hendaye-Plage, 0 m, am Strand beim ehemaligen Casino. Bei Anreise mit Regionalverkehrszug am Bhf. Les Deux-Jumeaux aussteigen, von dort 15 Min. zum Ausgangspunkt.
Anforderungen: Stetes Auf und Ab, dabei wechseln schmale Pfade mit bequemen Wanderwegen; schattenloser Aufstieg zum Xoldokogaina, früher Aufbruch empfehlenswert.
Einkehr: In Hendaye. In Biriatou (300 m abseits des GR 10) Hôtel-Rest. Les Jardins de Bakea (s. Unterkunft). In Ventas d'Ibardin u. a. Venta Elizalde (s. Unterkunft). Venta Insola (250 m abseits des GR 10 auf spanischer Seite), Tel. +34 661 345 653. In Olhette Hôtel-Rest. Trabenia (s. Unterkunft).
Unterkunft: Hendaye: zahlreiche Hotels am Strand, in der Stadt jedoch günstigere Preise; **Hendaye-Plage** u. a. Hôtel Bellevue, Tel. +33 (0)5 59 20 00 26, hotelbellevue-hendaye.fr, EZ/DZ, einfache Ausstattung. – Camping Alturan (nahe am Meer und am GR 10), Tel. +33 (0)5 59 20 04 55, camping-alturan.com, Juni–Sept., 299 SP; kleiner LM-Laden, auch Gaskartuschen; Restaurant. In **Hendaye-Ville** u. a. Hôtel de La Gare (ca. 100 m vom Bhf. entfernt; vom Hotel auf der D912 in Richtung Hendaye-Plage bis zur Steinbrücke, die vom GR 10 unterquert wird, 1,4 km), Tel. +33 (0)5 59 20 81 90, hoteldelagare-palombebleue.com, EZ/DZ/MBZ. **Biriatou:** Hôtel-Rest. Les Jardins de Bakea (300 m abseits des GR 10), Tel. +33 (0)5 59 20 02 01, bakea.fr, DZ/MBZ, HP. **Ventas d'Ibardin:** u. a. Venta Elizalde, Tel. +34 948 631 024, ventaelizalde@gmail.com, Weihnachten/Jan. geschl., 20 B, Zi. mit Kochnische; span. Küche. **Olhette:** Gîte d'étape Trapéro Baita d'Olhette, Tel. +33 (0)5 59 54 42 59, leteich@hotmail.fr, April–Sept., 4 DZ/1 MBZ als Chambre d'hôtes, 4 Zeltstellplätze, kleiner Pool; HP. – Hôtel-Rest. Trabenia (schräg ggü. Gîte d'étape), Tel. +33 (0)5 59 54 01 91, hotel-trabenia.com, März–Dez., 4 DZ.
Cabanes: Keine.

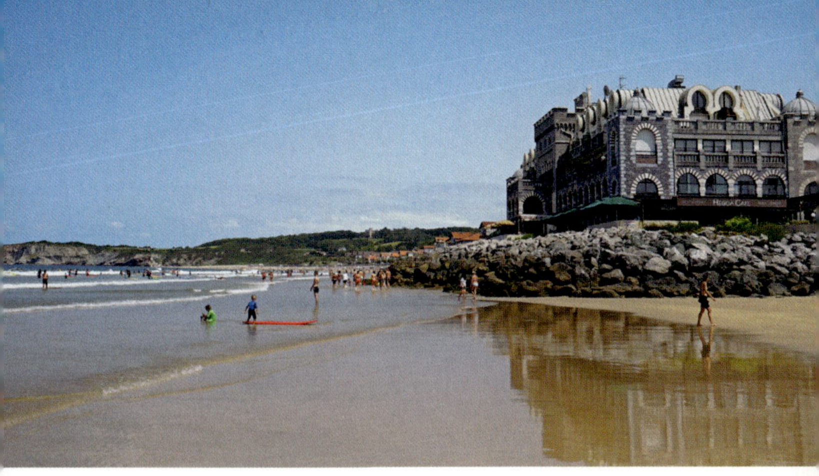

Am Traumstrand von Hendaye liegt der Startpunkt unserer Pyrenäendurchquerung: das ehemalige Casino.

Zeltmöglichkeit: Nach ca. 1 Std. auf der Anhöhe zwischen Hendaye-Ville und Migeltxoenborda. Am Col des Poiriers 6 und am Deskargahandiko Lepoa 9.
Einkauf: Am Ausgangspunkt kleine LM-Läden. In Hendaye-Ville u. a. Intermarché (mit Gaskartuschen; 15 Min. abseits des GR 10). In Irún (Spanien, 10 km abseits des GR 10) großer Decathlon, in Hendaye nur eine auf Wassersport spezialisierte Filiale. In Ventas d'Ibardin Supermärkte mit spanischen Preisen.
Wasser: In Hendaye-Plage WC an der Strandpromenade. In Biriatou (Variante) WC bei der Kirche. In Ventas d'Ibardin WC.
ÖPNV: Bhf. in Hendaye (vgl. auch »Anreise« S. 27). Buslinien 31 und 35 sowie Expresslinie 3: mehrmals stdl. zwischen Bhf. Hendaye und Hendaye-Plage. Buslinie 31 fährt auch nach Irún (Spanien). Buslinie 37: 3x tgl. von Hendaye-Ville nach Biriatou. Olhette hat keine Anbindung an das Busnetz, nur ab Ascain (4 km entfernt an der D4) mehrmals tgl. Busse nach Saint-Jean-de-Luz, Sare und Ainhoa (Etappe 2). Infos: Tel. +33 (0)5 47 75 76 64, txiktxak.fr.
Information: Hendaye-Plage, Tel. +33 (0)5 59 20 00 34, www.hendaye-tourisme.fr. Ventas d'Ibardin, Tel. +33 (0)5 59 54 60 80, ibardin.net.
Variante: Zehnminütiger Schlenker über den baskischen Weiler Biriatou.
Karte: IGN 1 Pays Basque Ouest.

i Das prächtige Gebäude im maurischen Stil am Startpunkt unserer Pyrenäenüberquerung zeugt von einer bewegten Vergangenheit. Es wurde 1884 erbaut und beherbergte fast 100 Jahre lang das ***Casino*** *der Kleinstadt Hendaye. Während des Ersten Weltkrieges zwischenzeitlich auch als Militärkrankenhaus genutzt, wartet es heute mit mehreren Geschäften und der Résidence Croisière auf, einem Appartement, das man mieten kann.*

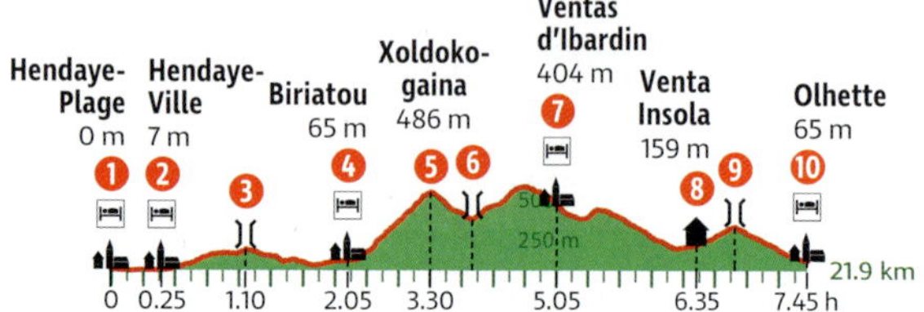

Startpunkt des GR 10 ist das ehemalige Casino, direkt am Strand von **Hendaye-Plage** ❶, 0 m. Mit dem Gebäude im Rücken folgen wir dem vom Meer wegführenden Boulevard du Général Leclerc (rechte Straßenseite). Nach wenigen Metern passieren wir rechter Hand eine große Infotafel und finden direkt daneben an einem Laternenpfahl die erste rot-weiße Markierung. Am Kreisverkehr nehmen wir die dritte Ausfahrt und gehen auf der Rue des Citronniers in die Txinguay-Bucht, wo sich auch der Hafen von Hendaye befindet. Wir überqueren den parallel zum Ufer verlaufenden Boulevard de Chingoudy und biegen anschließend nach links ab. Von der Uferpromenade aus haben wir einen schönen Blick auf die gegenüberliegende Seite der Bucht. Dort startet der GR 11, die spanische Variante der Pyrenäendurchquerung. Wir gelangen zu einem kleinen Skater-Platz, biegen leicht links ab und unterqueren eine Steinbrücke in **Hendaye-Ville** ❷, 20 m.

Weiter auf der Rue Pellot treffen wir auf einen Kreisverkehr. Dort befindet sich zwischen der ersten und der zweiten Ausfahrt ein Fußgängerdurchgang unter einem Haus hindurch. Wir folgen diesem Weg, überqueren einen kleinen Platz und kommen zu einer T-Kreuzung, wo wir nach links abbiegen. Un-

Hafen von Hendaye und jenseits der Bucht das spanische Hondarribia, wo der GR 11 beginnt.

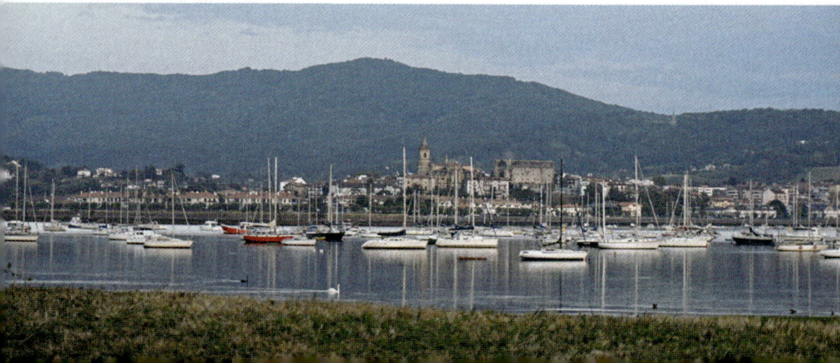

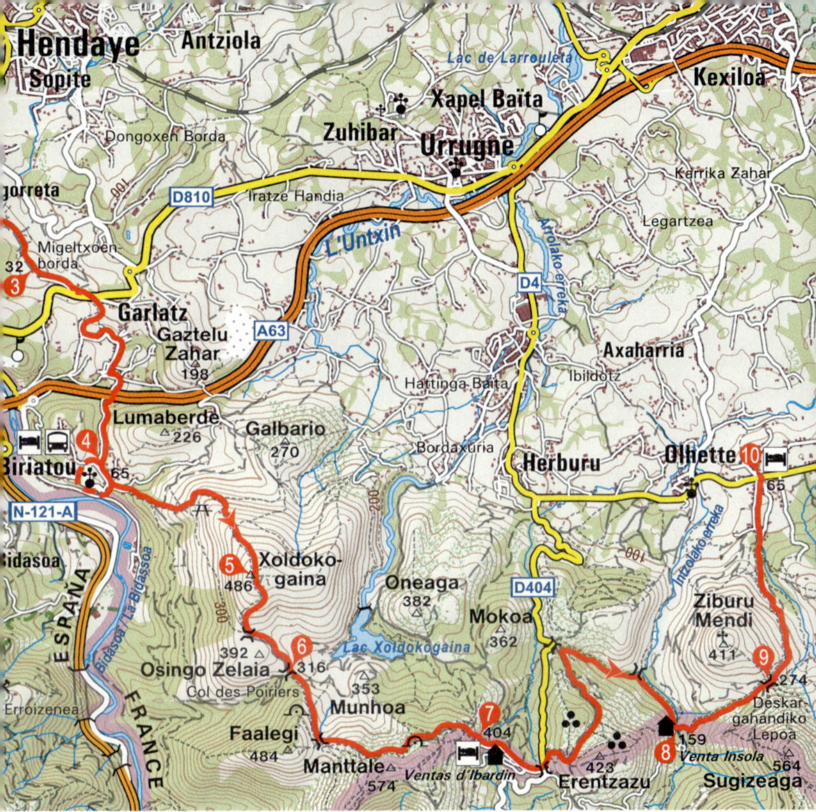

geachtet des Straßenverlaufs, der eine Kurve nach rechts macht, gehen wir geradeaus auf einem Fußweg weiter und unter der Bahnstrecke hindurch. Am nächsten Kreisverkehr folgen wir weiterhin geradeaus dem Chemin de Bianténia. Nach einem kurzen Anstieg treffen wir auf die D358, gehen auf ihr bis zu einem Kreisverkehr und dort auf der Rue Errondenia weiter bis zur T-Kreuzung. Dort zweigen wir rechts ab und steigen entlang der Rue Pausoa steil den Hügel hinauf. Wir lassen Hendaye hinter uns und wandern auf dem aussichtsreichen Höhenweg bis zu einer Kreuzung. Hier biegen wir zunächst links ab und halten uns wenige Meter später an einer erneuten Gabelung rechts. Auf der für Autos gesperrten Schotterpiste gelangen wir über den **Migeltxoenborda** 3, 132 m, zur stark befahrenen D810. Wir überqueren diese und folgen ihr knapp 100 m nach links, bis rechts ein abwärtsführender Pfad abzweigt. An der nächsten Gabelung halten wir

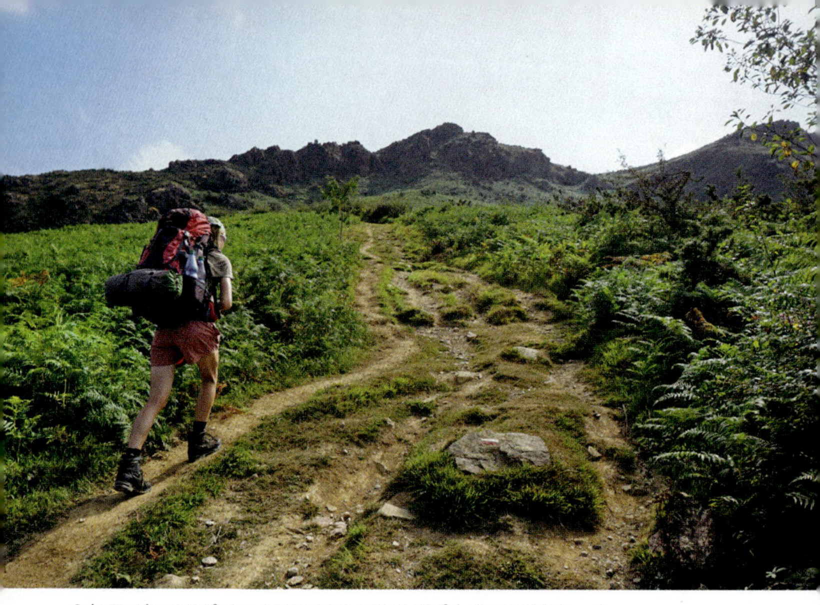

Schattenloser Aufstieg zu unserem ersten Gipfel, dem Xoldokogaina.

uns wiederum rechts und kommen vorbei an mehreren Bauernhäusern zu einer Kreuzung. Wir biegen links ab und folgen der Asphaltstraße bergab bis zur Autobahn A63. Nach deren Unterquerung steigt der Weg zunächst wieder an und leitet uns dann in stetem Auf und Ab zur T-Kreuzung vor **Biriatou** 4, 65 m. Dort haben wir die Wahl: Nach rechts führt ein ungefähr zehnminütiger markierter Umweg durch das kleine Dorf Biriatou, 50 m.

Der direkte Weg folgt der Straße nach links bis zur Maison Mouniort, wo die beiden Varianten wieder zusammenfinden. Hier biegen wir nach links ab. An der Weggabelung kurz darauf gehen wir rechts bergauf bis zu einem Parkplatz-Schild. Dort nehmen wir einen nach rechts abzweigenden steinigen Pfad und beginnen mit dem Anstieg zum Gipfel. Der Weg führt an einem aussichtsreichen Picknickplatz mit Bank vorbei und beschreibt anschließend eine Rechtskurve um die Flanke des Berges herum. Kurz darauf verlassen wir den breiteren Hauptweg und folgen einem nach rechts abzweigenden schmalen Pfad. Über den grasigen Bergrücken erreichen wir die Gipfelfläche am **Xoldokogaina** 5, 486 m, die im Sommer den Wildpferden als Weidefläche dient.

Auf der anderen Seite führt der Pfad bergab bis zu einem Sattel. Hier halten wir uns links und gelangen zum **Col des Poiriers** 6, 316 m, was übersetzt »Sattel der Birnbäume« bedeutet. Wir folgen dem Weg geradeaus und durch ein kleines Waldstück. Dann queren wir den Hang des Mandale und erreichen nach 1,5 km einen Wegweiser. Hier treffen wir auf einen breiten Schotterweg und bleiben auf diesem, bis in dessen erster Spitzkehre ein Pfad abzweigt. Dieser führt steil hinab zum Restaurant Venta Elizalde am Beginn der **Ventas d'Ibardin** 7, 404 m. Wir gehen auf der auf der Staatsgrenze verlaufenden Straße bergab an zahlreichen kleinen Geschäften vorbei. Am Ende der Straße treffen wir auf einen Kreisverkehr am eigentlichen Col d'Ibardin, 317 m. Wir halten uns links und folgen der D404 ca. 70 m bis zu einem nach rechts abzweigenden Schotterweg. An einem Stahltor halten wir uns erneut rechts und steigen einen steilen Wiesenhang hinauf. An einer sternförmigen Kreuzung biegen wir links ab und gelangen bergab zu einem Wanderparkplatz. An dessen hinterem Ende beginnt rechts ein Pfad, der uns hinunter zu einem kleinen Bachlauf führt. Wir überqueren den Bach und folgen dessen Verlauf bis zu einer kleinen Lichtung. Hier wenden wir uns nach rechts und überqueren den Bach erneut. Auf einer ehemaligen Römerstraße gelangen wir entlang eines weiteren Baches zu einer Betonbrücke am **Abzweig** zur **Venta Insola** 8, 159 m.

Wir gehen nach links über den Bach und steigen auf dem Pfad steil bergan bis zu einer komplizierteren Kreuzung am **Deskargahandiko Lepoa** 9, 274 m. Hier halten wir uns leicht links und folgen dem Weg, an dem ein Wasserreservoir in den Boden eingelassen ist. Er bringt uns zu einer Straße. Linker Hand befindet sich das Chambre d'hôtes Manttu Baita, das allerdings einen Mindestaufenthalt von drei Nächten verlangt.

Der GR 10 biegt hier nach rechts ab. Um unser Tagesziel zu erreichen, bleiben wir jedoch geradeaus auf der Straße und gelangen nach knapp 10 Min. an der Gîte d'étape vorbei zur D4 im kleinen Dorf **Olhette** 10, 65 m.

Schöne Zeltmöglichkeit für alle, die die erste Etappe am Deskargahandiko Lepoa beenden möchten.

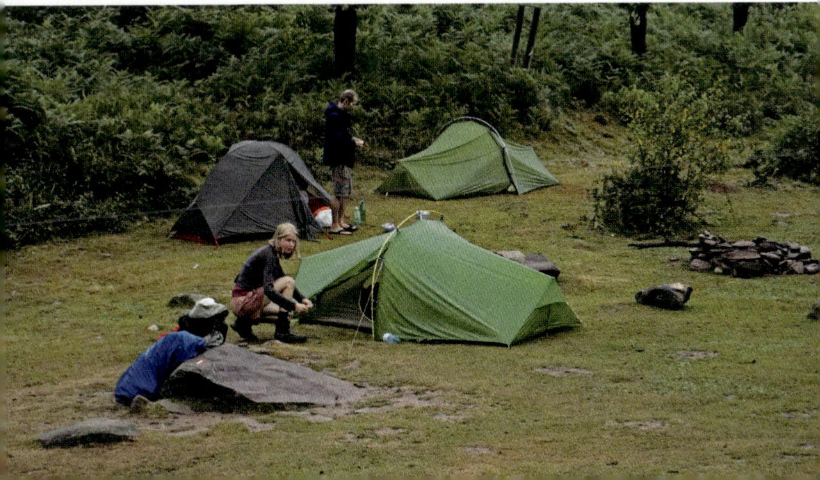

2 Olhette – Ainhoa

6.30 h	21,1 km
↗ 730 m	↘ 670 m

Hügelhopping baskischer Art: malerische Dörfer und unvergleichliche Architektur

Der heutige Tag beginnt mit einem langen Anstieg zum Erepausuko Lepoa. Den Weg dorthin teilen wir uns mit vielen Tageswanderern, die zum beliebten Ausflugsgipfel La Rhune aufsteigen. Im Sommer lohnt es sich, beim anschließenden Abstieg nach Sare die Augen nach herrlich schmeckenden Brombeeren offen zu halten. Nach dem schmucken Dorf wird es einsamer und wir begegnen nur noch wenigen anderen Wandernden. Die breiteren Forstwege und kleinen Asphaltstraßen bieten nach der anstrengenden ersten Hälfte der Etappe eine willkommene Abwechslung. Ein einfaches Wandern in der Ebene sollte man dennoch nicht erwarten. Die baskischen Hügel können durchaus fordernd sein. Dafür machen die wunderschönen Höfe und Bauernhäuser in typisch baskischer Architektur jede Anstrengung wieder wett.

Ausgangspunkt: Olhette, 65 m, an der Landstraße D4.
Anforderungen: Moderate Etappe, der Hauptanstieg kommt direkt am Beginn, bei Nässe evtl. teils Einsatz der Hände notwendig; dann stetes Auf und Ab.
Einkehr: In Sare und Ainhoa.
Unterkunft: **Sare:** u. a. Hôtel-Rest. Arraya (ggü. Tourist-Info), Tel. +33 (0)5 59 54 20 46, arraya.com, 15 DZ, baskische Küche. **Lehenbiscay:** Hôtel-Rest. Pikassaria (400 m abseits des GR 10), Tel. +33 (0)6 21 35 44 14, hotel-pikassaria.com, 17 Zi. (DZ/MBZ), baskische Küche. – Camping de la Petite Rhune mit angegliederter Gîte d'étape Erretera-Goxoa, Tel. +33 (0)5 59 54 23 97, lapetiterhue.com, Camping Mitte Juni–Mitte Sept., 24 SP, Waschmaschine, Trockner; Gîte ganzjährig, 20 B in 4 MBZ; Gemeinschaftsbereich, Pool; Brot auf Bestellung. **Ainhoa:** u. a. Camping Harazpy mit angegliederter Gîte d'étape (400 m nordwestlich des Orts, nach der Kirche links abbiegen), Tel. +33 (0)5 59 29 89 38 und Tel. +33 (0)6 75 58 04 85, etchartenea@orange.fr, März–Nov., 25 SP, Küche und Aufenthaltsbereich bei der Gîte, dort 12 B in Schlafsaal, Picknicktisch am Camping; kleiner LM-Verkauf. – Hôtel La Maison Oppoca, Tel. +33 (0)5 59 29 90 72, oppoca.com. 10 DZ.
Cabanes: **Cabane Arano-Xola** (200 m links/nördlich des Erepausuko Lepoa, Pfadspuren zur Hütte), guter Zustand, 4 P auf Holzplattform; nach weiteren 300 m kleine Kapelle Iramarreko mit schöner Sicht aufs Meer.

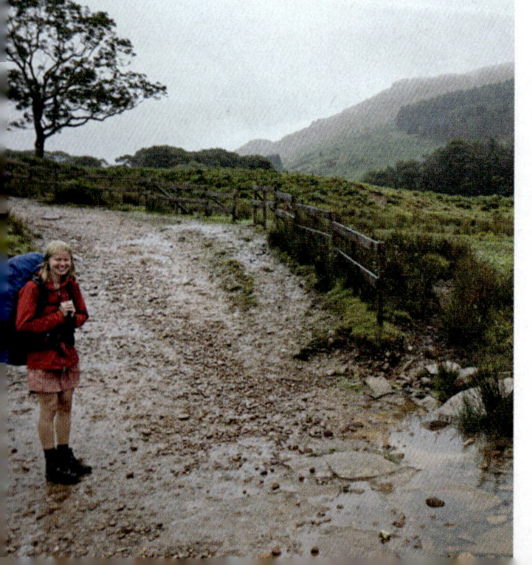

Am Col des Trois Fontaines, an dem sich drei Quellen zu einem Bach vereinigen.

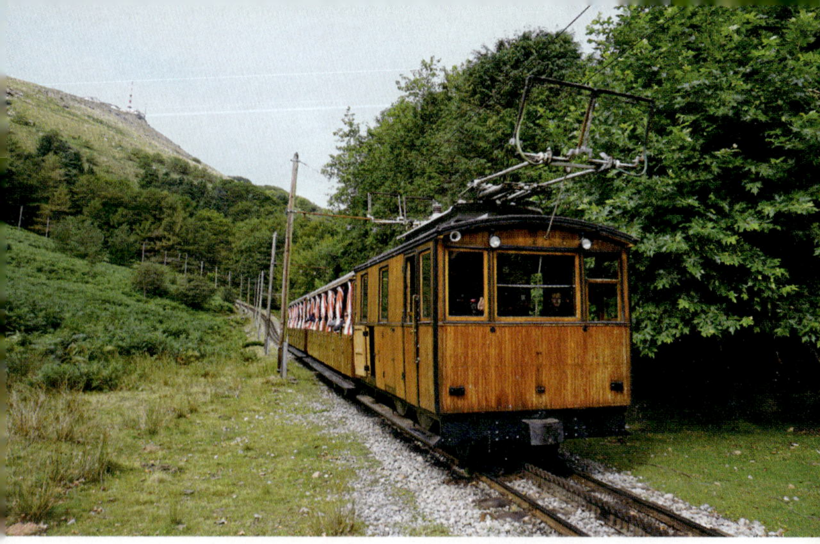

Der Aussichtsberg La Rhune kann bequem per Zahnradbahn erklommen werden.

Zeltmöglichkeit: Nach ca. 1.45 Std. am Erepausuko Lepoa und ca. 600 m weiter am Col des Trois Fontaines mit Bach.
Einkauf: In Sare beim Freibad Spar-Supermarkt (12.30–16 Uhr geschl., So bis 12.45 Uhr offen). In Ainhoa Verkauf von baskischen Spezialitäten.
Wasser: Am Abstieg nach Sare mehrere Brunnen. In Sare WC beim Freibad. In Ainhoa WC beim Frontón/der Kirche.
ÖPNV: Ab Sare und Ainhoa Busse nach Saint-Jean-de-Luz. Buslinie 45: 5x tgl. ab den Grotten von Sare über Sare. Buslinie 47: 3x tgl. ab Ainhoa. Busfahrt von Sare nach Ainhoa mit Umsteigen in Ascain möglich. Information Tel. +33 (0)5 47 75 76 64, txiktxak.fr.
Information: Sare, Tel. +33 (0)5 59 54 20 14, sare.fr. Ainhoa, Tel. +33 (0)5 59 29 93 99, ainhoa-tourisme.com.
Variante: Besteigung des Bergs La Rhune, 905 m, mit herrlicher Aussicht zum Meer und auf den zurückgelegten Weg (hin und zurück 1.15 Std., 3 km und 300 Hm im Auf- und Abstieg). Anschließend evtl. zusätzliche Übernachtung in Sare.
Hinweis: Bei Schlechtwetter kann man die Etappe mit Bus zurücklegen: von Olhette auf der D4 nach Ascain (4 km) und ab Haltestelle »Lur Eder« mit Buslinie 47 mehrmals tgl. nach Ainhoa.
Tipp: Besichtigung der Grotten von Sare, Tropfsteinhöhlen mit toller Beleuchtung.
Karte: IGN 1 Pays Basque Ouest.

Von der D4 in **Olhette** ❶, 65 m, kehren wir auf der Straße zurück zur Kreuzung bei der Chambre d'hôtes Manttu Baita. Ab jetzt können wir wieder den Markierungen folgen. Wir biegen nach links ab und überqueren einen Bach. Danach gehen wir über den Parkplatz und anschließend auf dem am linken hinteren Ende beginnenden Weg durch ein Waldstück. Der breitere Weg wird zum Pfad, der schon bald steil ansteigt und dabei bei Nässe stellenweise auch den Einsatz der Hände erfordern kann. Das Netz an vielen

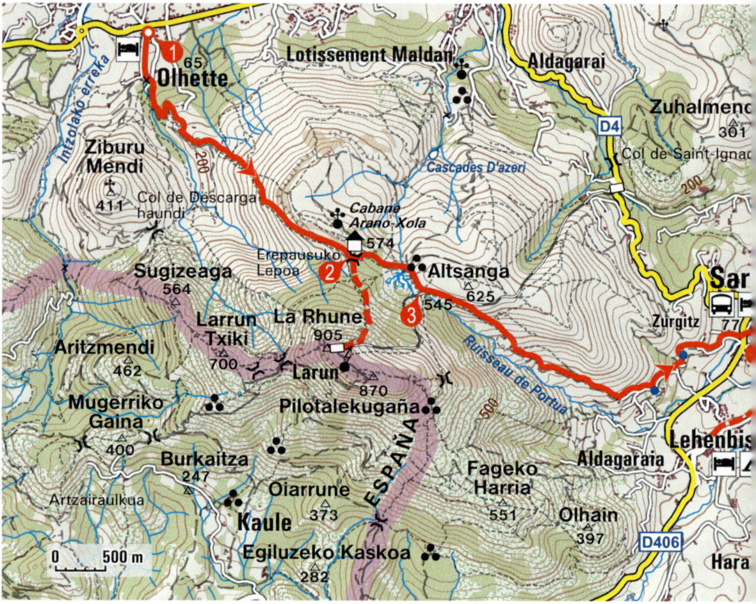

Pfaden erscheint hier stellenweise recht unübersichtlich. Wir ignorieren jegliche Abzweige und bleiben immer auf dem Hauptpfad, der uns hinauf zum **Erepausuko Lepoa** ❷, 574 m, bringt (in manchen Karten fälschlicherweise als Col des Trois Fontaines bezeichnet, links oben: Cabane Arano-Xola). Die Mehrheit der Wanderer geht hier nach rechts weiter, um La Rhune zu besteigen.

Wir halten uns hingegen halblinks und folgen dem schmalen abwärts führenden Pfad. An einer Kreuzung am Waldrand biegen wir rechts ab und gelangen so zum Col des Trois Fontaines. Wir überqueren den Bach, halten uns an der Gabelung kurz darauf rechts und treffen nach einem kleinen Waldstück auf die Gleise des **Train de la Rhune** ❸, 545 m.

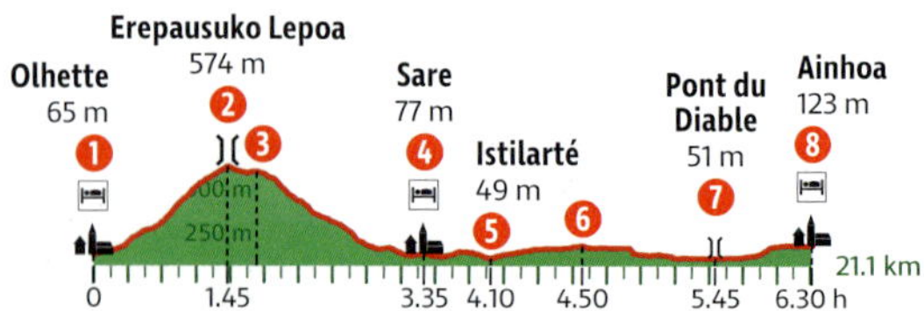

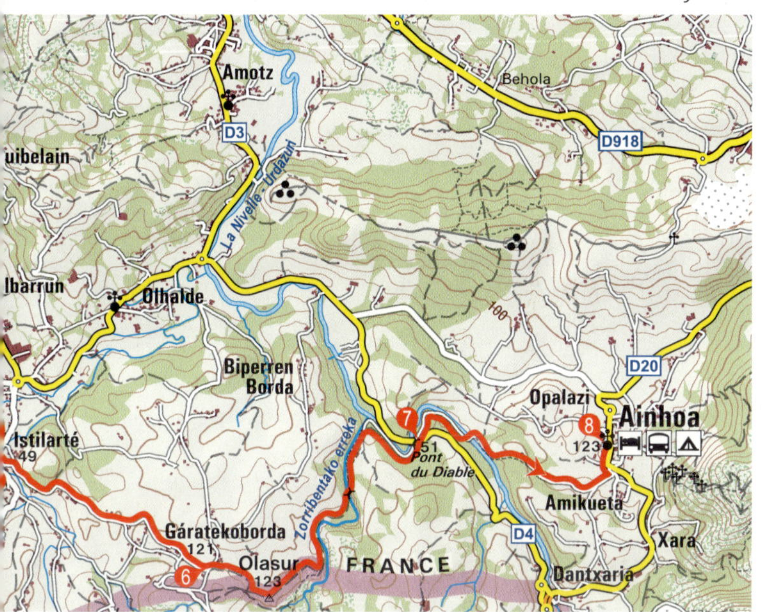

Die 905 m hohe Erhebung ***La Rhune*** *wird oftmals auch als »erster Gipfel der Pyrenäen« bezeichnet. Dementsprechend groß war und ist seine Anziehungskraft. Bereits im Jahr 1909 entstand die Idee, hier eine Zahnradbahn zu bauen. Dadurch sollte das Gipfelglück nicht nur den gestandenen Pyreneisten vorenthalten bleiben, sondern auch für die normale Bevölkerung erlebbar gemacht werden. Nachdem die Arbeiten infolge des Ausbruchs des Ersten Weltkriegs unterbrochen werden mussten, konnte die elektrisch betriebene Zahnradbahn* ***Train de la Rhune*** *im Jahr 1924 endlich fertiggestellt werden. Heute dauert es 35 Min., um die knapp 740 Höhenmeter zwischen dem Col de Saint Ignace und dem höchsten Punkt zu bewältigen. Daher muss man sich die atemberaubende Aussicht vom Gipfel an schönen Tagen mit vielen Tagestouristen teilen.*

Wir überqueren die Gleise und folgen ihnen ein kurzes Stück nach links, bis nach rechts ein schmaler Pfad abzweigt. Die Markierungen leiten uns bergab und über mehrere Bachläufe. Nach 2,5 km treffen wir kurz nach einem Haus (Rondakoborda) auf eine asphaltierte Straße. Vorbei an einer Quelle gelangen wir zu einem Bauernhof. Dort biegen wir links ab und folgen der Straße bis zu einem Haus. Wir schlagen den Pfad an dessen linker Seite ein, passieren eine weitere Quelle und treffen auf eine schmale Straße. Diese führt uns an den ersten Dorfhäusern vorbei hinunter zur D406. Auf der gegenüberliegenden Seite halten wir uns links und überqueren einen Wohnmobilstellplatz. An dessen hinterem Ende führt ein Fußweg hinauf zu einem kleinen Platz. Wir passieren das repräsentative Pelota-Feld und gehen geradewegs auf den Spar-Supermarkt zu. Vor diesem biegen wir erst nach links ab und gelangen anschließend auf der nach rechts abknickenden Straße zur Tourist-Info im Ortskern von **Sare** ❹, 77 m.

i *Wo sich im restlichen Teil Frankreichs ein Boulodrome zum Boulespielen befindet, trifft man im Baskenland, wie hier in* ***Sare****, auf den sogenannten* ***Fronton****. Auf diesem Platz wird* ***Pelota*** *gespielt, ein Squash ähnliches Ballspiel, bei dem die Spieler mit der Hand oder verschiedenen Schlaginstrumenten einen Ball gegen eine Wand aus Beton schlagen. Das Spiel erfreut sich bei jungen und älteren Basken gleichermaßen großer Beliebtheit und so versammelt sich an sonnigen Sonn- oder Feiertagen gerne auch mal das halbe Dorf um den Fronton.*

Wir folgen der Straße nach rechts und lassen vorbei an mehreren einladenden Cafés und Restaurants das Zentrum hinter uns. Dann geht es über einen gepflasterten Weg bergab. Weiter auf einer Asphaltstraße gelangen

Im zweiten Teil der Etappe begegnet uns häufig die typisch baskische Architektur, wie hier im schmucken Weiler Sare.

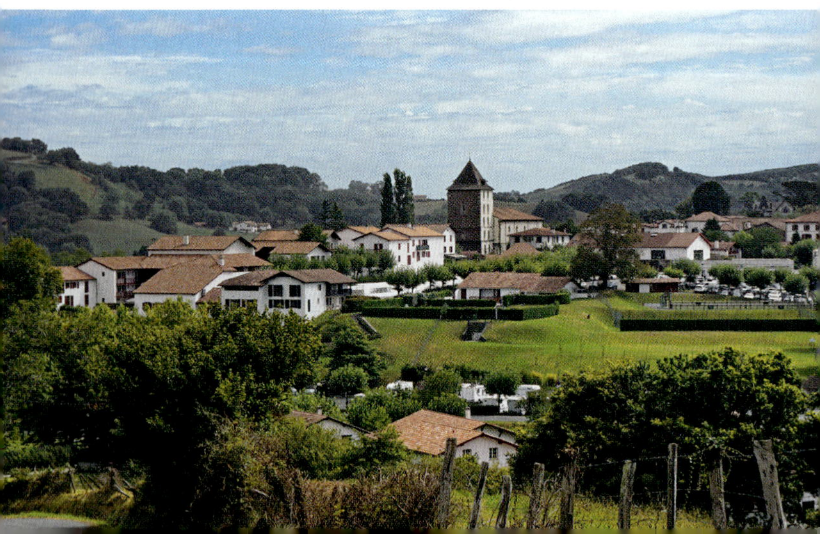

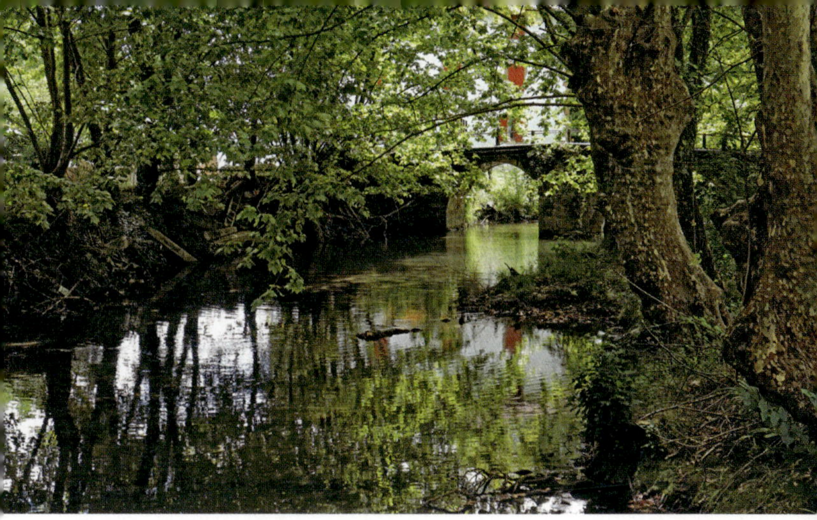

Bei Istilarté geht es über die hübsche Steinbrücke.

wir zu einer Gabelung. Hier ignorieren wir den nach links zeigenden Wegweiser mit der Aufschrift »Ainhoa« und steigen geradeaus die Stufen hinauf bis zur Route de Lehenbiscay. Um in den Ortsteil **Lehenbiscay** zu gelangen, wendet man sich hier nach rechts. Wir aber gehen nach links. An einem Viehgatter biegen wir nach rechts ab und gelangen vorbei an einer Quelle hinunter zur D 306. Dieser folgen wir wenige Meter, biegen dann nach links ab und überqueren die Brücke vor **Istilarté** ❺, 49 m.
Wir gehen auf der Straße durch den kleinen Ort, halten uns an der ersten Gabelung nach links unten und zweigen gleich darauf nach rechts in ein kleines Waldstück ab. In einer Rechtskurve schlagen wir die nach links abzweigende Schotterpiste ein. Diese führt uns zur Häuseransammlung **Gáratekoborda** ❻, 121 m. Auf der anderen Straßenseite bringt uns eine Schotterpiste hinunter zu einem Bach. Wir überqueren ihn und folgen seinem Verlauf zunächst auf breiterem Weg und später auf einem nach links abzweigenden Pfad. Wir bleiben auf dem Pfad, bis wir auf die D4 bei der **Pont du Diable** ❼, 51 m, stoßen.
Wir überqueren die Straße und folgen dem Wanderweg entlang des Flusses Nivelle. An einer Brücke gehen wir nach links über den Fluss und weiter bis zu einer Gabelung. Hier schlagen wir den rechten Weg ein, der schon bald zu einem schmaleren Pfad wird und uns zuletzt steil bergauf zu einer Straße bringt. An dieser halten wir uns links und gelangen – zuletzt über die Hauptstraße der Ortschaft – in das schöne, von Touristen gut besuchte Dorf **Ainhoa** ❽, 123 m. Die Tourist-Info befindet sich auf der rechten Seite, gegenüber der Kirche.

3 Ainhoa – Bidarray

7.00 h	21,7 km
↗ 880 m	↘ 850 m

Aussichtsreiche Pässe und Stresstest vor Bidarray

Obwohl uns der Wegverlauf des GR 10 heute über keinen Gipfel führt, präsentiert sich die baskische Hügellandschaft von ihrer schönsten Seite. Die aussichtsreichen Höhenpfade, die sich an die Flanken der zahlreichen Hügel anschmiegen, führen uns von einem Col zum nächsten. Von diesen reicht der Blick bis zu unserem Startpunkt, dem Atlantik, zurück. Das Ende der Etappe konfrontiert uns dann zum ersten Mal mit alpinen Schwierigkeiten. Der steile Abstieg durch die Felsen stimmt uns auf die noch vor uns liegenden Hochpyrenäen ein.

Ausgangspunkt: Ainhoa, 123 m, Tourist-Info.
Anforderungen: Anspruchsvolle, meist schattenlose Etappe; ausreichend Kraftreserven für den steilen, drahtseilgesicherten Abstieg nach dem Col de Méhatché, und den anschließenden Talhatscher nach Bidarray einplanen. Trittsicherheit und Schwindelfreiheit erforderlich.
Einkehr: Ferme Esteben (s. Unterkunft). Venta Burkaitz (300 m abseits des GR 10, s. Unterkunft), Mi Ruhetag (außer Mitte Juli–Aug.), abends geschl. In Bidarray.
Unterkunft: Ferme Esteben, Tel. +33 (0)5 59 29 82 72, ganzjährig, 12 B in Schlafsaal und in 2er-/3er-Zi., Restaurant, HP. **Venta Burkaitz** (in Spanien; vom Col des Veaux 300 m in südwestliche Richtung steil bergab), Tel. +34 948 393 000, Mitte Juli–Aug., Gîte d'étape, Reservierung erforderlich, Zeltmöglichkeit, Restaurant. **Bidarray:** Hôtel-Rest. Barberaenea (ggü. Kirche), Tel. +33 (0)5 59 37 74 86, hotel-bidarray.com, Mitte Dez.–Mitte Nov., 2er-/3er-Zi., HP. – Gîte d'étape Aire Zabal (ab Kirche geradeaus, dann 100 m nach links), Tel. +33 (0)5 59 37 72 92, giteairezabal.fr, 29 B in EZ/DZ/MBZ, 8 sonnige Plätze für Zelte, SV-Küche, Aufenthaltsraum, Terrasse mit toller Sicht, Nutzung Waschmaschine/Trockner gratis, HP. – Camping Amestoya (knapp 3 km nördlich des GR 10 an D918), Tel. +33 (0)5 59 37 25 81, camping-bidarray.fr, 30 SP.
Cabanes: Cabane de Gainekoborda (Eingang rückseitig), 8 P auf Betonplattform, Wasserhahn und Picknicktisch; Feuerstelle und Klohäuschen außerhalb.
Zeltmöglichkeit: Häufig gute Gelegenheiten, die letzte vor dem steilen Abstieg am Col de Méhatche.
Einkauf: In Bidarray kleiner LM-Laden am Weg bei Auberge Iparlan Carricaburu, auch sonntagvormittags geöffnet.
Wasser: Zwischen Chapelle de l'Aubépine und Col des Trois-Croix Trink-

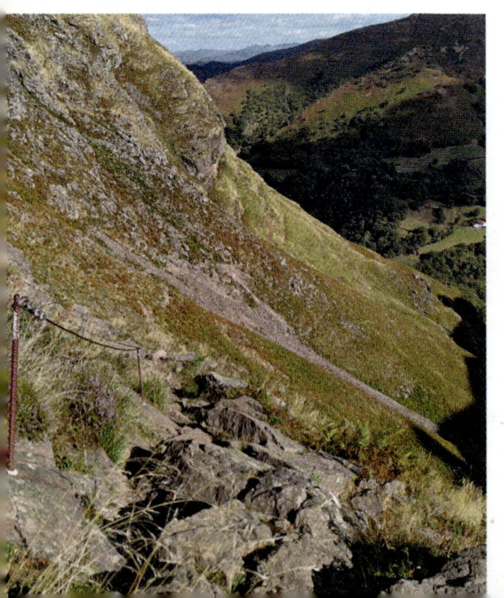

Steiler Abstieg vom Col de Méhatche.

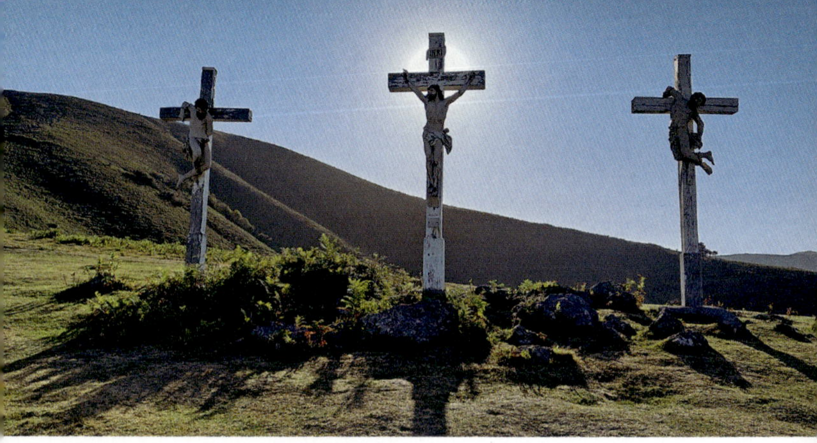

Die drei Kreuze bei der Chapelle de l'Aubépine.

brunnen. Bei der Cabane de Gainekoborda Wasserhahn. In Bidarray WC mit kostenlosen Duschen und neben der Kirche Wasserhahn.
ÖPNV: Regionalzuglinie Bayonne–Saint-Jean-Pied-de-Port ab Bhf. Bidarray (unterer Ortsteil am Fluss Nive), 4x tgl. (keine Fahrten während langer Mittagspause), Mo–Fr, Information: Tel. +33 (0)1 84 94 36 35, www.ter.sncf.com.
Information: Bidarray, Tel. +33 (0)5 59 37 47 28, en-pays-basque.fr (auf der Karte Bidarray anklicken).
Variante: Kurz vor Bidarray direkter Anschluss an Etappe 4 (30 Min., 1 km und 110 Hm Aufstieg bis GR 10/Etappe 4).
Hinweis: Die Etappe endet im oberen Ortsteil von Bidarray mit den Unterkunfts- und Versorgungsmöglichkeiten, der Bhf. befindet sich gut 600 m entfernt im unteren Ortsteil.
Tipp: In Bidarray ist die romanische Kirche mit dem markanten Glockengiebel und Wänden aus rotem Sandstein sehenswert.
Karte: IGN 1 Pays Basque Ouest.

Ab der Tourist-Info in **Ainhoa ①**, 123 m, folgen wir der Herriko Etxeko Inta. Bei der Chapelle St. Joseph halten wir uns links und gelangen zu einer Wasserquelle an einer T-Kreuzung. Hier biegen wir rechts ab und steigen auf breiter Schotterpiste in Serpentinen hinauf zur **Chapelle de l'Aubépine ②**, 386 m. Davor lädt eine Holzbank zu einer Pause mit wunderschöner Sicht auf Ainhoa und die umliegenden Hügel ein. Links der Kapelle ist auf einer kleinen Anhöhe die Kreuzigung Jesu dargestellt.
Wir gehen an den drei weißen Kreuzen vorbei und kommen kurz darauf zu einer Kreuzung. Geradeaus weiter führt der Weg auf den Erebi, 528 m. Der GR 10 hingegen biegt nach links ab und verläuft mit geringerer Steigung um die Erhebung herum. Am **Col des Trois-Croix ③**, 513 m, treffen die Wege wieder aufeinander. Wir folgen dem Weg geradeaus, umrunden eine weitere Erhebung (Atxulegi, 617 m) an deren südlicher Flanke und gelangen zu einem Sattel mit einer Kreuzung. Wir schlagen den mittleren der drei Wege ein und wandern zu einer grasigen Fläche, wo nach links

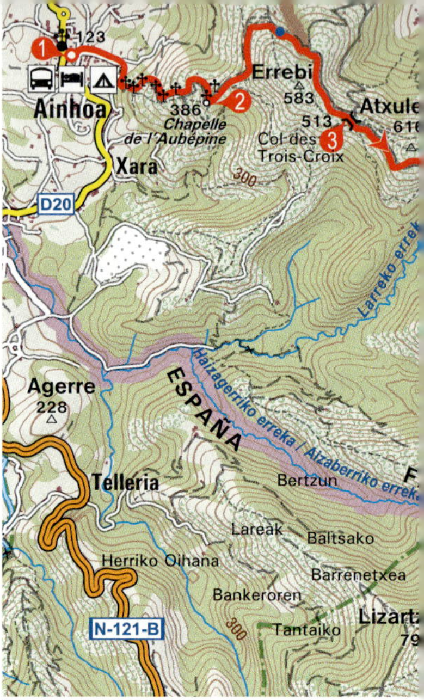

der Weg zur 100 m entfernten **Cabane de Gainekoborda** ❹, 434 m, abzweigt.
Wir gehen geradeaus und steigen auf einer Schotterpiste hinauf zum **Col de Zuharreteaco** ❺, 566 m. Der Pfad führt geradeaus weiter und leitet uns dabei um weitere grasige Erhebungen herum. 50 Min. nach dem Col treffen wir auf eine Straße. Wir folgen ihr nach links an der Zufahrt zur **Ferme Esteben** ❻, 566 m, vorbei, bis ebenfalls nach links ein schmaler Pfad abzweigt. Über einen grasigen Hügel, vorbei am Grenzstein 77 und zuletzt auf Asphalt gelangen wir zu einer Kreuzung am **Col des Veaux** ❼, 567 m. Die Straße nach rechts unten führt zur 300 m entfernten Venta Burkaitz.
Wir gehen geradeaus auf der Schotterpiste weiter. Nach rund 200 m zweigt rechts ein steiniger Pfad ab. Über diesen gelangen wir hinauf zu einer mittelstark befahrenen Straße. Dieser folgen wir 900 m weit bis zum Parkplatz am **Col de Méhatche** ❽, 716 m. Hier zweigt nach rechts unser Wanderweg ab, der zunächst direkt auf der spanisch-französischen Grenze verläuft. Wir wandern über einen grasigen Rücken bis zum Grenzstein 83 am Col d'Azartey, 666 m. Die ebenen Flächen rund um den Col sind ein beliebter Sammelplatz der allgegenwärtigen wilden Ponys.

i *Wer das Baskenland durchwandert, wird mehr als einmal auf frei umherlaufende Ponys treffen. In den westlichen Pyrenäen ist insbesondere die Rasse der* ***Pottok-Ponys*** *vertreten, die als ausgesprochen intelligent und widerstandsfähig gilt. Zu früheren Zeiten wurden die Ponys daher auch im Bergbau eingesetzt oder für den grenzübergreifenden Schmuggel zwischen Frankreich und Spanien benutzt. Viele der Tiere sind sehr zutraulich und lassen sich gerne von Wandernden streicheln.*

An der Gabelung steigen wir nach links auf einem steinigen Pfad hinunter bis zu einer Kreuzung mit Wegweiser. Wir biegen nach rechts ab und folgen dem sehr steilen Pfad bergab. Die felsigen und teilweise ausgesetzten Passagen machen den Einsatz der Hände unbedingt notwendig. Besonders schwierige Stellen sind jedoch mit Drahtseilen ausreichend versichert. Nachdem wir diesen ersten alpinen Abschnitt des GR 10 gemeistert haben, treffen wir auf eine Asphaltstraße. Wir gehen nach links in Serpentinen bergab, überqueren auf einer Brücke den Fluss **Le Bastan** ⑨, 148 m, und wandern weiter an der Straße in stetem Auf und Ab am Fluss entlang. 50 m vor einer zweiten Brücke biegen wir auf einen nach rechts ansteigenden Pfad ab. Wir treffen auf einen weiteren Pfad, dem wir nach links folgen. Nach gut 1 km könnte man direkt die 4. Etappe beginnen, ohne nach Bidarray zu gehen: Dazu auf der steilen Schotterpiste nach rechts in Richtung Pic d'Iparla aufsteigen. Wir jedoch gehen geradeaus weiter und erreichen nach nochmals 1 km die Kirche von **Bidarray** ⑩, 150 m.

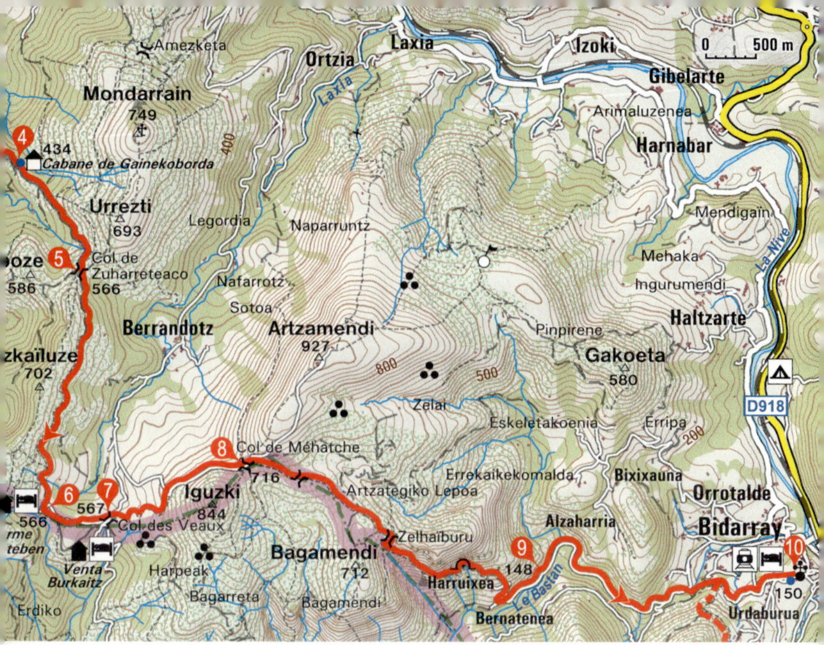

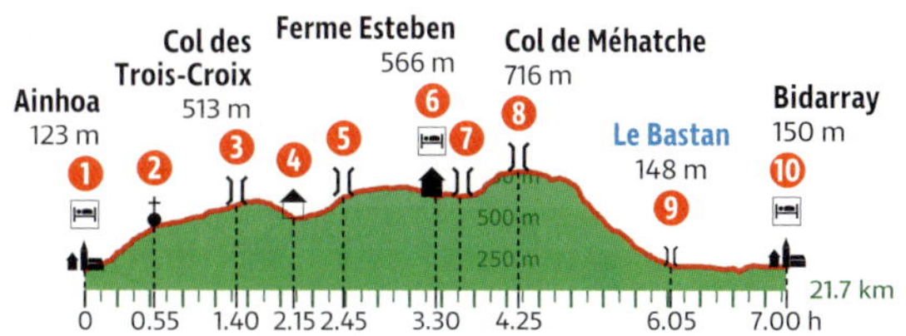

4 Bidarray – Saint-Étienne-de-Baïgorry

7.30 h | 18,0 km
↗1200 m | ↘1190 m

Bereit für die 1000-Meter-Marke?

Während sich der Weg am Tag zuvor noch elegant um die Erhebungen herumgeschlängelt hat, stehen heute gleich mehrere Gipfel auf unserem Tagesplan. Mit dem Pic d'Iparla stoßen wir das erste Mal auf über 1000 m vor. Über uns die majestätisch dahingleitenden Gänsegeier, unter uns die Weite der baskischen Landschaft – da stellt sich sogleich ein Gefühl der Erhabenheit ein. Der Höhenweg entlang des beeindruckenden Kammes beschert uns durchgängig eine fantastische Aussicht und weckt die Vorfreude auf weitere Gipfel.

Ausgangspunkt: Bidarray, 150 m, Kirche.
Anforderungen: Lange Etappe mit wenigen felsigen Passagen (teils Drahtseilsicherung); bei Regen oder Nebel sind Trittsicherheit und guter Orientierungssinn unabdingbar; auf unbewaldeten Kämmen ist man der Sonne ausgesetzt.
Einkehr: In Saint-Étienne-de-Baïgorry.
Unterkunft: Saint-Étienne-de-Baïgorry: im Ortskern u. a. Gîte d'étape Gaineko Karrikan, Tel. +33 (0)5 59 37 47 04, gitospit.free.fr, März–Mitte Okt., 28 B in MBZ/DZ, HP. – Hôtel-Rest, Juantorena (schräg ggü. Gîte d'étape), Tel. +33 (0)5 59 37 40 78, hotelrestaurantjuantorena.fr. – Im Ortsteil **Leispars** (900 m nordöstlich): Camping Municipal L'Irouleguy, Tel. +33 (0)5 59 37 43 96, baigorry.fr, Mitte März–Nov., 67 SP, gepflegte Anlage, preiswert, KS, Aufenthaltsraum, Picknickbänke, Bademöglichkeit im Fluss, ganz in der Nähe befindet sich das Freibad.
Cabanes: Keine.
Zeltmöglickeit: Viele, jedoch ausgesetzte Stellen, beliebt ist der Col d'Harrieta (4) wegen der Quelle.
Einkauf: Im Ortskern von Saint-Étienne-de-Baïgorry SPAR. Im Ortsteil Leispars großer Intermarché (mit Münz-Waschmaschine/Trockner).
Wasser: Am Col d'Harrieta (300 m rechts des GR 10), 5 Min. nach dem Col markierter Abzweig zu einer Quelle. Zwischen Col d'Apaloy und Saint-Étienne-de-Baïgorry Brunnen (Wasser evtl. behandeln). In Saint-Étienne-de-Baïgorry WC beim Rathaus und bei der Kirche.
ÖPNV: Ab Saint-Étienne-de-Baïgorry (Haltestellen nahe Tourist-Info und Intermarché) Buslinie 10 4x tgl. in Richtung Saint-Jean-Pied-de-Port (Etappe 5) sowie Buslinie 16 5x tgl. in Richtung Saint-Martin-d'Arrossa, dort Zuganschluss in Richtung Bayonne und Saint-Jean-Pied-de-Port, Infos: Tel. +33 (0)5 47 75 76 64, txiktxak.fr.
Information: Saint-Étienne-de-Baïgorry, beim Rathaus, Tel. +33 (0)5 59 37 47 28, baigorry.fr.
Varianten: 1. Bei Schlechtwetter ab

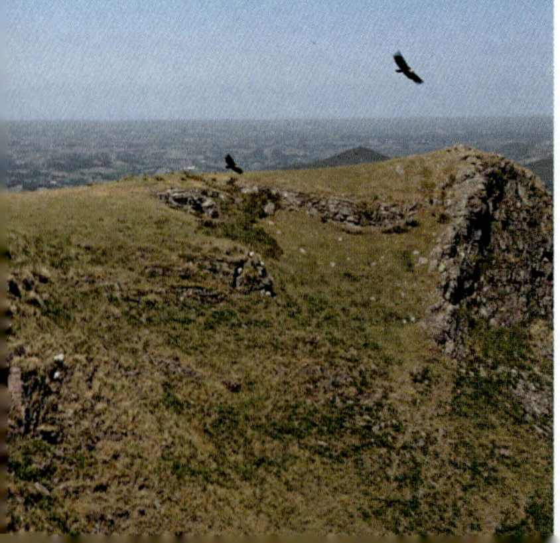

Majestätische Flugschau.

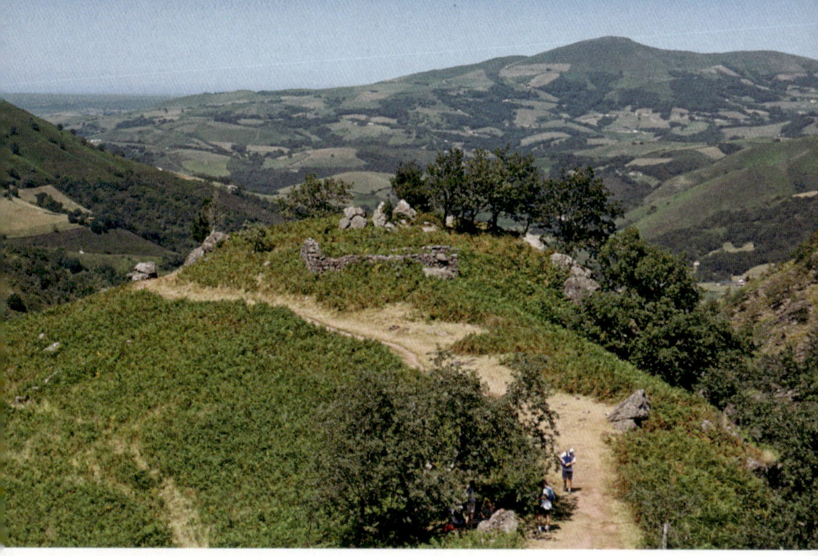

Mischung aus schroffer und lieblicher Landschaft am Pagalepoa.

Col d'Harrieta nach links im Wald steil nach Urdos absteigen, weiter zur D948 bei Eyheralde und an dieser nach Süden nach Saint-Étienne-de-Baïgorry (45 Min./500 m kürzer sowie 250 Hm weniger Auf- und Abstieg als Hauptweg).

2. Bei Regen ab Col d'Apaloy Abstieg nach links auf der Schotterstraße (alter Wegverlauf; der neue Wegverlauf hat steile, erdige Passagen) Zeitersparnis ca. 20 Min.

Karte: IGN 1 Pays Basque Ouest.

Von der Kirche in **Bidarray** ❶, 150 m, gehen wir die Straße ein Stück zurück und biegen am Ortsausgang nach links ab. An der Gabelung kurz darauf halten wir uns rechts und bleiben auf der Straße. Das zweite nach rechts abzweigende Sträßchen bringt uns hinauf zur Ferme Urdaburua, wo wir nach links abbiegen und dem steil ansteigenden Pfad folgen. Dieser führt uns durch immer lichter werdenden Baumbestand zum **Pagalepoa** ❷, 447 m, hinauf.

Wir folgen dem Weg geradeaus und ignorieren dabei alle abzweigenden Pfade. Das Gelände wird felsiger und weist teilweise steile drahtseilversicherte Abschnitte auf, die Trittsicherheit erfordern. Am Kamm wird der Untergrund grasiger. Wir halten uns leicht links und folgen dem Kammverlauf bis zu einer kleinen Senke. Der Pfad führt weiter nach links, steilt erneut an und verläuft dann in einer Rechtskurve wieder entlang des felsigen Kamms. Am Grenzstein 90 vorbei gelangen wir direkt auf der französisch-spanischen Grenze zum Col d'Iparla, 950 m, wo sich ein auffälliges Gedenkkreuz befindet. Anschließend steigt der Weg noch einmal stark an

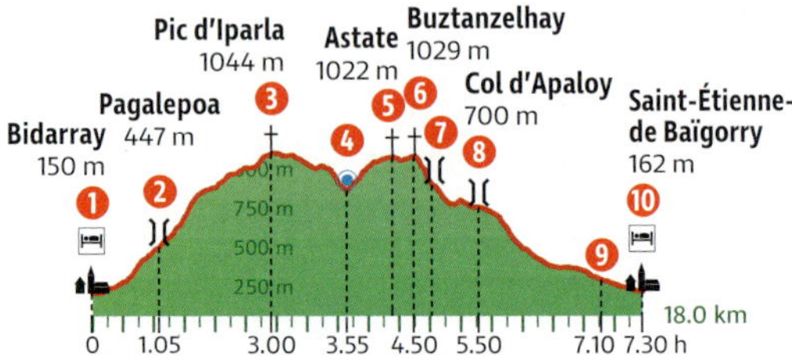

und führt dann langsam abflachend hinauf zum **Pic d'Iparla** ❸, 1044 m. Der erste über 1000 m hohe Berg auf unserem Weg belohnt uns mit einer fantastischen Rundsicht.

Wir folgen weiter dem Auf und Ab des Pfads am Kamm entlang. Nach einer scharfen Rechtskurve führt ein steiler Pfad bergab zum halbseitig bewaldeten **Col d'Harrieta** ❹, 808 m (nach links: Variante 1). Ab hier geht es wieder bergauf und zunächst durch Wald, später durch Farn zum flachen Gipfel des **Astate** ❺, 1022 m. Wir steigen zum Col d'Astate, 957 m, ab und nehmen anschließend den Aufstieg zum letzten Gipfel des Tages in Angriff. Am **Buztanzelhay** ❻, 1029 m, begrüßt uns ein auf einem aufgeschichteten Steinhaufen thronendes Steinmännchen.

Wir wenden uns vom Kamm ab und steigen an der Bergrückseite ab. Der Pfad ist mit Steinmännchen gut markiert und führt uns um den Berg herum hinunter zum **Col de Buztanzelhay** ❼, 843 m. Wir biegen nach links

Der heutige Höhenweg führt aussichtsreich am Kamm entlang.

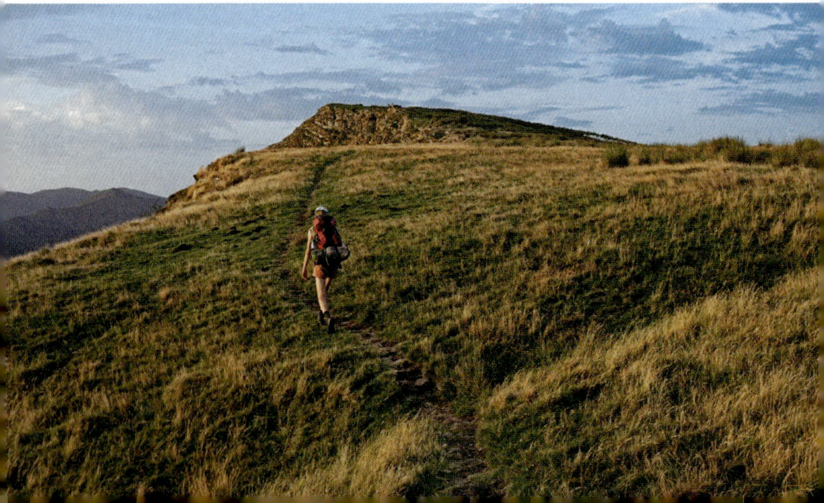

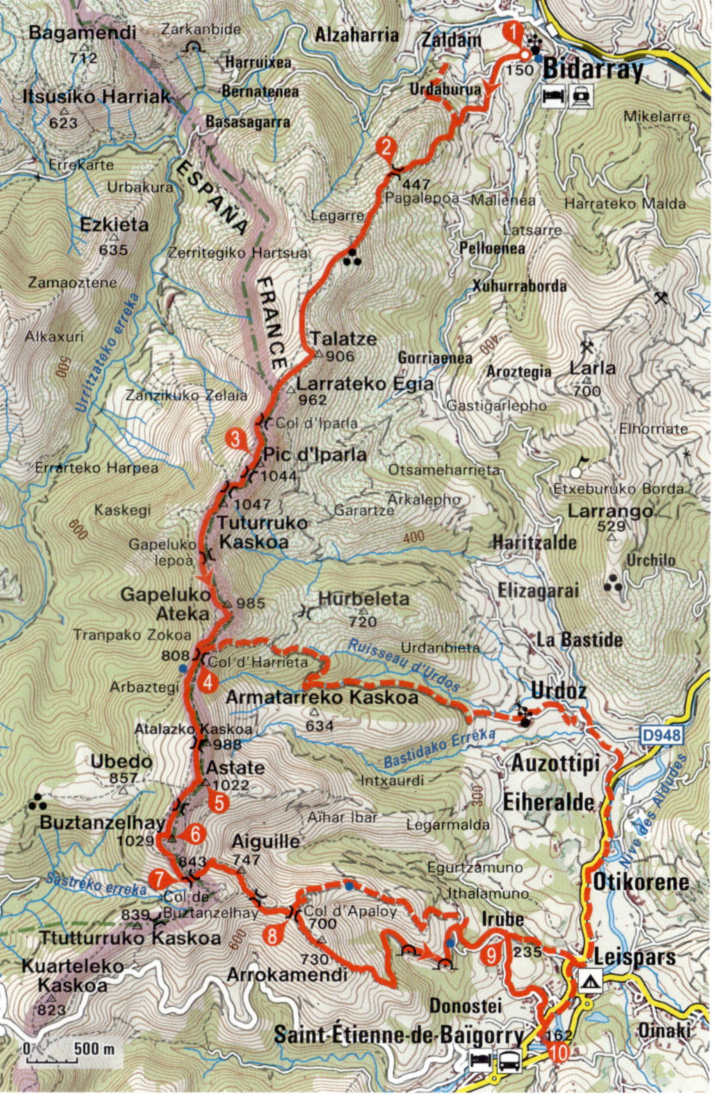
Bagamendi
712
Zarkanbide
Alzaharria
Zaldaïn
Bidarray
150
Harruixea
Bernatenea
Urdaburua
Itsusiko Harriak
623
Basasagarra
Mikelarre
Errekarte
Urbakura
ESPAÑA
447
Pagalepoa
Malienea
Harrateko Malda
Ezkieta
635
Legarre
Latsarre
Pelloenea
Zerritegiko Hartsua
Zamaoztene
FRANCE
Xuhurraborda
Alkaxuri
Urritzateko erreka
Talatze
906
Gorriaenea
Aroztegia
Larla
700
Larrateko Egia
962
Zanzikuko Zelaia
Gastigarlepho
Col d'Iparla
Elhorriate
Pic d'Iparla
1044
Errarteko Harpea
Otsamehãrrieta
Etxeburuko Borda
1047
Arkalepho
Kaskegi
Garartze
Larrango
529
Tuturruko Kaskoa
Gapeluko lepoa
Haritzalde
Urchilo
Gapeluko Ateka
985
Hurbeleta
720
Elizagarai
Tranpako Zokoa
Urdanbieta
La Bastide
808
Col d'Harrieta
Ruisseau d'Urdos
Arbaztegi
Armatarreko Kaskoa
Urdoz
634
Atalazko Kaskoa
988
D948
Bastidako Erreka
Ubedo
857
Auzottipi
Astate
1022
Intxaurdi
Eiheralde
Buztanzelhay
1029
Aïhar Ibar
Legarmalda
Aiguille
747
843
Nive des Aldudes
Egurtzamuno
Otikorene
Sastreko erreka
Col de Buztanzelhay
Ithalamuno
839
Col d'Apaloy
700
Irube
Ttutturruko Kaskoa
235
Leispars
730
Arrokamendi
Kuarteleko Kaskoa
823
Donostei
Saint-Étienne-de-Baïgorry
162
Oinaki
0
500 m

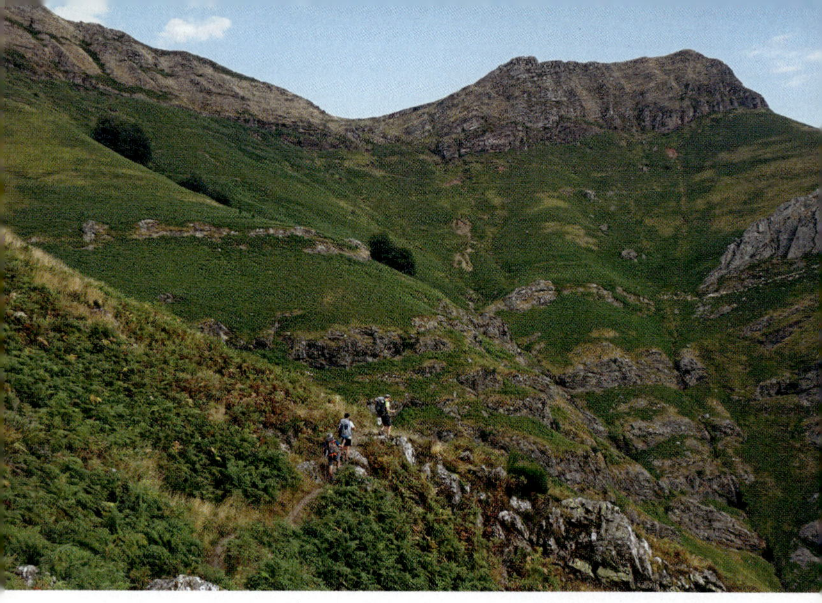

Steiler Abstieg nach Saint-Étienne-de-Baïgorry durch felsdurchsetzte Farnhänge.

auf den steil abwärts führenden Pfad ab. Dieser wendet sich nach rechts und quert dann den Hang durch stellenweise dichten Farn. Wir treffen wieder auf einen Grat, überqueren diesen und wandern an der rechten Seite, deutlich unterhalb des Grats, zum **Col d'Apaloy** 8, 700 m.

Ab hier beginnt der neue Wegverlauf des GR 10. Früher ging es nach links auf der Schotterpiste weiter (vgl. Variante 2), jetzt setzt sich der Weg nach rechts auf einem schmalen Pfad fort. Dieser leitet uns um eine kleine Erhebung herum und einen Grashang hinunter zu einer Gabelung. Hier halten wir uns rechts und gelangen so zur Crête de Paulegui. Der Pfad verläuft noch ein Stück steil bergab, bis wir auf einen breiteren Weg treffen. Auf diesem gehen wir nach links durch ein Waldstück. Nach der Überquerung eines Bachs biegen wir nach rechts ab. An einem Brunnen vorbei gelangen wir zu einer Straße. Hier treffen wir wieder auf den alten Wegverlauf.

Wir folgen der Straße ein kurzes Stück nach rechts und biegen dann auf einen nach links abzweigenden Wanderweg ab. Über diesen gelangen wir zurück zur Asphaltstraße. Nach einer Rechtskurve kann man der nach links abzweigenden **Straße** 9, 235 m, direkt in den Ortsteil **Leispars** folgen. Wir aber wandern weiter bergab bis zur Gendarmerie. Dort halten wir uns rechts und treffen kurze Zeit später auf die D948. Wir biegen nach rechts ab und erreichen nach knapp 100 m die Tourist-Info von **Saint-Étienne-de Baïgorry** 10, 162 m.

7.00 h	19,2 km
↗990 m	↘980 m

Saint-Étienne-de-Baïgorry – Saint-Jean-Pied-de-Port

5

Ankommen in der Pilgerhochburg

Nach der anstrengenden Etappe des Vortags führt der Weg heute größtenteils über breite Schotterpisten. Dies ermöglicht uns einen angenehmen Anstieg zum Gipfel des Munhoa, 1021 m. Von dort aus haben wir unser Tagesziel bereits fest im Blick. Entlang von Weiden gelangen wir zügig nach Saint-Jean-Pied-de Port, wo sich der GR 10 und der Jakobsweg begegnen.

Ausgangspunkt: Saint-Étienne-de-Baïgorry, 162 m, Tourist-Info.
Anforderungen: Einfache Etappe über den schattenlosen Gipfel des Munhoa; besondere Aufmerksamkeit ist auf undeutlichen Wiesenpfaden gefordert, hier gibt es Orientierungsschwierigkeiten; abschnittsweise Asphaltstraßen.
Einkehr: In Lasse Auberge Etchoinia (s. Unterkunft) und in Saint-Jean-Pied-de-Port.
Unterkunft: Lasse: Auberge Etchoinia (direkt am Fronton neben der Kirche), +33 (0)5 59 37 01 57, auberge-etchoinia-pays-basque.com, 2 DZ/4 MBZ, Restaurant. **Saint-Jean-Pied-de-Port:** u. a. Refuge Municipal Ospitalia (letztes Gebäude oben an der Rue de la Citadelle), Tel. +33 (0)6 17 10 31 89 (keine Reservierung möglich) terresdenavarre.fr, Ospitalia »Refuge municipal«, günstigste Unterkunft, 32 B, 3 Schlafsäle/1 DZ, Mikrowelle, KS, kleiner Aufenthaltsraum, Garten, Check-in ab 14 Uhr (pünktlich da sein, um sicher einen Platz zu bekommen). – Hôtel Ramuntcho (ebenfalls an Rue de la Citadelle, 100 m weiter unten), Tel. +33 (0)5 59 37 03 91, hotel-ramuntcho.com, Jan.–Nov., 16 DZ/MBZ, HP. – Gîte d'étape Le Chemin vers L'Étoile (Rue d'Espagne), Tel. +33 (0)5 59 37 20 71, pelerinage-saint-jacques-compostelle.com, März–Nov., 63 B (MBZ und 2er- bis 4er-Abteile mit Vorhängen statt Türen), Küche, Aufenthaltsraum, Terrasse, Abendessen ab 10 Pers. – Camping Municipal Plaza Berri (zentrumsnah, am Fluss), Tel. +33 (0)5 59 37 11 19, st-jean-pied-de-port.fr, Mitte April–Nov., 53 SP, Waschmaschine, Trockner.
Cabanes: Keine.
Zeltmöglichkeit: Ausgesetzte Stellen an den drei Cols.
Einkauf: In Uhart-Cize Lidl (vor Saint-Jean-Pied-de-Port, an der Hauptstraße 50 m nach links). In Saint-Jean-Pied-de-Port Carrefour (700 m ab Tourist-Info), daneben Maya-Sports (Wanderausrüstung, Gaskartuschen); weitere Sportgeschäfte im Zentrum, auch mit Gaskartuschen; Waschsalon im Zentrum.
Wasser: Am Col d'Aharza Wasserhahn. In Lasse WC. In Uhart-Cize nahe Lidl WC. In Saint-Jean-Pied-de-Port WC.
ÖPNV: Regionalzug von Saint-Jean-Pied-de-Port nach Bayonne, 4x tgl. (keine Fahrten während langer Mittagspause), Mo–Fr, Infos: Tel. +33 (0)1 84 94 36 35, ter.sncf.com. Buslinie 10: mehrmals tgl. von Saint-Jean-Pied-de-Port nach Saint-Etienne (Etappe 4) und nach Saint-Palais, dort Anschluss an Buslinie 11 in Richtung Bayonne, Infos: Tel. +33 (0)5 47 75 76 64, txiktxak.fr
Information: Saint-Jean-Pied-de-Port, Tel. +33 (0)5 59 37 03 57, saintjeanpied-deport-paysbasque-tourisme.com.
Hinweis: Die Serpentinen am Abstieg vom Munhoa können über steile Pfade abgekürzt werden.
Tipp: Idealer Pausentag in Saint-Jean-Pied-de-Port mit seinen Kopfsteinpflaster-Gässchen in der baskischen Altstadt und der Zitadelle; Montag ist Markttag, dann kommen besonders viele Besucher.
Karte: IGN 2 Pays Basque Est.

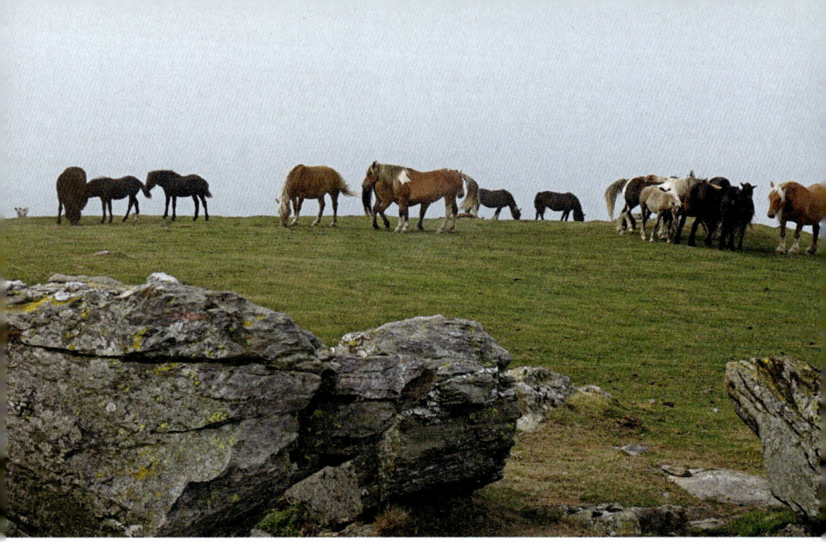

Halbwilde Pferde am Gipfel des Munhoa.

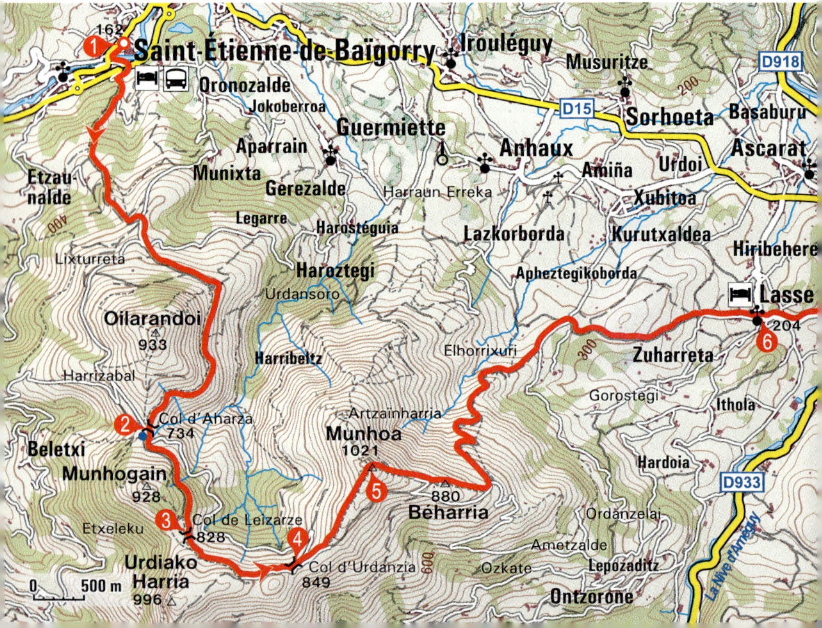

Ab der Tourist-Info von **Saint-Étienne-de-Baïgorry** ❶, 162 m, folgen wir der Straße rund 120 m, bleiben an der nächsten Gabelung links auf der Hauptstraße und überqueren den Fluss Nive des Aldudes über eine Brücke. Direkt nach der Brücke geht es erneut nach links, durch eine Unterführung hindurch und danach rechts. Die Straße führt uns hinauf zu einer Gabelung, wo wir uns rechts halten. An der Gabelung kurz darauf nehmen wir den unbefestigten Weg links und steigen steil bergan. Wir kommen zu einer Kreuzung, an der mehrere Pfade abzweigen. Hier gehen wir zunächst nach rechts und biegen dann sofort wieder links auf einen Pfad ab. Diesem folgen wir bergauf zu einem breiten Schotterweg, wo wir uns links halten. Entlang von Weidezäunen bleiben wir auf dem steilen Hauptweg und ignorieren dabei jegliche Abzweigungen, bis wir beim Wanderschild »Pokobaigorry« auf eine Straße treffen. Nach rechts gelangen wir zu einer Kreuzung, an der wir den mittleren Weg wählen. Wir passieren einen Stall und halten uns an der Gabelung kurz darauf links auf einen geschotterten Weg.

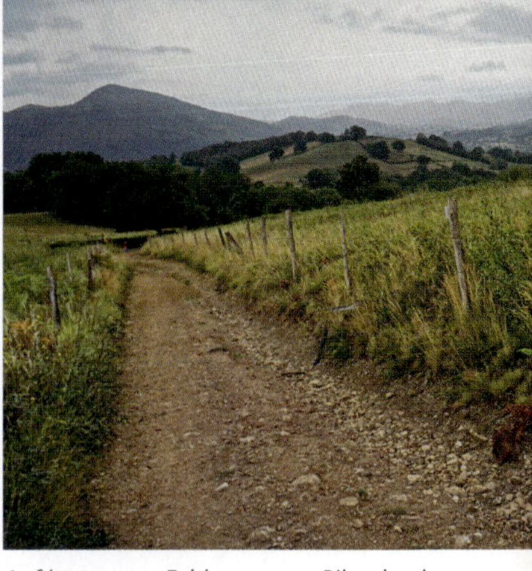

Auf bequemen Feldwegen zur Pilgerhochburg Saint-Jean-Pied-de-Port.

Dieser führt uns nun etwas ebener um den Gipfel des Oilarandoi, 933 m, herum. Wir erreichen eine freie Fläche, wo wir nach rechts abbiegen und auf dem quer zum Hang verlaufenden Pfad bis zu einer asphaltierten Straße am **Col d'Aharza** ❷, 734 m, wandern. An dieser nach links treffen wir auf eine Gabelung. Dort halten wir uns rechts und gelangen über den zunächst asphaltierten und später geschotterten Fahrweg zum **Col de Leizarze** ❸, 828 m. Ab dem Col leitet uns der schmale, nach links abzweigende Pfad zu einer Asphaltstraße. Auf dieser steigen wir nach links hinab zum **Col**

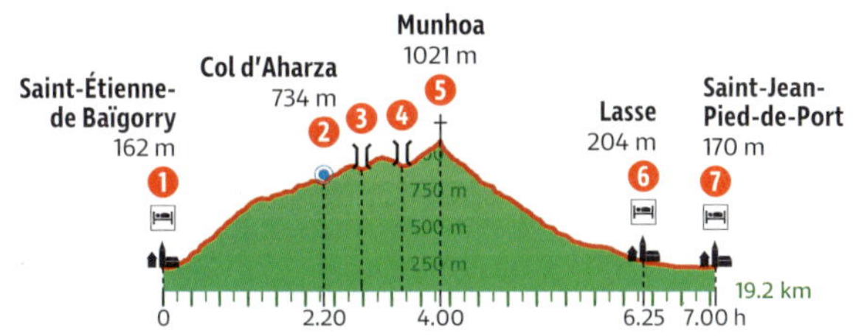

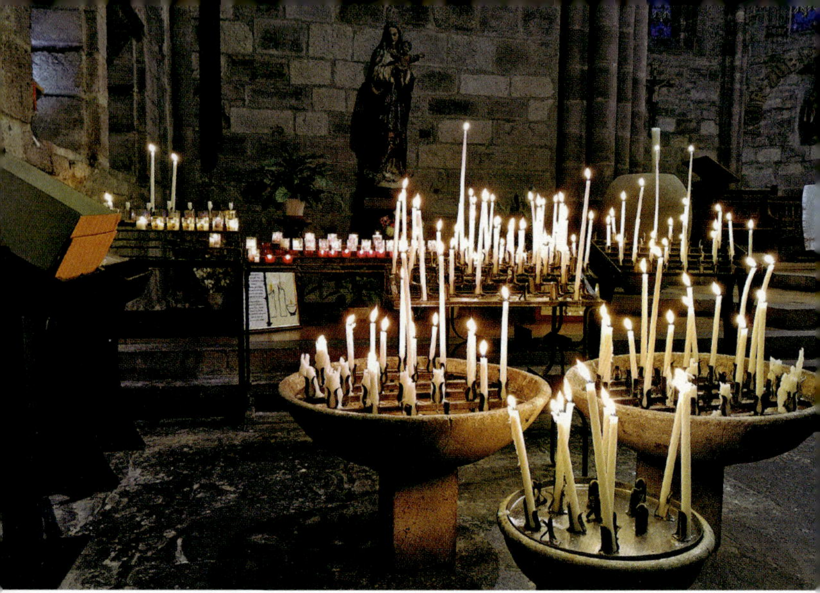

Allabendlicher Pilgergottesdienst in Saint-Jean-Pied-de-Port.

d'Urdanzia ❹, 849 m. Wenige Meter weiter an einer Gabelung biegen wir nach rechts ab. Kurz bevor die sanft ansteigende Straße eine Linkskurve macht, zweigt nach links ein grasiger Weg ab. Dieser führt uns über Weideflächen hinauf zum Gipfel des **Munhoa** ❺, 1021 m. Von dort aus können wir bereits Saint-Jean-Pied-de-Port ausmachen.
Rechts von der etwas unterhalb des Sendemasts angebrachten Solarplatte beginnt eine unscheinbare Pfadspur. Dieser folgen wir einen steilen grasigen Abhang hinunter, bis wir auf einen geschotterten Weg treffen. Wir wenden uns nach links und gelangen bergab zu einer Viehtränke. 50 m danach treffen wir auf eine Kreuzung, an der wir nach links abbiegen. Wir bleiben nur kurz auf der Schotterpiste, die dann in einem Rechtsbogen abwärtsführt. Der GR 10 hingegen verläuft hier weiter über einen Pfad direkt auf dem grasigen Grat. Wir überqueren ein Sträßchen, kürzen auf einem Pfad dessen Kehre ab und schlagen bei einer weiteren Viehtränke nach links die breite Schotterpiste ein.
Diese führt in Serpentinen bergab zu einer Straße, an der wir nach links gehen. Wenige Meter weiter an einer Gabelung biegen wir nach rechts auf einen Schotterweg ab und halten uns ca. 400 m weiter an einer erneuten Gabelung links. Wir wandern auf der Straße an den Weidezäunen entlang und weiter bis zur Kirche und der Auberge Etchoinia in **Lasse** ❻, 204 m. Der Weg führt geradeaus durch den Ort, passiert das Ortsschild und bringt

uns in das Nachbardorf **Uhart-Cize**. Weiter auf der Straße gelangen wir zur stark befahrenen D918 (links: Lidl). Dieser folgen wir nach rechts bis zu einem kleinen Kreisverkehr. Hier nehmen wir die zweite Ausfahrt, gehen bis zum Ende der verkehrsberuhigten Straße (Rue d'Uhart) und biegen dort nach links ab. Die im Sommer von Touristen überflutete Gasse bringt uns zur bekannten Brücke im Zentrum der wunderschönen Altstadt von **Saint-Jean-Pied-de-Port** 7, 170 m.

i Angesichts der vielen Jakobspilgerinnen und -pilger in ***Saint-Jean-Pied-de-Port*** *kann man sich als GR 10-Wanderer ganz schön verloren vorkommen. Hier treffen drei der vier durch Frankreich führenden Hauptrouten des Jakobswegs zusammen und vereinen sich zum bekannten »Camino Francés«. Saint-Jean-Pied-de-Port bildet dabei als letzte Station in Frankreich und am Beginn der Pyrenäenüberquerung den Ausgangspunkt für Pilgernde aus aller Welt. Die Anzahl der Herbergen belegt eindrücklich die Beliebtheit des Pilgerwegs. In etwa 32 Etappen führt der Jakobsweg in den spanischen Wallfahrtsort Santiago de Compostela. Die ersten Jakobspilger brachten von dort eine Muschel mit nach Hause. Diese dient den heutigen Pilger:innen als Erkennungszeichen und wird überall in der Stadt verkauft.*

Die Rue de la Citadelle führt empor zum Jakobstor und zur über der Stadt thronenden Zitadelle.

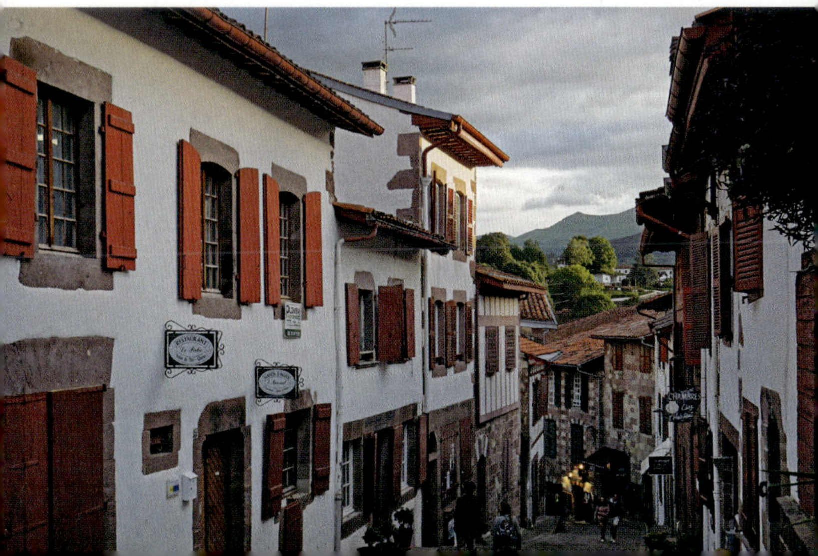

6 Saint-Jean-Pied-de-Port – Gîte d'étape Kaskoleta

5.30 h	16,2 km
↗870 m	↘420 m

Auf ins einsame Hochland

Der schönste Wanderabschnitt erwartet uns heute zwischen dem beschaulichen Ort Çaro und dem Col d'Handiague. Der schmale Pfad schlängelt sich unterhalb des Gipfels des Handiamendi entlang und beschert uns dabei herrliche Ausblicke. Die buckelige Gestalt des bereits erklommenen Munhoa dominiert dabei das Panorama im Westen. Nach einem bequemen Anstieg zur Phagalcette-Hochebene erwartet uns die malerisch gelegene Gîte d'étape Kaskoleta. Hier können wir uns vor der anstrengenden Folgeetappe entspannen.

Ausgangspunkt: Saint-Jean-Pied-de-Port, 170 m, Steinbrücke.
Anforderungen: Leichte Etappe auf Schotterwegen und asphaltierten Straßen.
Einkehr: In Estérençuby Auberge Carricaburu und Hôtel-Rest. Andreinia (Jan.–Mitte Nov.) beide s. Unterkunft.
Unterkunft: Estérençuby: Auberge Carricaburu (gleich nach der Brücke links), Tel. +33 (0)5 59 37 09 77, Feb. geschlossen, 15 B in 5 Zi. – Hôtel-Rest. Andreinia (an der Straße 100 m weiter), Tel. +33 (0)5 59 37 09 70, hotel-andreinia.com, März–Okt., 28 Zi., HP, Pool, Fitnessbereich, SPA; angeschlossen: Gîte d'étape Larramendy, Ostern–Mitte Nov., 15 B in MBZ, auch Baumhaus und Tiny House, HP im Hotel. **Gîte d'étape Kaskoleta**, Tel. +33 (0)5 59 37 09 73 und +33 (0)6 81 65 55 06, kaskoleta.free.fr, Ostern–Nov., 13 B in MBZ, HP, LP, 8 Plätze für Zelte, Picknickbänke.
Cabanes: Keine.
Zeltmöglichkeit: Zwischen Çaro und Ferme Ahadoa kleinere Stellen in Bachnähe. Ausgesetzte Flächen am Col d'Handiague.
Einkauf: Nur in Saint-Jean-Pied-de-Port.
Wasser: In Çaro Brunnen beim Rathaus. In Estérençuby WC ggü. der Auberge und Wasserhahn am überdachten Eingang der Kirche.
ÖPNV: Keine Möglichkeit.
Information: Keine.
Hinweis: Wird die Etappe bereits in Estérençuby beendet, müssen in Etappe 7 knapp 400 Hm mehr an Aufstieg bewältigt werden.
Tipp: 5 Min. von der Gîte d'étape Kaskoleta entfernt liegt ein Aussichtspunkt mit Bänken und Orientierungstafeln.
Karte: IGN 2 Pays Basque Est.

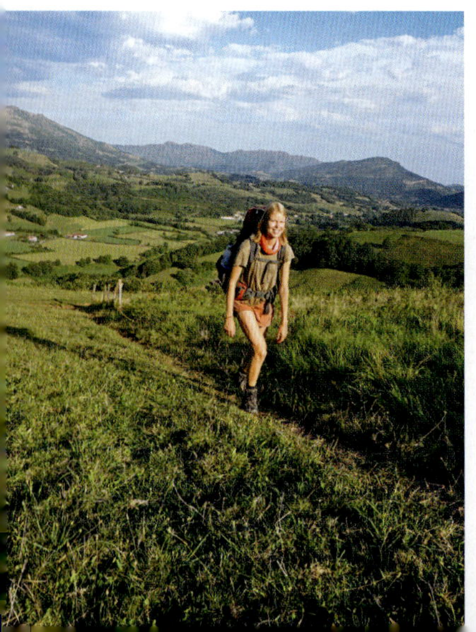

Aufstieg zum Col d'Handiague.

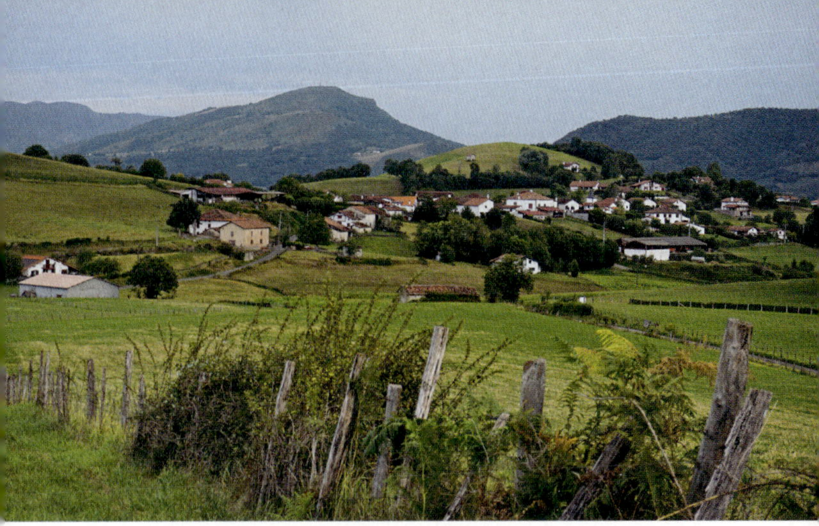

Blick zurück auf Caro und den am Vortag bestiegenen Munhoa.

In **Saint-Jean-Pied-de-Port** ❶, 170 m, überqueren wir den Fluss Nive über die bekannte Brücke und betreten den nördlichen Teil der Altstadt durch die Porte Notre-Dame. Vorbei an der gleichnamigen Kirche, steigen wir über die gepflasterte Straße auf und verlassen die Stadt durch die bekannte Porte St-Jacques. Die Straße mündet in einer Kreuzung. Hier folgen wir der D401 in Richtung Çaro. In einer Linkskurve verlassen wir die Straße und wandern auf einer nach rechts abzweigenden Nebenstraße bergauf. Kurz nach einem Wasserhahn am Ortseingang von Çaro treffen wir wieder auf die D401. Wir gehen wenige Meter nach rechts und biegen dann nach links ab. An der nächsten Gabelung halten wir uns rechts, passieren die Kirche von **Çaro** ❷, 242 m, und treffen beim Pelota-Platz erneut auf die D401. Wir schlagen sie nach links ein, ignorieren an der nächsten Kreuzung die abgehenden Straßen und gehen geradeaus weiter.

Das Sträßchen führt durch eine schöne Weidelandschaft. An der nächsten Kreuzung biegen wir nach rechts ab und folgen dem Sträßchen, bis nach rechts ein erdiger Weg abzweigt. Wir gehen durch ein Eisengatter und gelangen bergab durch ein Waldstück zu einem weiteren Gatter. Nun wandern wir an einem Bach entlang, überqueren ihn schließlich und halten uns direkt danach rechts. Wir queren den Bach erneut und steigen auf dem Pfad bergan, bis wir bei der **Ferme Ahadoa** ❸, 278 m, wieder auf eine befestigte Straße treffen.

Auf dieser nach links gelangen wir zu einer weiteren Straße, folgen ihr kurz nach rechts und schlagen dann nach links den Schotterweg ein. Wir pas-

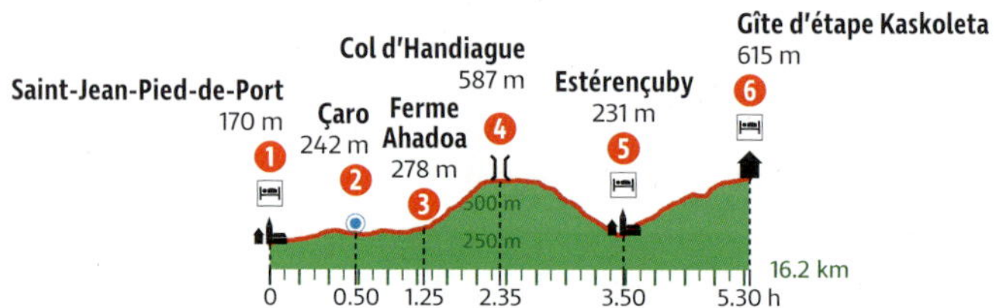

sieren ein Eisentor und wandern auf dem Forstweg bergauf. Nach einer scharfen Linkskurve zweigt nach rechts ein schmaler Pfad ab. Die schwache Pfadspur führt bergauf über eine Kuhweide und geht dann in einen deutlich erkennbaren Pfad über. Dieser quert den Hang des Handiamendi, 642 m, und wird zu einem breiteren Feldweg. Auf diesem kommen wir in einem Linksbogen zum **Col d'Handiague** 4, 587 m.
Wir wenden uns nach rechts und wandern auf dem breiten Schotterweg zunächst überwiegend eben, dann in Serpentinen hinab zur D301. Dieser folgen wir nach links unten, überqueren eine Brücke und erreichen den kleinen Ort **Estérençuby** 5, 231 m. Gegenüber der Auberge Carricaburu führt eine Straße nach links hinauf. An der Kirche vorbei gelangen wir auf dieser zu einer weiteren Straße. Wir wenden uns nach links und steigen in Serpentinen bergauf zu einer Gabelung. Die Straße nach rechts führt auch zur Gîte d'étape am Etappenziel.

Vom Aussichtspunkt schweift der Blick über die Phagalcette-Hochebene.

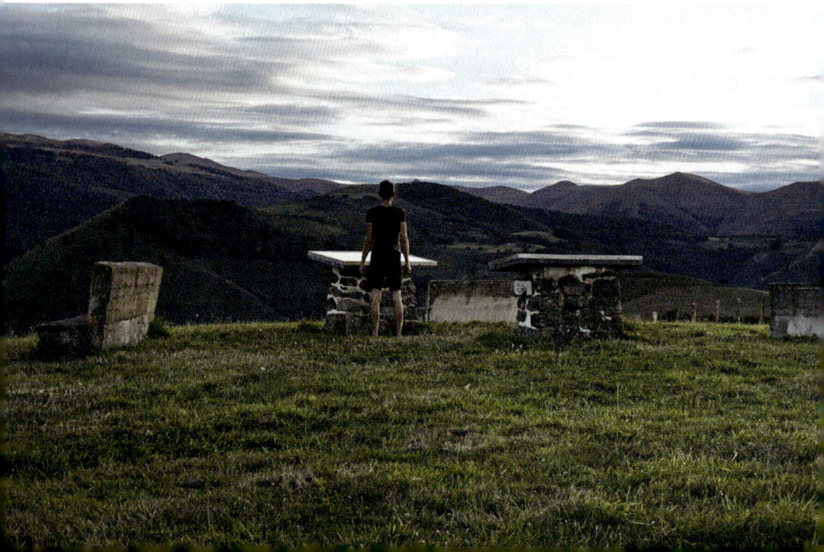

Wir bleiben jedoch geradeaus auf der Straße für Fußgänger. Nach 1,2 km zweigt nach rechts eine schmale Straße ab. Diese mündet in einen Pfad, der uns steil bergauf zurück zur Asphaltstraße leitet. Auf dieser gelangen wir wieder zur Straße für Fahrzeuge. Wir folgen ihr wenige Meter und halten uns an der Gabelung links. Nach 10 Min. biegen wir am Hinweisschild nach links zur **Gîte d'étape Kaskoleta** 6, 615 m, ab. Diese liegt wunderschön auf der Phagalcette-Hochebene eingebettet.

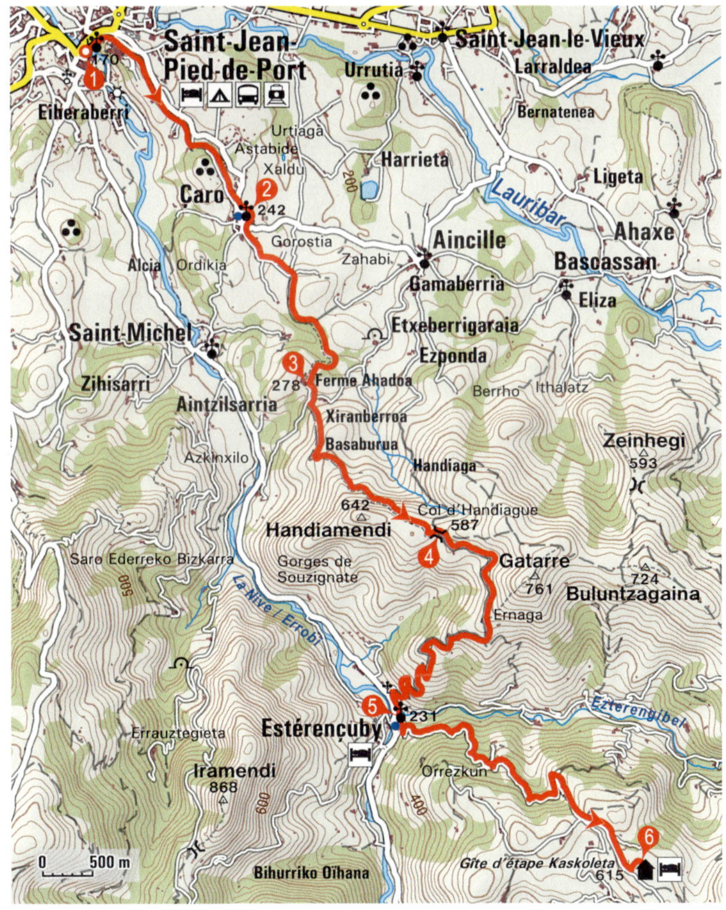

7 Gîte d'étape Kaskoleta – Gîte d'étape Chalets d'Iraty

8.00 h | 20,7 km
↗1410 m | ↘700 m

Vom exponierten Gipfel in die schützenden Wälder

Der felsige Gipfel des 1466 m hohen Occabe bildet den Höhepunkt der heutigen Etappe. Der GR 10 verläuft jedoch ein kleines Stück unterhalb davon. Der kurze Abstecher auf den Gipfel ist aber bei schönem Wetter aufgrund der fantastischen Sicht über das gesamte Baskenland und die zurückliegenden Etappen ein Muss. Danach erreichen wir nach langer Zeit in Iraty wieder einmal einen größeren Wald. Hier treffen wir auch auf den ersten See unserer Pyrenäendurchquerung: Der Lac d'Iraty weckt zugleich unsere Vorfreude auf die zahlreichen Gletscherseen der Zentralpyrenäen.

Ausgangspunkt: Gîte d'étape Kaskoleta, 615 m, auf dem Plateau de Phagalcette.
Anforderungen: Technisch einfache, aber anstrengende Etappe; mehrere mittellange Anstiege auf bequemen Wegen, häufig auf Asphaltstraßen. Im ersten Teil weitgehend schattenlos, später Wald; am Sommet d'Occabe oft windig.
Einkehr: Rest.-Gîte Chalet Pedro, Tel. +33 (0)5 59 28 55 98, chaletpedro.com, Ostern–Mitte Nov., in der Nebensaison Di Ruhetag. Kurz danach Snack Bar Chalet de Cize (200 m abseits), Tel. +33 (0)9 88 19 12 37, Ostern–Mitte Nov., regionale Spezialitäten, Ausstellung über die Herstellung von Iraty-Schafskäse. Am Col Bagargiak Rest. d'Iraty, Tel. +33 (0)5 59 28 55 86, Abendessen und Frühstück auf Vorbestellung.
Unterkunft: L'Aire naturelle Camping d'Iraty (1 km abseits GR 10, zurück zum GR 10 an der D19 zum Col Héguichouria), Tel. +33 (0)5 59 28 51 29, chalets-iraty.com, Juni–Okt., 50 SP., Küche, KS, Grillplatz. **Gîte d'étape Chalets d'Iraty** (auf Homepage Gîte d'étape GR 10), Tel. +33 (0)5 59 28 51 29, chalets-iraty.com, 25 B in MBZ, Küche. Hinweis: Anmeldung, Schlüssel und Bezahlung (mit Karte möglich) bereits am Col Héguichouria, 700 m vorher.
Cabane: Refuge Aterbea (bei Chalet Pedro), 10 P, bei unserem Besuch leider abgeschlossen, zugänglich waren nur die Toiletten und Duschen, die von Campern mitbenutzt werden können.
Zeltmöglichkeit: Ausgesetzt am Col d'Ithurramburu ❷. Kurz nach dem Chalet Pedro große ausgewiesene Aire de bivouac entlang des Flusses, im Sommer viele Wohnmobile.
Einkauf: Am Col d'Iraukoturru Käseverkauf. Am Col Héguichouria LM-Verkauf direkt neben der Rezeption der Chalets d´Iraty, Extrabereich für Wanderer, gutes Sortiment.
Wasser: Am Col d'Ithurramburu und am Col d'Iraukotuturro Wasserhähne an den Ställen sowie beim Refuge Aterbea.
ÖPNV: Keine Möglichkeit.
Information: Keine.
Karte: IGN 2 Pays Basque Est.

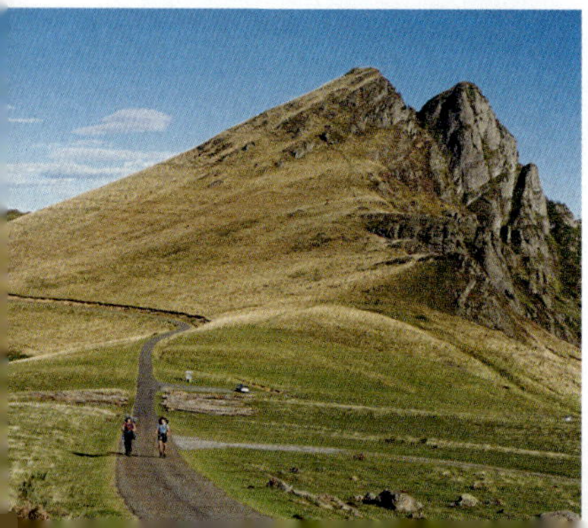

Blick auf den Iraukotuturru.

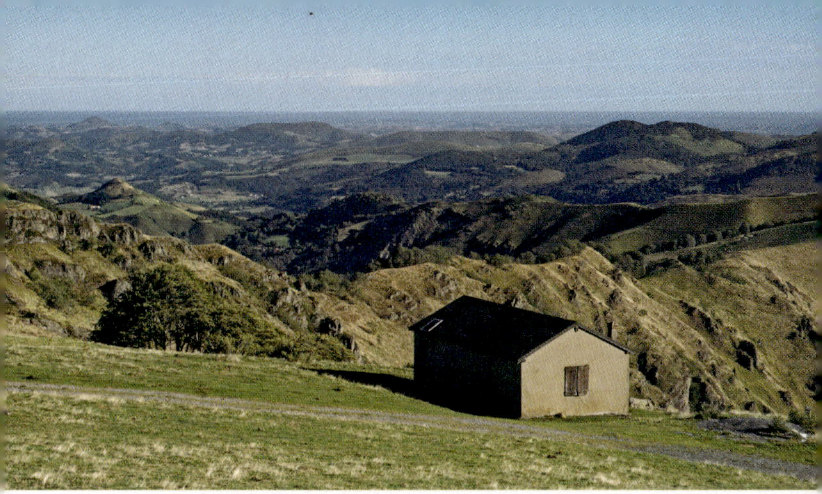

Blick vom Col d'Irau über die Hügel bis hin zur Atlantikküste in der Ferne.

Von der **Gîte d'étape Kaskoleta** ①, 615 m, gehen wir auf dem Zufahrtsweg zurück zur Straße und folgen dieser nach links. An der Gabelung nach 400 m halten wir uns geradeaus. Über eine Kreuzung hinweg gelangen wir zu einem nach links abzweigenden Wiesenpfad, mit dem wir zwei Serpentinen abkürzen. Dann bleiben wir rund 200 m auf der Straße und verlassen sie in der scharfen Linkskurve auf dem geradeaus abzweigenden grasigen Weg. Wir überqueren einen Feldweg, halten uns an der Gabelung links und treffen nach wenigen Metern am **Col d'Ithurramburu** ②, 812 m, wieder auf die Straße.
Hier schlagen wir an der Gabelung nach schräg rechts den Schotterweg ein. Wir kommen an einem Stallgebäude mit Wasserhahn vorbei und folgen dem leicht bergab verlaufenden Weg, der den Hegi Eder, 896 m, an dessen Osthang quert. Wir steigen hinunter in ein schmales Tal, passieren ein Eisengatter und wandern auf dem ebenen Weg am Bach entlang. Kurz nachdem der Weg wieder anzusteigen beginnt, zweigt nach rechts ein schmaler Pfad

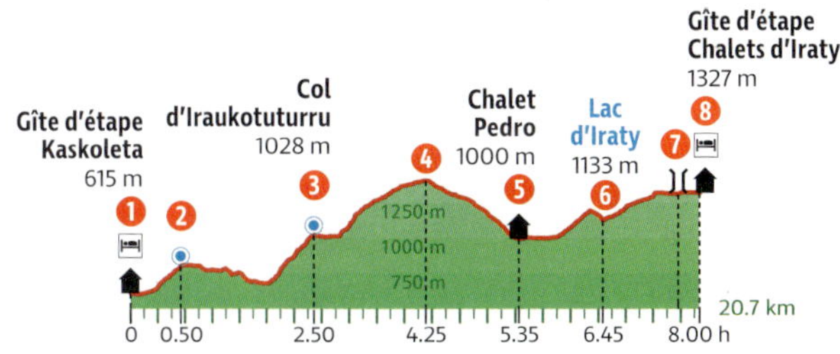

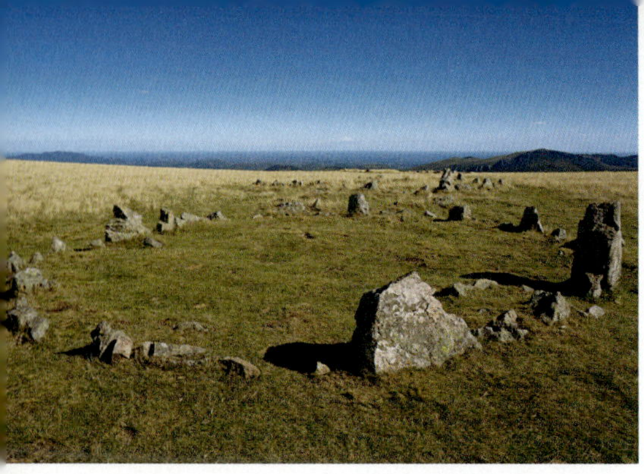

Cromlech d'Occabe.

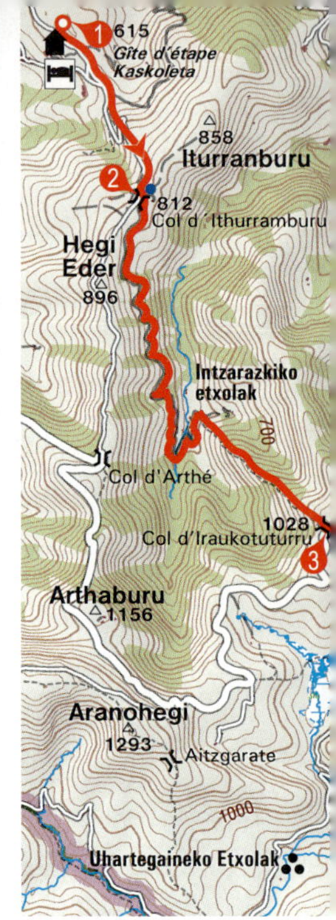

ab. Dieser bringt uns auf der anderen Seite des Tals hinauf zum **Col d'Iraukotuturru** ❸, 1028 m. Dort treffen wir auf die D301 und folgen ihr nach links vorbei am Col d'Irau, 1008 m, bis zu einer Straßenkreuzung. Hier reicht der Blick bis zur Atlantikküste und lässt uns das bereits weit zurückliegende Hendaye erahnen. Geradeaus den Hang hinauf beginnt eine schwache Pfadspur, die uns auf einen grasigen Rücken leitet. Über diesen steigen wir in einem leichten Bogen zu einer Kreuzung auf. Links, etwas abseits des Wegs, liegen die bekannten **Cromlech d'Occabe**, 1375 m.

*i Die **Cromlech d'Occabe**, zu einem Kreis angeordnete, senkrecht aufgestellte Steine unterhalb des Occabe-Gipfels, zählen wie etwa das weltweit bekannte Stonehenge in England zu den mysteriösen Steinkreisen aus der Zeit von 2000 bis 3000 v. Chr. Die Bedeutung der Formationen ist unklar. Aufgrund verschiedener Aschefunde wird oftmals eine Nutzung als Begräbnisstätten vermutet.*

Danach steuert der Pfad geradeaus auf den unschwer zu erkennenden Gipfel des Occabe zu. Bevor wir diesen jedoch erreichen, wendet sich der Weg leicht nach links und trifft auf einen **Abzweig** ❹, 1415 m: Der Pfad nach rechts führt auf den **Sommet d'Occabe**. Der kleine Abstecher auf den 1466 m hohen Gipfel ist durchaus lohnenswert: Die Sicht auf das gesamte Baskenland macht jeden zusätzlichen Meter wieder wett.

Der GR 10 hingegen verläuft um die markante Felsformation herum und leitet uns zunächst über grasigen Untergrund sanft bergab. Der Weg geht

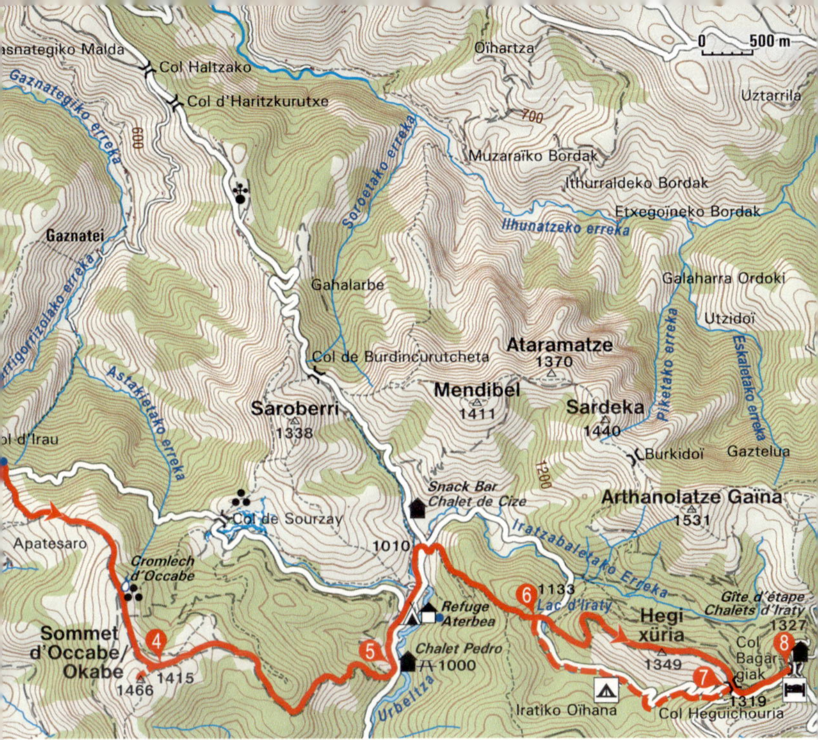

in eine Schotterpiste über, die abwärts durch den Wald zur D18 führt. Wir folgen der Straße nach links und gelangen zu einem Parkplatz. Rechts sieht man den Zugang zum **Chalet Pedro** 5, 1000 m. Rund 600 m danach passieren wir einen öffentlichen Biwakplatz und treffen nach nochmals 700 m auf eine Gabelung. Gut 200 m weiter an der D18 befindet sich die **Snack Bar Chalet de Cize**, 1010 m. Wir gehen nach rechts ein kurzes Stück auf der D19, bis rechts ein Pfad abzweigt. Durch den Wald wandern wir zum **Lac d'Iraty** 6, 1133 m. Auf der Straße nach rechts gelangt man nach ca. 1 km zur **L'Aire naturelle Camping d'Iraty**.

Wir jedoch überqueren die Straße, gehen ein kurzes Stück am linken Seeufer entlang und entfernen uns dann nach links von ihm. Der Weg steigt in Serpentinen durch den Wald bergan. Wir passieren die ersten Chalets und gelangen hinunter zur D19 am **Col Héguichouria** 7, 1319 m. Am Hauptgebäude für die Hüttenvermietung vorbei erreichen wir nach 10 Min. unser Etappenziel bei der **Gîte d'étape Chalets d'Iraty** 8, 1327 m, am **Col Bagargiak**.

8 Gîte d'étape Chalets d'Iraty – Auberge Logibar

6.00 h | 16,4 km | ↗440 m | ↘1380 m

PyrenäendurchQUERung im wahrsten Sinne des Wortes

Den höchsten Punkt der Etappe erreichen wir heute recht zügig: den grasigen Sattel unterhalb des Pic des Escaliers. Von dort aus lohnt sich der kurze Umweg auf den Gipfel. Die Hochpyrenäen scheinen zum Greifen nah und lassen jedes Wandererherz höherschlagen. Auf den Abstieg durch felsdurchsetztes Gelände folgt eine lange Traverse über teils stark eingewachsene Pfade, bevor wir die letzten Höhenmeter bis zur gemütlichen Auberge Logibar absteigen.

Ausgangspunkt: Gîte d'étape Chalets d'Iraty, 1327 m, am Col Bagargiak.
Anforderungen: Moderate Etappe mit mehr Ab- als Aufstieg. Auf dem steilen, felsdurchsetzten Abstieg vom Grat des Pic des Escaliers ist Trittsicherheit erforderlich, er kann mit Variante 2 umgangen werden. Danach schmale, ausgewaschene, teilweise eingewachsene oder sumpfige Pfade, die die Südhänge des Belozkarre queren. Zuletzt steiler und gerölliger Abstieg nach Logibar.
Einkehr: Unterwegs keine.
Unterkunft: Auberge Logibar, Tel. +33 (0)5 59 28 61 14, auberge-logibar.com, Mitte März–Mitte Nov., 39 B in DZ/MBZ, HP, Restaurant. **Larrau** (Variante): u. a. Camping Ixtila (direkt an der D26, 300 m in Richtung Logibar), Tel. +33 (0)5 59 28 63 09, camping-ixtila.fr, April–Okt., 34 SP.
Cabanes: Keine.
Zeltmöglichkeit: Exponierte Stellen entlang der Cols, einladend kurz vor Besarkaria und danach.
Einkauf: Am Col Ugatzé Käseverkauf. In Larrau (Variante) LM-Laden und Bäckerei.
Wasser: Zwischen Col Ugatzé und Besarkaria mehrere Viehtränken: erste Tränke mit Wasserhahn, nach der zweiten steht etwas unterhalb des Weges eine Schäferhütte mit Wasserhahn an der Hauswand. Rund 1.30 Std. nach Besarkaria gibt es eine unzuverlässige Quelle.
ÖPNV: Keine Möglichkeit.
Information: Keine.
Variante: 1. Bei Schlechtwetter kann man an Landstraßen via Larrau zur Auberge Logibar wandern (4.30 Std., 14,5 km, 150 Hm im Auf- und 1100 Hm im Abstieg).
2. Umgehung des steilen Abstiegs vom Grat des Pic des Escaliers: rund 600 m nach Start auf der Straße bleiben, nach 2,5 km auf der Crête Ugatzé nach rechts mit dem GR 10 zum Col Ugatzé.
3. Vom Grat des Pic des Escaliers nach rechts in 10 Min. auf den Pic des Escaliers, 1472 m, mit 360°-Panorama.
Karte: IGN 2 Pays Basque Est.

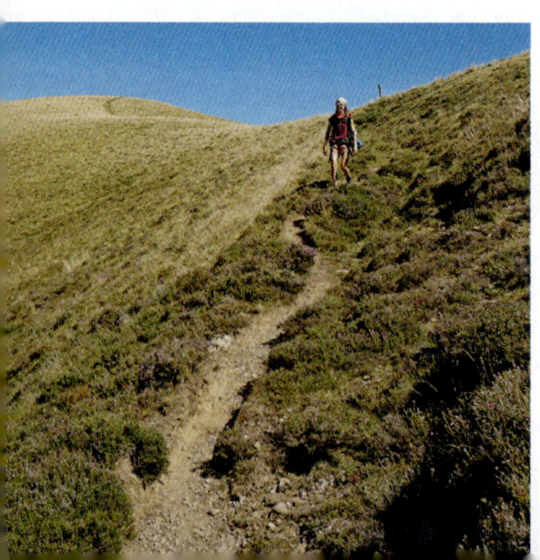

Abstieg vom grasigen Grat des Pic des Escaliers.

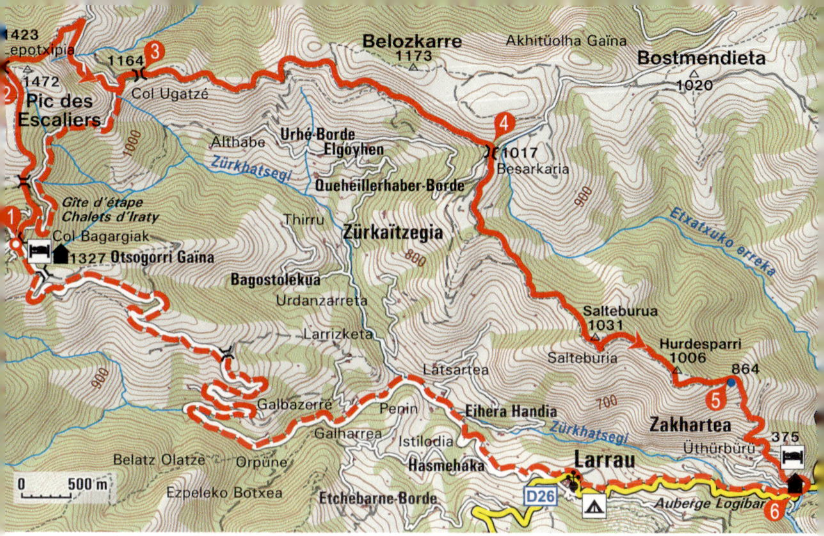

Ab der **Gîte d'etape Chalets d'Iraty** ❶, 1327 m, am Col Bagargiak folgen wir der D19, bis wenige Meter später eine Straße nach links abzweigt. In der scharfen Rechtskehre schlagen wir den Schotterweg ein (Variante 2 folgt der Straße) und gehen weiter bergab. Nachdem wir den Wald hinter uns gelassen haben, zweigt nach rechts ein grasiger Weg ab. Über diesen gelangen wir nach wenigen Metern hinauf zum Col d'Iratzabaleta, 1248 m. Ab hier wandern wir auf einem Pfad weiter hangaufwärts und erreichen einen grasigen Rücken. Der Weg führt sanft bergab bis zu einer kleinen Senke und steigt dann wieder an. Etwas unterhalb des Gipfels wendet sich der Pfad nach links und führt an der westlichen Flanke hinauf zum Schild **Lepotxipia** ❷, 1423 m, auf dem Grat des Pic des Escaliers (nach rechts Variante 3 auf den Pic des Escaliers, 1472 m). Der GR 10 verläuft auf der anderen

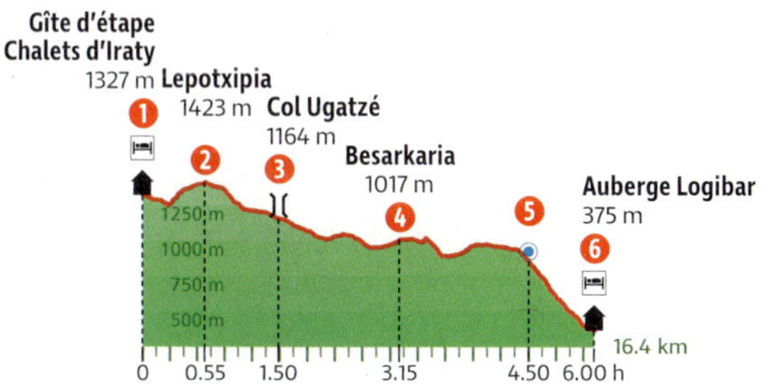

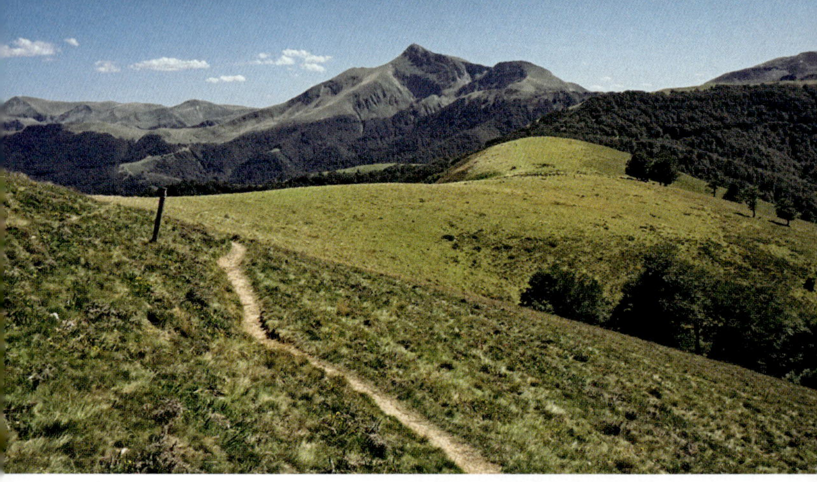

Die steilen Hänge werden heute auf schmalen Wiesenpfaden gequert.

Seite des Grats bergab und traversiert die Nordflanke des Berges. Auf dem schmalen Pfad queren wir mehrmals den felsigen Nordgrat und steigen zunächst an dessen linker Seite und später rechts davon hinab zu einer asphaltierten Straße. Diese bringt uns nach rechts zur Crête Ugatzé, 1170 m, dort biegen wir nach links auf einen Feldweg ab. Wir kommen zum **Col Ugatzé** ❸, 1164 m, und nehmen dort den schmalen Pfad nach rechts unten. Der Pfad verläuft quer zum Hang zu einem weiteren Sattel. Wir steigen nach rechts ab, passieren eine Schäferhütte mit Wasserhahn an einer Viehtränke und queren weiter den Hang. Dann treffen wir auf einen breiteren Weg und folgen diesem bis zu einem nach rechts abzweigenden Pfad. Über diesen gelangen wir wiederum zu einem kleinen Col. Hier ist kein eindeutiger Pfad zu erkennen. Wir halten uns rechts über eine Weidefläche und stoßen am anderen Ende des Sattels auf einen Pfad. In stetem Auf und Ab gelangen wir über den teilweise stark eingewachsenen Weg zu einer Gabelung bei einem auffälligen Baum. Dort folgen wir dem steil aufwärts führenden Pfad nach links. Am Schild mit der Aufschrift **Besarkaria** ❹, 1017 m, treffen wir auf eine Asphaltstraße.

Diese überqueren wir und gehen auf der anderen Seite auf einem Feldweg weiter. Überwiegend eben erreichen wir das Schild mit dem Hinweis **Grange Agiole**, 1035 m, wo wir an einer Viehtränke nach links abbiegen. Der Pfad führt zunächst bergab in einen Wald und dann nach rechts in Serpentinen einen Hang hinauf. Wir kommen zu einem grasigen Rücken und folgen dem Pfad nach links hinab zu einer Gabelung. Hier wenden wir uns nach rechts und umgehen die vor uns liegende Erhebung. Weiter dem Verlauf des Pfades folgend begleitet uns durchgängig der Blick auf das unter uns liegende Tal mit dem Ort Larrau. Nachdem wir eine freie Fläche passiert haben, wendet sich der Weg leicht nach links und führt an einer Scheune und an einer **Quelle** 5, 864 m, vorbei zu einer Gabelung.

Wir schlagen den grasigen Pfad nach rechts ein. Er bleibt ein Stück an der rechten Seite eines Weidezauns und wendet sich dann von diesem ab. In Serpentinen steigen wir einen stellenweise gerölligen Hang hinunter. Wir gehen durch ein Eisengatter und erreichen eine asphaltierte Straße. Wir folgen dieser nach rechts und biegen sogleich wieder nach links auf einen Wiesenpfad ab. Auf dem schattigen Weg passieren wir drei weitere Gatter. An einer Gabelung halten wir uns rechts und wandern auf dem Serpentinenweg bergab. Wir gehen durch ein letztes Gatter und treffen wieder auf die Straße, auf der wir nach links unten zur D26 gelangen. Direkt auf der gegenüberliegenden Seite befindet sich die **Auberge Logibar** 6, 375 m.

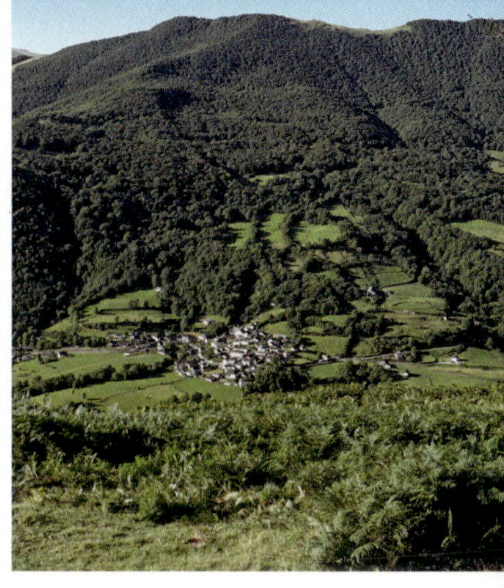

Blick auf Larrau.

Auberge Logibar: stark frequentierter Ausgangspunkt für die Erkundung der Schluchten.

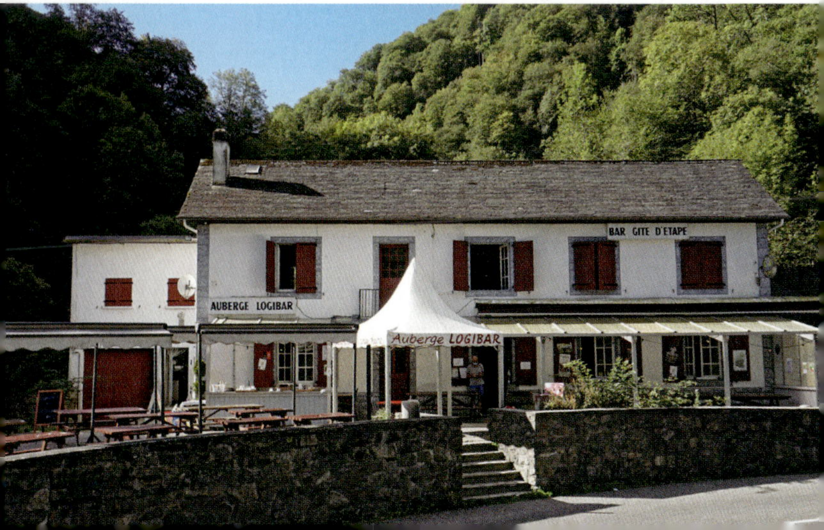

9 Auberge Logibar – Sainte-Engrâce Senta

9.45 h | 26,3 km | ↗1420 m | ↘1170 m

Im Zick-Zack-Kurs durch spektakuläre Schluchten

Die neue Wegführung des GR 10 durch die Olhadubi-Schlucht ist alles andere als direkt; so hat man doch mehr als einmal das Gefühl, dass man sich die zurückgelegte Strecke hätte sparen können. Lohnend erscheinen die zusätzlichen Kilometer erst aus einem anderen Blickwinkel: Mit der beeindruckenden Hängebrücke Passerelle d'Holzarté und den vielen guten Bademöglichkeiten im glasklaren Flusswasser kann die Etappe gleich mit mehreren Highlights aufwarten. Für wen die Durchquerung der Pyrenäen auf direktem Weg im Vordergrund steht, dem bleibt der alte Wegverlauf eine denkbare Alternative.

Ausgangspunkt: Auberge Logibar, 375 m.
Anforderungen: Lange Etappe, großteils bequeme Wege; stark abgetretener Kalkstein beim ersten Anstieg bis zur Hängebrücke. Orientierung teilweise schwierig, wo der Pfad über Wiesen führt und nicht mehr zu erkennen ist.
Einkehr: Bar Des Cascades (500 m nach der Pont d'Enfer, am Abzweig zu den Gorges des Kakouetta), Tel. +33 (0)5 59 28 73 44, Getränke, Snacks, Verkauf von lokalen Produkten, Eintrittskarten zu den Schluchten.

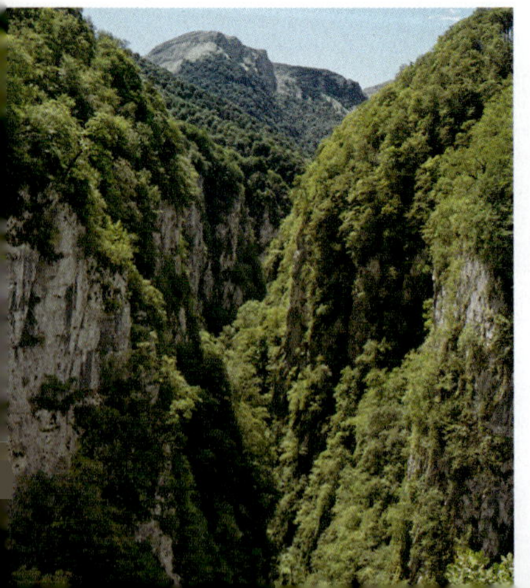

Unterkunft: Sainte-Engrâce La Caserne (2 km abseits des GR 10): Camping Ibarra (1 km nach dem Ortskern am Fluss), Tel. +33 (0)5 59 28 73 59, ibarra-chantina.com, Ostern–Allerheiligen, 40 SP, kleiner LM-Laden, Brotverkauf, Waschmaschine, Trockner. **Sainte-Engrâce Senta:** Gîte d'étape Maison Elichalt (ggü. der Kirche), Tel. +33 (0)5 59 28 61 63 oder +33 (0)6 83 69 70 54, gites-burguburu.com, HP, Restaurant, 15 B in Schlafsaal, Küche, Aufenthaltsraum, Platz für Zelte; angegliedert: Chambres d'hôtes, 5 DZ.
Cabanes: Cabane Cayolar d'Olhadubi (unmittelbar nach der Pont d'Olhadubi zweigt nach rechts ein Pfad ab, auf diesem 25 m flussaufwärts, dann einige Meter nach links zur Nothütte ansteigen), 4–5 P auf Holzplattform, Tisch, Bänke; Fledermäuse am Dachbalken. **Cabane Cayolar d'Anhaou**, 3 P auf kleiner Holzplattform und Bettgestell, Betonboden, Tisch, Bänke, Wasserhahn, Dachfenster; insgesamt sauber.
Zeltmöglichkeit: Im Bereich der Pont d'Olhadubi, hier laden zudem Felsbecken zum erfrischenden Bad ein. Kleinräumige Stellen bei der Cabane Cayolar d'Anhaou.
Einkauf: Cayolar d'Ardakhotchia (200 m

Gorges d'Holzarté.

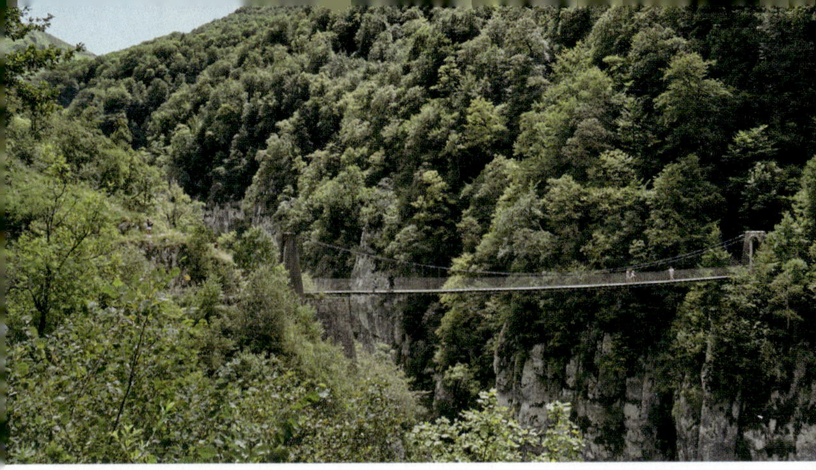

Passerelle d'Holzarté: Hängebrücke mit intransparentem Holzboden.

abseits des GR 10, markierter Abzweig nach der Pont d'Olhadubi): Käseverkauf. In der Bar Des Cascades touristische Produkte. In Sainte-Engrâce La Caserne (2 km abseits GR 10) LM-Laden ggü. dem Rathaus. In Sainte-Engrâce Senta in der Gîte d'étape Maison Elichalt Verkauf regionaler Produkte.
Wasser: Bei der Pont d'Olhadubi Fluss. Kurz nach dem Col d'Anhaou zwei Schäferhütten mit Wasserhahn. Beim Abstieg mehrere Bäche.
ÖPNV: Keine Möglichkeit.
Information: Keine.
Variante: 1. Die ursprüngliche Wegführung ist direkter und führt nicht durch die Gorges d'Holzarté und Gorges d'Olhadubi. Dazu kurz nach Start nach der Holzbrücke links abbiegen und zum Plateau d'Adarkhotchia aufsteigen (Ersparnis 1.15 Std., 2,7 km und 150 Hm weniger Auf- und Abstieg).
2. Kurz vor Sainte-Engrâce Senta mit der alten Wegführung entlang der Straße ans Etappenziel (20 Min. Ersparnis).
Tipp: Besichtigung der Gorges de Kakouetta ab der Bar Des Cascades.
Karte: IGN 2 Pays Basque Est.

Mit der **Auberge Logibar** ❶, 375 m, im Rücken folgen wir der D26 nach links und überqueren den Fluss über die Pont de Logibar. Direkt danach schlagen wir die Straße nach links ein und gehen auf einer Holzbrücke über die Gave de Larrau. Nach links zweigt Variante 1 ab. Wir wenden uns nach rechts und wandern auf einem Schotterweg am Bach entlang. Das klare Wasser und die schönen Felsbecken laden zu einer Erfrischung ein. Wir kommen über eine weitere Brücke bei einem Wasserfall und bleiben auf dem ansteigenden Weg, den wir uns vor allem zur Ferienzeit mit vielen Tageswanderern teilen müssen. Besonders zu Beginn ist der Weg sehr steil und wir überwinden die vielen Höhenmeter mithilfe von in den Fels geschlagenen Stufen. Oben angekommen, sehen wir vor uns bereits die große Hängebrücke **Passerelle d'Holzarté** ❷, 580 m, die uns über die tief eingeschnittene Schlucht mit den steilen Kalksteinwänden hinüberbringt.

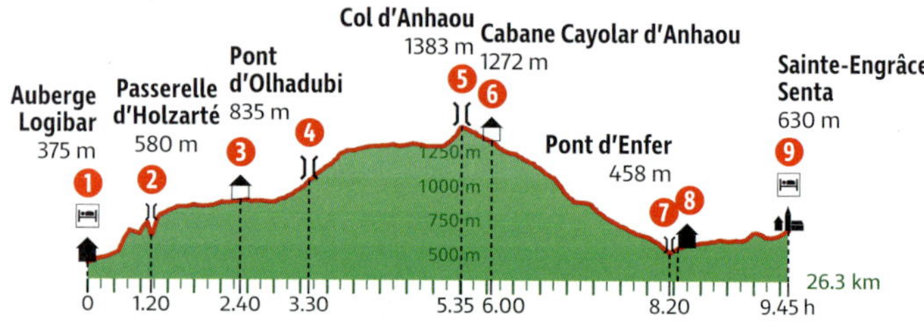

i *Nicht umsonst ist die **Passerelle d'Holzarté** eines der beliebtesten Ausflugsziele der westlichen Pyrenäen. Mehr als 150 m sind es bis zum Grund der Olhadubi-Schlucht; das Gefühl der Exponiertheit ist dabei nicht für jeden Menschen ein Genuss. Die Hängebrücke wurde bereits im Jahr 1920 von italienischen Ingenieuren konstruiert und diente ursprünglich dem Abtransport des Holzes aus den Holzarté-Wäldern.*

Nach der Hängebrücke wenden wir uns nach links und folgen dem ansteigenden Pfad durch den Wald. Wir treffen auf einen breiteren Schotterweg und wandern auf diesem immer leicht bergauf bis zur **Pont d'Olhadubi** 3, 835 m. Auf dieser überqueren wir den Bach erneut und biegen danach

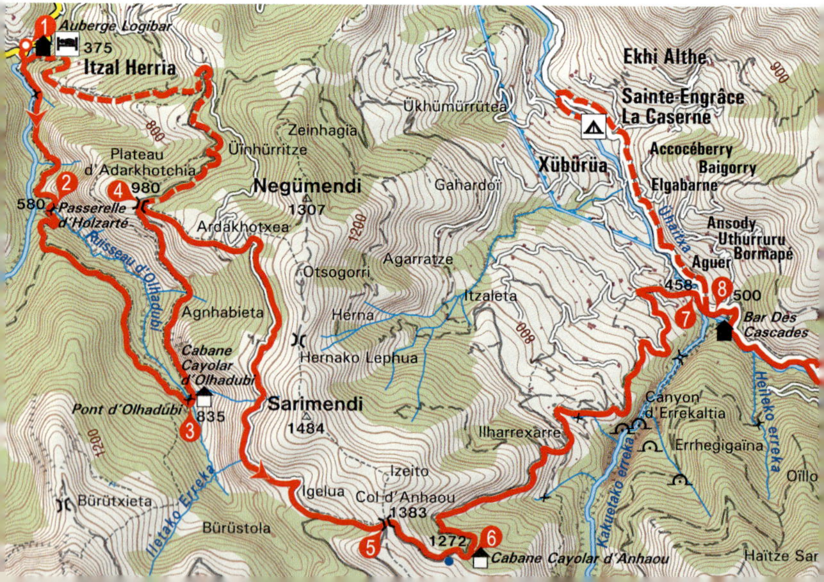

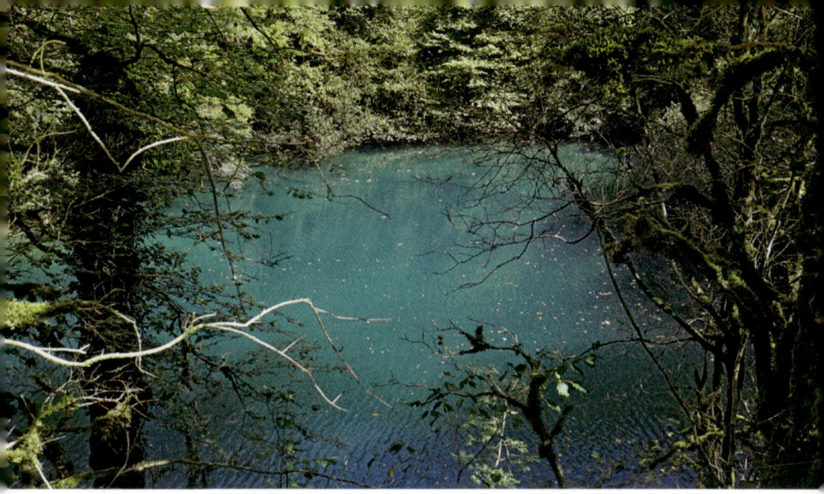

Der grün schimmernde Lac de Kakueta entsteht durch einen Staudamm und reicht bis zum Beginn der gleichnamigen Schlucht.

links ab. Der schmale Pfad führt uns zu einem kleinen Col am **Plateau d'Adarkhotchia** ❹, 980 m, hinauf (Ende von Variante 1).

Hier nehmen wir den nach rechts ansteigenden Pfad. Wir kommen zu einer kleinen Anhöhe, überqueren diese und treffen auf einen breiteren unbefestigten Fahrweg, der weiter nach links führt. Wir ignorieren ihn und steigen stattdessen nach rechts auf dem schmalen Pfad bergan. Die Pfadspur wird immer undeutlicher und ist zuletzt kaum mehr zu erkennen. Wir gelangen auf eine freie Weidefläche, halten uns in einem Linksbogen weiter bergauf und treffen an einem Eisengatter auf einen Fahrweg und einen Schafstall. Wir biegen nach rechts ab und folgen dem angenehm ebenen Weg, der uns die Aussicht auf die Gorges d'Olhadubi genießen lässt. Nachdem wir mehrere Stallgebäude passiert haben, kommen wir zum Wanderschild **Cayolar d'Iguéloua**, 1230 m. Hier biegen wir nach links ab. Der Pfad steigt zunächst links eines Bachlaufs auf, entfernt sich dann davon und führt steil bergauf zum aussichtsreichen **Col d'Anhaou** ❺, 1383 m.

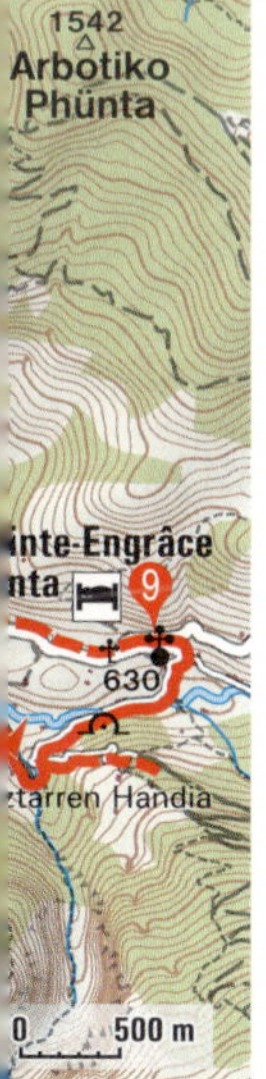

Auf der anderen Seite des Passes wandern wir auf einem breiten Fahrweg bergab und passieren nach gut 1 km in einer Spitzkehe die **Cabane Cayolar d'Anhaou** ❻, 1272 m. Rund 2,5 km nach der Cabane kürzen wir über einen nach links abzweigenden grasigen Pfad mehrere Serpentinen ab, überqueren dabei dreimal die Straße und gelangen, zuletzt auf einem weiteren

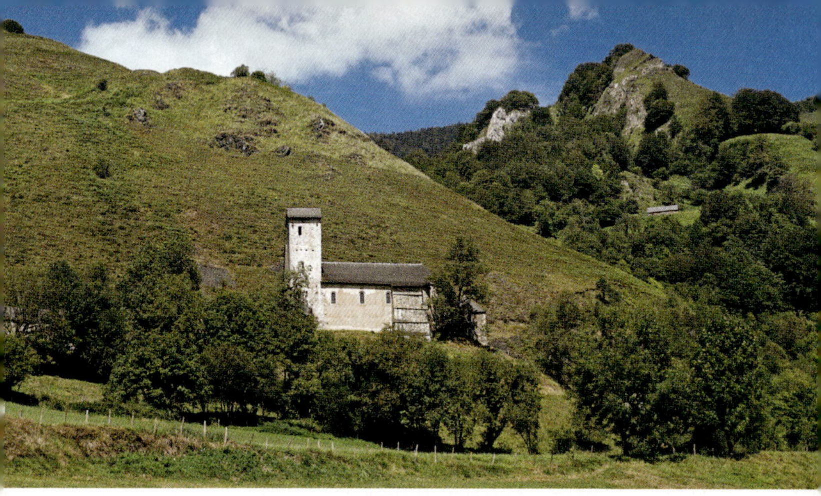

Romanische Kirche am Etappenziel gegenüber der Gîte d'étape.

Fahrweg, hinunter zu einem Bach. Nach dessen Überquerung wenden wir uns nach rechts auf den breiten Wiesenweg. An der nächsten Gabelung halten wir uns rechts. Der schmale Pfad bringt uns zu einer Kreuzung. Wir wählen den Weg mit dem Holzgatter, das wir mithilfe einer Leiter überwinden, und steigen dann über den schattigen, von Bäumen gesäumten Pfad ab. Wir queren erneut einen Bach und treffen auf ein Bauernhaus an einer Straße. Im Anschluss an eine scharfe Linkskurve zweigt nach rechts ein Feldweg ab. Dieser führt entlang eines Weidezauns hinunter zu einem befestigten Weg. Wir überqueren den Fluss über die aus Beton gebaute **Pont d'Enfer** 7, 458 m, und folgen dem steilen Weg hinauf zur D113. An dieser 2 km nach links befindet sich der Ortsteil **Sainte-Engrâce La Caserne**, wo es einen Lebensmittelladen und einen Campingplatz gibt.
Der GR 10 biegt hier jedoch nach rechts ab, passiert die Zufahrt zur **Bar Des Cascades** 8, 500 m, am Eingang der gut besuchten Gorges des Kakouetta und trifft nach insgesamt 1,6 km auf der eher stark befahrenen Straße auf eine Gabelung. Geradeaus auf der Straße weiter kann das Etappenziel direkt über die alte Wegführung erreicht werden. Mittlerweile biegt der GR 10 jedoch nach rechts auf eine schmale Asphaltstraße ab. Nach der Überquerung der zweiten Brücke zweigen wir nach links auf einen Feldweg ab. Dieser führt in einem Rechtsbogen in ein Tal hinein. Der Weg leitet uns zu einer breiten befestigten Straße. Wir gehen nach links über die Brücke an das linke Ufer. 300 m später kann man nach rechts mit Etappe 10 direkt zum Refuge Jeandel aufsteigen. Wir aber folgen wir der Straße nach links und hinauf nach **Sainte-Engrâce Senta** 9, 630 m. Direkt gegenüber der sehenswerten romanischen Kirche befindet sich die Gîte d'étape Maison Elichalt.

4.45 h	11,6 km
↗1200 m	↘160 m

Sainte-Engrâce Senta – Refuge Jeandel

10

Zum Durchhalten einen Gang runterschalten

Heute heißt es Abschied nehmen von der grasigen Hügellandschaft des Baskenlands. Die zu bewältigenden Höhenmeter verteilen sich nun nicht mehr gleichmäßig über die gesamte Etappe hinweg und so werden wir heute mit dem ersten längeren Anstieg an einem Stück konfrontiert. Trotz der langsam steiler und felsiger werdenden Wege lässt sich die insgesamt eher kurze Etappe gut bewältigen. Das Grundmotto lautet: langsam gehen. So sparen wir unsere Kräfte für die folgenden Tage.

Ausgangspunkt: Sainte-Engrâce Senta, 630 m.
Anforderungen: Langer Anstieg: das erste Stück auf felsigem Pfad im schattigen Wald, das zweite auf freier Weide; hier ist der Weg häufig nicht mehr zu erkennen, Orientierung an Markierungsstöckchen.
Einkehr: Im Skiort La Pierre Saint-Martin (15 Min. abseits des GR 10 bzw. des Refuge Jeandel) im Juli/Aug. und in den Wintermonaten mehrere Möglichkeiten.
Unterkunft: Refuge Jeandel, Tel. +33 (0)5 59 66 14 46 und +33 (0)6 20 07 19 89, refugejeandel.com, Mitte Mai–Mitte Okt., 19 B in MBZ, HP, Restaurant, kleiner LM-Verkauf.
Cabanes: Cabane de Féas (400 m abseits des GR 10), 4 P auf Holzplattform, Betonboden, Tisch mit Bänken, Ofen, Dachfenster, 2017 erbaut. **Cabane de Coup**, 3 P. Am **Col de La Pierre Saint-Martin** Refuge auf der gegenüberliegenden Straßenseite, nur Nebenraum offen, 2 P auf Bettgestell, Kamin.
Zeltmöglichkeit: Wenige kleine Stellen im ersten Teil.
Einkauf: Kurz vor dem Col de La Pierre Saint-Martin Käseverkauf. Im Refuge Jeandel kleiner LM-Verkauf. In La Pierre Saint-Martin LM-Verkauf im Buchladen eines Hotelkomplexes, daneben unregelmäßig geöffneter Supermarkt.
Wasser: Alle Wasserhähne entlang des Wegs können im Sommer trocken sein.
ÖPNV: Buslinie 807: 3x tgl. während der Skisaison ab La Pierre Saint-Martin, im Sommer nur ab dem 25 km entfernten Arette zum Bhf. in Oloron-Sainte-Marie, Infos: Tel. +33 (0)9 70 87 08 70, transports.nouvelle-aquitaine.fr.
Information: La Pierre Saint-Martin (abseits des GR 10), Tel. +33 (0)5 59 66 20 09, pyrenees-bearnaises.com.
Tipp: Besuch der Grotte de la Verna (ca. 45 Min./1 km ab Abzweig 2), Tel. +33 (0)6 37 88 29 05, Info zur Besichtigung (Reservierung erforderlich) auf laverna.fr.
Karte: IGN 3 Béarn.

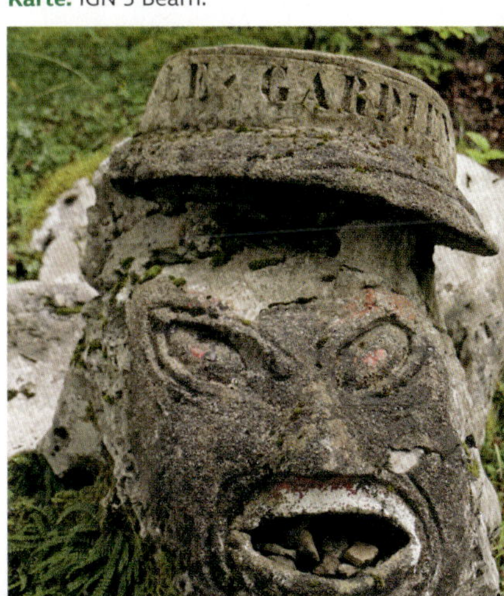

Wächter am Tor zu den Hochpyrenäen.

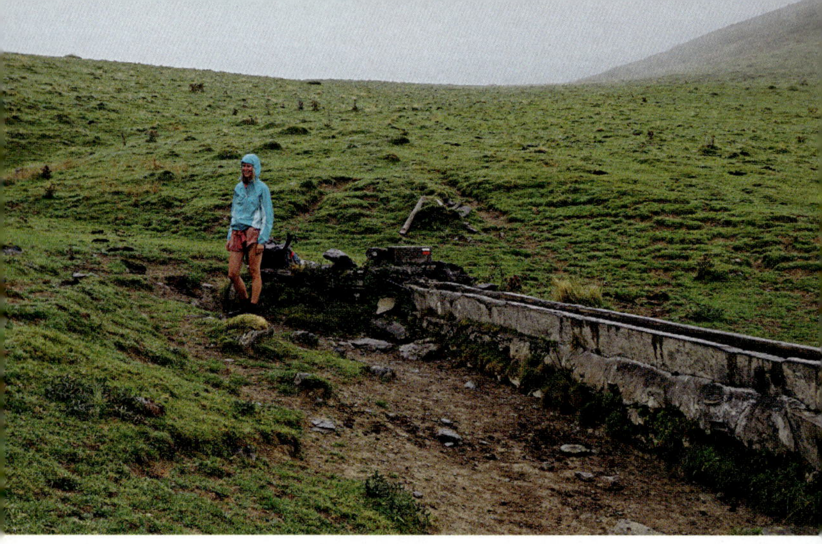

Gute Laune bei jedem Wetter. Aufstieg durch die Kuhweide.

Wir verlassen **Sainte-Engrâce Senta** ❶, 630 m, auf dem bereits bekannten Weg vom Vortag und gehen zurück bis zur Gabelung kurz vor der Brücke. Dort biegen wir nach links auf einen Feldweg ab, überqueren den Fluss und folgen dem Pfad nach links bergauf durch eine kleine Schlucht. An einer **Gabelung** ❷, 812 m, zweigt nach rechts der Weg zur ca. 1 km entfernten **Grotte de la Verna** ab, der GR 10 hingegen setzt sich nach links fort.

i *Die Karsthöhle **Grotte de la Verna** ist die größte öffentlich zugängliche Höhle der Welt. Sie wurde bereits im Jahr 1953 entdeckt, steht aber erst seit 2010 auch Besuchern offen. Über einen 660 m langen Tunnel erreicht man die beeindruckende Salle de la Verna.*

Der Pfad leitet uns bergan bis zu einer kleinen Lichtung, wo wir auf einen breiteren Schotterweg treffen. Diesem folgen wir wenige Meter nach rechts und biegen dann sofort wieder nach links ab. Der Pfad quert mehrere Male einen Forstweg. Kurz nachdem wir einen offenen Durchgang in einem Weidezaun passiert haben, kommen wir am kunstvoll gefertigten Steinkopf **Le Gardien** ❸, 1270 m, vorbei. Weiter auf dem Pfad, beginnt sich der Wald immer mehr zu lichten. Wir erreichen eine offene Weidefläche, gehen ein Stück am Waldrand entlang und steigen dann leicht rechts haltend die Weide hinauf. Nachdem wir ein verfallenes Steinhaus passiert haben, verläuft der Pfad quer über die Weideflächen und steigt dabei weniger steil an als zuvor. An der zweiten Viehtränke erreichen wir den **Abzweig** ❹, 1533 m, zur **Cabane de Féas**, die rund 400 m links des Weges liegt.

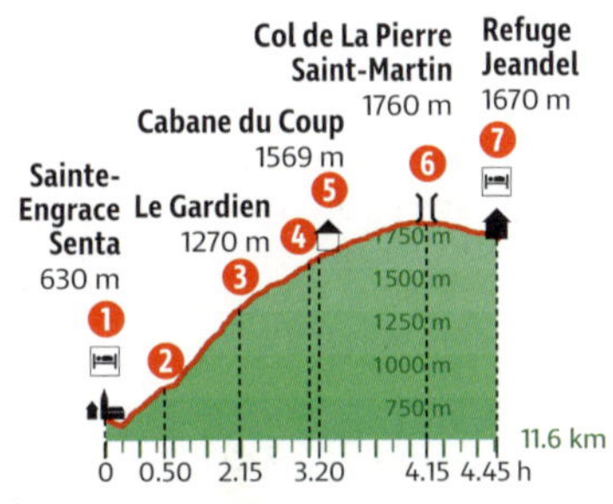

Wir halten uns rechts und steigen auf der nur mehr schwach sichtbaren Pfadspur weiter bergan zu einer Gabelung. Hier biegen wir nach rechts auf einen breiten grasigen Weg ab. In der nächsten Kurve liegt etwas abseits des Weges die **Cabane du Coup** ❺, 1569 m. Dann führt der Weg in weiten Serpentinen bergauf zum Col de Leche 1760 m. Weiter auf der Schotterpiste erreichen wir nach knapp 10 Min. den Parkplatz am **Col de La Pierre Saint-Martin** ❻, 1760 m, direkt an der spanisch-französischen Grenze. Der Pass wurde auch im Rahmen der Tour de France des Öfteren befahren. Er ist gleichzeitig ein beliebter Ausgangspunkt für die Besteigung des bekannten Pic d'Anie.

Wir folgen der D132 nach links. In einer scharfen Linkskurve zweigen wir auf einen Schotterweg nach rechts ab. Unter zwei Sesselliften hindurch kommen wir zu einer Gabelung, wo wir den Weg nach rechts oben wählen. An der Kreuzung kurz darauf nehmen wir den rechts abzweigenden Pfad bergab. Wir queren den Hang und schlagen einen Pfad nach links ein. Dieser bringt uns hinunter zum **Refuge Jeandel** ❼, 1670 m.

Die Hütte liegt auf einem Felsen etwas oberhalb des im Sommer nahezu ausgestorbenen, vor allem aus Hotelkomplexen bestehenden Skiorts La Pierre Saint-Martin. Um den Ort zu erreichen, folgt man ab der Talstation der Straße bergab.

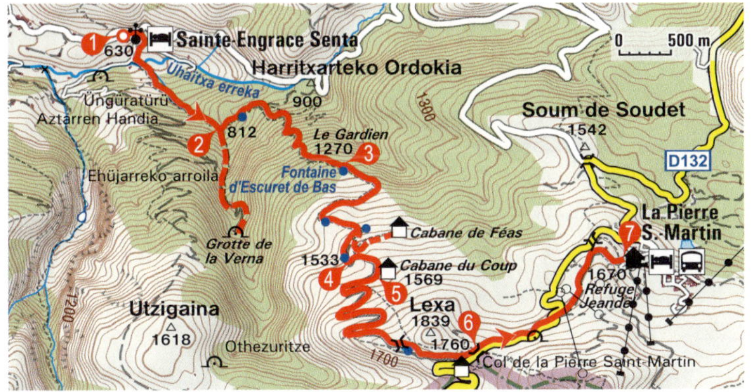

11 Refuge Jeandel – Lescun

6.15 h | 15,9 km
↗420 m | ↘1200 m

Vordringen in alpine Landschaften

Senkrecht emporragende steile Kalksteinwände, Geröllfelder und felsdurchsetzte Querungen erwarten uns auf der ersten hochalpinen Etappe des GR 10. Nach den lieblichen Hügeln des Baskenlands kommt uns der plötzliche Wechsel zur kargen Gebirgswelt besonders wild vor. Die finalen Meter des Anstiegs zum Pas de l'Osque stellen unsere Kletterkenntnisse auf den Prüfstand. Mit seinen 1922 m kratzt der Pass bereits an der 2000-Meter-Marke. Oben angekommen, erwartet uns eine überragende Sicht auf die gesamten Hochpyrenäen.

Ausgangspunkt: Refuge Jeandel, 1670 m, oberhalb des Skiorts La-Pierre-Saint-Martin.
Anforderungen: Anspruchsvollere Etappe auf teils steilen Bergpfaden. Der GR 10 stößt in hochalpines Terrain vor, d. h., schnelle Wetterumschwünge und Kälteeinbrüche sind jederzeit möglich; Schnee kann bis weit in den Frühling Probleme bereiten; Schwindelfreiheit am felsigen Pas de l'Osque erforderlich.
Einkehr: In Lescun Gîte d'étape et Chambres d'hôtes du Pic d'Anie (s. Unterkunft).

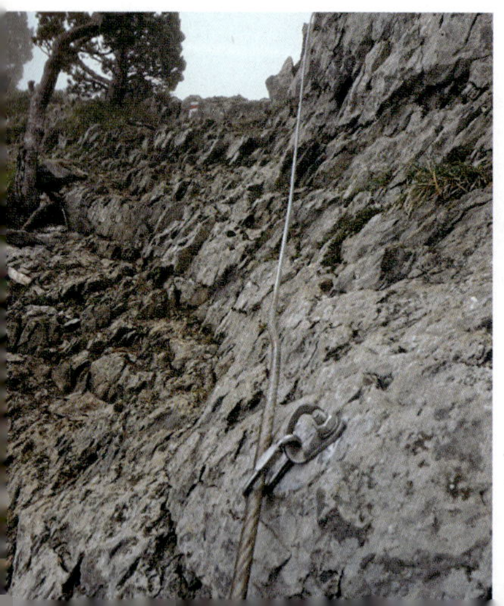

Unterkunft: Lescun: Gîte d'étape Maison de la Montagne (ggü. Rathaus), Tel. +33 (0)5 59 34 79 14 oder +33 (6)6 87 19 81 94, 23 B in MBZ, HP, eigener Shuttlebus zum Bhf. in Bedous (10 km nördlich). – Gîte d'étape et Chambres d'hôtes du Pic d'Anie (ggü. Kriegerdenkmal), Tel. +33 (0)5 59 34 71 54, hebergement-picdanie.fr, 15 B in Gîte, Küche; 5 DZ im Chambres d'hôtes, HP, Restaurant nur für Gäste. Gut 1 km weiter an Etappe 12: **Camping du Lauzart**, Tel. +33 (0)5 59 34 51 77 und +33 (0)6 13 13 12 17, camping-gite-lescun-pyrenees.com, April–Sept., 57 SP, Küche, Aufenthaltsraum, Picknickbänke, kleiner LM-Verkauf (auch Gaskartuschen), Restaurant; angegliederte Gîte d'étape, 25 B in MBZ, eigene Sanitäranlagen, HP.
Cabanes: Cabane d'Ardinet (etwas abseits des GR 10), Juli/Aug. von Hirten bewohnt, im übrigen Jahr abgetrennter Bereich für Wandernde, 4 P auf Holzplattform, Bänke.
Zeltmöglichkeit: 45 Min. nach dem Refuge Jeandel, kurz nach ❷, grasiges Hochplateau. Gute Flächen in der Nähe der beiden Cabanes, unterhalb der Cabane d'Ardinet, rechts des Weges am Fluss. Sowie 15 Min. nach dem Refuge de l'Abérouat trockene Stelle auf der Weide.
Einkauf: In der Cabane du Cap de la

Steiler Aufstieg zum Pas de l'Osque.

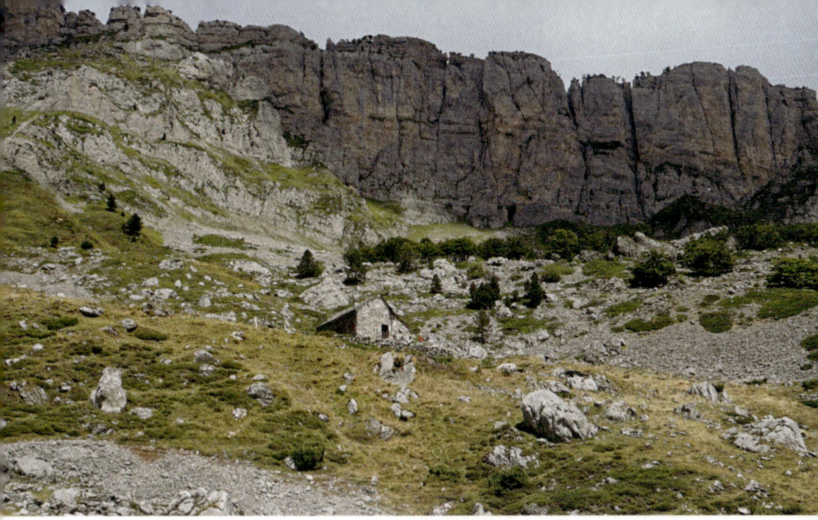

Die Cabane d'Ardinet liegt ein Stück links oberhalb des GR 10.

Baitch Käseverkauf. In Lescun ggü. Rathaus kleiner LM-Verkauf sowie Gaskartuschen und Wanderkarten (tgl. 8.30–19 Uhr, So bis 12.30 Uhr).
Wasser: Bei der Cabane du Cap de la Baitch Quellwasser. Bei der Cabane d'Ardinet.
ÖPNV: Nächste Bushaltestelle 5 km nordöstlich von Lescun im tiefer gelegenen Haupttal an der N134: Buslinie Canfranc (Spanien)–Bedous/Oloron-Sainte-Marie (beide mit Bhf.), Infos: Tel. +33 (0)9 70 87 08 70, transports.nouvelle-aquitaine.fr.
Information: Keine.
Variante: Über den Pic d'Anie, 2507 m, den ersten hochalpinen Gipfel am GR 10: ab dem Abzweig bei der Kalksteinwand von Westen über den Gipfel zur Cabane du Cap de la Baitch und weiter auf dem GR 10 nach Lescun. Alpine Erfahrung und Trittsicherheit für den Schlussanstieg erforderlich. Gesamtetappe beträgt dann 8.30 Std., 20 km sowie 960 Hm im Auf- und 1730 Hm im Abstieg.
Hinweis: Der Pfad nach dem Refuge de l'Abérouat durch die Kuhweiden hat schlammige Passagen, bei feuchter Witterung empfiehlt sich der Abstieg entlang der Straße.
Karte: IGN 3 Béarn.

Vom **Refuge Jeandel** ❶, 1670 m, gehen wir auf dem Zufahrtsweg wieder zum Hauptweg hinauf, folgen ihm ca. 100 m nach links und biegen dann auf den nach rechts abzweigenden Pfad ab. Wir unterqueren den Skilift und treffen auf einen breiten Schotterweg. Auf diesem steigen wir durch das Skigebiet bergan. Nach einer imposanten **Kalksteinwand** ❷, 1789 m, kommen wir zu einem Abzweig. Die **Variante** über den **Pic d'Anie** setzt sich auf dem Schotterweg geradeaus fort, der GR 10 biegt nach links ab.
Er verläuft über ein grasiges Plateau (mit guten Zeltmöglichkeiten) und steigt an dessen Ende über einen steilen, gerölligen Pfad bergauf. Wir überqueren eine breite Schotterpiste und folgen weiter dem Pfad. Dieser quert

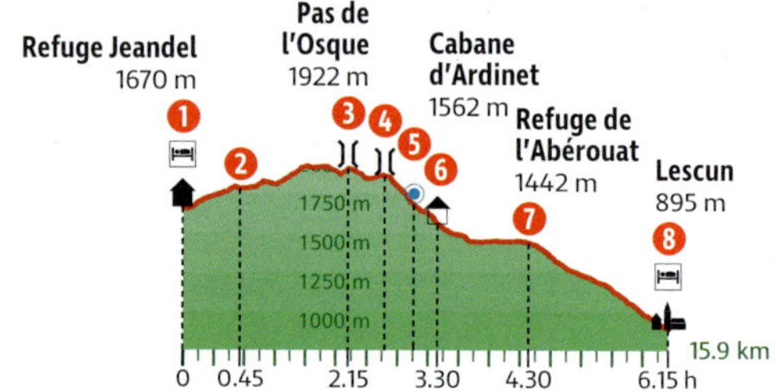

die felsdurchsetzten Hänge. Dabei sind teilweise kurze weglose Passagen zu bewältigen. Wir kommen zu einem geschotterten Fahrweg, der im Winter als Skipiste genutzt wird. Nach einem kurzen Abstieg über einen Geröllhang gehen wir nach rechts unter einem Sessellift hindurch. Der Pfad führt ein kurzes Stück steil bergauf und verläuft dann wieder leicht links haltend quer zum Hang. An einer mit Felsplatten durchsetzten Ebene halten wir uns links, folgen dem Pfad über eine felsige Steilstufe bergab und erreichen den Fuß einer steilen Felswand. Die letzen Höhenmeter zum Pass bewältigen wir mehr kletternd als wandernd. Durch steiles, felsiges Gelände gelangen wir mithilfe mehrerer Drahtseile auf den eindrucksvollen **Pas de l'Osque** ③, 1922 m. Der ausgesetzte Pass wird von steil aufragenden Felswänden begrenzt und beschert uns ein herrliches Panorama.

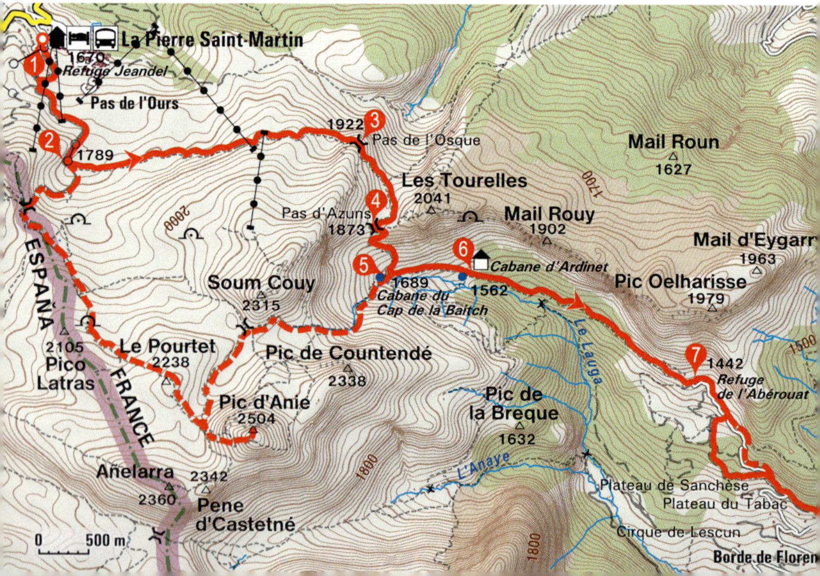

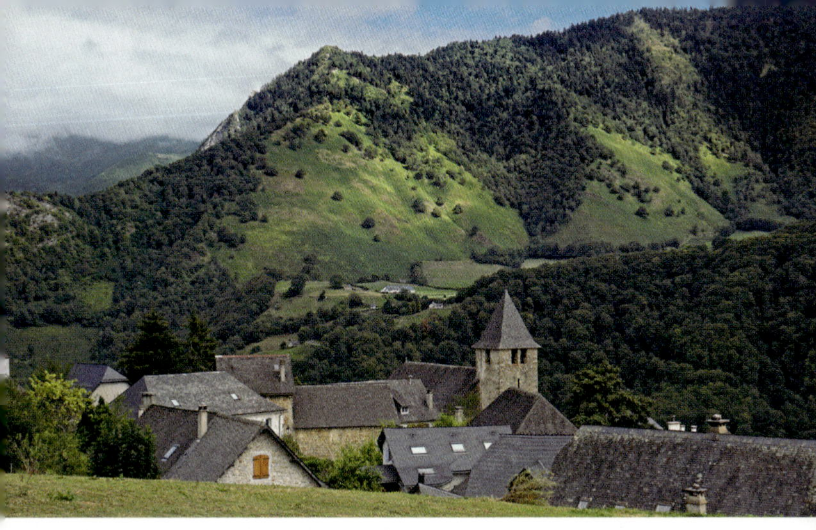

Angekommen in den Hochpyrenäen: Steinhäuser von Lescun.

Wir gehen nach rechts auf dem felsigen Pfad weiter. Nach 25 Min. erreichen wir den **Pas d'Azuns** 4, 1873 m, mit ebenfalls sehr guter Sicht. Nun folgen wir nach links dem Pfad an der imposanten Felswand entlang. Wir passieren ein Gatter und steigen erst in wenigen Kurven, dann angenehm über grasiges Gelände zur von Hirten bewohnten **Cabane du Cap de la Baitch** 5, 1689 m, ab. Dann wandern wir auf dem Pfad durch das beweidete Hochtal bergab. Nach 20 Min. passieren wir die links etwas oberhalb des Weges gelegene **Cabane d'Ardinet** 6, 1562 m, und kommen kurz danach in den Wald. Nachdem sich der Wald wieder gelichtet hat, treffen wir auf einen Schotterweg, der uns zum **Refuge de l'Abérouat** 7, 1442 m, leitet. Wir bleiben auf der Straße, bis nach rechts ein grasiger Weg abzweigt. An der nächsten Gabelung biegen wir nach links ab und wandern auf dem schmalen Pfad entlang eines Weidezauns weiter bis zur Straße. Dieser folgen wir wenige Meter und biegen dann sofort wieder auf den nach links abzweigenden Feldweg ab. Bei der Gabelung gehen wir links auf dem oberen grasigen Weg weiter. Dieser leitet uns hinunter zu einem Feldweg, dem wir kurz nach links folgen; dann zweigen wir nach rechts auf einen Pfad ab. Wir treffen auf eine schmale Asphaltstraße und gehen auf dieser nach links bis zu einem Bauernhof. Dort halten wir uns links und erreichen die ersten Häuser des Dorfes. Wir ignorieren die nach links abzweigende Straße zur Kirche und gelangen hinab zum Rathaus von **Lescun** 8, 895 m.

12 Lescun – Etsaut

6.30 h | 15,9 km
↗850 m | ↘1150 m

Überraschungsmoment am Col de Barrancq

Wandern in der Ebene kennen wir von unserer Pyrenäendurchquerung bisher kaum. Heute sind uns jedoch bis zum Plateau de Lhers gleich mehrere solcher Abschnitte mit nur wenigen Höhenmetern vergönnt. Nach dem schattigen Anstieg zum Col de Barrancq, 1601 m, müssen wir feststellen, dass sich Landschaften in keine Schubladen einsortieren lassen und immer wieder für eine Überraschung gut sind. Umso größer ist dann die Freude über den aussichtsreichen Abstieg nach Etsaut.

Ausgangspunkt: Lescun, 895 m, Rathaus.
Anforderungen: Gemütliche Etappe; sanfter Anstieg im schattigen Wald und schattenloser Abstieg.
Einkehr: In Borce Bar in der Auberge de l'Ours (s. Unterkunft). In Etsaut Bar Brasserie Alimentation Le Randonneur.
Unterkunft: Camping du Lauzart, Tel. +33 (0)5 59 34 51 77 und +33 (0)6 13 13 12 17, camping-gite-lescun-pyrenees.com, April–Sept., 57 SP, Küche, Aufenthaltsraum, Picknickbänke, kleiner LM-Verkauf (auch Gaskartuschen), Restaurant; angegliederte Gîte d'étape, 25 B in MBZ, eigene Sanitäranlagen, HP. **Plateau de Lhers:** Gîte d'étape et Camping de Lhers (150 m rechts des GR 10), Tel. +33 (0)5 59 34 75 39 und +33 (0)6 70 20 45 86, gite-camping-lhers.com, ganzjährig, im Winterhalbjahr nur während der Ferien und an Wochenenden, Camping mit 25 SP, Gîte mit 17 B in MBZ, HP, Verkauf von Brot und regionalen Produkten, KS, Mikrowelle, Waschmaschine. **Borce:** Auberge de l'Ours (nach der Kirche rechts), Tel. +33 (0)6 69 51 72 90, 18 B in zwei Schlafsälen, drei Zeltstellplätze im Garten, Frühstück, Bar, gut ausgestattete Küche, Aufenthaltsraum, LM-Verkauf. **Etsaut:** Gîte d'étape Auberge la Garbure (100 m nach Dorfplatz rechts hinauf, markiert),

Blick zurück auf den Cirque de Lescun.

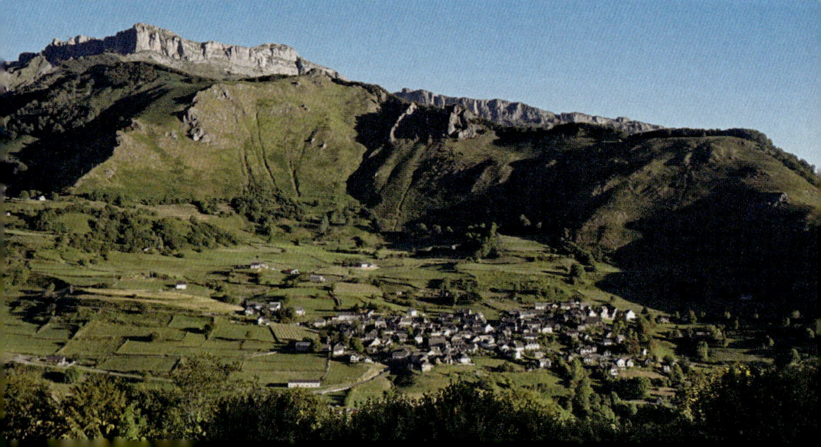

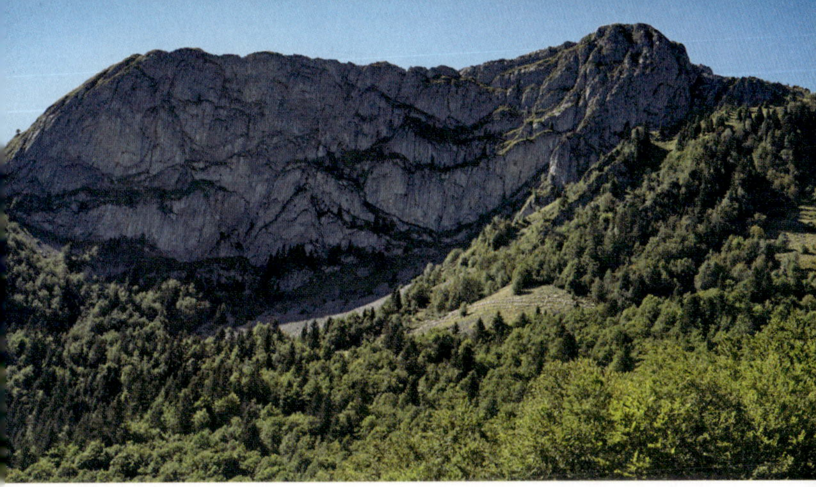

Der Pène d'Udapet, 1774 m, ist ein beliebtes Ziel für Kletternde.

Tel. +33 (0)5 59 34 88 98, garbure.net, ganzjährig, 53 B in MBZ, Aufenthaltsraum, HP.
Cabanes: Cabane d'Udapet-de-Bas, rechte Hütte, Mitte Okt.–Mitte Mai, 4 P im Obergeschoss, Tisch, Bänke, Kamin, Wasser nur im Sommer.
Zeltmöglichkeit: Heute eher rar, kleine Stellen beim Aufstieg zum Col de Barrancq und auf der Weide bei der Cabane d'Udapet-de-Bas.
Einkauf: In Borce in der Auberge de l'Ours (auch sonntags offen) LM-Verkauf (frische Ware), Wanderkarten, Gaskartuschen.
Wasser: Bei den Häusern zwischen dem Camping du Lauzart und dem Plateau de Lhers Wasserhahn. Zwischen Plateau de Lhers und Col de Barrancq Quelle. Bei der Cabane d'Udapet-d'en-Bas Quelle. Beim Abstieg werden einige Bäche überquert.
ÖPNV: Buslinie Canfranc (Spanien)–Bedous/Oloron-Sainte-Marie (beide mit Bhf.), Halt in Etsaut, ca. 10 x tgl., Infos: Tel. +33 (0)9 70 87 08 70, transports.nouvelle-aquitaine.fr.
Information: Keine.
Tipps: 1. Tierpark Parc'Ours in Borce, Tel. +33 (0)6 01 73 46 09, parc-ours.fr.
2. Maison du Parc national des Pyrénées, im Norden von Etsaut, Ausstellung, offener Garten mit verschiedenen Bäumen (u. a. Apfelbäume).
Karte: IGN 3 Béarn.

Vom Rathaus in **Lescun** ❶, 895 m, folgen wir der am Kriegerdenkmal vorbeiführenden Straße zum Ortsausgang. An einer T-Kreuzung halten wir uns links, gleich darauf rechts und gelangen zu einer Brücke. Wir überqueren den Fluss und steigen über den steilen Schotterweg hinauf zur Zufahrt zum **Camping du Lauzart** ❷, 850 m. Wir folgen der Straße knapp 700 m und biegen nach links ab. Der Pfad überquert mehrere Male die asphaltierte Straße und mündet dann in ein geschottertes Wegstück. Wir passieren eine Häusergruppe, überqueren einen Bach und gelangen auf dem Pfad zu einer Gabelung. Hier halten wir uns rechts und gehen durch ein Eisengatter

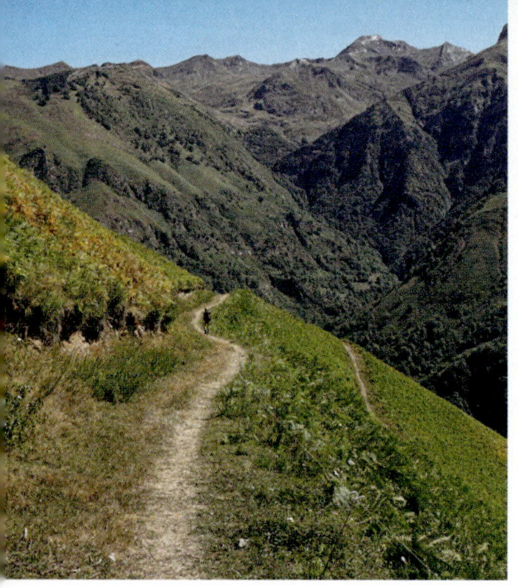
Steiler Abstieg nach Borce.

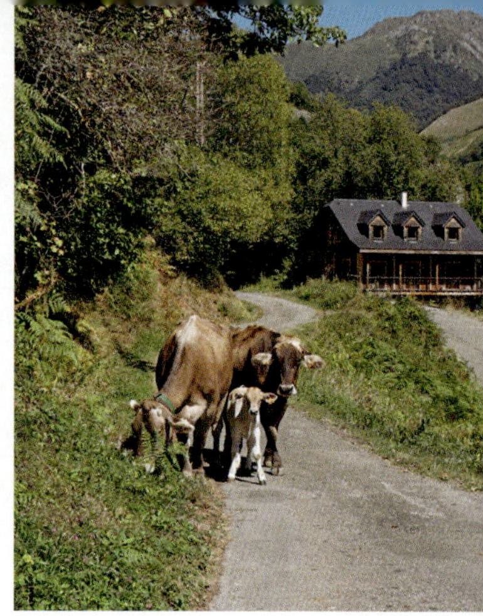
Familienbande vor Borce.

hindurch. Der Feldweg leitet uns zu einer schmalen Straße. Wir kommen an einem schönen Rastplatz mit Picknicktisch vorbei, überqueren einen Bach und gelangen zu einer T-Kreuzung am **Plateau de Lhers** 3, 997 m. Nach rechts geht es zur Gîte d'étape und zum Camping, der GR 10 setzt sich nach nach links fort.

Knapp 400 m weiter biegen wir nach rechts auf eine Schotterpiste ab und verlassen sie nach wenigen Meter nach rechts auf einem grasigen Pfad. Dieser windet sich den zunehmend bewaldeten Hang hinauf. Wir treffen auf einen breiten Forstweg, dem wir nach rechts oben folgen. In einer Rechtskurve zweigen zwei Pfade ab. Wir wählen den rechten und steigen weiter in Serpentinen steil bergauf. Nach zwei Überquerungen des Forstwegs erreichen wir kaum merklich den dicht bewaldeten **Col de Barrancq** 4, 1601 m. Die hohen Bäume verdecken den Blick ins Tal. Für eine Rast lohnt es sich, noch ein kurzes Stück abzusteigen, da der Pfad dann eine offene

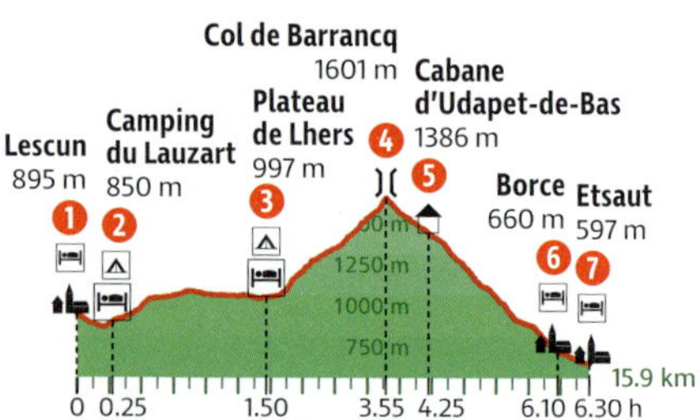

Weidefläche erreicht. Hier werden wir endlich auch mit dem ersehnten Panorama belohnt: Dieses wird von der markanten Gestalt des Pic du Midi d'Ossau, 2884 m, dominiert.
Weiter auf dem Pfad absteigend, passieren wir den Abzweig zur **Cabane d'Udapet-de-Bas** 5, 1386 m, und kommen nach der dritten Überquerung des Baches zu einer Gabelung. Wir halten uns rechts, verlassen den Wald und folgen dem Pfad in langen Serpentinen bergab durch den Farn. Bei einem Weidezaun biegen wir nach rechts ab und gelangen hinunter zu einer schmalen Straße. Auf dieser bleiben wir, bis nach links ein Pfad abzweigt. Wir wandern ein Stück am Zaun des Wildtierparks Parc'Ours entlang.

*i Im **Parc'Ours** bei Borce lässt sich die gefährdete und schützenswerte Flora und Fauna der Bergwelt bewundern. Der Ursprung des Tierparks geht auf den Fund eines kleinen Bären zurück, der 1971 den Kindern des örtlichen Obdachlosenheims zulief. Weitere Info auf parc-ours.fr.*

Dann überqueren wir die Straße Route d'Ayiré und gelangen hinunter nach **Borce** 6, 660 m. An der T-Kreuzung nach der Kirche zweigen wir nach links ab und gehen auf der Straße durch den Ort. Nach einer scharfen Kurve biegen wir nach rechts auf einen grasigen Fußweg ab. Wir überqueren die N134 über eine Brücke, wenden uns nach rechts und folgen einem Fußweg entlang der Straße. Dann geht es nach links auf einer Brücke über die Gave d'Aspe und auf der Straße nach links ins Zentrum des kleinen Dorfs **Etsaut** 7, 597 m.

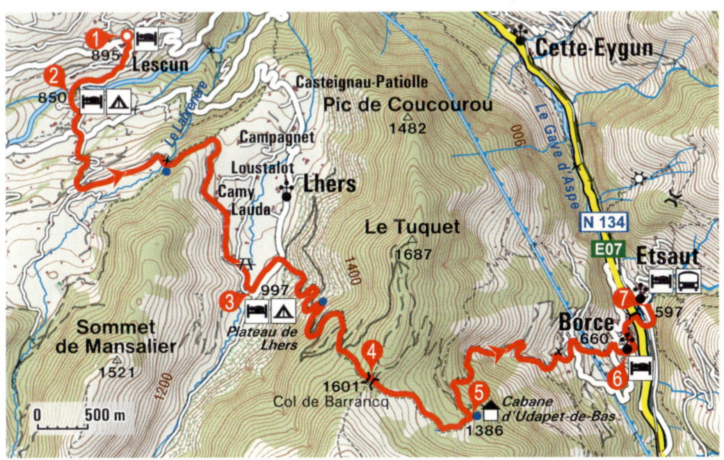

13 Etsaut – Gabas

9.30 h	23,9 km
↗1640 m	↘1210 m

Lac Gentau und Pic du Midi d'Ossau im Postkartenpanorama

Wie an einer Perlenkette reihen sich heute gleich mehrere Glanzlichter der Pyrenäen hintereinander auf und machen die Etappe zu einer ganz besonderen. Nachdem wir unsere Wanderreife auf dem Chemin de la Mâture unter Beweis gestellt haben, steigen wir durch ein wunderschönes Hochtal hinauf zum Col d'Ayous, 2185 m. Dort versetzt uns der Anblick des majestätisch über dem Lac Gentau thronenden Pic du Midi d'Ossau, 2884 m, einmal mehr ins Staunen über die Wunder der Natur. Dann gilt es die Kamera zu zücken, um dem meistfotografierten Berg der Pyrenäen gerecht zu werden.

Ausgangspunkt: Etsaut, 597 m, Dorfplatz.
Anforderungen: Lange Etappe überwiegend auf felsigen Alpinsteigen und -pfaden; der knapp 2200 m hohe Col d'Ayous ist im Frühjahr lange schneebedeckt.
Einkehr: Refuge d'Ayous (10 Min. westlich des GR 10, oberhalb des Lac Gentau; s. Unterkunft). Am Lac de Bious-Artigues einfache Restaurants während der Saison.
Unterkunft: Refuge d'Ayous, Tel. +33 (0)5 59 05 37 00, refuge-ayous.fr, Mitte Mai–Mitte Sept, 47 B in Lagern/Schlafsälen (im Winter nur 14 B, unbeheizt), HP, kleine Speisen und Tagesgericht. **Gabas:** Chambres d'hôtes L'Estibère, Tel. +33 (0)6 88 38 19 75, chambres-dhotes-lestibere.business.site, 2 DZ/1 MBZ, Stellplatz für Zelte. – Hôtel-Rest. Le Biscaü (schräg ggü.), Tel. +33 (0)5 59 05 31 37, 14 DZ, HP.
Cabanes: Cabane de la Baigt-de-Saint-Cours (14. Juni–23. Sept geschlossen!), 3 P auf Holzplattform, Tisch und Bank, Kamin, Wasser aus Bach. **Cabane du Col Long D'Ayous** (auf Lichtung 150 m links des GR 10), 4 P, Kamin, Quelle 100 m weiter nördlich bei anderer Schäferhütte. **Cabane de Bious-Artigues** (kurz nach Erreichen des Lac de Bious-Artigues, direkt am Ufer vor dem Reiterhof), 8 P auf Holzplattform, betoniert, Kamin, Seewasser. – **Cabane de Bious-Oumettes** (am Wohnmobilparkplatz unterhalb der Staumauer des Lac de Bious-Artigues dem unteren der zwei nach links abzweigenden Schotterwege gut 200 m folgen, unterwegs kleine Brücke), 8 P auf Holzplattform, Boden betoniert, Kamin, Bachwasser, im Sommer von Hirten bewohnt.
Zeltmöglichkeit: Achtung: Nationalparkregeln beachten (vgl. S. 24). Nahe der Cabane de la Baigt-de-Saint-Cours und oberhalb davon im Talschluss auf ebenen Weiden. Am Ufer des Lac Gentau und an den Seen danach. Am Lac de Bious-Artigues auf der Wiese des ehemaligen Campingplatzes Bious-Oumettes.
Einkauf: In Gabas betreibt das Chambres d'hôtes L'Estibère im ehemaligen Nationalparkgebäude Mitte Juni–Sept. einen LM-Verkauf (öffnet um 10 Uhr). Die Gegebenheiten scheinen sich hier rasch zu ändern.
Wasser: Am Aufstieg mehrere Bäche. Bei der Cabane de la Baigt-de-Saint-Cours Wasserhahn mit Bachwasser. Beim Refuge d'Ayous Brunnen und von außen zugängliches WC. Am Lac de Bious-Artigues und in Gabas Chemie-WC ohne Wasser.
ÖPNV: Buslinie 806-BIS: 2x tgl. Laruns–Col du Pourtalet (span. Grenze) sowie über Laruns nach Pau, dazu abgestimmter Umstieg in Laruns auf Linie 806; Haltestellen am Parkplatz unterhalb des

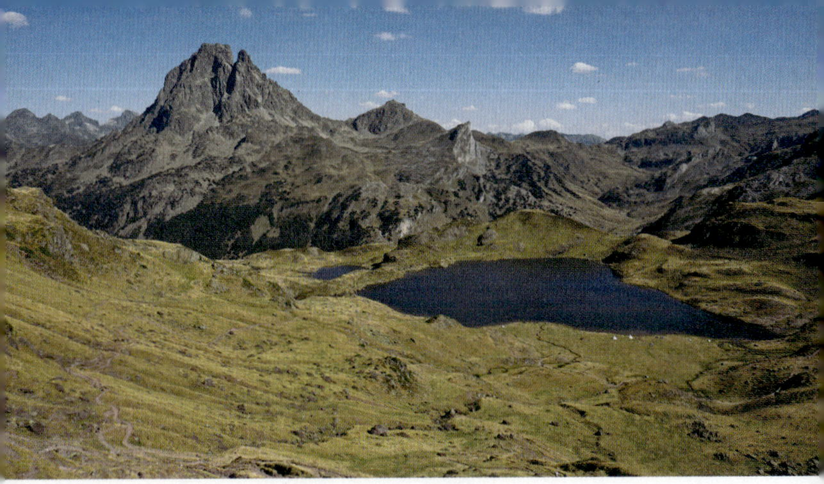

Postkartenmotiv: Pic du Midi d'Ossau über dem Lac Gentau.

Lac de Bious-Artigues und im Ortskern von Gabas, Infos: Tel. +33 (0)9 70 87 08 70, transports.nouvelle-aquitaine.fr.
Information: In Laruns (15 km abseits des GR 10), Tel. +33 (0) 5 59 05 31 41, ossau-pyrenees.com.
Hinweise: 1. Durch eine Übernachtung im Refuge d'Ayous kann die lange Etappe auf zwei Tage aufgeteilt werden.
3. Das in den IGN-Karten noch eingetragene Chalet Refuge du CAF de Gabas existiert seit 2013 nicht mehr.
3. Wenn in Gabas alle Betten belegt sind, kann man mit dem Bus ins 15 km entfernte Laruns fahren (Unterkünfte aller Art, Info: Tel. +33 (0) 5 59 05 31 41, ossau-pyrenees.com; Supermarkt); von dort entweder per Bus zurück nach Gabas oder ggf. gleich weiter nach Gourette (Ziel von Etappe 14).
Tipp: Für die lange Etappe 14 kann ein Rucksacktransport nach Gourette gebucht werden: Transport Canonge in Laruns, Tel. +33 (0)5 59 05 30 31 und +33 (0)6 07 08 12 49, spätestens am Vorabend telefonisch vorbestellen, mindestens zwei Rucksäcke erforderlich.
Karte: IGN 6 Béarn.

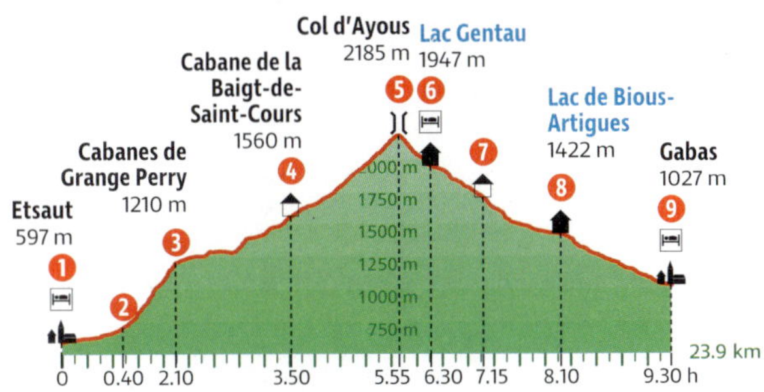

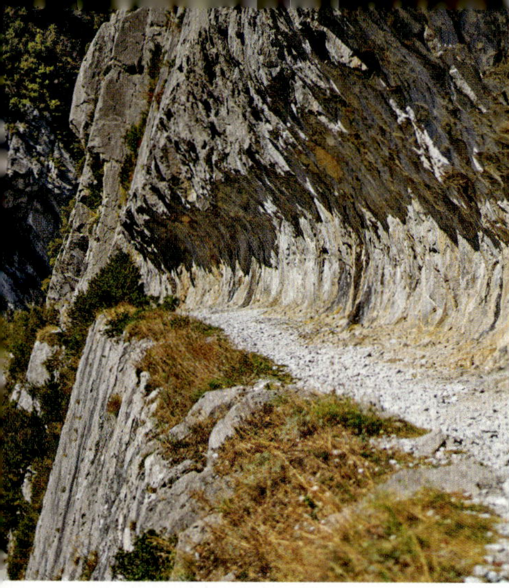

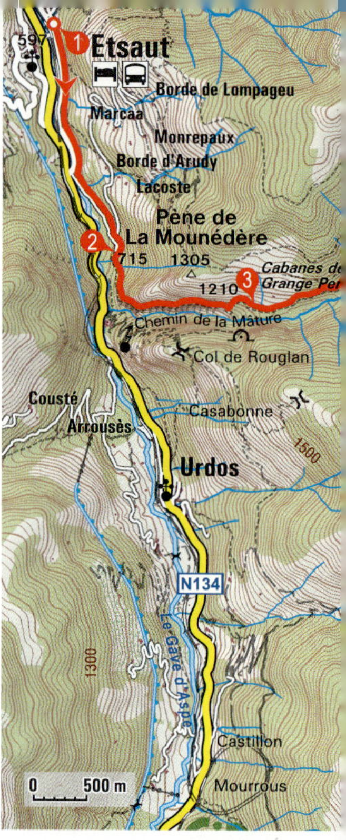

Chemin de la Mâture.

Wir verlassen **Etsaut** ❶, 597 m, über die Ancienne Route Nationale und folgen dieser bis zur Pont de Cebers. Wir bleiben auf der linken Seite der Gave de l'Aspe und steigen über die schmale Straße hinauf zu einem Parkplatz in einer engen Linkskurve. Dort beginnt der **Chemin de la Mâture** ❷, 715 m.

i *Auf 1200 m Länge durchbricht der* ***Chemin de la Mâture*** *die senkrechten Felswände oberhalb der Gave de l'Aspe. 1772 wurde dieses übermenschliche Wunderwerk nach mehrjähriger Bauzeit fertiggestellt. Sechs Jahre lang diente der Weg dem Abtransport des Holzes aus dem Forêt de Pacq; das Holz wurde über den Fluss bis nach Bayonne transportiert und dort für den Bau von Schiffen der französischen Marine verwendet. 1778 wurde das Fällen der Bäume aufgrund erschöpfter Ressourcen beendet.*

Über den spektakulär in die Felsen gehauenen Weg wandern wir durch die Schlucht, passieren anschließend die etwas oberhalb des Weges gelegenen **Cabanes de Grange Perry** ❸, 1210 m, und gelangen durch den Wald zu einer Gabelung. Wir halten uns links und steigen zu einer weiteren Kreuzung hinauf. Dort folgen wir nach rechts dem zunächst überwiegend eben

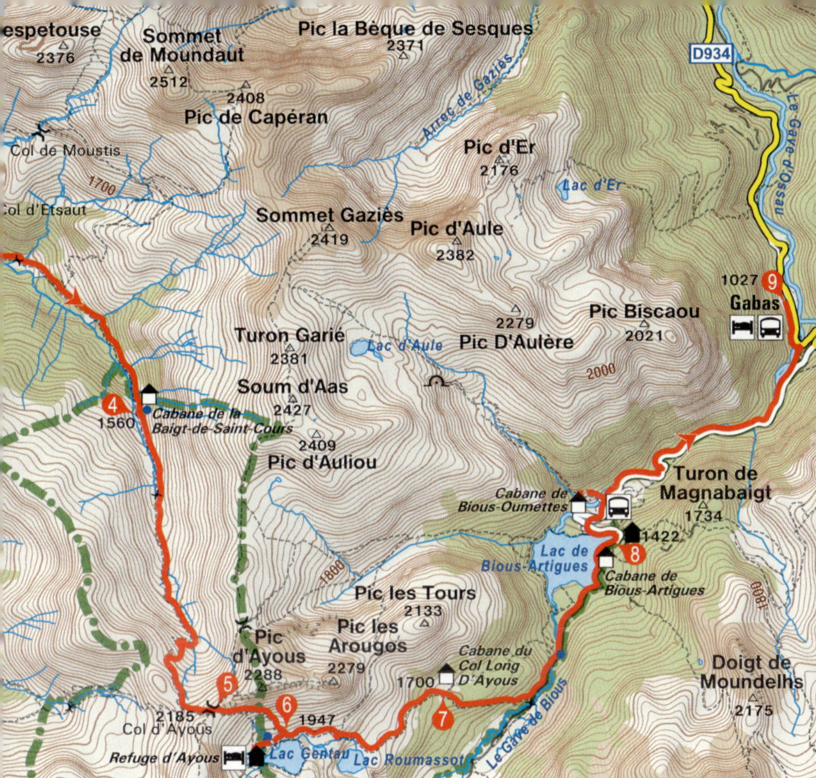

verlaufenden Pfad. Nach der zweiten Brücke lichtet sich der Wald und der Weg führt ein Stück steil bergauf. Dann wandern wir über welliges Gelände zur **Cabane de la Baigt-de-Saint-Cours** 4, 1560 m, die bereits im Nationalpark der Hochpyrenäen liegt.

Der Pfad verläuft zunächst sanft ansteigend durch das beweidete Hochtal und steilt bis zum Erreichen des ebenen Talschlusses nach und nach auf. Wir halten uns leicht rechts und steigen in langen Serpentinen zum **Col d'Ayous** 5, 2185 m, hinauf. Direkt vor uns thront der Pic du Midi d'Ossau über dem sanft schimmernden **Lac Gentau** 6, 1947 m, den wir nach 35 Min. über einen steinig-erdigen Pfad erreichen. Nach rechts führt der Weg zum Refuge d'Ayous, 1982 m, der GR 10 setzt sich nach links fort. Wir kommen an zwei weiteren Seen vorbei und passieren kurz nach Eintritt in den Wald eine kleine Lichtung am Abzweig zur **Cabane du Col Long D'Ayous** 7, 1700 m; diese steht rund 150 m weiter links.

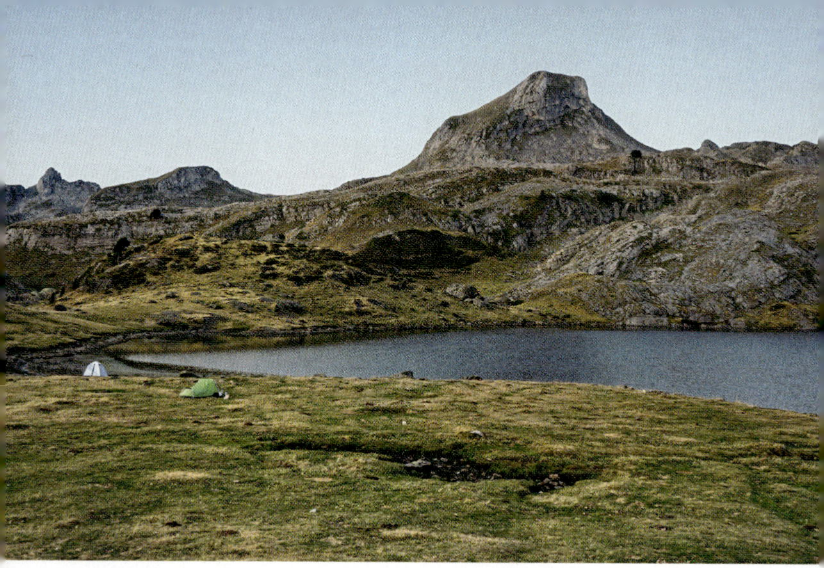

Auch am Ufer des Lac Roumassot kann hervorragend gezeltet werden.

Weiter durch den Wald absteigend gelangen wir zu einem breiteren Weg. Dieser verläuft ein Stück entlang des Baches, überquert diesen und führt dann als bequemer Weg hinab zum See. Wir gehen am Ufer entlang bis zur Staumauer am hinteren Ende des **Lac de Bious-Artigues** 8, 1422 m. Vom Parkplatz aus folgen wir der Straße (D231) abwärts, bis nach rechts ein Pfad abzweigt. Wir kürzen eine Serpentine ab, kommen zurück zur D231 und passieren die Bushaltestelle. Der Wohnmobilstellplatz liegt rechts der Straße, links zweigen zwei Schotterwege ab: Der untere führt zur **Cabane de Bious-Oumettes**. Wir gehen weitere gut 2,5 km auf der Straße bergab. Dann biegen wir nach links auf den steinigen Pfad ab, der hinunter zur D934 führt. Wer direkt in Etappe 14 starten möchte, folgt hier dem Wiesenweg rechts aufwärts. An der D934 nach links gelangen wir in 5 Minuten in den kleinen Ort **Gabas** 9, 1027 m.

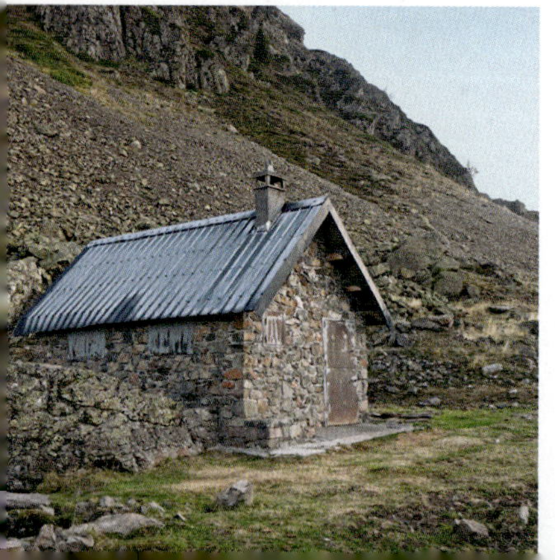

Die Cabane Roumassot ist für Wandernde geschlossen.

10.00 h	22,3 km
↗1620 m	↘1300 m

Gabas – Gourette 14

Feuertaufe wahrer Pyreneisten

Ein schwindelerregender Quergang, steilste Serpentinen und Geröllhänge mit Schneefeldern bis weit in den Sommer stellen uns heute wahrlich auf die Probe. Nachdem wir die Corniche des Alhas und den Anstieg zur Hourquette d'Arre, 2465 m, gemeistert haben, ist der zwar lange, aber in sich weniger steile Abstieg in den Skiort Gourette keine größere Herausforderung mehr.

Ausgangspunkt: Gabas, 1027 m.
Anforderungen: Anspruchsvolle Etappe, die viele Fähigkeiten verlangt: Schwindelfreiheit, Trittsicherheit und gute Kondition. Ab dem Plateau de Cézy schattenlos. Der steile Aufstieg am Westhang hinauf zur Hourquette d'Arre ist meist bis Juli schneebedeckt, morgens auch vereist, dann nur mit Steigeisen möglich oder wenn der Schnee aufgegangen ist; der Abstieg ist unproblematisch. Die Umgehung des Passübergangs ist möglich, vgl. Variante 2.
Einkehr: Unterwegs keine.
Unterkunft: Gourette: u. a. Chalet de Gourette (FFCAM; auf Hauptstraße nach rechts zum unteren Ortsrand, dann 50 m links hinauf), Tel. +33 (0)5 59 05 10 56, chaletdegourette.ffcam.fr, Juni–Sept. und während der Skisaison, 32 B in Schlafsälen, HP, Mikrowelle, AV-Rabatt. – Hôtel-Rest. L'Amoulat (250 m oberhalb der Tourist-Info), Tel. +33 (0)5 59 05 12 06, hotel-amoulat.com, ganzjährig, 12 DZ, HP.
Cabanes: Cabane de Cézy (500 m abseits GR 10, an Variante 2), 4 P auf Holzplattform, Tisch, Bänke, Quellwasser. **Cabane d'Hourquette d'Arre**, 4 P auf Holzplattform, Tisch, Stühle.
Zeltmöglichkeit: Im Wald zwischen der Corniche des Alhas und dem Plateau de Cézy. Auf dem Plateu de Cézy. Bei den Mines d'Arre in Bachnähe. In Ufernähe des Lac d'Anglas. Vor Gourette links des Wegs auf Höhe der Tennisplätze.
Einkauf: Zwischen Lac d'Anglas und Gourette Käseverkauf. In Gourette Supermärkte wie Proxi und Vival (ab 7 Uhr) sowie Intersport mit Gaskartuschen.
Wasser: Abseits des GR 10, ein gutes Stück vor der Cabane de Cézy rechts Viehtränke mit Schlauch. In Gourette WC.
ÖPNV: Buslinie 806: 2x tgl. ab Gourette über Eaux-Bonnes und Laruns nach Pau, Haltestelle »Parking Gourette Nord« am

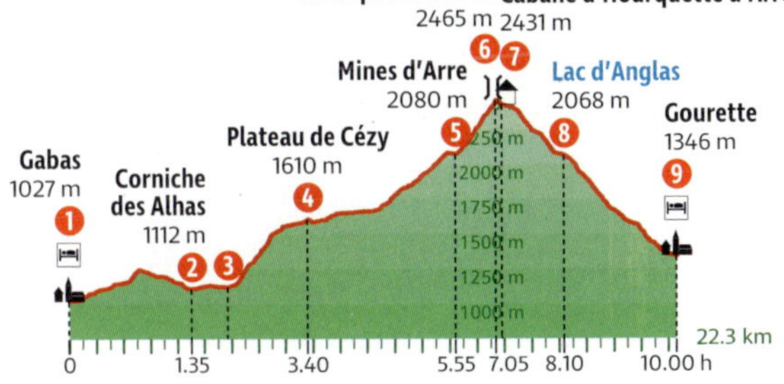

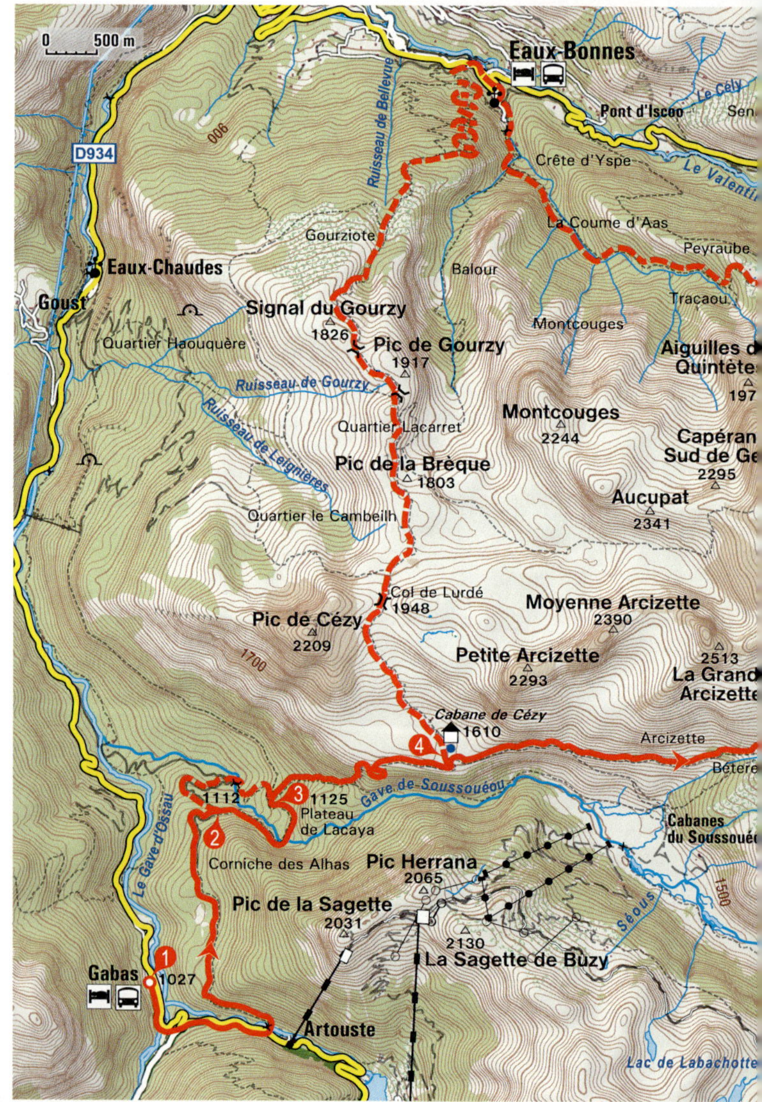
0 500 m
Eaux-Bonnes
Pont d'Iscoo
Le Cély
Crête d'Yspe
Le Valentin
La Coume d'Aas
Peyraube
Tracaou
D934
Ruisseau de Bellevue
Gourziote
Balour
Eaux-Chaudes
Goust
Signal du Gourzy
1826
Pic de Gourzy
1917
Montcouges
Quartier Haouquère
Ruisseau de Gourzy
Ruisseau de Leignières
Quartier Lacarret
Montcouges
2244
Aiguilles de Quintète
Capéran Sud de Ge
2295
Pic de la Brèque
1803
Aucupat
2341
Quartier le Cambeilh
Col de Lurdé
1948
Pic de Cézy
2209
Moyenne Arcizette
2390
Petite Arcizette
2293
2513
La Grand Arcizette
Cabane de Cézy
1610
Arcizette
Bétere
1112
1125
Plateau de Lacaya
Gave de Soussouéou
Cabanes du Soussoué
Corniche des Alhas
Pic Herrana
2065
Le Gave d'Ossau
Pic de la Sagette
2031
2130
La Sagette de Buzy
Séous
Gabas
1027
Artouste
Lac de Labachotte

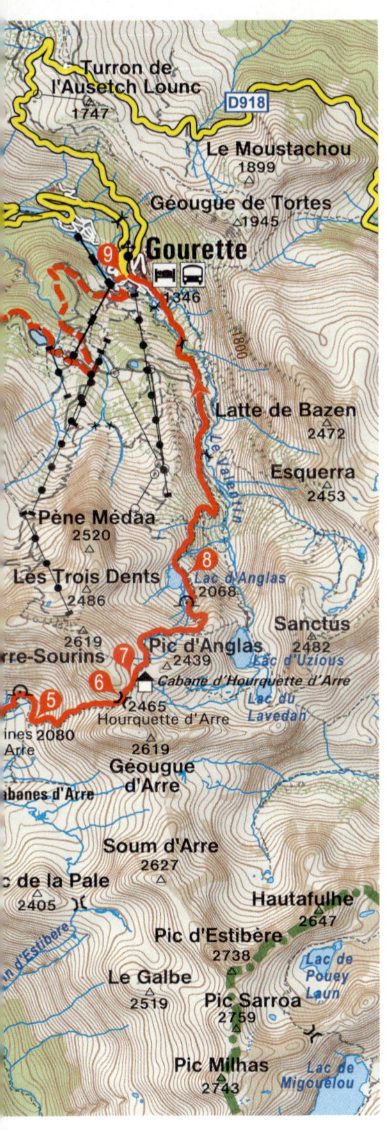

unteren Ortsrand, Infos: Tel. +33 (0)9 70 87 08 70, transports.nouvelle-aquitaine.fr.
Information: Gourette, Tel. +33 (0)5 59 05 12 17, und Eaux-Bonnes (Variante) Tel. +33 (0)5 59 05 33 08, beide gourette.com.
Varianten: 1. Markierte Umgehung der eigentlich unschwierigen Corniche des Alhas für Nicht-Schwindelfreie: vor Beginn der Corniche geradeaus weiter bis zur Pont du Goua, ab dort auf Waldpfad bergauf (1 km länger und 110 Hm mehr). 2. Umgehung der Hourquette d'Arre über markierte Variante (weiß-rot, dann gelb-rot GRP Tour de la Vallée d'Ossau): am Plateau de Cézy Abzweig nach links, über Col de Lurdé, 1948 m, nach Eaux-Bonnes (mehrere Übernachtungsmöglichkeiten, Information s. o.; Buslinie 806) und weiter nach Gourette. Gesamtstrecke: 12.45 Std., 31 km, 2210 Hm Auf- und 1830 Hm Abstieg; Gabas–Eaux-Bonnes 8.15 Std., 21 km, 1180 Hm Auf- und 1470 Hm Abstieg; Eaux-Bonnes–Gourette 4.30 Std., 10 km, 1030 Hm Auf- und 420 Hm Abstieg.
Hinweis: Außerhalb der Saison (fr. Sommerferien, Winter) ist Gourette eine Geisterstadt, dann geschlossen: Tourist-Info, Lebensmittelläden, die meisten Hotels (Hôtel Le Glacier ganzjährig), Sportgeschäfte, Post; auch Busse fahren nur während der Saison.
Karte: IGN 3 Béarn.

Von **Gabas 1**, 1027 m, kehren wir wieder zurück zur Weggabelung an der D934. Wir folgen nun dem GR 10 nach links, überqueren einmal die Straße und gelangen erneut auf die D934. Wir gehen an der Straße nach links, bis kurz vor einem Wehr ein schmaler Pfad abzweigt. Wir überqueren den reißenden Fluss über eine kleine Brücke und biegen nach links auf einen Waldpfad ab. Der Weg geht in eine Schotterpiste über, diese leitet uns zur Gabelung vor der **Corniche des Alhas 2**, 1112 m.

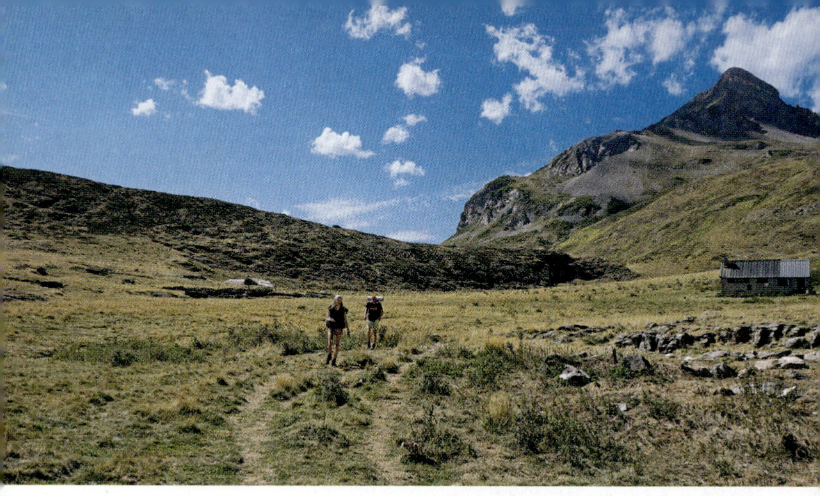

Kleiner Abstecher zur Cabane de Cézy. Hier beginnt die Umgehung der Hourquette d'Arre (Variante 2).

Geradeaus kann man die ausgesetzte Corniche umgehen (vgl. Variante 1). Der GR 10 biegt nach rechts auf den schmalen Pfad ab und führt uns in wenigen Minuten hinauf zum Beginn der Corniche des Alhas. Nach dem luftigen Quergang gelangen wir zu einer Brücke, auf der wir den Wasserfall der Gave de Soussouéou überqueren. Über den ebenen Pfad kommen wir zu einer **Gabelung 3**, 1125 m. Hier trifft die Variante wieder auf den Hauptweg.

Wir biegen nach rechts ab und folgen dem immer steiler werdenden Weg den Hang hinauf, bis wir eine markante, überhängende Kalksteinwand erreichen. Der Pfad verläuft am Fuß der Wand entlang und gewinnt dann in wenigen Serpentinen durch den sich lichtenden Wald an Höhe. Zuletzt nahezu eben erreichen wir das **Plateau de Cézy 4**, 1610 m. Geradeaus zweigt Variante 2 ab und passiert nach ca. 500 m die Cabane de Cézy. Unser Weg setzt sich nach rechts fort.

Es folgt eine lange Querung auf einem stellenweise ausgesetzten bzw. abgerutschten Pfad. Dann wendet sich der Pfad nach links und führt in einigen Serpentinen das Seitental hinauf. Wir wandern zunächst auf der linken Seite des breiten Flusses, überqueren diesen anschließend und wandern auf dem Pfad weiter durch das Hochtal bergan. Wir passieren einen kleinen See und gelangen zu einer Gabelung bei den **Mines d'Arre 5**, 2080 m. Unser Pfad steigt nach links in steilen Serpentinen auf. Zuletzt leitet er uns geradeaus auf der rechten Seite eines Geröllkessels hinauf zur **Hourquette d'Arre 6**, 2465 m. In diesem gesamten Bereich muss noch bis weit in den Sommer hinein mit Schneefeldern gerechnet werden.

Wir wenden uns nach links und folgen dem noch einmal kurz ansteigenden Pfad. Kurz nachdem der Pfad wieder an Höhe verliert, passieren wir die **Cabane d'Hourquette d'Arre** 7, 2431 m. Weiter bergab gelangen wir zu einer Gabelung. Wir ignorieren den nach rechts abzweigenden Pfad zum Lac d'Uzious und wandern auf dem Schuttpfad über die Schulter des Pic d'Anglas und weiter zu mehreren Ruinen. Von diesen aus erreichen wir zügig den **Lac d'Anglas** 8, 2068 m, den wir am nordöstlichen Ende streifen; anschließend biegen wir nach rechts ab.
Hinter einer kleinen Staumauer überqueren wir einen Bach und steigen in Serpentinen den Hang hinunter. Nach einem kurzen Gegenanstieg erreichen wir eine ebenere Fläche. Hier ist die Orientierung etwas schwierig. Die Markierung zeigt nach rechts, wir halten uns jedoch geradeaus und folgen dem Pfad abwärts zu einem breiteren Wiesenweg. Dieser führt oberhalb des Baches das Hochtal entlang. Kurz nach dem Abzweig zu einer Hütte biegen wir auf einen schmalen Pfad nach rechts ab. Wir erreichen den Wald, überwinden eine kurze felsige Steilstufe und gelangen in Serpentinen hinab zu einer Brücke. Wir überqueren den Bach, biegen nach links ab und kommen kurz nach dem Tennisfeld und dem Trimm-dich-Pfad zu einem Parkplatz. Nach links bringt uns die Straße in wenigen Minuten zur Tourist-Info im Zentrum von **Gourette** 9, 1346 m, direkt an der D918.

Der Gave de Soussouéou wird gespeist vom bekannten Lac d'Artouste, einem per Schmalspurbahn erreichbaren Ausflugsziel.

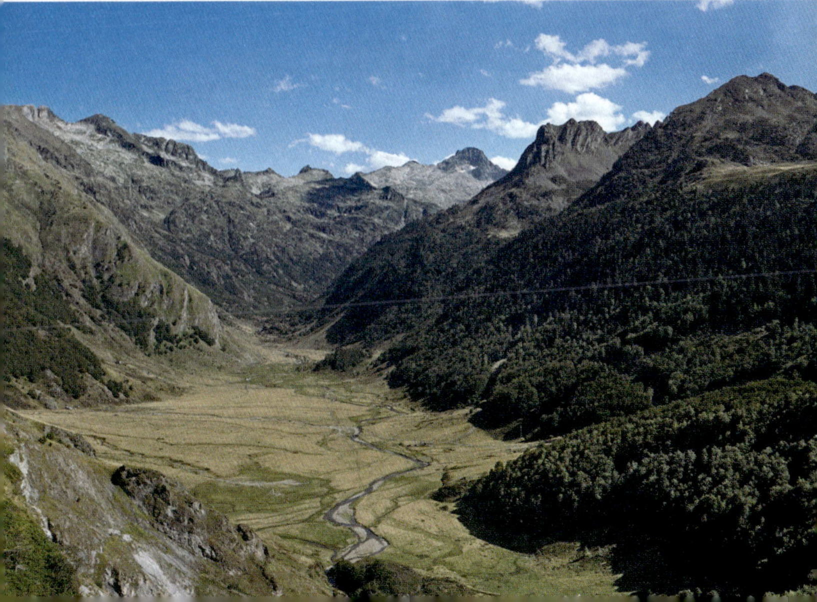

15 Gourette – Gîte d'étape Les Viellettes

8.30 h | 20,5 km | ↗1250 m | ↘1530 m

Aller guten Dinge sind drei: auf und ab von Col zu Col

Von langen Anstiegen bleiben wir heute verschont. Stattdessen führt uns der Weg in stetem Auf und Ab über drei kleinere Pässe, die uns trotz vergleichsweise geringer Höhe einen guten Überblick gewähren. Wenn wir oberhalb der Cabane du Litor auf die D918 treffen, haben wir bereits die Pyrénées-Atlantiques hinter uns gelassen und dürfen uns in ein neues Departement vorwagen. Wer weiß, was die Hochpyrenäen bringen werden ...

Ausgangspunkt: Gourette, 1346 m, Tourist-Info.
Anforderungen: Bis Arrens-Marsous meist schattenlos; teilweise matschige Kuhweiden, auf denen der Weg schwer zu erkennen ist, Markierungspfähle!
Einkehr: In Arrens-Marsous (10 Min. abseits GR 10). Direkt nach dem Col de Bordères Auberge Le Pic de Pan, Tel. +33 (0)5 62 97 45 35.
Unterkunft: Arrens-Marsous (ab Pont du Labadé 10 Min. nördlich des GR 10): u. a. Centre de vacances La Salamandre, Tel. +33 (0) 5 62 45 62 60, centrevacances-lasalamandre.com, 75 B in EZ/DZ/MBZ/Schlafsaal und Zeltmöglichkeit, HP. – Chambres d'hôtes Maison Camelat, Tel. +33 (0)6 07 94 23 93, 4 DZ/1 MBZ, Abendessen. – Camping Mialanne, Tel. +33 (0)5 62 92 67 14 und +33 (0)5 62 37 96 08 (außerhalb der Saison), https://campingmialanne.fr, Juni–Sept., 46 SP, Waschmaschine. **Estaing:** Camping Pyrénées Natura (nach der Kirche, am Ortseingang), Tel. +33 (0)5 62 97 45 44, camping-pyrenees-natura.com, Mitte Mai–Sept., 47 SP, Waschmaschine, LM-Verkauf (auch Gaskartuschen und Wanderkarten). **Gîte d'étape Les Viellettes**, Tel. +33 (0)6 43 87 14 24 und +33 (0)6 27 68 40 22, 15 B in MBZ und Schlafsaal, HP, großer Aufenthaltsbereich, kl. LM-Verkauf und Getränke. – 600 m weiter an der Straße: Camping La Pose, Tel. +33 (0)5 62 97 43 10, Mai–Sept., 25 SP
Cabanes: Keine.
Zeltmöglichkeit: Heute eingeschränkt; zwischen Col de Tortes und Cabane du Litor, bevor die Straße erreicht wird, trockenes Plateau. Nach dem Col de Saucède kleinräumig am Bach.
Einkauf: In Arrens-Marsous Proxi-Supermarkt und kleine Geschäfte.
Wasser: Am Col de Saucède gefasste Quelle. In Arrens-Marsous bei der Kirche Wasserhahn. Bei der Kirche von Estaing Wasserhahn.
ÖPNV: 3x tgl. (außer feiertags) Busverbindung Navette Maligne in Richtung Lourdes, Haltestellen in Arrens (Tourist-Info) und Marsous, Reservierung am Vortag bis spätestens 17 Uhr unter Tel. +33 (0)8 00 65 65 00.
Information: Maison du Val d'Azun et

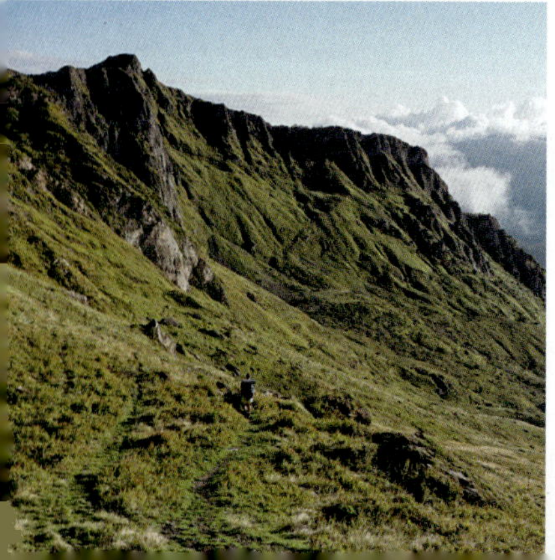

Abstieg vom Col de Tortes.

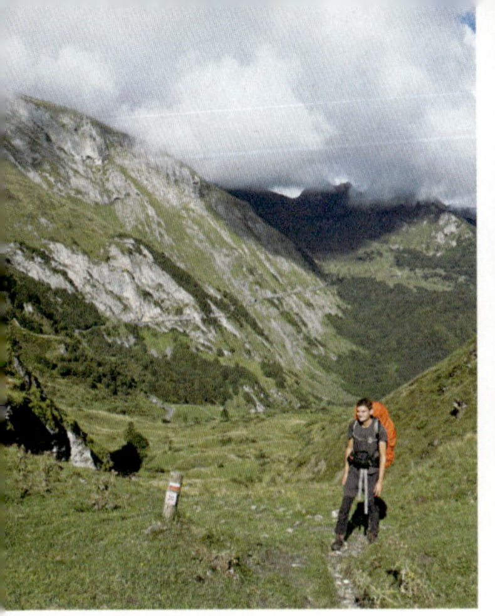

Am Col de Saucède.

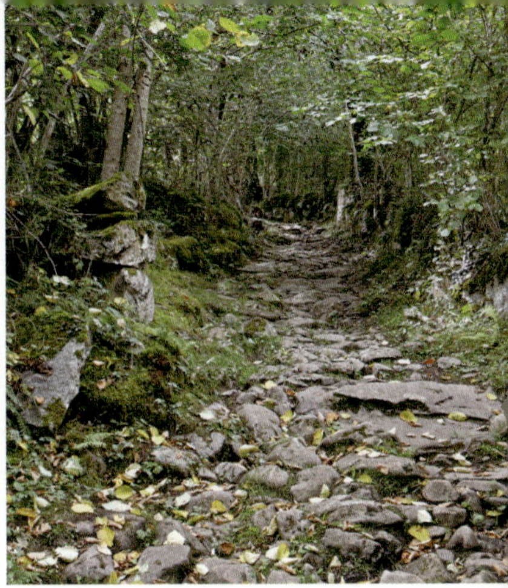

Schattiger Kopfsteinweg vor Estaing.

du Parc National des Pyrénées in Arrens-Marsous, Tel. +33 (0)5 62 97 49 49, vallesdegavarnie.com.
Variante: 1. Bei Schlechtwetter kann nach dem Col de Tortes der sumpfige Cirque du Litor umgangen werden: an der D918 rund 2,7 km nach rechts (Tunnel beachten, ggf. Autostopp). Gleich lang wie Hauptweg, 130 Hm Auf- und Abstieg weniger.
2. An der D603 direkter hinunter nach Estaing ohne Abstecher zur Kirche (600 m/15 Min. kürzer).
Karte: IGN 3 Béarn.

Mit der Tourist-Info von **Gourette** ❶, 1346 m, im Rücken gehen wir auf der vom Vortag bekannten Straße ca. 20 m zurück und nach links die Treppen hinauf. Oben geht es nach rechts auf dem Fußgängerweg direkt auf den Proxi-Supermarkt zu. Dort biegen wir nach links ab und gelangen über Stufen zu einer Straße. Wir folgen ihr nach rechts oben und biegen am Schild des Belambra-Clubs nach links ab. Der Fußweg führt in Serpentinen bergan zu einer Gabelung, an der wir uns rechts halten. Wir folgen dem breiten grasigen Weg ein kurzes Stück und biegen dann sofort wieder scharf links auf einen schmalen Pfad ab. Dieser leitet uns zum **Col de Tortes** ❷, 1799 m, dem höchsten Punkt der heutigen Etappe. Von dort aus hat man eine gute Sicht zurück auf Gourette.
Nach einem 20-minütigen Abstieg erreichen wir eine Weggabelung am Plateau d'Arbaze. Der rechte Pfad bringt uns hinunter zur D918. Wir überqueren die Straße (nach rechts: Variante 1) und folgen weiter dem Pfad bergab. Kurz unterhalb der Cabane du Litor treffen wir auf einen Feldweg. Wir gehen auf ihm nach rechts bergauf an der **Cabane du Litor** ❸, 1160 m, vorbei und steigen dann über Weideflächen auf. Die Pfadspur ist hier teilweise nur schwach zu erkennen; kleine Holzpflöcke helfen bei der Orientierung.

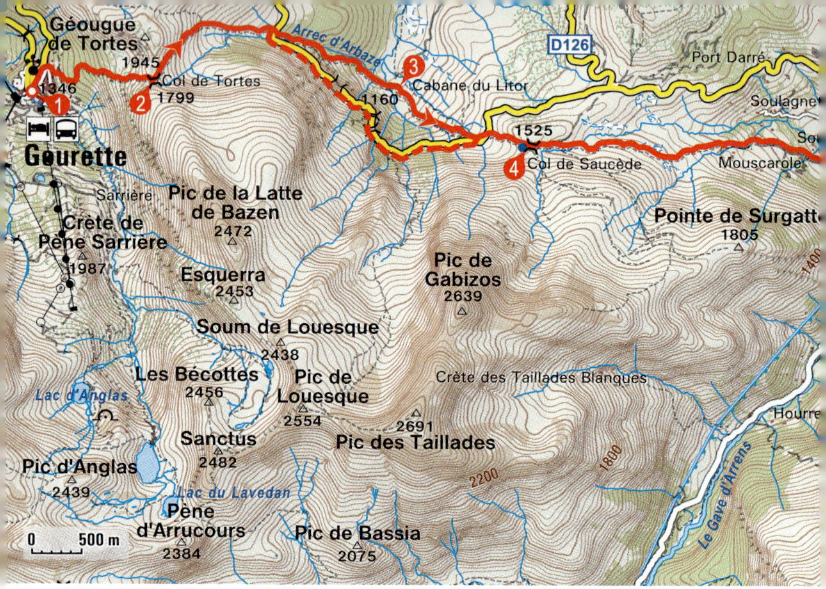

Wir gelangen zu einem breiteren Grasweg, gehen nach rechts und zweigen nach der Kurve nach rechts auf den Pfad ab. Über eine Schotterpiste gelangen wir wieder zur D918 (von rechts: Variante 1). Wir folgen ihr ein kurzes Stück und steigen dann nach rechts auf einem Pfad zum **Col de Saucède** 4, 1525 m, auf. Nach wenigen Metern verlassen wir den breiten Weg nach rechts auf dem schmalen Pfad. Erst entlang eines Baches, dann über die Weideflächen erreichen wir einen kleinen Grat. Wir folgen dessen Verlauf und steigen dann nach rechts ab. An einem Haus treffen wir auf einen breiten Schotterweg, der uns hinab zu einer Straße leitet. In einer scharfen Linkskurve gehen wir geradeaus auf der Schotterpiste weiter (die Straße führt zur Gîte d'étape le Salamandre). Wir steigen zur D105 ab, folgen ihr 150 m nach links und steigen nach

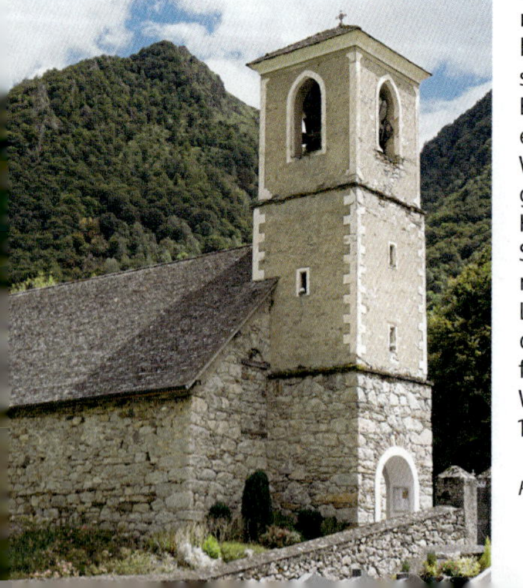

Kirche von Estaing (mit Wasserhahn).

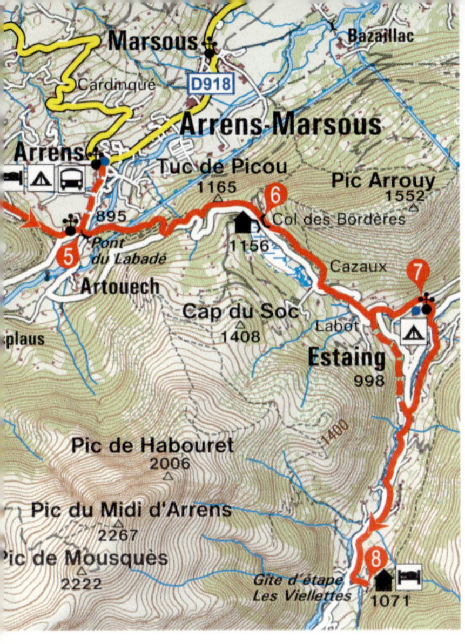

rechts auf einem Pfad zur **Pont du Labadé** 5, 895 m, ab (nach links in 10 Min. ins Zentrum von Arrens-Marsous, 877 m).

Wir überqueren die Gave d'Arrens, halten uns an der Gabelung links und folgen dem Weg in Richtung Arboretum. Bergauf durch den Wald gelangen wir zur D603, der wir 500 m nach links folgen. Der nach links abzweigende Pfad kürzt eine Serpentine ab und trifft dann wieder auf die Straße. An dieser wandern wir zum **Col de Bordères** 6, 1156 m, und biegen nach links in Richtung »Auberge Le Pic de Pan« ab. An der Gabelung direkt danach geht es nach links zur Auberge (knapp 300 m), der GR 10 führt geradeaus auf dem Forstweg zurück zur Straße. Zweimal kürzen wir auf Pfaden den Straßenverlauf ab. Dann queren wir die D603 (nach rechts: direkt nach Estaing), steigen ab zu einer weiteren Straße und gehen nach links zur Kirche von **Estaing** 7, 998 m.

Nach dem Kirchenportal biegen wir links ab und treffen auf eine Gabelung. Wir folgen dem Pfad nach rechts hinunter zur D103 (zum Camping Pyrénées Natura an dieser 300 m nach rechts). Nach der Überquerung der Straße und der Gave d´Estaing halten wir uns rechts. Wir umgehen das Zentrum von Estaing und gehen am Ortsausgang erneut über eine Brücke. Direkt danach schlagen wir nach links den schmalen Pfad ein und wandern entlang des Flusses zu einer Straße. An dieser nach links treffen wir wieder auf die D103. Wir folgen ihr 1 km nach rechts und zweigen dann nach links zur ruhig gelegenen **Gîte d'étape Les Viellettes** 8, 1071 m, ab.

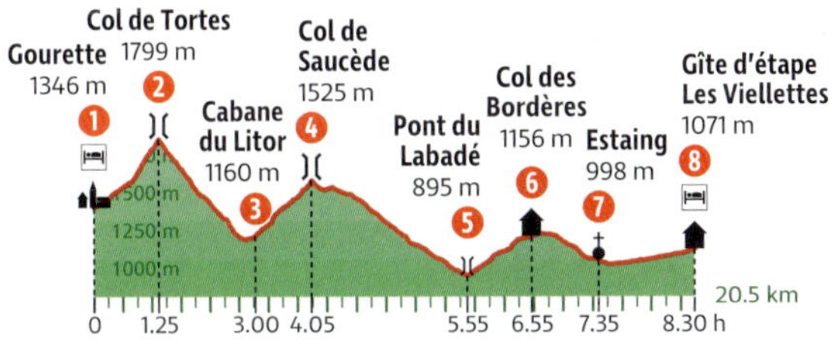

16 Gîte d'étape Les Viellettes – Cauterets

8.00 h | 18,7 km | ↗1220 m | ↘1380 m

Naturjuwelen auf dem Weg nach Cauterets

Schöner kann eine Berghütte nicht liegen: Das Refuge d'Ilhéou oberhalb des gleichnamigen Sees zieht Wandernde von überall her in seinen Bann. Die steilen, abweisenden Felswände rund um den Lac d'Ilhéou bilden einen starken Kontrast zum einladenden, in der Sonne blau-grün glitzernden Wasser des Sees. Nach dem fordernden Anstieg zum Col d'Ilhéou, 2242 m, haben wir uns die Pause auch wirklich verdient und das vom Hüttenwirt liebevoll zubereitete Omelette schmeckt umso besser. Die Thermenstadt Cauterets ist ein würdiger Abschluss für eine wirklich außergewöhnliche Etappe.

Ausgangspunkt: Gîte d'étape Les Viellettes, 1071 m.

Anforderungen: Weg verläuft großteils auf Weidepfaden, teilweise schlecht erkennbar; steiler Aufstieg zum Col d'Ilhéou, danach einige wenige felsig-ausgesetzte Passagen, Schwindelfreiheit erforderlich.

Einkehr: Am Lac d'Estaing Auberge du Lac d'Estaing, Tel. +33 (0)5 62 33 16 33, regionale Küche, große Terrasse. Im Refuge d'Ilhéou (s. Unterkunft) ganztags warme Küche, Terrasse. In Cauterets.

Unterkunft: Lac d'Estaing: Camping du Lac d'Estaing (700 m abseits des GR 10 an D103), Tel. +33 (0)5 62 97 24 46, Mitte Mai–Sept., 72 SP, Waschmaschine, LM-Verkauf, Restaurant. **Refuge d'Ilhéou**, Tel. +33 (0)5 62 92 07 18, refuge-ilheou.csvss.fr, Juni–Okt., 22 B in Schlafsaal, kein Winterraum. **Cauterets:** u. a. Gîte d'étape Le Cluquet (600 m nördlich der Gondeltalstation), Tel. +33 (0)5 62 92 52 95 und +33 (0)6 74 81 66 22, gite-lecluquet-cauterets.com, ganzjährig, günstigste Unterkunft in Cauterets, 50 B in DZ/MBZ, Schlafsälen, Bungalows, Hütten und Großraumzelten, 5 Zeltstellplätze, gut ausgestattete Küche. – Gîte d'étape Le Beau Soleil (300 m südlich der Tourist-Info), Tel. +33 (0)5 62 92 53 52 und +33 (0)6 61 10 27 21, ganzjährig, 31 B, HP. – Hôtel Le Pas de l'Ours (300 m südlich der Tourist-Info in Flussnähe), Tel. +33 (0)5 62 92 58 07, lepasdelours.com, Dez.–Mitte Nov., 14 DZ, HP. – Camping Les Glères (700 m nördlich der Tourist-Info), Tel. +33 (0)5 62 92 55 34, gleres.com, 76 SP.

Cabanes: Cabane d'Arriousec, **Cabane de Barbat** und **Cabane d'Arras** werden im Sommer von Schäfern genutzt, dann keine Übernachtung für Wandernde möglich.

Zeltmöglichkeit: Achtung: Nationalparkregeln beachten (vgl. S. 24). Am Ostufer des Lac d'Estaing. Im Bereich der Cabane de Barbat. Exponiert, aber schön direkt nach dem Col d'Ilhéou. Aire de bivouac am Südost-Ufer des Lac d'Ilhéou (10 Min. abseits des GR 10 dem Uferpfad folgend, ausgewiesen vom Parc National des Pyrénées).

Einkauf: In Cauterets in der Av. Leclerc Carrefour Montagne (auch sonntags), schräg ggü. Vival-Supermarkt; außerdem Sportgeschäfte mit Gaskartuschen, Waschsalons.

Wasser: An der Außenseite des Refuge d'Ilhéhou Wasserhahn. In Cauterets WC.

ÖPNV: City Cab Cauterets: Juni–Okt. kostenloser Stadtbus, halbstündlich. Navettes Pont d'Espagne: ganzjährig, ca. 4x tgl. vom alten Bhf. oder der Stadtmitte von Cauterets zur Pont d'Espagne (Etappe 17), Infos: cauterets.com. Buslinie 965: ca. 6x tgl. vom alten Bhf. in Cauterets in Richtung Lourdes/Luz-Saint-Sauveur

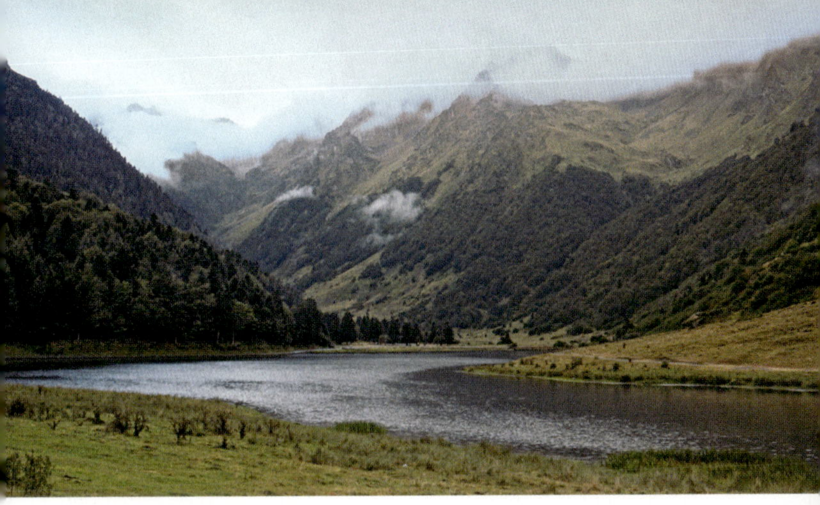

Lac d'Estaing mit schöner Zeltwiese.

(Etappe 19) und Barèges (Etappe 20) (jeweils mit Umstieg in Pierrefitte-Nestalas), Infos: Tel. +33 (0)5 62 34 7379, www.keolis-pyrenees.com. Von Lourdes Bus und Bahn nach Tarbes und Pau.
Information: Cauterets, Tel. +33 (0)5 62 92 50 50, cauterets.com.
Variante: 1. Abfahrt per Sessellift (Télécabine du Lys) und Kabinenbahn (nur Juli/Aug., Tel. +33 (0)5 62 92 13 00, cauterets.com) nach Cauterets; 10 Min. nach dem Col d'Ilhéou markierter Abzweig bei der Cabane d'Arras, ab hier 1 km zur Crête du Lis ansteigen.
2. Wer die Infrastruktur in Cauterets nicht braucht, kann den Abstieg umgehen und direkt an Etappe 17 anschließen (Achtung: anspruchsvoll, spärlich markiert, nur für erfahrene Wanderer bei guten Bedingungen): beim Refuge d'Ilhéou am linken Seeufer entlang und über Col de Haugade Supérieur (2378 m) –Lacs de l'Embarrat–Gave du Marcadau–Refuge du Clot zur Pont d'Espagne an Etappe 17 (4.15 Std., 11 km, 410 Hm Auf- und 900 Hm Abstieg). Ab dort 3 Std., 8 km und 690 Hm Aufstieg zum Refuge des Oulettes de Gaube.
Tipp: Cauterets ist ein beliebtes Touristenziel, ein Thermenbesuch ist empfehlenswert.
Karte: IGN 4 Bigorre.

Wir gehen auf der Zufahrtsstraße der **Gîte d'étape Les Viellettes** ❶, 1071 m, zurück zur D103 und an dieser nach links. Kurz vor dem Eingang zum Camping La Pose biegen wir nach rechts über eine Brücke auf einen Feldweg ab. Bei einem Haus passieren wir ein kleines Tor und gelangen anschließend wieder zurück zur Straße. Wir folgen ihr nach rechts, zweigen nach rund 100 m links auf einen Pfad ab, treffen wieder auf die Straße und gehen an ihr bis zum **Lac d'Estaing** ❷, 1163 m. Weiterhin an der Straße wandern wir ein Stück am wunderschönen See entlang, bis nach links ein schmaler Pfad in den Wald hinauf abzweigt (geradeaus geht es zum Camping).

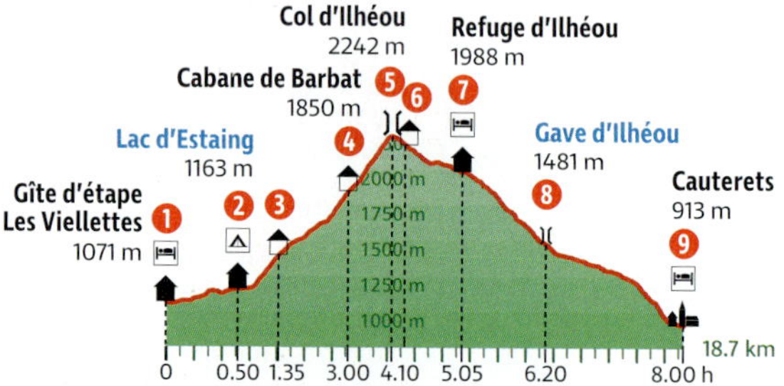

Wir überqueren auf dem markierten Steig mehrmals einen breiteren Forstweg und passieren am Rand des Waldes die **Cabane d'Arriousec** 3, 1400 m. Der Pfad führt nun über eine Weidefläche. Wir queren noch einmal einen breiten Schotterweg und gelangen dann hinauf in ein grasiges Hochtal. Immer auf der linken Talseite steigt der Pfad zunächst sanft bergan. Nach der Überquerung eines kleinen Baches wird das Tal enger und der Weg steiler. Wir gehen über eine kleine rostige Brücke über einen weiteren Bach und treffen an einem eisernen Viehpferch auf den Abzweig zur 150 m entfernten **Cabane de Barbat** 4, 1850 m. Wir gehen jedoch nicht geradeaus zur Cabane, sondern halten uns an der Gabelung links.

Der erdig-grasige Pfad führt sehr steil, aber ansonsten unschwierig hinauf zum flachen **Col d'Ilhéou** 5, 2242 m. Dort wenden wir uns leicht nach links und folgen dem Pfad sanft bergab zu einer Weggabelung bei der **Cabane d'Arras** 6, 2179 m. Nach links zweigt Variante 1 zur Bergstation des

Der Weg wird immer steiler, bis wir den Col d'Ilhéou erreichen.

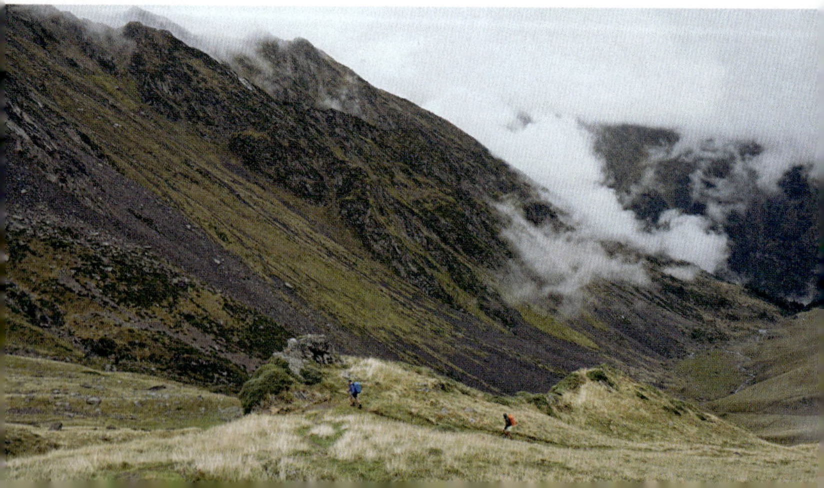

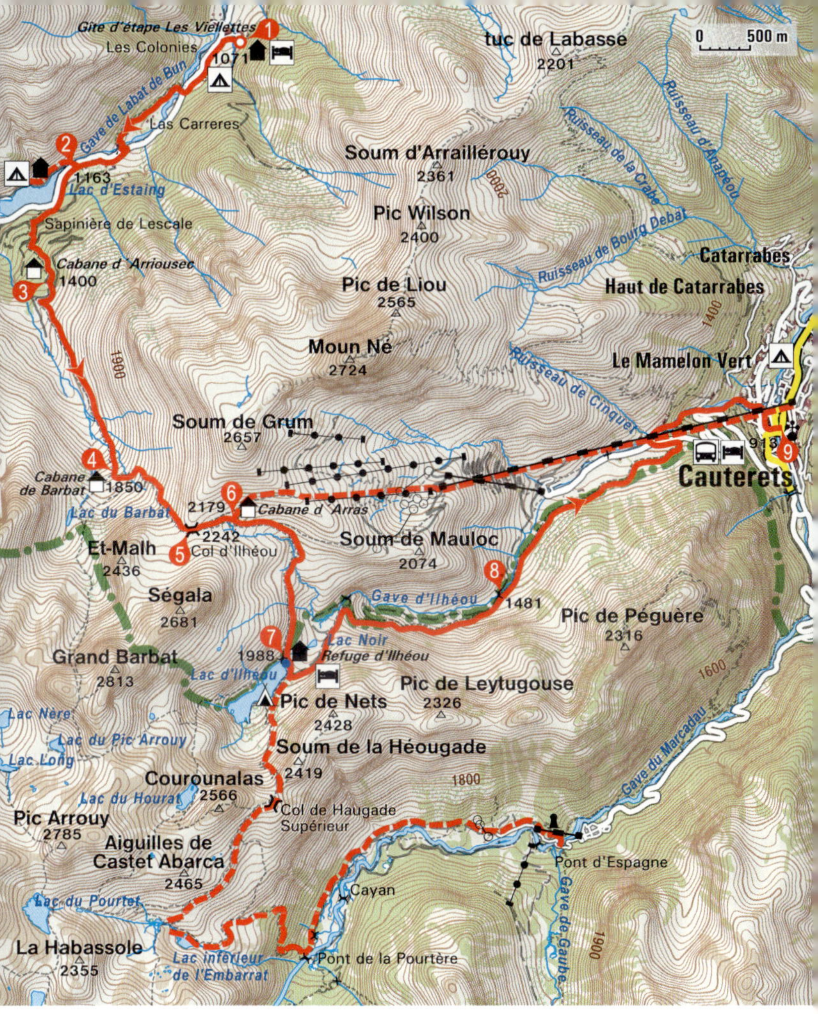

Sessellifts (Télécabine du Lys) ab. Der GR 10 führt geradeaus hinunter zu einem Bach. Auf einen kurzen Gegenanstieg folgt eine felsige, teils sehr luftige Querung, die absolute Schwindelfreiheit erfordert. Wir überqueren eine kleine Holzbrücke und erreichen das urige **Refuge d'Ilhéou** ⑦, 1988 m. Die gemütliche Terrasse lädt zu einer Rast mit Blick auf den direkt vor uns

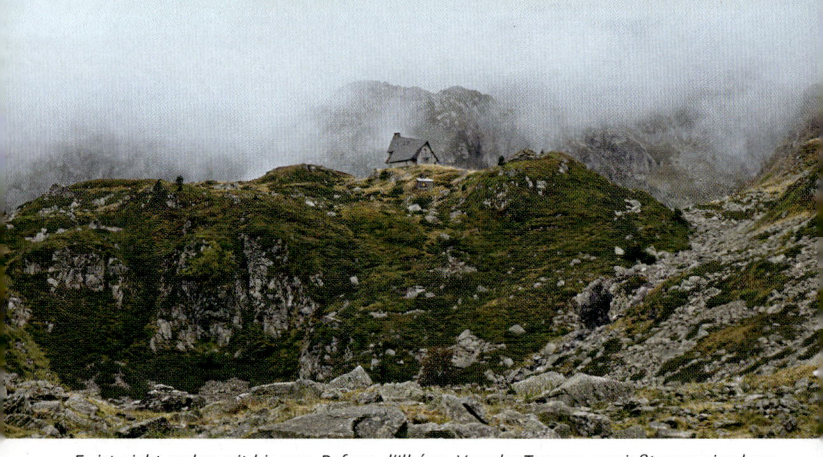

Es ist nicht mehr weit bis zum Refuge d'Ilhéou. Von der Terrasse genießt man eine herrliche Sicht auf den gleichnamigen See.

liegenden Lac d'Ilhéou ein, der zu Recht zu einem der schönsten Seen der Pyrenäen gezählt werden darf.

Vom Refuge gehen wir auf der breiten Schotterpiste zum See hinunter. An der Gabelung zweigt nach rechts der Weg zum Biwakplatz (Variante 2) ab, wir bleiben auf der breiten Schotterpiste. Nach dem Lac Noir (links des Wegs) verlassen wir den Fahrweg nach rechts auf einem Pfad. Wir treffen erneut auf den Fahrweg, folgen ihm knapp 70 m und schlagen wiederum nach links einen Pfad ein. Ein weiteres Mal überqueren wir den Schotterweg und steigen dann auf der rechten Talseite hinab zum Fluss. Dort wandern wir auf dem im Talgrund verlaufenden Fahrweg weiter. An der Brücke über die **Gave d'Ilhéou** 8, 1481 m, verlassen wir den Fahrweg, der weiter in Richtung der Skilifte von Cauterets führt.

Stattdessen bleiben wir auf der rechten Flussseite und folgen geradeaus dem schmalen, eher unscheinbaren Pfad. An einem Abzweig halten wir uns links abwärts und wandern direkt entlang des Flusses weiter, bis erneut ein Pfad nach links abzweigt. Diesem folgen wir entlang der Weidezäune hinunter zu einer asphaltierten Straße, auf der wir nach links weiterwandern. Dann biegen wir auf den nach rechts abzweigenden Wiesenweg ab, treffen auf eine Schotterpiste und halten uns dort erneut rechts. Nach Unterquerung der Gondelbahn biegen wir auf den Weg ab, der in Serpentinen durch den Wald hinunter zur D312 führt. Hier können wir das erste Mal Cauterets unter uns im Tal erblicken. Wir folgen der Straße nur kurz bergab und zweigen dann nach links auf einen Pfad ab. Die Markierung leitet uns zur Avenue du Marmelon-Vert, an dieser nach rechts und weiter zur Tourist-Info im Zentrum von **Cauterets** 9, 913 m.

7.00 h	16,0 km
↗1400 m	↘160 m

Cauterets – Refuge des Oulettes de Gaube

17

Von Wasser zu Wasser: heiße Quellen und eiskalter Brocken

Die heutige Etappe steht ganz im Zeichen des Wassers. Von Cauterets aus wandern wir auf dem Thermenweg nach La Raillière und steigen weiter entlang der Gave du Macadau auf zur populären Pont d'Espagne. Wer bis dahin noch nicht vollends den Pyrenäen verfallen ist, wird spätestens von der Schönheit des Lac de Gaube um den Finger gewickelt werden. Die spiegelglatte Wasseroberfläche des Sees bildet auf perfekte Art und Weise die umliegenden Berge ab und zieht uns vollständig in ihren Bann. Hohe Konzentration ist auf dem Weiterweg zum Refuge des Oulettes de Gaube gefragt. Die felsigen Brocken lassen uns nur langsam vorankommen. Umso mehr freuen wir uns schließlich über die Ankunft an der Hütte. Mit Blick auf den vergletscherten Grand Vignemale, 3298 m, können wir den Abend wunderschön ausklingen lassen.

Ausgangspunkt: Cauterets, 913 m, Tourist-Info.
Anforderungen: Langer Aufstieg auf meist blockigem Untergrund, Wanderstöcke hilfreich. Im Bereich des Lac de Gaube fehlen Markierungen, am Ende des Sees rechts halten.
Einkehr: In La Raillière und an der Pont d'Espagne (s. Unterkunft) sowie am Lac de Gaube Hôtellerie du Lac de Gaube, Tel. +33 (0)6 37 44 38 64.
Unterkunft: Pont d'Espagne: Hôtellerie du Pont d'Espagne, Tel. +33 (0)5 62 92 54 10, hotel-du-pont-despagne.fr, Ende Dez.–Mitte Okt., 10 DZ, Restaurant. – 20 Min. abseits der Brücke: Refuge du

Nach einem spektakulären Aufstieg genießen wir den Rest des Tages den atemberaubenden Ausblick von der Terrasse des Refuge des Oulettes de Gaube.

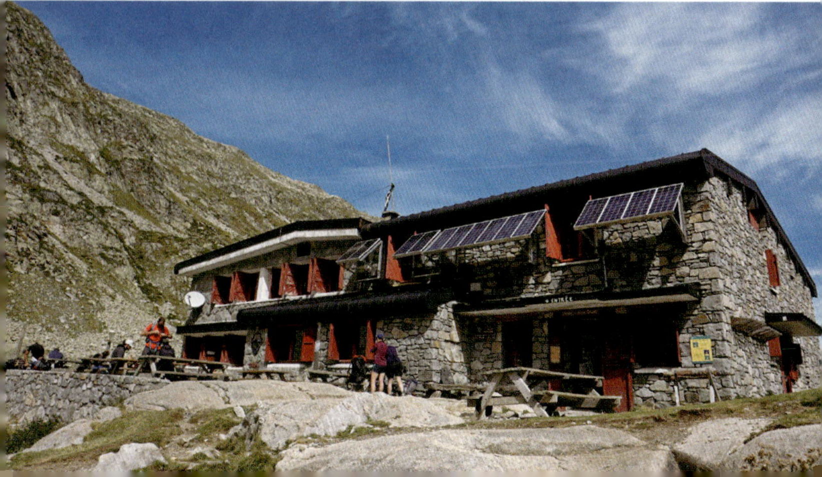

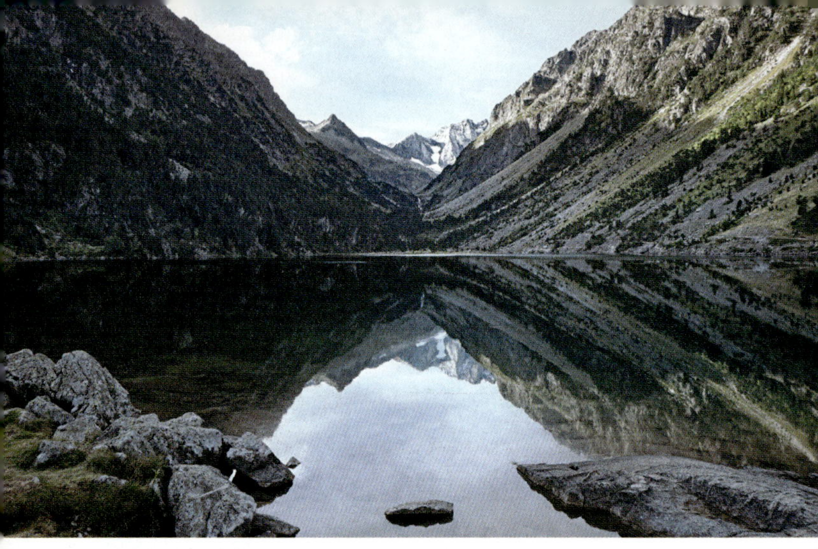

Der malerische Lac de Gaube, gespeist vom Gletscherwasser des Vignemale-Massivs.

Clot, Tel. +33 (0)5 62 92 61 27, refuge-clot.csvss.fr, Juni–Mitte Okt., 45 B in Schlafsälen, HP, kein AV-Rabatt, Angebot für Biwakierende (Dusche, Abendessen, Frühstück). **Refuge des Oulettes de Gaube** (FFCAM): Tel. +33 (0)5 62 92 62 97 (in nicht bewirtschafteter Zeit: +33 (9)9 88 18 41 46 oder +33 (0)7 68 35 78 65), refuge-oulettesdegaube.ffcam.fr, bewirtschaftet Mitte Feb.–Sept., sonst Winterraum, 95 B in fünf Schlafsälen, AV-Rabatt.
Cabanes: Cabane du Pinet (links des Wegs), Steinhütte, 6–8 P auf Betonplattform, Kamin, Wasser am Bach.
Zeltmöglichkeit: Achtung: Nationalparkregeln beachten (vgl. S. 24). Bei der Pont d'Espagne 500 m nach rechts in Richtung Refuge du Clot, kurz davor rechts die Treppen empor zum Aire de bivouac. Beim Refuge de Gaube auf der rechten Talseite Aire de bivouac.
Einkauf: In La Rallière und bei der Pont d'Espagne Souvenirs und regionale Produkte.
Wasser: Nach Cauterets warme Thermalquelle. Bei der Hôtellerie du Pont d'Espagne Wasserhahn am Haus. Am Lac de Gaube WC. An der rechten Hauswand des Refuge de Gaube Wasserhahn.
ÖPNV: Navettes Pont d'Espagne: ganzjährig, ca. 4x tgl. vom alten Bhf. oder der Stadtmitte von Cauterets zur Pont d'Espagne, Infos: cauterets.com. Sessellift zum Lac de Gaube (überwindet 200 Hm; vgl. Variante), Talstation 300 m rechts der Pont d'Espagne, Mitte Mai–Sept., Infos: Tel. +33 (0)5 62 92 50 50, cauterets.com.
Information: Keine.
Variante: Von Cauterets mit Shuttlebus zur Pont d'Espagne und mit Sessellift zur Bergstation, dann rund 1 km zum Lac de Gaube. Ersparnis mit Shuttlebus ca. 3 Std., mit Sessellift ca. 30 Min. und 200 Hm.
Karte: IGN 4 Bigorre.

Mit der Tourist-Info von **Cauterets** ❶, 913 m, im Rücken halten wir uns links und folgen der Allée du Parc in Richtung der Thermes de César. Dort sind die Markierungen in Richtung »Bains du Rocher« nur für die direkte

Variante des GR 10 nach Luz-Saint-Sauveur (vgl. Etappe 17V) relevant und werden ignoriert. Wir biegen also direkt hinter dem großen gelben Gebäude der Therme nach rechts ab und gehen die Stufen, am Eingang vorbei, hinauf. Am oberen Ende der Treppen folgen wir dem in Serpentinen ansteigenden Pfad nach rechts. Nach den ehemaligen Thermes de Pauze geht es die Stufen links des Gebäudes hinauf, dann wandern wir auf dem schattigen Waldweg weiter. Unterwegs geben zahlreiche Infotafeln (leider nur auf Französisch) einen interessanten Einblick in die Thermenstadt Cauterets. Kurz nach einem Aussichtsbalkon kommen wir zu einer Gabelung, an der wir den rechten Pfad bergab nehmen. Über eine Brücke überqueren wir den Bach unterhalb der Cascade de Lutour und gelangen zu einer weiteren Gabelung. Wir biegen nach rechts ab und steigen hinunter zur D920. Nach dem Parkplatz überqueren wir die Straße und erreichen über die Brücke über der Gave du Macadau das touristische **La Rallière** ❷, 1044 m, in dem sich ein weiteres Thermalbad befindet (Thermes les Griffons).

Am Ende der Brücke wenden wir uns nach links, queren einen kleinen Parkplatz und schlagen den auf der rechten Seite des rauschenden Gebirgsbaches ansteigenden Pfad ein. Der felsige Weg, den wir uns mit vielen Tageswanderern teilen müssen, führt an mehreren Wasserfällen vorbei und bringt uns hinauf zu einem gepflasterten Weg. Dieser leitet uns nach rechts zur **Pont d'Espagne** ❸, 1496 m, wo sich auch ein weiterer

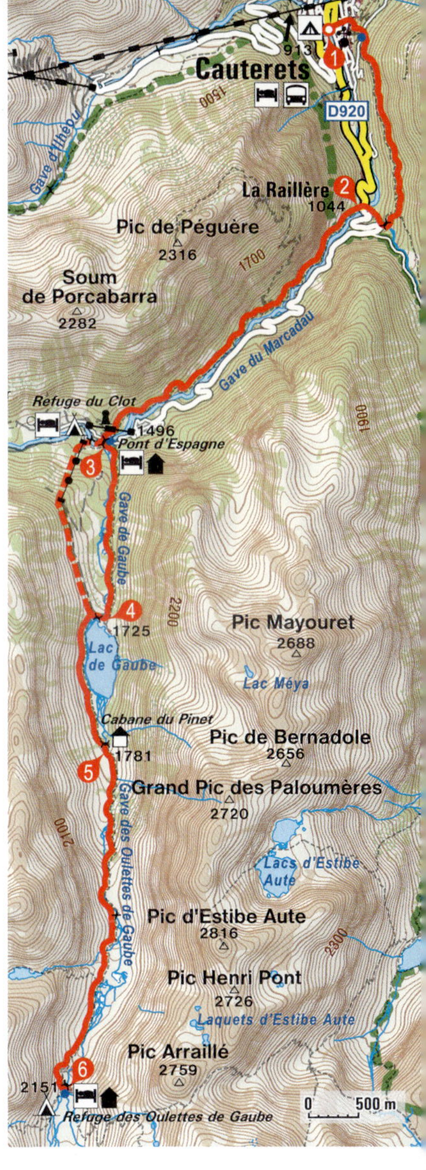

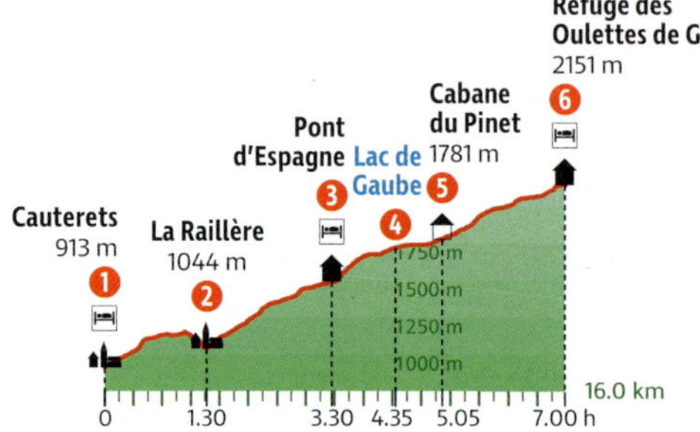

beeindruckender Wasserfall in die Tiefe stürzt (von rechts: direkte Variante von Etappe 16). Das Refuge du Clot erreicht man ab hier in 20 Min., indem man unmittelbar vor der Hôtellerie du Pont d'Espagne rechts abbiegt. Der GR 10 überquert jedoch die Brücke und biegt kurz darauf nach rechts auf einen gepflasterten Weg ab. Weiter über grobe Steinblöcke führt uns der Weg in angenehmer Steigung zu einer Gabelung kurz unterhalb des **Lac de Gaube** 4, 1725 m. Wir zweigen nach rechts ab und wandern auf

Auf den letzten steinigen Metern zum Refuge des Oulettes de Gaube.

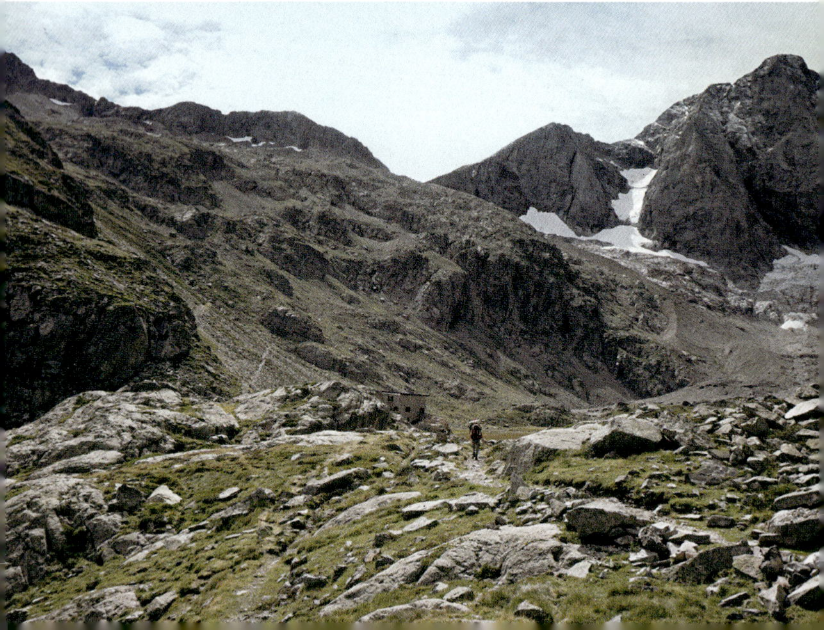

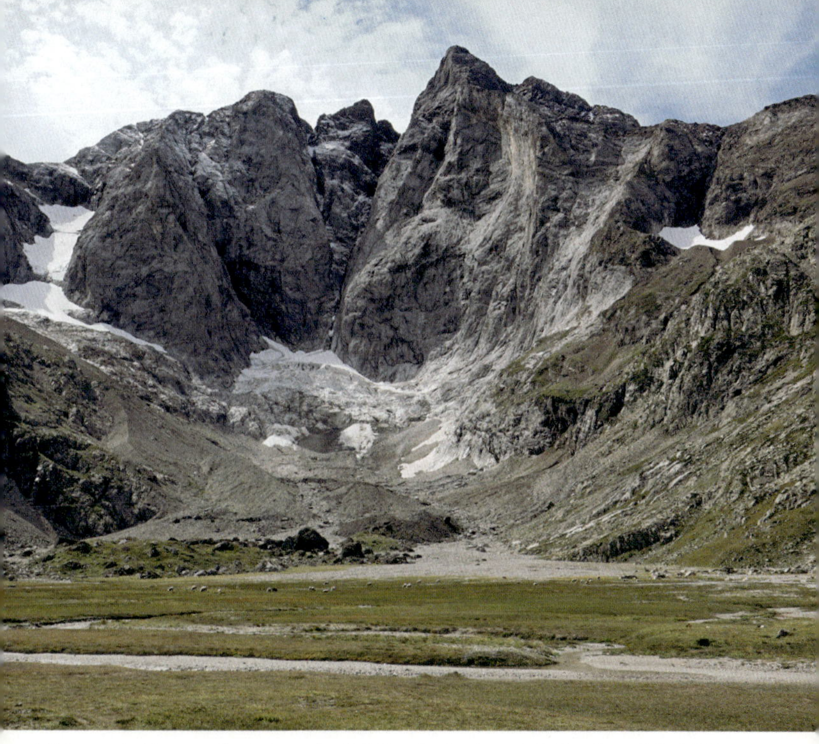

Blick von der Terrasse des Refuge des Oulettes de Gaube auf die Nordwand des 3298 m hohen Grand Vignemale.

dem Uferweg am glasklaren See entlang. Am hinteren Ende des Sees erreichen wir eine ebene grasige Fläche mit einem ausgetrockneten Bachbett. Wir wenden uns von dessen Verlauf ab, bleiben ganz auf der rechten Seite des Tales und steigen auf dem kaum erkennbaren Pfad über grobe Felsblöcke hinauf zu einer Brücke. Wir überqueren den Bach und passieren kurz danach den Abzweig nach links zur **Cabane du Pinet** 5, 1781 m.
Der Pfad verläuft weiter durch das Hochtal bergan und gelangt erneut zu einer Brücke. Wir queren den Bach erneut und bleiben dann an seiner rechten Seite. Nach einem steileren Anstieg kommen wir zu einer Gabelung, an der nach rechts der Weg zum Biwakplatz abzweigt. Wir aber gehen nach links zum **Refuge des Oulettes de Gaube** 6, 2151 m. Die geräumige Hütte liegt wunderschön am Rand eines steinigen Kessels und beglückt uns mit einer atemberaubenden Sicht auf Grand Vignemale, 3298 m, Petit Vignemale, 3032 m, und die darunter liegenden Gletscher.

17V Cauterets – Luz-Saint-Sauveur

9.15 h	25,0 km
↗ 1310 m	↘ 1500 m

Direkter Kurs auf Luz-Saint-Sauveur

Wer die Durchquerung der Pyrenäen als Ganzes im Blick hat, wird vielleicht angesichts des Routenverlaufs über das Refuge des Oulettes de Gaube (Etappe 17) und das Chalet-Refuge la Grange de Holle (Etappe 18) nach Luz-Saint-Sauveur (Etappe 19) die Hände über dem Kopf zusammenschlagen. Die hier beschriebene Direktvariante von Cauterets nach Luz-Saint-Sauveur ist jedoch nicht nur in diesem Fall eine Überlegung wert. Statt in drei langen Tagen mit vielen Höhenmetern kann die Strecke damit innerhalb eines Wandertages zurückgelegt werden. Zudem ist diese Alternative weniger herausfordernd und insgesamt landschaftlich lieblicher. Fernab karger Steinwüsten fühlt man sich beim Wandern auf sandigen Pfaden und durch reizende Dörfer beinahe wieder an die Anfänge der Pyrenäendurchquerung im Baskenland zurückversetzt.

Ausgangspunkt: Cauterets, 913 m, Tourist-Info.
Anforderungen: Gutes Vorankommen auf angenehm zu begehenden Pfaden und Wegen, moderate Steigungen; oft schattig.
Einkehr: Chalet de la Reine Hortense, Tel. +33 (0)6 75 67 01 50, Terrasse. In Grust Hôtel Auberge Les Bruyères (s. Unterkunft). Ferme des Cascades, Tel. +33 (0)5 62 92 86 58, fermedescascades.com. An der Pont Napoléon Kiosk. In Luz-Saint-Sauveur.
Unterkunft: Grust: Hôtel Auberge Les Bruyères (am GR 10), Tel. +33 (0)5 62 92 83 03, aubergelesbruyeres.fr, 7 DZ, HP, Restaurant. – Gîte Soum de l'Ase (an D12), Tel. +33 (0)6 26 26 03 02 oder +33 (0)5 62 92 34 79, ganzjährig, Frühstück, HP, 14 B in 2- bis 4-Bett-Zi. **Sazos:** Gîte de Montagne La Maisonnée (am GR 10), Tel. +33 (0)5 62 92 96 90, gitelamaisonnee.com, ganzjährig, 40 B in 2- bis 6-Bett-Zi. mit eigenem Bad, Abendessen im Restaurant. **Camping Pyrénévasion** (500 m abseits des GR 10, Tel. +33 (0)5 62 92 91 54, campingpyrenevasion.com, April–Mitte Okt., 99 SP, Juli/Aug. teilweise keine Einzelübernachtung, vorher nachfragen!, Pool, Pizzeria, kleiner LM-Verkauf. **Luz-Saint-Sauveur:** u. a. Hôtel des Cimes (am GR 10, zwischen Kirche und Carrefour), Tel. +33 (0)5 62 92 81 52, hotel-luz.com. – Auberge et Gîte d'étape les Cascades (am GR 10, gleich nach der Brücke am Ortseingang), Tel. +33 (0)5 62 92 94 14, camping-luz.fr unter »L'Auberge«, ganzjährig, 45 B in 2- bis 8-Bett-Zi., Waschmaschine, Trockner, Restaurant; angegliedert: Camping les Cascades, Tel. +33 (0)5 62 92 85 85, camping-luz.fr, 71 SP, Pool. – Gîte d'étape le Regain (bei der Kirche), Tel. +33 (0)5 62 92 92 67, gite-leregain.com, ganzjährig außer Nov., 15 B in DZ/MBZ, Waschmaschine, Frühstück, HP. – Camping Toy (am Platz bei der Tourist-Info), Tel. +33 (0)5 62 92 86 85, camping-toy.com, Mai–Sept., 79 SP, Waschmaschine, Trockner.
Cabanes: Keine.
Zeltmöglichkeit: Zwischen Chalet de la Reine Hortense und Col de Riou bei der kleinen Cabane ❸ links unterhalb des Wegs, danach weitere Möglichkeiten. Gut, jedoch exponiert am Col de Riou, danach keine Möglichkeit mehr.
Einkauf: In Luz-Saint-Sauveur Carrefour Montagne und Intersport mit Verkauf

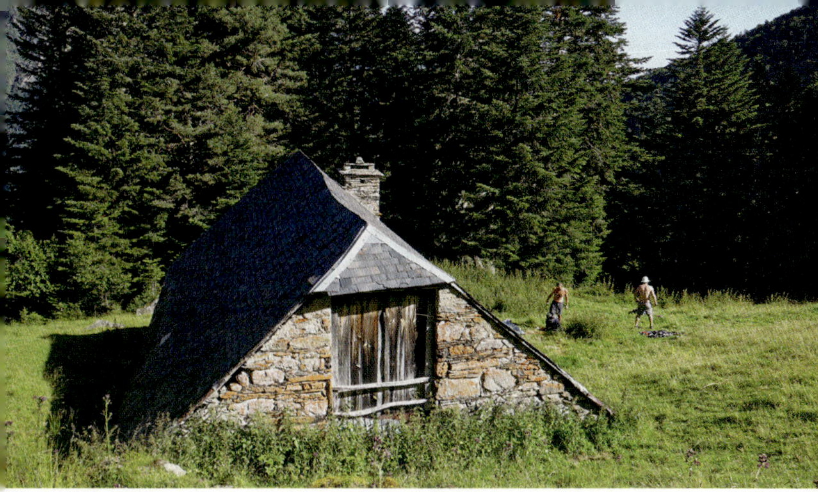

Cabane bzw. Heuschober beim Aufstieg zum Col de Riou. Hier kann gezeltet werden.

von Gaskartuschen.
Wasser: In Grust und Sazos Wasserhähne. In Sazos und an der Pont Napoléon WC.
ÖPNV: Buslinie 965: mehrmals tgl. ab Luz-Saint-Sauveur nach Tarbes mit Halt in Lourdes und Cauterets (Etappe 16) mit Umsteigen in Pierrefitte-Nestalas (Bus fährt in andere Richtung weiter nach Gavarnie); in Lourdes und Tarbes Zuganschluss in Richtung Toulouse und Bayonne; außerdem ab Luz-Saint-Sauveur Bus nach Barèges (Etappe 20), Infos: Tel. +33 (0)5 62 34 73 79, www.keolis-pyrenees.com.
Information: Luz-Saint-Sauveur, Tel. +33 (0)5 62 92 30 30, luz.org.
Variante: Ab Sazos auf der D12 direkt nach St-Sauveur und weiter nach Luz-Saint-Sauveur (1.45 Std., 5 km kürzer und 150 Hm Auf- und 240 Hm Abstieg weniger als Hauptweg).
Karte: IGN 4 Bigorre.

Mit der Tourist-Info von **Cauterets** ❶, 913 m, im Rücken halten wir uns links und folgen der Allée du Parc in Richtung der Thermes de César. Dort trennen sich Etappe 17 und Etappe 17V. Wir gehen nach links an den Bains du Rocher und dem Fronton-Platz vorbei und biegen an der Kletterwand an der Rückseite der Pelotawand nach rechts ab. Nach einem kurzen Stück Straße gelangen wir auf einen Waldpfad, der in Serpentinen zu einer breiteren Forststraße aufsteigt. Hier halten wir uns links und erreichen über die Straße das **Chalet de la Reine Hortense** ❷, 1220 m, das mit seiner herrlichen Panoramaterrasse mit Blick über Cauterets zu einer frühen Mittagsrast einlädt.
Wir bleiben an der Straßen, bis ca. 150 m nach einer 180°-Rechtskurve ein schmaler Pfad nach links abzweigt. Diesem folgen wir bergauf. Kurz nachdem wir den Wald verlassen haben, steht links, leicht unterhalb des Weges, eine **Cabane** ❸, 1470 m, mit guter Zeltmöglichkeit. Der Pfad steigt nun

durch grasiges Gelände weiter an und führt uns zuletzt in Serpentinen hinauf zum **Col de Riou** 4, 1949 m. Unter uns liegt das Skigeboiet Luz-Ardiden. Wir halten uns links und folgen dem breiten grasigen Weg, bis nach knapp 400 m ein unscheinbarer Pfad nach rechts abzweigt. Über diesen steigen wir, den Hang querend, hinab zu einem Schotterweg. Wir überqueren ihn zunächst, kehren in einem weiten Linksbogen wieder zu ihm zurück und wandern nun auf ihm bergab zum Restaurant Le Béderet. Dieses ist ausschließlich während des Skibetriebs im Winter geöffnet.

Rechts am Restaurant vorbei führt uns ein schmaler Pfad zu einem breiteren Weg hinunter. Wir überqueren ihn, kürzen auf der anderen Seite auf dem deutlich markierten Pfad eine Kehre der Schotterpiste ab und gehen dann auf ihr zu einem Parkplatz. Hier steigen wir die Treppe hinunter zur D12 und folgen der Straße ein kurzes Stück nach links, um dann auf einen rechts abzweigenden Pfad abzubiegen. Auf diese Weise kürzen wir die Serpentinen der Straße noch mehrmals ab. An einem Hinweisschild mit der Aufschrift »Grust« folgen wir dem schattigen Wanderweg hinunter in das gleichnamige Dorf. Im schönen, aber stark touristisch geprägten **Grust** 5, 968 m, passieren wir zunächst das Rathaus mit Trinkwasserbrunnen und folgen der Straße weiter bis zur Kirche mit weiteren Wasserpunkten.

Rechts an der Kirche vorbei gelangen wir zu einem mit einer tollen Aussicht lockenden Rastplatz mit Picknickbänken. Hier biegen wir nach rechts ab, halten uns an der darauffolgenden Gabelung links und steigen hinab

Kartenkunde am Col de Riou mit Blick zurück auf die gestrige Etappe.

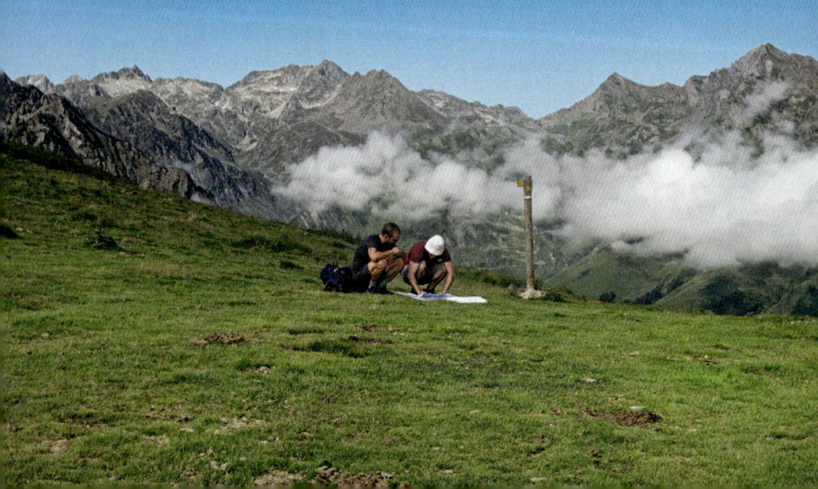

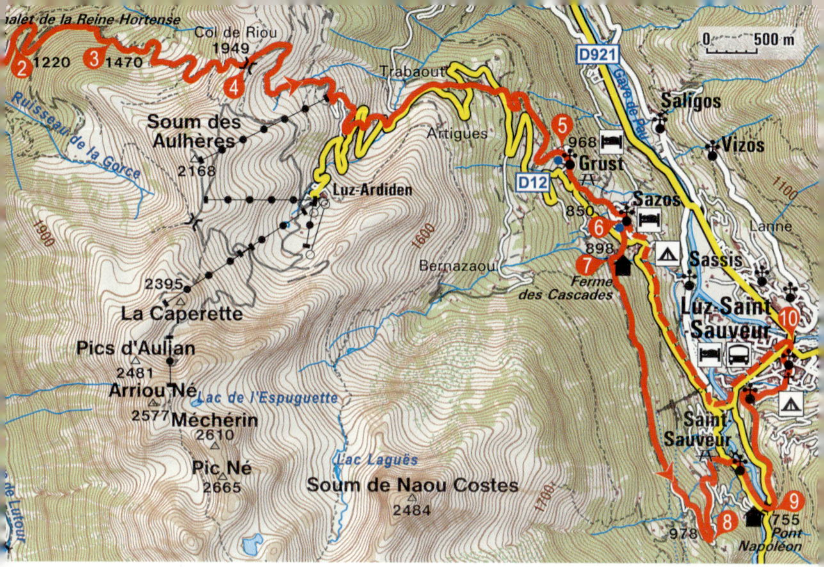

zur D12. Wir gehen an ihr ein kurzes Stück nach links, bis nach links unser Wanderweg abzweigt, über den wir das nächste Dorf erreichen. Die Markierungen leiten uns durch den Ort hindurch. Direkt hinter einem Platz (mit WC) im Zentrum von **Sazos** 6, 851 m, biegen wir nach rechts ab (geradeaus: Direktvariante nach Luz-Saint-Sauveur). Zunächst an der Straße, anschließend auf einem waldigen Pfad geht es hinauf zur D12 (an dieser bergab gelangt man zum Camping Pyrénévasion). Wir überqueren jedoch die Straße und kommen auf dem Pfad an der **Ferme des Cascades** 7, 898 m, vorbei zu einer kleinen Brücke oberhalb des namengebenden Wasserfalls. Nach der Brücke wählen wir den linken Pfad, auf dem wir in überwiegend schattigem Gelände zu einer schmalen Straße aufsteigen. Auf dieser gelan-

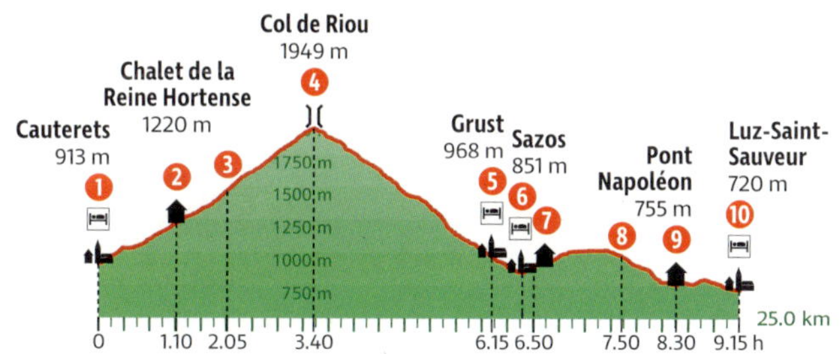

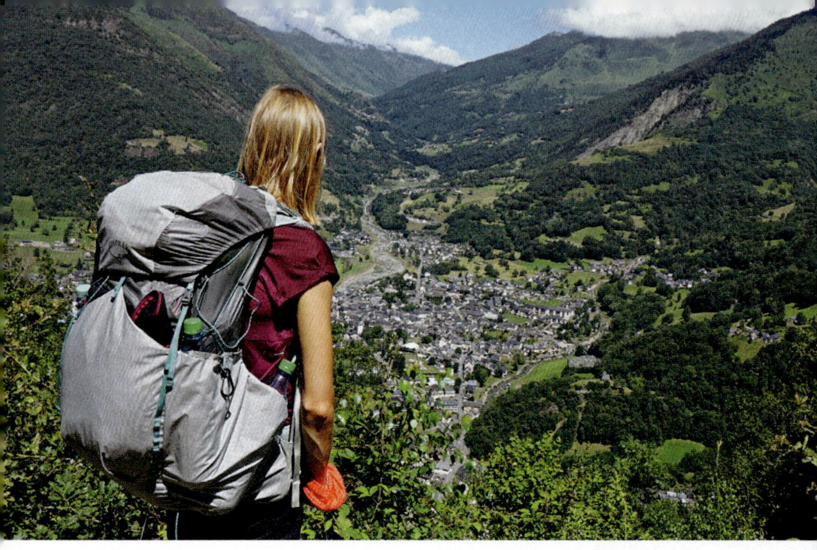

Nach Luz-Saint-Sauveur wird unser Weg morgen nach rechts abbiegen.

gen wir bergab zu einer Kreuzung mit **Wegweiser** 8, 978 m, wo unser Weg mit Etappe 19 zusammentrifft.

Wir verlassen die Straße nach links und kürzen diese mithilfe des kleinen Pfades zweimal ab. Wenn wir das zweite Mal auf die Straße treffen, folgen wir dieser knapp 600 m und biegen dann nach links auf einen Schotterweg ab. Kurz vor einem schönen Picknickplatz verlassen wir den Weg und biegen nach rechts ab. Nun geht es zwischenzeitlich über steile Steinstufen hinab zur Straße in Richtung Saint-Sauveur. Dieser folgen wir nach rechts bis zur **Pont Napoléon** 9, 755 m, wo sich Klettersteigler und viele andere Touristen rund um den Kiosk tummeln.

Nach der Brücke biegen wir links ab, passieren das etwas unterhalb gelegene öffentliche WC und gehen auf dem Gehweg an der D921 entlang. Bei einem Zebrastreifen überqueren wir die Straße und gehen auf dem Wanderweg weiter. Wir kommen zur oberhalb von Luz gelegenen Chapelle de Solférino mit Picknickbänken, die zu einer letzten Rast einladen.

Der Weg führt an der linken Seite der Kapelle vorbei und dann hinunter zum Ortsrand. Bei der Brücke überqueren wir den Ruisseau de l´Yse. Direkt dahinter liegt der Camping les Cascades. Um die weiteren Unterkünfte zu erreichen, folgen wir der Straße, passieren die Kirche und gehen nach rechts durch die Rue du Cotillon zur D918. An dieser links haltend trifft man nach wenigen Metern auf die D921. Von dort aus ist es nicht mehr weit zum Hauptplatz von **Luz-Saint-Sauveur** 10, 720 m, wo sich auch die Tourist-Info und der Camping Toy befinden.

7.30 h	19,9 km
↗770 m	↘1440 m

Ref. des Oulettes de Gaube – Chalet-Ref. La Grange de Holle

18

Über den höchsten Punkt des GR 10 zur höchsten Hütte der Pyrenäen

Rekordverdächtig ist diese Etappe in jedem Fall. Nach dem gemäßigten Anstieg vom Refuge des Oulettes de Gaube aus erreichen wir mit der Hourquette d'Ossoue auf 2734 m den höchsten Punkt unserer Pyrenäendurchquerung. Müde, aber ganz schön stolz treffen wir wenig später am Refuge de Baysselance ein. In über 2600 m Höhe trotzt dieses der lebensfeindlichen Umgebung und beherbergt Jahr für Jahr zahlreiche Gipfelaspiranten, welchen die Hütte als wichtiger Stützpunkt für die Besteigung des Grand Vignemale, 3298 m, dient. Wir haben jedoch unsere Aufstiegsmeter für heute bereits hinter uns gebracht und machen uns an den langen Abstieg zum oberhalb von Gavarnie gelegenen Chalet-Refuge La Grange de Holle.

Ausgangspunkt: Refuge des Oulettes de Gaube, 2151 m.
Anforderungen: Am Aufstieg zur Hourquette d'Ossoue flache Serpentinen durch Geröll, gut angelegt, oben ansteilend; Abstieg durch enges Tal, an Felswänden entlang, Schwindelfreiheit erforderlich, Altschnee kann problematisch sein.
Einkehr: Im Refuge de Bayssellance und im Chalet-Refuge (FFCAM) La Grange de Holle (FFCAM), beide s. Unterkunft.
Unterkunft: Refuge de Bayssellance (FFCAM): Tel. +33 (0)9 74 77 66 52 (Okt.–April, Tel. +33 (0)6 88 29 89 60), refugebayssellance.ffcam.fr, Mitte Mai–Sept. bewirtet, sonst Winterraum mit 19 B, 58 B in sechs Schlafsälen, HP, kl. LM-Verkauf; wirklich frühzeitig reservieren, da ein beliebter Stützpunkt für Vignemale-Besteigung! **Chalet-Refuge La Grange de Holle** (FFCAM): Tel. +33 (0)5 62 92 48 77, chaletlagrangedeholle.ffcam.fr, Mai–Okt., 62 B in Schlafsälen, kleine Sanitäranlagen, Zeltmöglichkeit, HP, AV-Rabatt. **Gavarnie** (30 Min. abseits des GR 10, siehe »Tipp«): u. a. Gîte d'étape Le Gypaetète, Tel. +33 (0)5 62 92 40 61, pagesperso-orange.fr/legypaete, 45 B in MBZ, HP, Waschmaschine. – Hôtel Le Compostelle, Tel. +33 (0)5 62 92 49 43, compostellehotel.com, 14 Zi. (EZ/DZ/MBZ), HP, Waschmaschine. – Camping La Bergerie (1 km südlich der Tourist-Info), Tel. +33 (0)5 62 92 48 41 und +33 (0)6 42 76 47 83, camping-la-bergerie-gavarnie.com, Juni–Sept., 25 SP, Kiosk.
Cabanes: Bei den **Grottes Bellevue** drei in den Fels geschlagene Biwak-Höhlen, 10–15 P, keine Türen. Am **Barrage d'Ossoue** (Tür der Cabane klemmt), 5 P auf Betonboden, Wasser am Bach. **Cabane de Lourdes**, 6 P auf zwei Bettgestellen, Kamin, Wasser am Bach. **Cabane de Sausse-Dessus**, 2 P, Tische, Stühle, Kamin, Wasser am Bach. **Cabane des Toussaous**, 2 P, Tisch, Bänke, Quelle.
Zeltmöglichkeit: Achtung: Nationalparkregeln beachten (vgl. S. 24). Beim Refuge de Bayssellance Aire de bivouac (von Steinwällen umgeben). Im Bereich der Grottes Bellevue von Steinwällen umgebene Plätze. Am Barrage d'Ossoue Aire de bivouac neben der Cabane. Danach noch einige nette Plätze.
Einkauf: In Gavarnie kleiner Vival-Supermarkt, Bäckerei, Sportgeschäft und Waschsalon.
Wasser: Beim Refuge de Bayssellance Wasserhahn. Danach einige Bäche. Bei der Cabane des Toussaous Quelle. Beim Chalet-Refuge La Grange de Holle Wasserhahn.
ÖPNV: Buslinie 965: 2x tgl. ab Gavarnie

(Haltestelle an der Tourist-Info) in Richtung Pierrefitte-Nestalas mit Zwischenhalt in Luz-Saint-Sauveur (Etappe 19), ggf. mit Umsteigen weiter nach Lourdes, dort Bahn-/Busanschluss nach Pau, Infos: valleesdegavarnie.com.

Information: Gavarnie, Tel. +33 (0)5 62 92 49 10, valleesdegavarnie.com.

Variante: Von der Hourquette d'Ossoue in 1 Std. auf den rechts gelegenen Petit Vignemale, 3032 m. Einer der einfachsten 3000er der Pyrenäen! (45 Min., gut 1,7 km und 280 Hm im Auf- und Abstieg).

Tipps: 1. Ab dem Etappenziel ins Dörfchen Gavarnie (30 Min., 2 km, 110 Hm im Abstieg), dort u. a. Maison de Parc National des Pyrenées mit Ausstellung im Gebäude des Rathauses.
2. Wanderung zum bekannten Cirque du Gavarnie.

Karte: IGN 4 Bigorre.

Ab dem **Refuge des Oulettes de Gaube** ❶, 2151 m, folgen wir nach links dem steinigen Pfad. Zunächst quer zum Hang, dann in Serpentinen steigen wir hinauf zu einer Gabelung, an der wir uns rechts halten. Über geröllig-felsiges Gelände und dank auffälliger Steinmännchen leichter Orientierung erreichen wir die **Hourquette d'Ossoue** ❷, 2734 m, den höchsten Punkt des gesamten GR 10. Von dort aus bietet sich uns ein herrliches Panorama der umliegenden Dreitausender. Am Sattel wenden wir uns leicht nach links und steigen auf dem Pfad ab zum **Refuge de Bayssellance** ❸, 2651 m, der höchstgelegenen Hütte der Pyrenäen. Der Pfad verläuft weiter in steilen Serpentinen bergab und wir erreichen nach 30 Min. die **Grottes Bellevue** ❹, 2420 m.

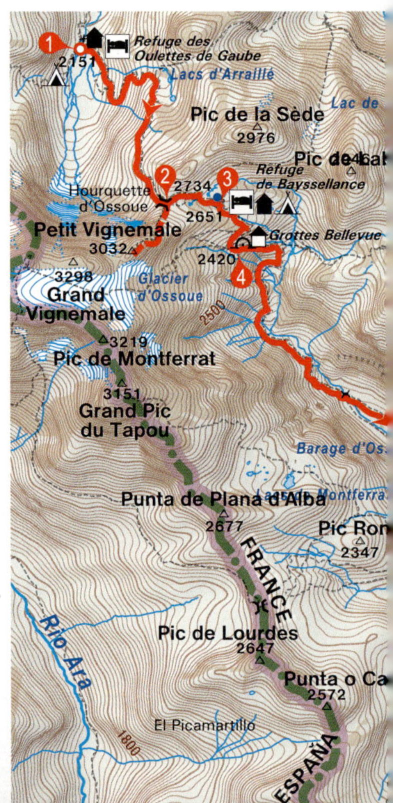

Der höchste Punkt der Pyrenäendurchquerung: Hourquette d'Ossoue, 2734 m.

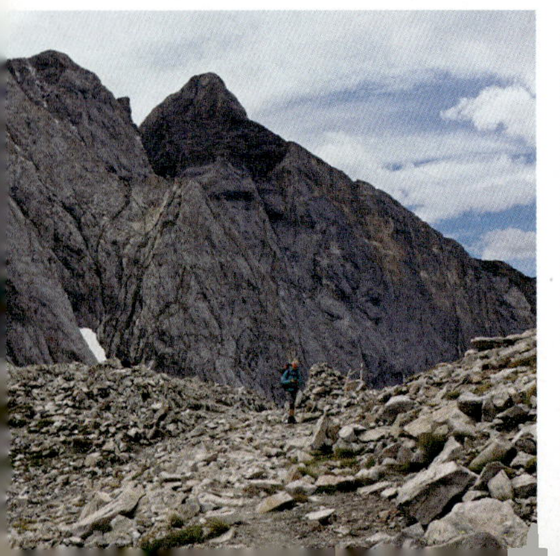

*Als der irisch-französische Entdecker **Henry Russell** 1861 den Grand Vignemale besteigen möchte, ist die Unterkunftssituation vor Ort noch wesentlich unkomfortabler als heute. Weitgehend schutzlos müssen die Männer ihr Biwak aufschlagen. Nach seiner Rückkehr lassen Russel die Pyrenäen nicht los. Für seine weiteren Begehungen sowie für alle zukünftigen Bergsteiger:innen möchte er einen schützenden Platz für die Nacht schaffen. Dabei ist es ihm wichtig, das Landschaftsbild weitgehend zu erhalten und so wenig wie möglich in die Natur einzugreifen. Er findet die optimale Lösung: Zwischen 1881 und 1893 schlägt er mehrere Biwak-Höhlen in den Fels. Die meisten befinden sich zwischen dem heutigen **Refuge de Baysselance** und dem Gipfel und werden inzwischen nur noch als Ausrüstungsdepot verwendet. In den tiefer gelegenen **Grottes Bellevue** hingegen finden Wandernde auch heute noch Schutz vor Kälte, Wind und Nässe.*

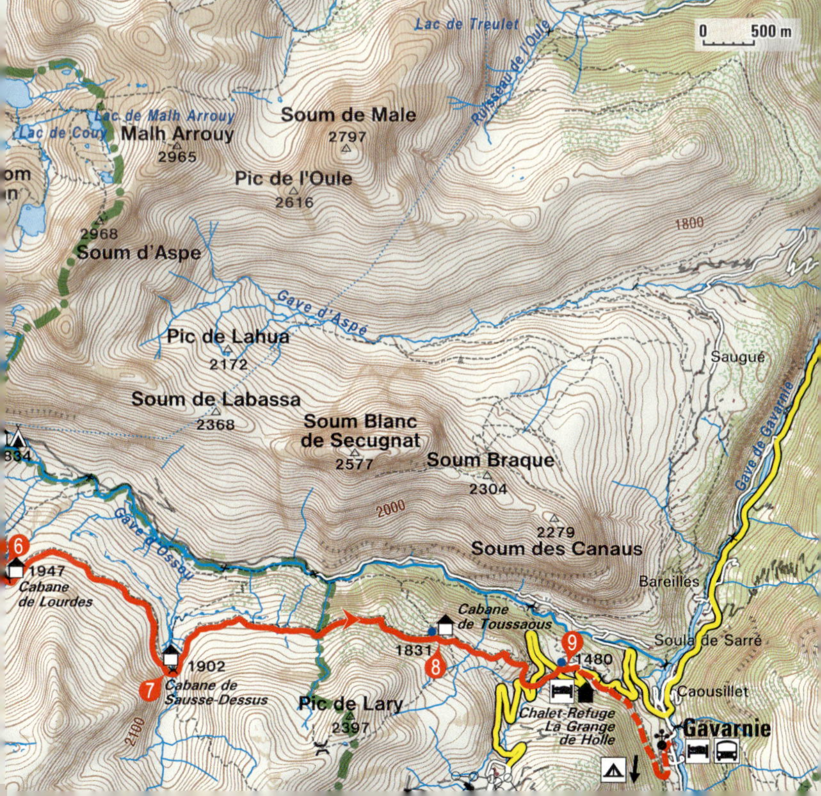

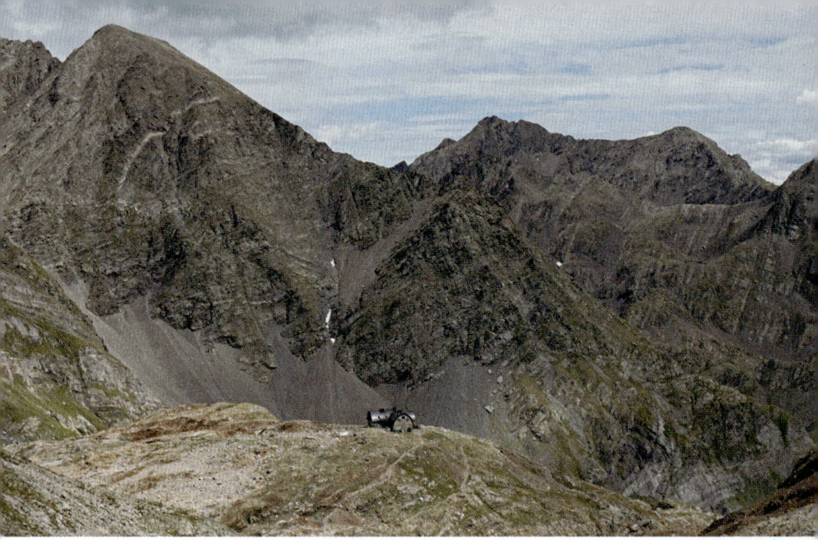

Das Refuge de Bayssellance liegt auf 2651 m und ist damit die höchste bewirtschaftete Hütte der Pyrenäen.

Nach einem flacheren Teilstück queren wir ein Geröllfeld und steigen anschließend wieder einige Höhenmeter auf. Der Fluss hat sich hier tief in das Hochtal eingeschnitten und die steilen Felswände geformt. An einer Engstelle des Tals müssen wir eine felsige, teils ausgesetzte Querung bewältigen, bevor wir zu einem Bachbett absteigen, wo bis weit in den Sommer hinein noch mit Schnee gerechnet werden muss. Wir wandern oberhalb des Talgrunds weiter, passieren eine letzte Engstelle mit markantem Wasserfall und folgen dem Pfad hinunter in das Tal. An einer kleinen Holzbrücke biegen wir nach links ab und überqueren den Bach. Dann gehen wir entlang des Bachs im ebenen Talgrund weiter bis zu einem kleinen Stausee. Bei der

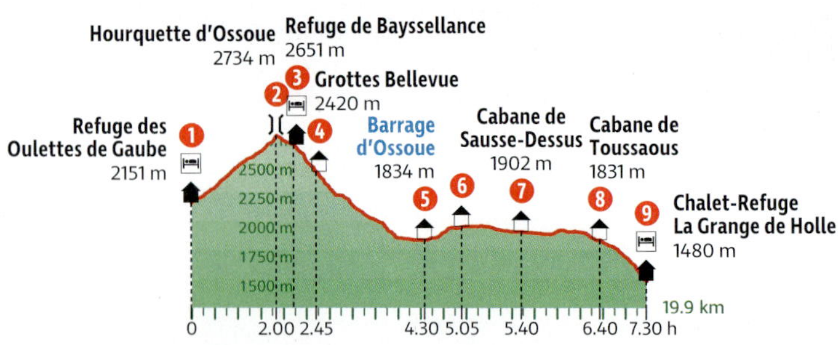

Staumauer des **Barrage d'Ossoue** 5, 1834 m, unterhalb der Cabane am hinteren Ende des Sees, führt der Weg nach rechts abwärts über eine hinter dem Staudamm liegende Brücke. Danach steigt der Pfad an der rechten Talseite bergan.
Kurz nach der etwas oberhalb des Weges gelegenen **Cabane de Lourdes** 6, 1947 m, kommen wir zu einer Gabelung. Wir biegen nach links ab, gehen über eine Brücke und wandern auf dem Pfad zur **Cabane de Sausse-Dessus** 7, 1902 m. Danach überqueren wir erneut einen kleinen Bach und wandern an der rechten Talseite oberhalb des Bachs weiter. Wir passieren die **Cabane des Toussaous** 8, 1831 m, und erreichen über Weidegelände eine Gabelung. Die hohen Gipfel um Gavarnie liegen direkt vor uns. Wir halten uns links und steigen in Serpentinen hinab zur D923. Auf der anderen Straßenseite folgen wir dem schmalen Pfad, der nochmals die Straße quert und dann hinunter zum **Chalet-Refuge La Grange de Holle** 9, 1480 m, führt.

i *Der **Cirque de Gavarnie** ist seit 1997 UNESCO-Welterbe und besteht aus einem Felskessel, dessen senkrechte Wände den Grund um mehr als 1500 m überragen. Dort brausen die Gavarnie-Fälle (frz.: Grande Cascade) hinab. Mit einer Fallhöhe von 422 m gelten diese als die höchsten Wasserfälle Frankreichs. Gespeist werden Sie aus einem unterirdischen Gletschersee. Der Zugang vom Tal aus ist die letzten Kilometer autofrei.*

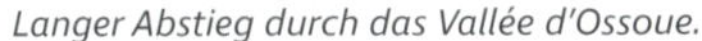

Langer Abstieg durch das Vallée d'Ossoue.

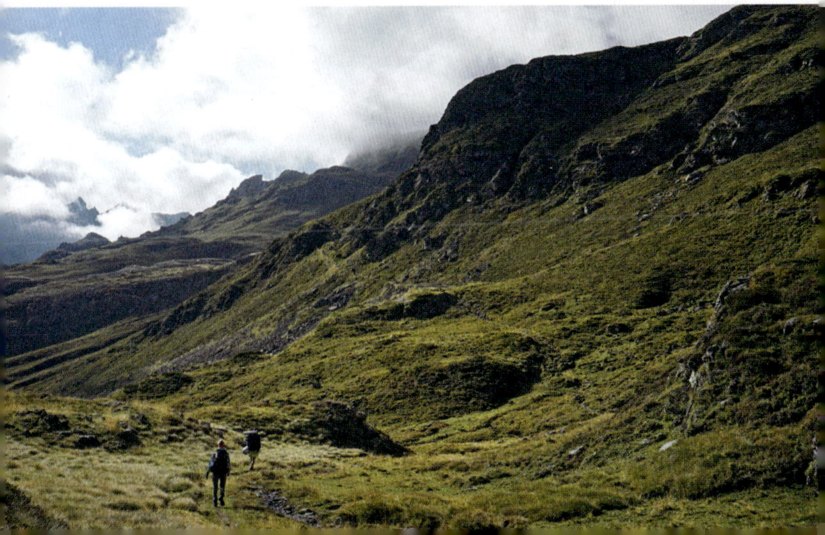

19 Chalet-Ref. La Grange de Holle – Luz-Saint-Sauveur

9.30 h | 27,2 km
↗900 m | ↘1660 m

Mit dem Cirque im Rücken durch das Gavarnie-Tal

Nach den beiden vorherigen Tagen steht mit der heutigen Etappe ein weiterer langer Wandertag an. Auf dem ersten Abschnitt gilt es genügend Zeit einzuplanen: Fast durchgehend bietet sich eine perfekte Sicht auf den berühmten Cirque de Gavarnie und das unterhalb davon gelegene Dorf. Fotopausen sind hier beinahe Pflicht. Auf dem weiteren Weg werden die Hänge des Tals überwiegend schattenlos traversiert, bis wir uns im Weiler Sia schon fast am Ziel wähnen. Allerdings wartet noch ein letzter, fordernder Anstieg auf uns müde Wanderer hinauf zum kleinen Eisenkreuz, dem Croix de Sia. Nur gut, dass mit dem Etappenziel Luz-Saint-Sauveur ein trotz vieler Touristen gemütliches Städtchen auf uns wartet.

Ausgangspunkt: Chalet-Refuge La Grange de Holle, 1480 m.
Anforderungen: Lange Etappe auf überwiegend einfach zu begehenden Wegen und Pfaden; meist schattenlos.
Einkehr: In der Gîte d'étape Le Saugué (s. Unterkunft). Im Camping Saint-Bazerque (s. Unterkunft). An der Pont Napoléon Kiosk. In Luz-Saint-Sauveur.
Unterkunft: **Gîte d´étape Le Saugué**, Tel. +33 (0)6 79 31 31 31, gite-gavarnie-pyrenees.com, Mai–Okt., 25 B in DZ/MBZ und Schlafsälen, HP. **Camping Saint-Bazerque**, Tel. +33 (0)5 62 92 49 93, campingsaintbazerque.eatbu.com, Mitte Juni–Mitte Sept., 28 SP, Bar. **Luz-Saint-Sauveur:** u. a. Hôtel des Cimes (am GR 10, zwischen Kirche und Carrefour), Tel. +33 (0)5 62 92 81 52, hotel-luz.com. – Auberge et Gîte d'étape les Cascades (am GR 10, gleich nach der Brücke am Ortseingang), Tel. +33 (0)5 62 92 94 14,

Fotopause mit Sicht auf den berühmten Cirque de Gavarnie.

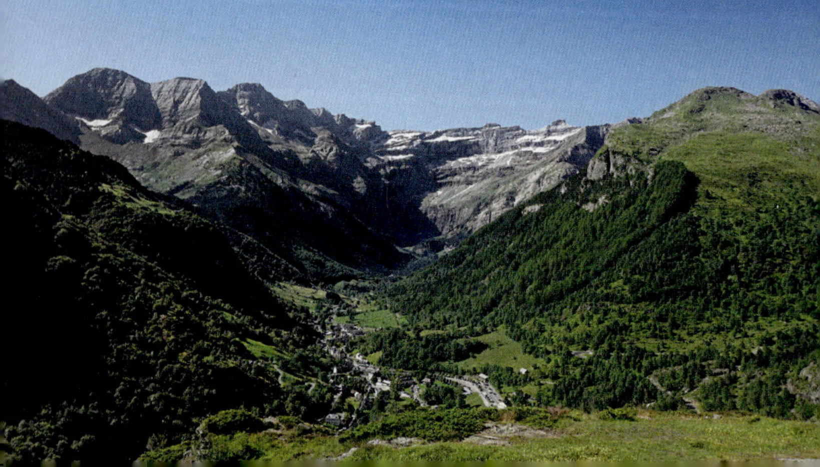

camping-luz.fr unter »L'Auberge«, ganzjährig, 45 B in 2-bis 8-Bett-Zi., Waschmaschine, Trockner, Restaurant; angegliedert: Camping les Cascades, Tel. +33 (0)5 62 92 85 85, camping-luz.fr, 71 SP, Pool. – Gîte d'étape le Regain (bei der Kirche), Tel. +33 (0)5 62 92 92 67, gite-leregain.com, ganzjährig außer Nov., 15 B in DZ/MBZ, Waschmaschine, Frühstück, HP. – Camping Toy (am Platz bei der Tourist-Info), Tel. +33 (0)5 62 92 86 85, camping-toy.com, Mai–Sept., 79 SP, Waschmaschine, Trockner.
Cabanes: Keine.
Zeltmöglichkeit: Insbesondere nach insg. ca. 3.45 Std. zwischen der Gave d'Aspe und der Pont de Balit, u. a. rund um den höchsten der auffälligen Strommasten.
Einkauf: In Luz-Saint-Sauveur Carrefour Montagne, Bäckereien und Intersport mit Verkauf von Gaskartuschen.
Wasser: Mehrere Bachläufe zwischen der Gîte d'étape Le Saugué und der Pont de Balit. In Sia Wasserhahn. An der Pont Napoléon und in Luz-Saint-Sauveur (bei der Tourist-Info) WC.
ÖPNV: Buslinie 965: mehrmals tgl. ab Luz-Saint-Sauveur nach Tarbes mit Halt in Lourdes und Cauterets (Etappe 16) mit Umsteigen in Pierrefitte-Nestalas (Bus fährt in andere Richtung weiter nach Gavarnie); in Lourdes und Tarbes Zuganschluss in Richtung Toulouse und Bayonne; außerdem ab Luz-Saint-Sauveur Bus nach Barèges (Etappe 20), Infos: Tel. +33 (0)5 62 34 73 79, www.keolis-pyrenees.com.
Information: Luz-Saint-Sauveur, Tel. +33 (0)5 62 92 30 30, luz.org.
Varianten: 1. Bei Start in Gavarnie geht man direkt auf der D128 zur Etappe (1 Std., 3 km).
2. Ab Sia weiter auf der D912 zur Pont Napoléon (45 Min., 2 km und 150 Hm im Auf- und Abstieg weniger als Hauptweg).
Karte: IGN 4 Bigorre.

Vom **Chalet-Refuge La Grange de Holle** ❶, 1480 m, folgen wir der Zufahrt, bis nach gut 100 m links ein schmaler Pfad abzweigt. Über diesen steigen wir durch den Wald bergab und halten uns an einer Gabelung kurz vor einer Brücke über die Gave d'Ossoue rechts. Nach Überquerung des breiten Bachs folgen wir dem Weg nach rechts hinauf zur D128. Wer von Gavarnie aus gestartet ist, trifft hier wieder auf den GR 10. Wir setzen unseren Weg auf der anderen Straßenseite fort. Der schmale Steig windet sich nach Norden drehend um den Soum des Canaus, 2279 m, herum. Schon bald eröffnet sich uns eine fantastische Sicht auf den Cirque de Gavarnie und das darunter liegende Städtchen.
Wir bleiben auf dem stellenweise leicht gerölligen Pfad, bis wir ein Hinweisschild mit der Aufschrift »Parking« erreichen. Hier könnte man geradeaus auf dem Schotterweg weitergehen. Wir aber folgen dem eigentlichen GR 10 nach links. Dieser biegt bei einem Adlerschild sogleich wieder nach rechts ab. Der grasige Pfad ist hier sehr eingewachsen, was das Vorankommen stellenweise erheblich erschwert. An der nächsten Gabelung nehmen wir den rechten unteren Weg und treffen etwas später auf einen grasigen Weg, der uns nach rechts unten zurück zum Schotterweg bringt. Auf diesem gelangen wir nach links zum kleinen Wanderparkplatz. Ab hier wandern wir nach rechts auf der Straße zur 300 m entfernten **Gîte d'étape Le Saugué** ❷, 1610 m, die zu einer Rast einlädt.
Wir gehen auf der Straße noch ein kurzes Stück bergab, bis nach links ein Feldweg abzweigt. Wir folgen diesem wenige Meter, um dann sogleich

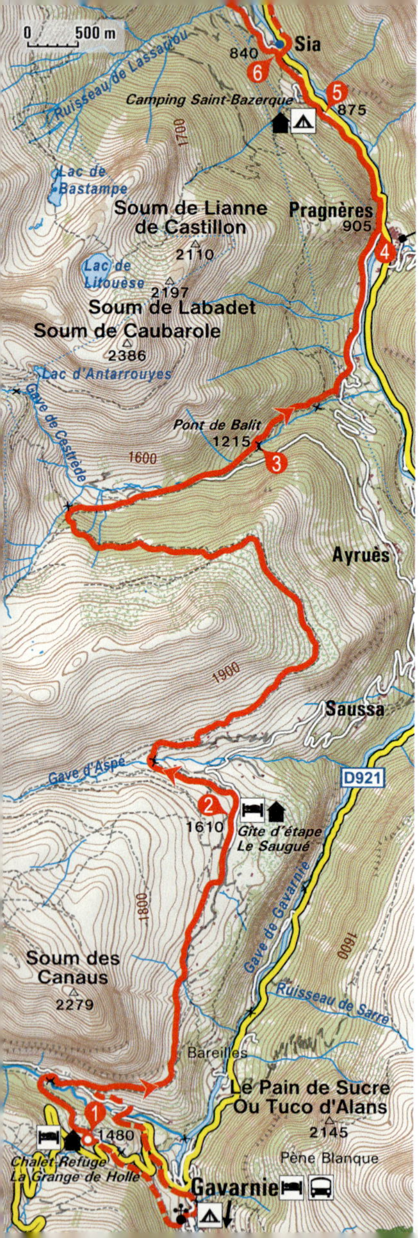

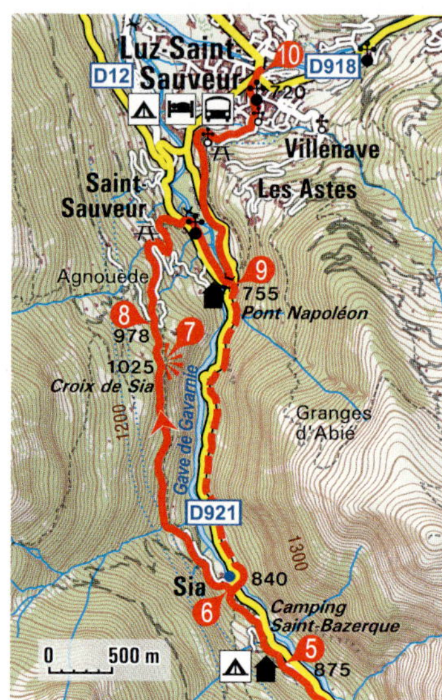

wieder nach rechts einen schmalen Pfad einzuschlagen. Dieser führt in ein Seitental der Gave d'Aspe hinein. 600 m nach der Überquerung der Brücke treffen wir auf einen breiteren Weg, auf dem wir in einer engen Kehre bergan gehen, um ihn dann auf dem nach links abzweigenden Pfad zu verlassen.

Dieser traversiert nun in stetem Auf und Ab die Hänge des Soum Haut, 2289 m. Rund um den höchsten **Strommast** finden sich einige gute Zeltmöglichkeiten. Nach einem kleinen Sattel verliert der Pfad kontinuierlich an Höhe und verläuft weiter durch den Wald. Wir überqueren zwei Bachläufe, treffen auf einen anderen Pfad und steigen über diesen weiter steil bergab. Nach Verlassen des Waldes werden weitere

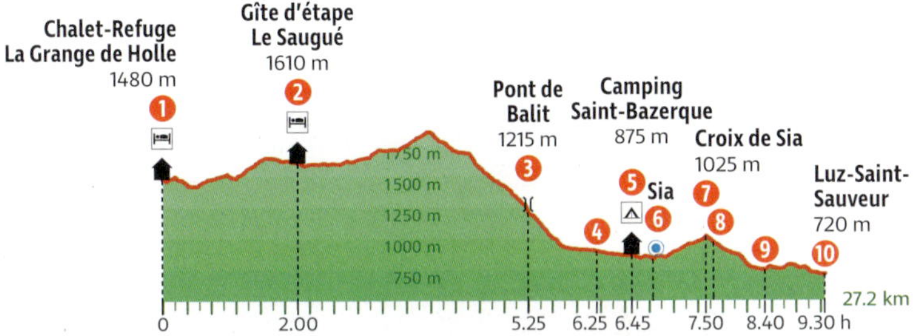

Bachläufe überquert, bevor wir wieder aus dem Seitental hinauswandern. Nach einer kleinen Hütte mit Wasserhahn gelangen wir wieder in den Wald und steigen zu einer Schotterpiste ab, der wir wenige Meter folgen. Dann überqueren wir sie nach links und schlagen sogleich nach rechts den schmalen Pfad ein.

Nach der Überquerung der Gave de Cestrède über die **Pont de Balit** 3, 1215 m, steigen wir zu einem kleinen Haus oberhalb der Straße bei Trimbareilles ab. Wir gehen aber nicht hinunter zur Straße, sondern schlagen stattdessen direkt nach links einen Pfad mit Blätterdach ein. Dieser führt hinunter zur Straße, der wir jedoch nur wenige Meter folgen, um sie in der Kurve geradeaus auf dem Pfad zu verlassen. Wir erreichen die schmale Stra-

Durch das liebliche Gavarnie-Tal.

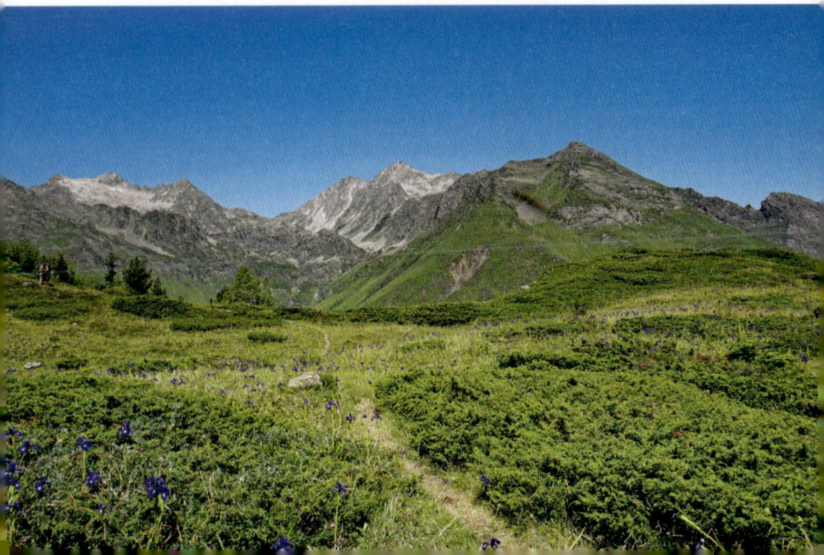

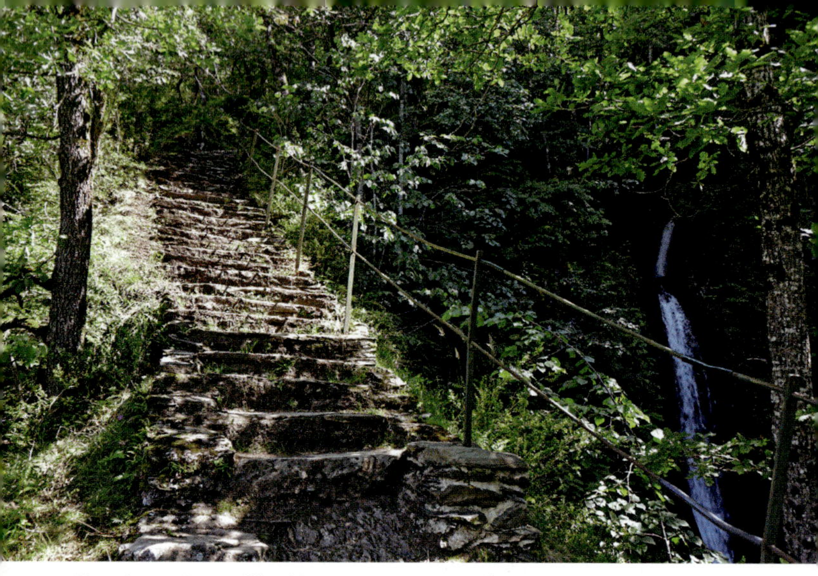

Die steinerne Treppe führt hinunter zur Pont Napoléon.

ße ein zweites Mal und gehen auf ihr nun am Fluss entlang bis zur Brücke beim Wasserkraftwerk bei **Pragnères** 4, 905 m. Hier halten wir uns links und wandern auf der stärker befahrenen D921 weiter. Immer wieder ist es dabei möglich, auf den ausgetretenen Grünstreifen an der Seite auszuweichen. Bei den Hinweisschildern in Richtung des Saint-Bazerque Campingplatzes verlassen wir die D921 nach links auf der schmalen Straße. Kurz bevor wir den **Camping Saint-Bazerque** 5, 875 m, erreichen, zweigen wir nach rechts auf einen Pfad ab. Wir steigen wieder hinab zur D921, die wir jedoch nur kurz streifen; gleich danach biegen wir in die kleine Straße nach links ein.

An der folgenden Gabelung wählen wir das rechte Sträßchen und biegen dann sofort erneut nach rechts auf einen Pfad ab. Diesem folgen wir hinunter zur D921 und gehen nach links in den Ort **Sia** 6, 840 m. Die D921 führt nach rechts über die Brücke (vgl. auch Variante 2). Wir aber gehen geradeaus durch das Dorf, passieren einen Wasserhahn und wandern auf dem Feldweg weiter. In einer Linkskurve setzt sich der GR 10 geradeaus auf einem kleinen unscheinbaren Pfad fort. Wir überqueren einen Bach über eine Brücke und nehmen dann den letzten großen Anstieg in Angriff. Am höchsten Punkt, dem **Croix de Sia** 7, 1025 m, erwarten uns ein kleines Eisenkreuz und ein Aussichtspunkt. Danach steigen wir auf dem Pfad hinunter zu einer **Straße** 8, 978 m. Hier treffen wir auf die Direktvariante von Cauterets nach Luz-Saint-Sauveur (Etappe 17V).

Wir überqueren die Straße und kürzen diese mithilfe des kleinen Pfades zweimal ab. Wenn wir das zweite Mal auf die Straße treffen, folgen wir dieser knapp 600 m und biegen dann nach links auf einen Schotterweg ab. Kurz vor einem schönen Picknickplatz verlassen wir den Weg und biegen nach rechts ab. Nun geht es zwischenzeitlich über steile Steinstufen hinab zur Straße in Richtung Saint-Sauveur. Dieser folgen wir nach rechts bis zur **Pont Napoléon** 9, 755 m, wo sich Klettersteigler und viele andere Touristen rund um den Kiosk tummeln.
Nach der Brücke biegen wir links ab, passieren das etwas unterhalb gelegene öffentliche WC und gehen auf dem Gehweg an der D921 entlang. Bei einem Zebrastreifen überqueren wir die Straße und gehen auf dem Wanderweg weiter. Wir kommen zur oberhalb von Luz gelegenen Chapelle de Solférino mit Picknickbänken, die zu einer letzten Rast einladen.
Der Weg führt links um die Kapelle herum und dann hinunter zum Ortsrand. Bei der Brücke überqueren wir den Ruisseau de l´Yse. Direkt dahinter liegt der Camping les Cascades. Um die weiteren Unterkünfte zu erreichen, folgen wir der Straße, passieren die Kirche und gehen nach rechts durch die Rue du Cotillon zur D918. An dieser links haltend trifft man nach wenigen Metern auf die D921. Von dort aus ist es nicht mehr weit zum Hauptplatz von **Luz-Saint-Sauveur** 10, 720 m, wo sich auch die Tourist-Info und der Camping Toy befinden.

Die sehenswerte katholische Église des Templiers im Zentrum von Luz-Saint-Sauveur stammt aus dem 13. Jh.

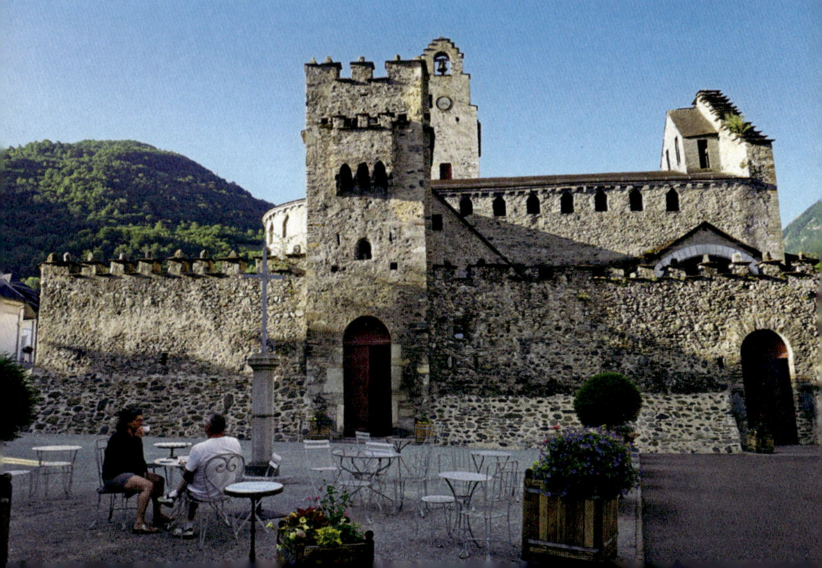

20 Luz-Saint-Sauveur – Refuge d'Aygues-Cluses

7.30 h | 18,9 km | ↗1560 m | ↘140 m

Wie die Rennradfahrer ins Tourmalet-Tal, doch vorher rechts ab zum neuen Refuge

Le Bastan ist unser steter Begleiter auf dem ersten Teil der Etappe. Immer wieder wechselt der Weg von der einen auf die andere Talseite und eröffnet uns jeweils einen schönen Blick auf die Gegenseite. Im trubeligen Kurort Barèges stärken wir uns nochmals und stocken unsere Vorräte auf, bevor wir für die nächsten Tage wieder abgeschiedenere Bergwelt betreten. Beim Skigebiet bei Tournaboup verlassen wir Le Bastan und steigen durch ein malerisches Hochtal zum außergewöhnlichen Refuge d'Aygues-Cluses auf. Nach mehr als zehnjähriger Planungs- und Bauzeit wurde die neue Hütte im Frühling 2023 eröffnet. Die neuartige Architektur ist einerseits energieeffizient-nachhaltig und soll sich andererseits stimmig ins Landschaftsbild einfügen.

Ausgangspunkt: Luz-Saint-Sauveur, 720 m, Tourist-Info.
Anforderungen: Wechsel aus breiten Wegen und schmalen Pfaden; moderate Anstiege. Zuletzt Aufstieg durch felsiges Terrain.
Einkehr: In Viella Auberge de Viella (s. Unterkunft). In Sers Rest. La Bergerie chez Rosette, Tel. +33 (0)5 62 92 84 32, facebook.com/labergeriechezrosette (ab Mittag). In Barèges. Bei Tournaboup Auberge La Coquelle (kurz vor dem Parkplatz), Tel. +33 (0)5 62 92 68 15, auberge-la-couquelle.edan.io, Bar/Restaurant. Bar/Restaurant Chez Franck (am Liftparkplatz).

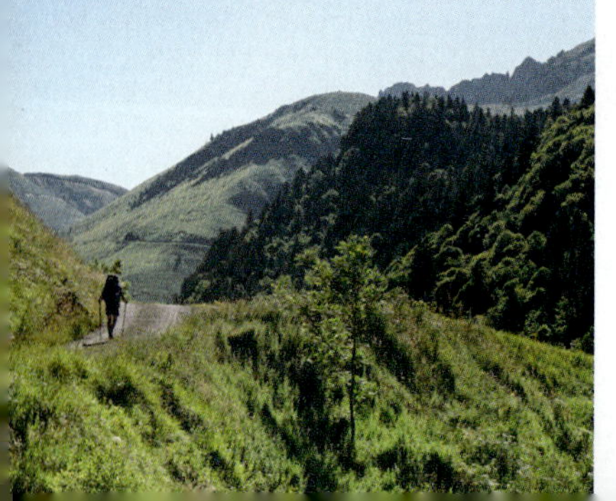

Unterkunft: Viella: Gîte et Table d'Hôtes La Grange au Bois (an D918 am GR 10), Tel. +33 (0)5 62 92 93 84, lagrangeaubois.fr, ganzjährig, 33 B in 8 MBZ, HP, LP. – Auberge de Viella (am GR 10), Tel. +33 (0)5 62 92 85 14, chambres-hotes-tourmalet.com, regionale Spezialitäten, Chambre d'hôtes mit 1 DZ, 2 MBZ. **Croix de Saint Justin:** Ferme/Gîte d'étape/Camping Eth Cluquet, Tel. +33 (0)5 62 92 96 36 oder (0)6 84 41 13 44, ferme-saint-justin.com, Mitte Mai–Mitte Okt., 12 B in DZ und Schlafsaal, Zeltmöglichkeit, SV-Küche, Crêperie. **Barèges:** u. a. Hôtel La Montagne Fleurie (schräg ggü. der Tourist-Info), Tel. +33 (0)5 62 92 68 50, montagnefleurie.fr, 14 Zi. (DZ/MBZ) Restaurant. – Gîte d'étape l'Oasis (ab der Tourist-Info die Straße 350 m bergauf), Tel. +33 (0)5 62 92 69 47, gite-oasis.fr, Juni–Sept., 46 B in Schlafsaal/MBZ, HP, Restaurant. – Camping La Ribère (abseits GR 10, ab Tourist-Info 1 km bergab), Tel. +33 (0)5 62 92 69 01, laribere.fr, 17 SP und Zeltwiese, Aufenthaltsraum, Mikrowelle, KS. **Refuge d'Aygues-Cluses**, Tel. +33 (0)9 71 72 36 05, refuge-ayguesclu-

Auf dem Weg nach Tournaboup.

ses.com, 35 B in mehreren Schlafsälen, Trocken-WC.
Cabanes: Cabane Toue de la Pégue (ca. 50 m links des GR 10), 2 P, Wasser am Bach. **Cabane d'Aygues-Cluses** (kurz nach dem gleichnamigen Refuge), 6 P auf Plattform (Holz/Beton; nur 1 Matratze), Kamin, Wasser am See/Bach.
Zeltmöglichkeit: Heute insgesamt eher schwierig.
Einkauf: In Barèges Metzgerei, Bäckerei, lokale Spezialitäten, Sportgeschäft und kleiner Vival-Supermarkt.
Wasser: In Viella Trinkwasserbrunnen. In Viey Wasserhahn beim Rathaus. In Esterre und Barèges WC.
ÖPNV: Buslinie 965: mehrmals tgl. von Barèges nach Luz-Saint-Sauveur, ab dort weiter in Richtung Gavarnie, Cauterets und Lourdes und Tarbes, dort Zuganschluss in Richtung Toulouse und Bayonne, Infos: Tel. +33 (0)5 62 34 73 79, www.keolis-pyrenees.com.
Information: Barèges, Tel. +33 (0)5 62 97 00 25, valleesdegavarnie.com.
Hinweis: Seit 2014 von der IGN-Karte abweichende geänderte, nun kürzere Wegführung von Luz-Saint-Sauveur nach Barèges.
Tipp: Freibadbesuch in Barèges mit beheiztem Becken (nur Juli/Aug. geöffnet).
Karte: IGN 4 Bigorre.

Von der Tourist-Info in **Luz-Saint-Sauveur** ❶, 720 m, gehen wir wenige Meter zurück zur sternförmigen Kreuzung und nach rechts an der D921 über den Fluss Le Bastan. Kurz nach der Brücke halten wir uns halb rechts, passieren das ehemalige Bahnhofsgebäude und steigen an einem kleinen Platz die leicht nach rechts führende schmale Gasse empor. Wir überqueren die D172 und steigen anschließend über den in Serpentinen verlaufenden Fußweg hinauf zu den Ruinen des Château Sainte-Marie. Die Picknickbänke laden zu einer Rast mit tollem Blick auf Luz-Saint-Sauveur ein. An den Ruinen biegen wir rechts ab und folgen dem Wiesenpfad taleinwärts, bis dieser auf eine Straße trifft. Auf dieser steigen wir hinab zum Fluss und erreichen über die schmale Steinbrücke den Ortsrand von Esterre. Wir wenden uns nach links und gehen am Fluss entlang weiter. An einem Zebrastreifen überqueren wir die D918 und wandern auf dem rechts abzweigenden Pfad durch den Wald hinauf nach **Viella** ❷, 850 m.
Direkt nach der Kirche biegen wir nach links ab, passieren einen Trinkwasserbrunnen und bleiben auf der Straße. Wir treffen erneut auf die D918 und folgen ihr bis zu einer weiteren Brücke über den Bastan. Nach dem Wechsel auf die andere Talseite halten wir uns hinter einem Wertstoffhof nach rechts auf einen ansteigenden Feldweg, der uns in das Dorf **Viey** ❸, 980 m, bringt. Wir passieren das Rathaus (mit Wasserhahn) und die Kirche und halten uns anschließend rechts. Vorbei an einem alten Waschhaus wandern wir auf dem aussichtsreichen Feldweg in stetem Auf und Ab bis zum nächsten Weiler. Über Treppen gelangen wir zu einem Brunnen (nicht kontrolliertes Quellwasser) in der Dorfmitte von **Sers** ❹, 1130 m. Hier gehen wir nach links auf der schmalen Straße bergan aus dem Dorf hinaus. Nach etwa 500 m erreichen wir einen Wanderparkplatz mit Picknicktisch. Wir überqueren den Bach und steigen auf der breiten Schotterpiste bergan, bis nach links ein schmaler Pfad abzweigt. Dieser bringt uns hinauf zum **Croix de Saint Justin** ❺, 1277 m, und kürzt dabei die Serpentinen des Schotter-

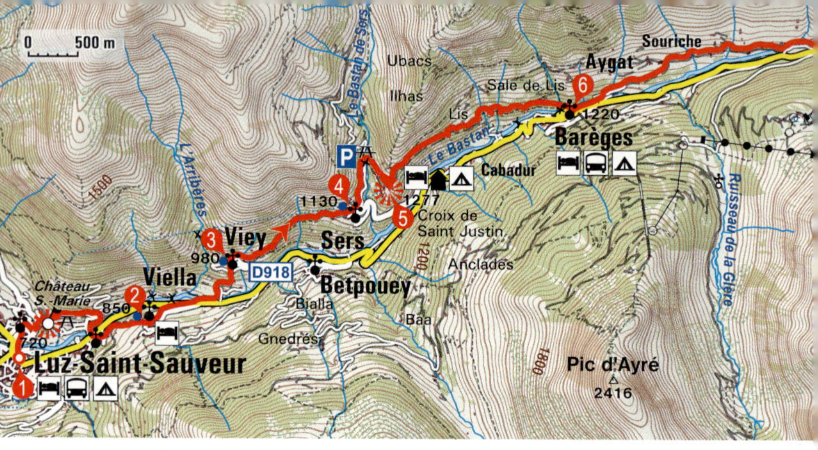

wegs ab. Hier befindet sich auch die Ferme/Gîte d'étape Eth Cluquet mit der gleichnamigen Crêperie. Vom Kreuz aus können wir bereits Barèges erblicken. Unser Weiterweg quert den Hang und verliert dann langsam an Höhe. An einem Hinweisschild mit zwei verschiedenen Möglichkeiten, nach Barèges zu gelangen, wählen wir den Weg, der nicht direkt hinab in den Ort führt. Wir erreichen eine Brücke über den Bastan, gehen danach links und gleich wieder rechts zur Kirche und zur Tourist-Info in **Barèges** 6, 1220 m.

i ***Barèges*** *liegt an der Straße, die von Luz-Saint-Sauveur hinauf zum* ***Col du Tourmalet*** *führt. Der 2115 m hohe Gebirgspass wurde im Jahr 1910 als erster seiner Art in die Tour de France aufgenommen und ist inzwischen fast jedes Jahr Teil der Rennstrecke. Obwohl der Pass mittlerweile, anders als in den Anfängen der Tour, auf einer asphaltierten Straße befahrbar ist, zählt er noch immer zu den schwierigsten Anstiegen des gesamten Radrennens. Entsprechend voll sind an diesem besonderen Julitag die an der Strecke gelegenen Orte. Aber auch ohne Tour-de-France-Rummel liegt der Pass keinesfalls verwaist da. Seit Jahren wird die Strecke von zahlreichen Freizeitradlern befahren, die einmal selbst auf den Spuren der berühmten Profis radeln möchten.*

Wir gehen auf der Ortsstraße bergan und an der Gîte d'étape l'Oasis vorbei. Kurz vor dem Ortsende biegen wir nach links ab und überqueren den Bastan über eine Brücke. Dann folgen wir dem Pfad oberhalb der Passtraße taleinwärts. Der Pfad geht in eine Schotterpiste über. Kurz nach einer kleinen Häuseransammlung wählen wir an einer Gabelung den rechten Weg, der uns erneut hinunter zum Le Bastan bringt. Nach Überquerung der Brücke gehen wir nach links auf dem Weg bis zur D918 und an der

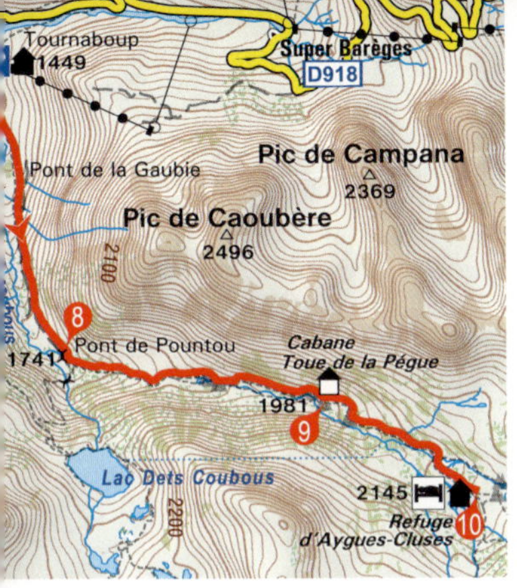

Passstraße weiter bergan. Vorbei an der Auberge La Coquelle erreichen wir den Parkplatz des Skigebiets bei **Tournaboup** 7, 1449 m. Hier befindet sich auch das Restaurant Chez Franck mit Bar. Direkt nach der Brücke nach dem Parkplatz biegen wir nach rechts ab und folgen einem Bachlauf. Nach ca. 300 m trifft der Wiesenpfad auf eine Schotterstraße, die wir überqueren; auf der gegenüberliegenden Straßenseite folgen wir einem Pfad weiter aufwärts. Der Pfad überquert eine asphaltierte Straße und einen Bachlauf und erreicht einen breiten Wanderweg. Diesem folgen wir taleinwärts bis zur **Pont de Pountou** 8, 1741 m. Hier überqueren wir den Bach und folgen auf der anderen Seite dem steinigen Pfad knapp 100 m. Von den scheinbar guten Zeltmöglichkeiten ist aufgrund der Hochwassergefahr (bedingt durch ein Wasserkraftwerk) abzuraten.

Der Pfad wird nun felsiger und steiniger und führt kurvenreich den Hang traversierend zu einer grasigen Hochebene hinauf. Anschließend verläuft der Weg kurzeitig bergab in Richtung einer kleinen Senke und dann eben weiter am Hang entlang. An der zweiten grasigen Ebene wird ein Bach überquert. Unser mit einem Steinmännchen markierter Pfad setzt sich nach rechts fort. Der Weg bleibt auf der linken Talseite oberhalb des Baches und passiert die zirka 50 m links des Weges gelegene **Cabane Toue de la Pégue** 9, 1981 m. Bei einer markanten Grasfläche wechselt er über grobe Steinblöcke erneut auf die andere Seite des Baches (auf 2050 m). Von dort aus steigen wir einen kleinen Rücken hinauf zum **Refuge d'Aygues-Cluses** 10, 2145 m.

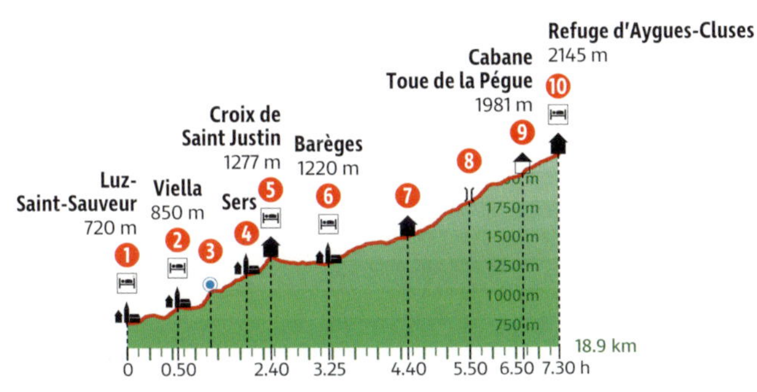

21 Refuge d'Aygues-Cluses – Refuge de l'Oule

5.00 h	12,0 km
↗ 530 m	↘ 860 m

An neun Seen vorbei zurück ins Hochgebirge

Diese abwechslungsreiche Etappe führt durch typisches Hochgebirgsgelände ins Réserve Naturelle de Néouvielle. Steinig-felsige Passagen stehen im Wechsel mit grünen, fruchtbaren Almwiesen. Dazwischen blitzt es immer wieder türkis-blau auf, denn mit neun Seen ist die Etappe die unangefochtene Spitzenreiterin auf unserer Pyrenäenüberquerung. Dank der kurzen Strecke bleibt genug Zeit für malerische Fotos oder für ein erfrischendes Bad im kühlen Gebirgssee.

Ausgangspunkt: Refuge d'Aygues-Cluses, 2145 m.
Anforderungen: Entsprechend der Höhenlage teils blockiges Gelände mit hohen Trittstufen (Verstauchungsgefahr!); Weg teilweise schlecht erkennbar, hier muss besonders auf die Markierungen geachtet werden; steiler Abstieg vom Col d'Estoudou, bei Nässe Rutschgefahr.
Einkehr: Im Refuge de l'Oule (s. Unterkunft).
Unterkunft: Lac d'Orédon (an Variante, abseits GR 10): Refuge d'Orédon, Tel. +33 (0)6 23 05 72 60, refuge-oredon.com, April–Okt., 20 B in zwei Schlafsälen, HP, Restaurant. – Chalet-Hôtel du Lac d'Orédon, Tel. +33 (0)6 38 25 96 42, chalet-hotel-oredon.fr, Juni–Sept., 80 B in DZ/MBZ/Schlafsaal, Bar/Restaurant. **Refuge de l'Oule:** Tel. +33 (0)5 62 98 48 oder +33 (0)5 62 40 87, refugedeloule.com, Juni–Mitte Sept. sowie Mitte Dez.–März, 20 B in EZ/DZ/MBZ, HP, LP, Bar/Restaurant.
Cabanes: Cabane d'Aygues-Cluses (kurz nach dem gleichnamigen Refuge), 6 P auf Plattform (Holz/Beton; nur 1 Matratze), Kamin, Wasser am See/Bach. **Refuge du Lac d'Aubert** am Lac d'Aubert (an Variante, ca. 500 m südwestlich des GR 10), nur im Winter zugänglich.
Zeltmöglichkeit: Ausgewiesene Aires de bivouac am Lac d'Aubert und am Lac d'Orédon (beide abseits des GR 10 an

Das im Frühjahr 2023 eröffnete Refuge d'Aygues-Cluses.

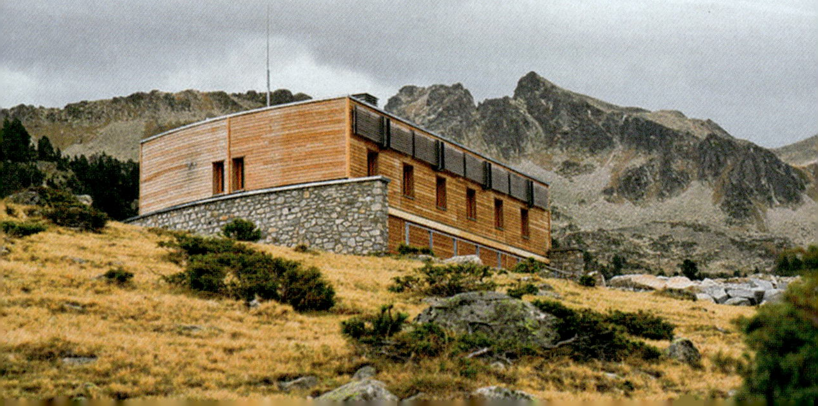

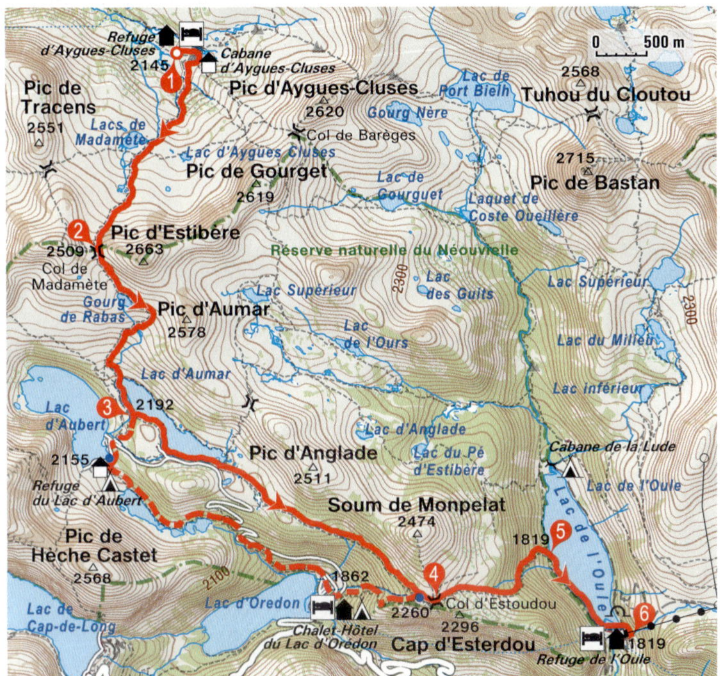

der Variante). Am Nordufer des Lac de l'Oule (Anfang von Etappe 22).
Einkauf: Keine Möglichkeit.
Wasser: Fast durchgängig aus Flüssen und Bächen (Wasser evtl. behandeln). Kurz vor dem Col d'Estoudou Quelle. An der Variante beim Refuge du Lac d'Aubert Wasserhahn und am Lac d'Orédon WC.
ÖPNV: Keine Möglichkeit.
Information: Keine.
Hinweis: Ab dem Col de Madamète sind wir im Réserve Naturelle de Néouville, mit Ausnahme der beiden ausgewiesenen Aires de bivouac herrscht hier Zeltverbot.
Variante: Abstieg zum Lac d'Aubert und weiter zum Lac d'Orédon mit mehreren Übernachtungsmöglichkeiten, von dort bis kurz vor den Col d'Estoudou; unterwegs viele Seen, die zu einem kalten Bad einladen (insgesamt 45 Min., 1,8 km länger und 250 Hm im Auf- und Abstieg mehr als auf Hauptweg).
Karte: IGN 4 Bigorre.

Vom **Refuge d'Aygues-Cluses** ❶, 2145 m, gehen wir in Richtung Osten. Etwa 100 m weiter biegt der Wiesenpfad bei der Cabane d'Aygues-Cluses am Lac de Coueyla-Gran nach rechts ab. Der Pfad wird langsam blockiger und steilt auf. Wir überqueren einen Bach und folgen dem Verlauf des Pfa-

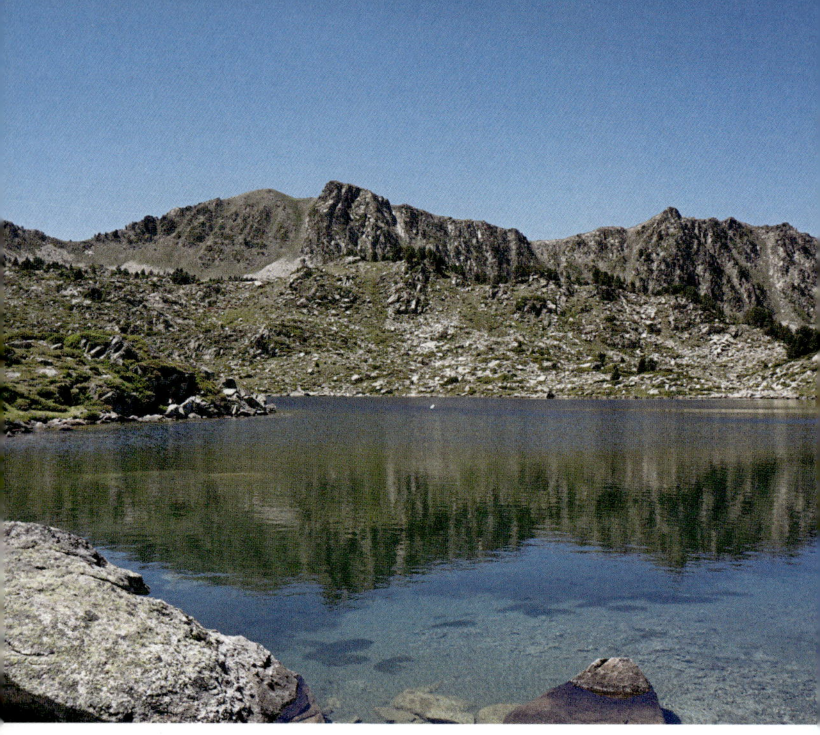

Lac de Madamète.

des bergan. Er führt zwischen den beiden Lacs de Madamète hindurch, die zu einem erfrischenden Bad einladen. Wir halten uns leicht links, passieren einen weiteren kleinen See und steigen überwiegend weglos über große Steinblöcke zum **Col de Madamète** ❷, 2509 m, auf. Hier ist besonders gut auf die Markierungen zu achten. Am Col eröffnet sich uns eine herrliche Aussicht auf den Pic du Midi de Bigorre, 2876 m, im Norden, den im Juli noch schneebedeckten Pic de Néouvielle, 3091 m, im Süden sowie die umliegenden Seen. Zugleich markiert der Pass den Eintritt in das Réserve Naturelle de Néouvielle (Zeltverbot beachten, siehe »Hinweis«).
Am Col beginnt der steile, rasche Abstieg zum See Gourg de Rabas. Ab hier geht es über teils grobe Steinblöcke bergab zum nächsten See. Auch hier ist wieder gut auf die Markierungen zu achten. Der Pfad verläuft am rechten Ufer entlang zum markierten Abzweig am **Lac d'Aumar** ❸, 2192 m. Nach rechts beginnt die Variante zum Lac d'Aubert und weiter zum Lac d'Orédon.

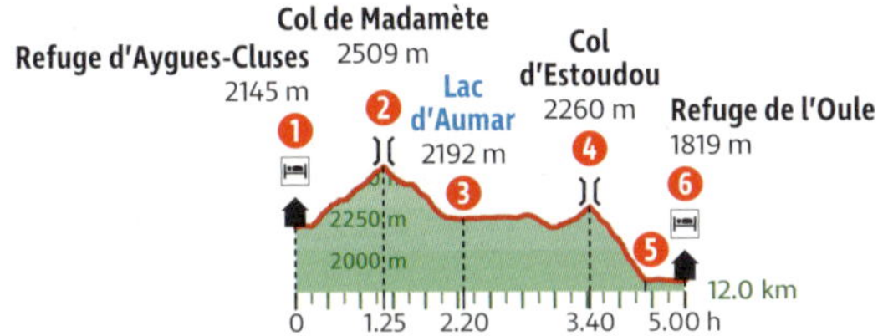

Der GR 10 bleibt am Ufer des Lac d'Aumar. Vorbei an einem großen Gebäude kommen wir zur D177. Wir gehen jedoch nicht auf der Straße weiter, sondern auf dem etwas unterhalb davon verlaufenden Pfad bis zu einem markierten Abzweig. Die D177 führt hier hinunter zu den Unterkünften am Lac d'Orédon. Der GR 10 setzt sich auf dem Pfad geradeaus fort. Wir wandern durch grasiges Gelände, überqueren einen Bach und gelangen zum **Col d'Estoudou ❹**, 2260 m (kurz davor von rechts: Variante).
Ab hier steigen wir auf dem steilen Pfad im Zickzack hinunter zum Ufer des **Lac de l'Oule ❺**, 1819 m. Wer nicht im Refuge übernachten möchte, wandert hier nach links direkt mit Etappe 22 weiter. Um zum Refuge zu gelangen, biegen wir jedoch nach rechts ab und erreichen nach ca. 20 Min. das am Südende des Sees gelegene **Refuge de l'Oule ❻**, 1819 m.

Der tiefblaue Gletschersee Lac d'Aumar lädt zum Verweilen ein.

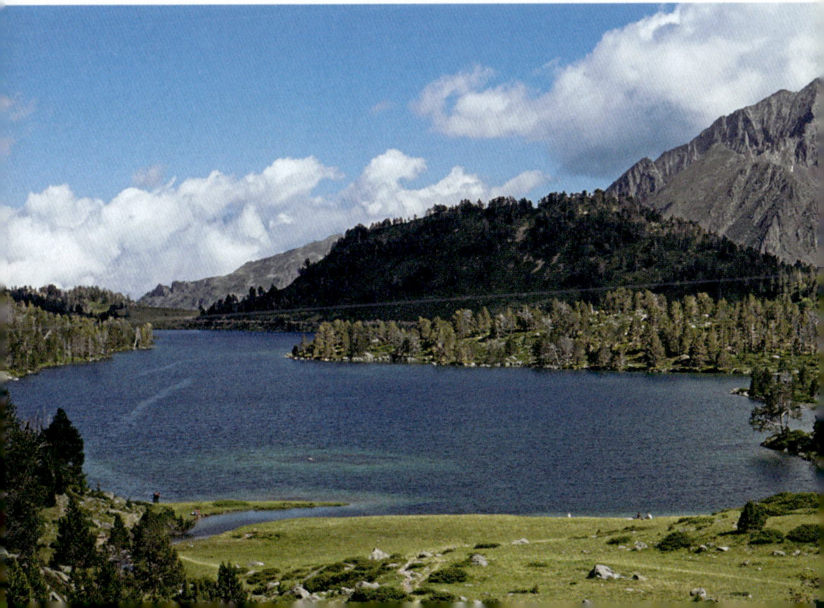

22 Refuge de l'Oule – Vielle-Aure

6.30 h | 17,9 km
↗460 m | ↘1490 m

Entlang von Skihängen ins Tal der Neste-d'Aure

Auf der heutigen Etappe ist das Landschaftsbild vom Skigebiet Saint-Lary und dessen sich ausbreitender Infrastruktur geprägt. Einen Großteil der Strecke verläuft der GR 10 entlang der grasigen Skihänge. In einem gemäßigten Anstieg geht es hinauf zur Bergstation einer Sechser-Sesselbahn am Col de Portet, 2215 m. Da diese auch über eine Straße erreichbar ist, herrscht hier in der Regel Trubel. Neben zahlreichen Tageswanderern und Menschen, die die Aussicht genießen, strampeln nicht wenige Rennradfahrer zum Pass hinauf. Angesichts des noch vor uns liegenden schlecht markierten Wegstücks keimt sicherlich bei einigen »GR 10lern« der Wunsch nach einem Fahrrad auf. Wer nicht das Glück hat, von besonders entgegenkommenden Rennradfahrern mitgenommen zu werden, macht sich schließlich doch auf den stellenweise beschwerlichen Weg in Richtung Tal. Der schattige, jedoch steile Schlussabstieg bringt uns zuletzt doch noch recht zügig hinunter nach Vielle-Aure.

Ausgangspunkt: Refuge de l'Oule, 1819 m.
Anforderungen: Orientierung besonders nach dem Col de Portet schwierig, Weg schlecht zu erkennen, Markierung spärlich. Bis zum Abstieg nach Vielle-Aure schattenlos. Am Ende steiler Abstieg nach Vielle-Aure, bei Nässe Rutschgefahr.
Einkehr: In Vielle-Aure u. a. Les Tables de la Fontaine (bei der Tourist-Info), Tel. +33 (0)5 62 40 16 06.

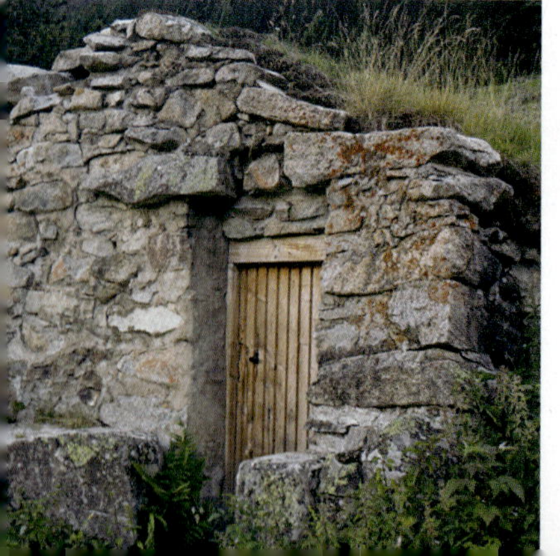

Unterkunft: Refuge de Bastan (1,5 km nördlich des GR 10, markierte Abzweigung), Tel. +33 (0)7 57 06 30 55, refugedebastan.fr, Ende Mai–Anfang Okt., 35 B in Schlafsaal und Großzelt (12 B im Winterraum), Trocken-WC, HP. **Vielle-Aure:** Hôtel Aurélia (nach Brücke nach rechts 400 m entlang der Neste), Tel. +33 (0)6 62 39 56 90, hotel-aurelia.com, 18 Zi. (EZ/DZ/MBZ), Pool, Restaurant. – Centre de Montagne L'Estibère (schräg ggü. Hotel Aurélia), Tel. +33 (0)5 62 39 54 38, ganzjährig, 16 B in 2er- bis 4er-Zi., Waschmaschine, Restaurant. – Camping du Val d'Autun, Tel. +33 (0)5 62 39 40 31 oder +33 (0)6 32 81 71 05, camping-saintlary.com, Mai–Sept., 41 SP, Waschmaschine, Trockner, Kiosk/Bar, Aufenthaltsraum, Pool. Weitere Unterkünfte im Skiort **Saint-Lary-Soulan** (ca. 1,5 km südlich von Vielle-Aure): u. a. Hôtel d'Orédon, Tel. +33 (0)5 62 39 40 04, saint-lary-hotel.com, 80 B in DZ/MBZ/Schlafsaal, HP, VP. Rund 1 km weiter an Etappe 23: **Bourisp** (am GR 10): Camping La Mousquère, Tel. +33 (0)5 62 39 44 99, campingla-

Cabane de l'Oule.

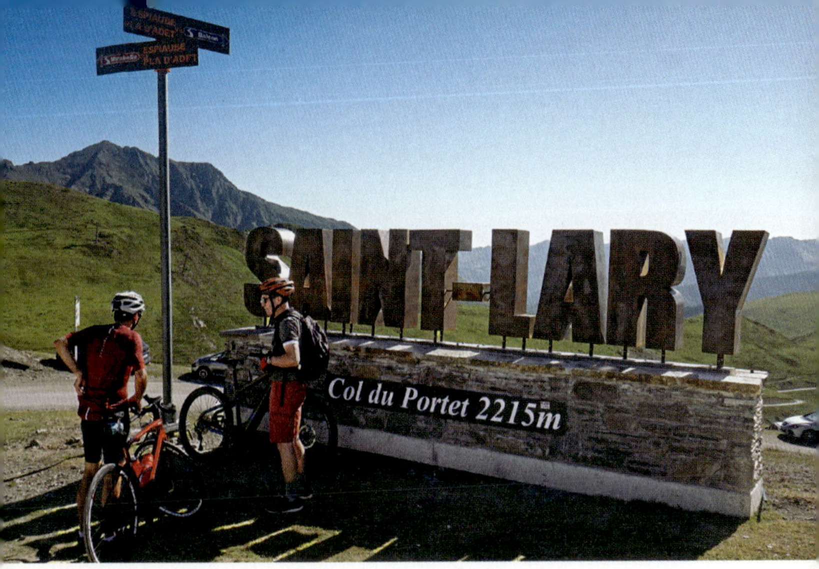

2018 war das Col du Portet Bergankunft bei der Tour de France.

mousquere.com, Mitte Mai–Sept., 48 SP.
Cabanes: Keine.
Zeltmöglichkeit: Aire de bivouac am Nordufer des Lac de l'Oule bei der Cabane de la Lude. Danach bis zum Schlussabstieg immer wieder gute Möglichkeiten.
Einkauf: In Vielle-Aure großer Carrefour-Supermarkt (mit Verkauf von Gaskartuschen) an der D116 in Richtung Bourisp.
Wasser: Unterwegs einige Bäche (Wasser evtl. behandeln). In Vielle-Aure WC.
ÖPNV: Buslinie 963: mehrmals tgl. von Vielle-Aure nach Saint-Lary-Soulan sowie nach Lannemezan (rund 35 km nördlich von Vielle-Aure), dort Zuganschluss; Infos: Tel. +33 (0)8 00 08 13 65, lio.laregion.fr.
Information: Vielle-Aure, Tel. +33 (0)5 62 39 50 00, pyrenees2vallees.com.
Variante: Direkt vom Refuge de l'Oule zum Col de Portet (ca. 1.15 Std. und 4,5 km sowie 60 Hm Ersparnis).
Karte: IGN 4 Bigorre.

Vom **Refuge de l'Oule** ❶, 1819 m, gehen wir am Westufer des Sees entlang. Wir passieren die kleine Steinhütte Cabane de l'Oule (verschlossen) und gelangen am Nordufer zu einer Weggabelung. Rechts befinden sich die etwas größere **Cabane de la Lude** ❷, 1819 m (auch verschlossen), und die offizielle Aire de bivouac. Wir folgen dem linken ansteigen Pfad entlang eines Bachlaufes, bei der nächsten Gabelung wählen wir den rechten Pfad, der uns vom Bach wegführt. Unterwegs bietet sich uns ein schöner Blick zurück auf den Lac de l'Oule. Am nächsten Abzweig halten wir uns links und wandern weiter durch grasiges Almgelände, vorbei an der bewohnten Cabane du Bastan. An einem **Wegweiser** ❸, 2115 m, zweigt nach links der GR 10C zum 1,5 km entfernten Refuge de Bastan ab.

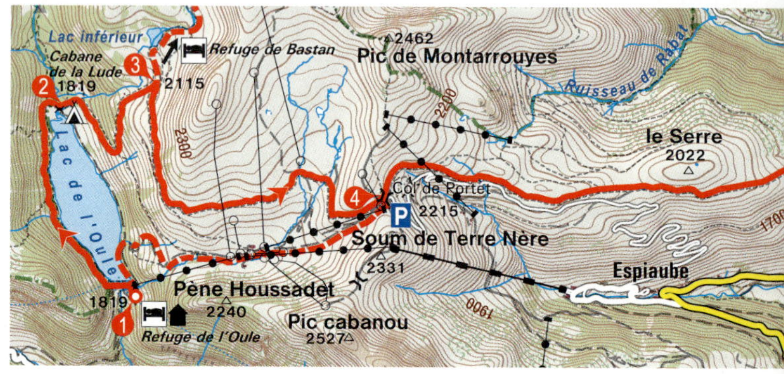

Wir halten uns jedoch rechts und folgen dem relativ ebenen Höhenweg. Dieser verläuft entlang des Hangs weiter in Richtung Skigebiet. Nach einem weiteren Linksbogen ist der Col mit der Bergstation der Sechser-Sesselbahn schon gut zu erkennen. Wir überqueren einen kleinen Bach und treffen anschließend auf eine Schotterstraße, die zum **Col de Portet** 4, 2215 m, führt. Hier befindet sich ein Parkplatz.
Am Pass halten wir uns halblinks und steigen auf der Schotterpiste steil bergab. Bald geht sie in einen schmalen Pfad über, der die Skihänge traver-

Blick auf die gegenüberliegende Skistation Pla d'Adet.

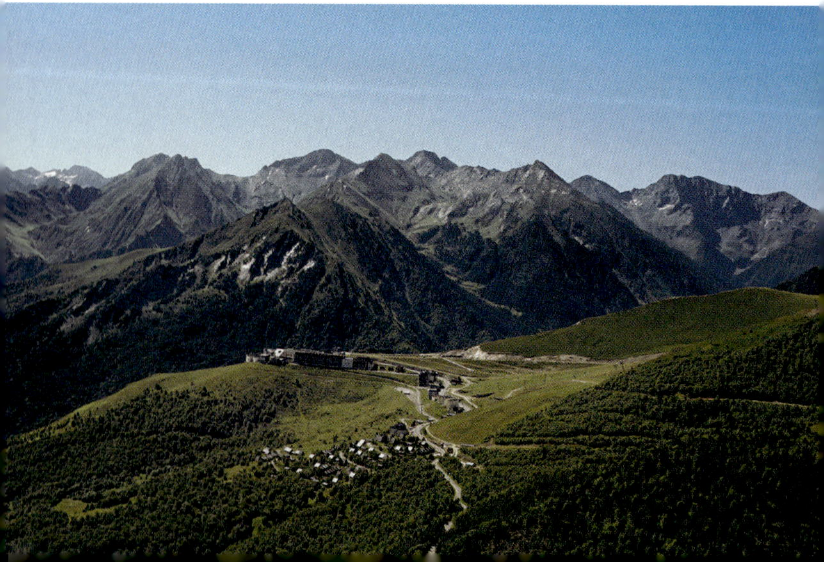

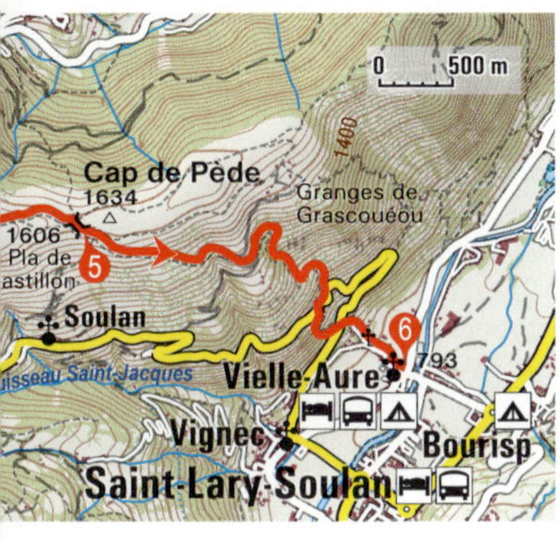

siert und dabei mitunter nur spärlich markiert ist. Wir halten uns immer parallel zur unter uns liegenden Straße, bis wir einen Abzweig am unscheinbaren Sattel **Pla de Castillon** 5, 1606 m, erreichen. Hier halten wir uns rechts und steigen nun auf einem etwas steileren Pfad ab. Bei einer Viehtränke treffen wir auf eine Schotterpiste, der wir abwärts folgen. In einer engen Rechtskehre verlassen wir die Schotterpiste geradeaus auf einem Pfad. Dieser führt durch dichten Wald meist steil bergab. Dabei werden alle abzweigenden Pfade ignoriert. Wir überqueren zweimal die D123 und erreichen dann den Ortseingang. Auf der asphaltierten Straße passieren wir die Kirche und erreichen die an einem kleinen Platz gelegene Tourist-Info von **Vielle-Aure** 6, 793 m. Von dort aus weiter über die Brücke und anschließend nach rechts erreicht man die in der Kurzinfo genannten Unterkünfte.

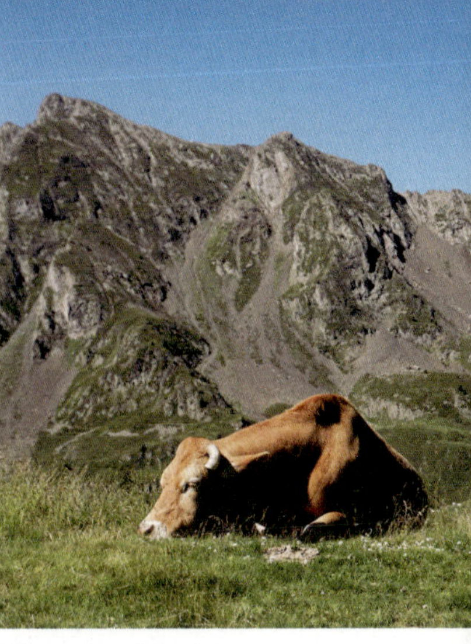
Mittagsruhe mit Aussicht.

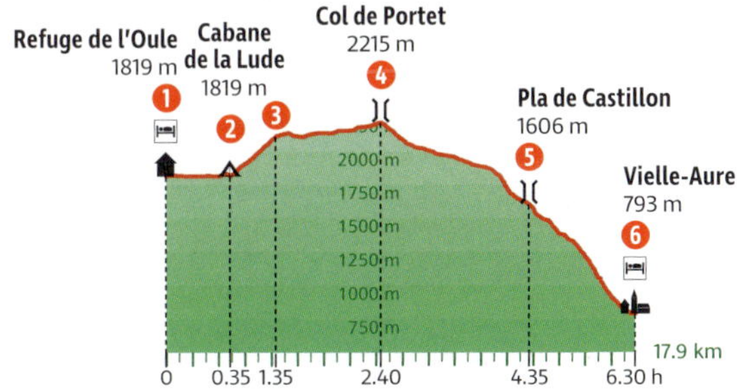

23 Vielle-Aure – Germ

5.45 h | 13,0 km | ↗1170 m | ↘630 m

Vom beschaulichen Loudenvielle wandern wir gern nach Germ!

Der Weg passiert heute drei historische Dörfer, bevor wir freies Weideland betreten. Hier haben Huftiere ihre Spuren hinterlassen und die Hauptschwierigkeit bei diesem niedrigen Übergang besteht darin, den Matschlöchern auszuweichen. Der Col d'Azet, 1586 m, belohnt die Wandernden dafür mit einem grandiosen Rundblick. Da er jedoch auch auf Straßen erreichbar ist, wird man hier selten alleine sein und teilt die Idylle mit anderen Sporttreibenden, vor allem Gleitschirmflieger:innen und Radfahrer:innen. Ohnehin setzt die Region vollkommen auf den Radtourismus, der bei zunehmender Schneearmut und der folglich immer kürzeren und unzuverlässigeren Skisaison eine Zukunftschance für den Bergtourismus darstellt. Vom Col d'Azet geht es hinab ins malerische, am glasklaren Lac de Génos-Loudenvielle gelegene Loudenvielle. Der Ort ist bekannt für sein Thermalbad Balnea mit zwei Innen- sowie zwei Außenbereichen. Die Restaurants laden zu einer Rast ein, um sich für den schweißtreibenden Anstieg ins Bergdorf Germ zu stärken.

Ausgangspunkt: Vielle-Aure, 793 m, Tourist-Info.

Anforderungen: Insgesamt gut begehbare, aber teils ausgetretene und schlammige Pfade; Abstieg vom Col d'Azet z. T. sehr undeutlich erkennbar, daher Orientierungssinn und Aufmerksamkeit gefragt (GPS-Track hilfreich!).

Einkehr: In Azet in der Gîte d'étape La Bergerie (s. Unterkunft). Skistation von Val Louron (1 km südlich des GR 10; nur während der französischen Sommerferien). In Loudenvielle Restaurant l'Oustaou, Tel. +33 (0)5 62 39 08 24, und Brasserie L'Escapade, Tel. +33 (0)5 62 43 38 29, brasserie-lescapade-loudenvielle.business.site. Auberge de Germ (s. Unterkunft).

Unterkunft: Bourisp: Camping La Mosquère (am GR 10), Tel. +33 (0)5 62 39 44 99, campinglamousquere.com, Mitte Mai–Sept., 48 SP. **Azet:** Gîte d'étape La Bergerie, Tel. +33 (0)5 62 39 49 49 oder +33 (0)6 75 13 77 18, labergerie-azet.fr, ab Mitte Mai; im Winter unregelmäßig geöffnet (unbedingt vorher erfragen!), 25 B in DZ/MBZ, Restaurant. **Loudenvielle:** Chambres d'hôtes Les Noisetiers (am GR 10), Tel. +33 (0)6 20 70 12 40, noisetiers-pyrenees.com, ganzjährig, 4 DZ, Frühstück. – Camping La Pène Blanche (am GR 10), Tel. +33 (0)5 62 99 68 85, loudenvielle.wellness-sport-camping.com, Mitte April–Okt. Waschmaschine, Trockner. **Germ:** Centre de Montagne de Germ (nördlich des Ortskerns, an der D130), Tel. +33 (0)5 62 99 65 27, germ-louron.com, ganzjährig, 70 B, Waschmaschine, Trockner, Pool, Zeltstellplätze, HP. – Auberge de Germ (östlich des Ortskerns), Tel. +33 (0)5 62 40 03 97, auberge-de-germ.fr, ganzjährig, 33 B in 11 Zi. (EZ/DZ/MBZ), HP, Restaurant.

Cabanes: Keine.

Zeltmöglichkeit: Am Col d'Azet möglich, sonst heute eher schwierig.

Einkauf: Bei der Skistation Val Louron kleines Casino-Geschäft (während der französischen Sommerferien). In Loudenvielle Carrefour Montagne und ein Sportgeschäft.

Wasser: In Estensan und Azet Brunnen. Am Aufstieg vor dem Col d'Azet. Skistation Val Louron WC. In Loudenvielle hinter dem Carrefour Montagne und bei

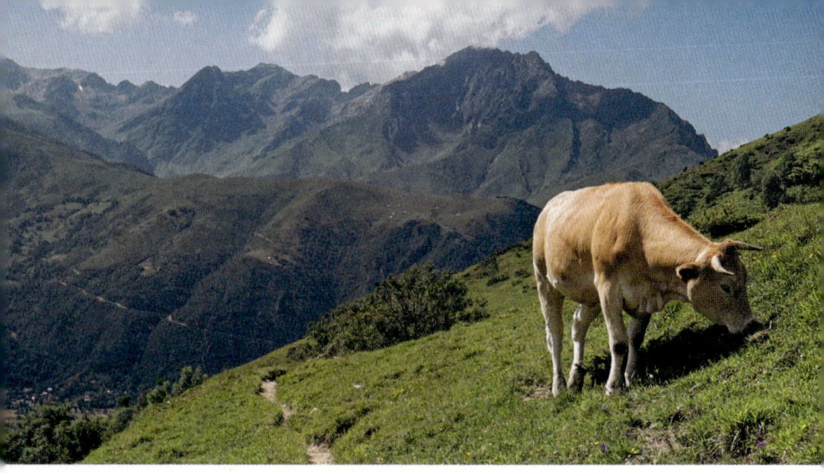

Auf aussichtsreichem Weidepfad wandern wir zum Col d'Azet.

der Kirche bzw. beim Rathaus und im Gebäude der Post WC.
ÖPNV: Keine Busse nach/ab Germ. Man kann per Taxi/Anhalter ins 15 km entfernte Arreau fahren, ab dort Buslinie 963 in Richtung Lannemezan; Infos: Tel. +33 (0)8 00 08 13 65, lio.laregion.fr.
Information: Loudenvielle, Tel. +33 (0)5 62 99 95 35, pyrenees2vallees.com.
Tipp: Abkühlung in See oder im Freibad in Loudenvielle.
Karte: IGN 5 Luchon.

Vom historischen Kern mit der Tourist-Info von **Vielle-Aure** ❶, 793 m, aus gehen wir zur Brücke über die Neste d'Aure und halten uns am anderen Ufer links. Gleich darauf biegen wir rechts in ein Sträßchen ein, das bei einem Kreisverkehr wieder auf die Hauptstraße trifft. Ca. 100 m rechts (1. Ausfahrt) befindet sich ein großer Carrefour-Supermarkt. Der GR 10 behält seine Richtung jedoch bei. Gleich darauf passieren wir rechts den Camping la Mousquère. Wir gehen geradeaus weiter, dann über eine Brücke und nach links an den Ortsrand von **Bourisp** ❷, 817 m. Geradeaus befindet sich der Ortskern mit der Kirche.
Wir aber steigen nach rechts die gepflasterte Gasse empor. Oben treffen wir auf ein Sträßchen, auf dem wir nach rechts, vorbei an einer Madonnenfigur mit Kreuz und Picknickplatz, bergan wandern. Das Sträßchen geht in einen Feldweg über, der in Serpentinen ansteigt und uns einen schönen Blick zurück übers Tal beschert. Angekommen in **Estensan** ❸, 1004 m, wählen wir das mittlere Sträßchen geradeaus in Richtung »Azet«. Wir passieren die Kirche und überqueren die D225 bei einem Brunnen, um halbrechts in ein Nebensträßchen einzubiegen. Nach ca. 300 m nehmen wir an einer Gabelung den nach links ansteigenden Pfad, treffen erneut auf die Straße und folgen ihr wenige Meter. Gleich nach der Kurve biegen wir auf den nach rechts steil ansteigenden Weg ab, der uns nach **Azet** ❹, 1164 m,

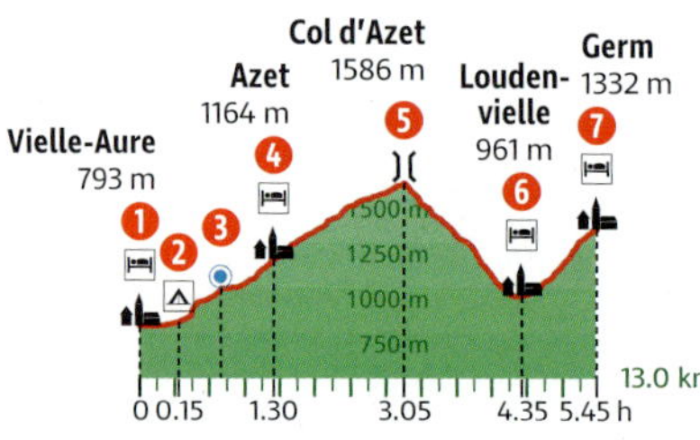

bringt. Der GR 10 biegt bei der Kirche links ab. Die Gîte d'étape Auberge La Bergerie ist nach rechts angeschrieben. Außerdem finden wir bei der Kirche einen Brunnen.

Wir folgen der Straße in Richtung Loudenvielle aus dem Ort hinaus. Nach gut 100 m verlassen wir die Straße auf einem nach rechts ansteigenden Pfad. Es geht vorbei an Steinhäusern, bei denen sich ein Brunnen befindet. Wir überqueren die D225 und betreten eine Kuhweide. Hier passieren wir eine Viehtränke mit Quellwasser. Der Pfad dreht nach Osten und der grasige Col gerät ins Blickfeld. Durch das Vieh ist der Pfad hier leider sehr matschig und ausgetreten. Dann überschreiten wir den **Col d'Azet** 5, 1586 m, weit links des Parkplatzes bzw. des tiefsten Punktes; der quer verlaufende Schotterfahrweg führt nach links auf den Tuc de Labatiadère, 1737 m, hinauf. Dieser ist beliebt bei Gleitschirmfliegern, die von dort aus hinunter zum See von Loudenvielle fliegen. Das erklärt den erhöhten Pendelverkehr von Minibussen bei schönem Wetter.

Wir steigen auf einem Wiesenpfad, der leider teils schwer zu erkennen ist, bergab. Daher achten wir gut auf die Markierungen. Hat man die Markierungen verloren oder ist die Sicht schlecht, dann ist ein GPS-Track hilfreich. Der Pfad überquert erst die Passstraße, dann die Zufahrtsstraße zur Skistation. Danach beschreibt er eine leichte Schleife nach rechts, ohne in die direkte Nähe der Skistation von Val Louron zu kommen. Dort befinden sich

Oberhalb des Col d'Azet befindet sich ein beliebter Startpunkt für Gleitschirmflieger.

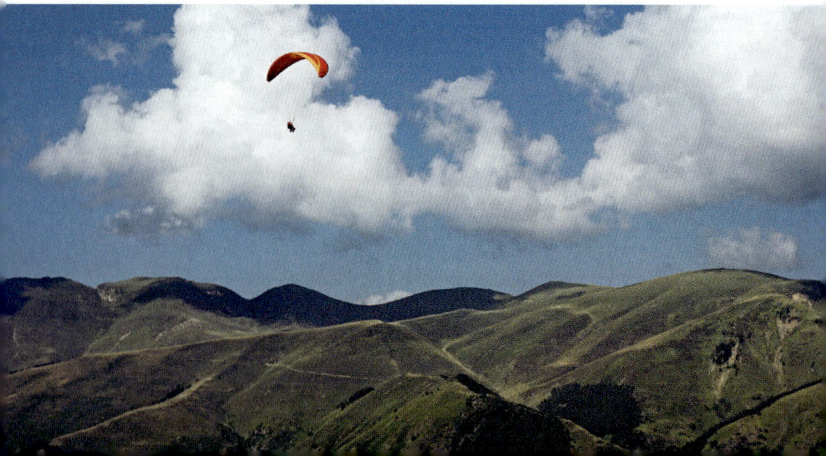

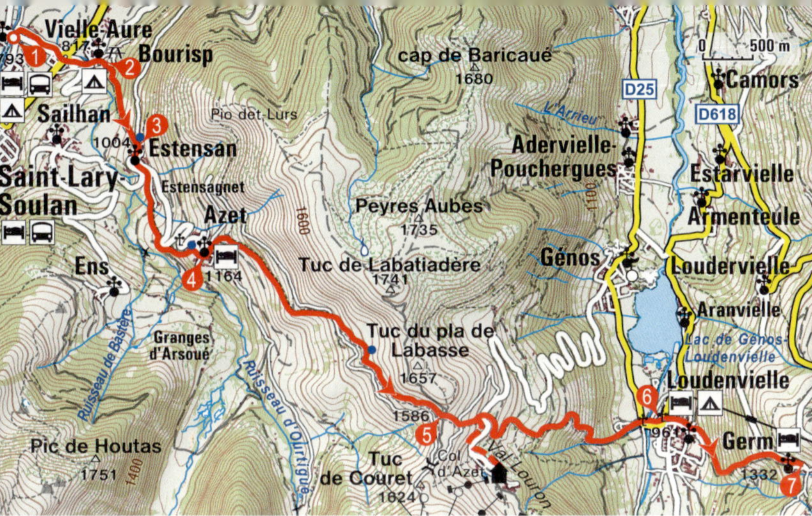

allerdings öffentliche Toiletten, ein Restaurant sowie ein kleiner Einkaufsladen. Mit Loudenvielle fest im Blick versuchen wir auf dem kompliziert verlaufenden, schlecht markierten Abstiegspfad zu bleiben. Wir gelangen an eine Steinmauer, welche die Weide begrenzt, und steigen rechts von dieser ab. Wir folgen einem Weg nach links, um nach einigen Metern auf einen Wiesenpfad links abzuzweigen. Dann geht es in Serpentinen zu einem Bach. An diesem entlang bzw. ihn zweimal überquerend geht es hinab zur D25 (kurz davor links: Campingplatz Pène Blanche). Über den Fluss Neste de Louron gelangen wir in den Ort **Loudenvielle** 6, 961 m.
Hier befinden sich links die Restaurants L'Oustaou und L'Escapade und auf der rechten Seite der Intersport sowie dahinter der Carrefour Montagne. Weiter geradeaus passieren wir die Tourist-Info und danach einen Brunnen. Der GR 10 folgt dem Straßenverlauf nach rechts in Richtung Kirche, wobei wir schon vorher wieder links zum Rathausplatz abbiegen (Wasserhahn gegenüber; einige Meter weiter links der Kirche Wasserhahn und gegenüber öffentliche Toiletten). Wir folgen dem Verlauf des aufsteigenden Sträßchens nach rechts. Beim letzten Haus betreten wir einen Wiesenweg links davon. Bevor der Schotterweg wieder in einen Wiesenweg übergehen würde, schlagen wir einen links steil ansteigenden Pfad ein. Dieser bringt uns in einem steilen, schweißtreibenden Aufstieg rasch in unseren Etappenort. Biegt man bei der Kirche nach links ab, so gelangt man über Stufen zum hübschen Centre de Montagne de Germ. Der GR 10 führt jedoch geradeaus am Friedhof entlang. Bei der nächsten Kreuzung bei einem Trinkwasserbrunnen biegen wir nach rechts zum Rathaus von **Germ** 7, 1332 m, ab (ggü. WC; östlich der Ortsmitte Auberge de Germ).

24 Germ – Refuge du Lac d'Oô

7.30 h	14,7 km
↗ 1230 m	↘ 1060 m

Durch ein abgelegenes Tal zum imposanten Wasserfall am Lac d'Oô

Der einsame Aufstieg zum Couret d'Esquierry, 2131 m, führt durch das naturbelassene Tal des Ruisseau d'Aube. Dabei bietet sich uns noch einmal die Möglichkeit, auf das am Tag zuvor erwanderte Wegstück zurückzublicken. Spätestens ab dem Parkplatz bei den Granges d'Astau, die in der Hochsaison auch von einem Shuttlebus angefahren werden, ist es jedoch mit der Ruhe und Einsamkeit vorbei. Der traumhaft gelegene Lac d'Oô mit dem 275 m hohen Wasserfall lockt zahlreiche Tageswanderer an. Der Aufstiegsweg zum See ist jedoch breit genug für alle und so erreichen wir entspannt das Refuge du Lac d'Oô. Hier lässt es sich gut den ganzen Abend vor der Hütte sitzen. Die aus großer Höhe in den See hinabstürzenden Wassermassen sind ein wahrhaft unbeschreiblicher Anblick!

Ausgangspunkt: Germ, 1332 m, Rathaus.
Anforderungen: Steiler Auf- und Abstieg zum und vom Couret d'Esquierry, weiter zum Refuge du Lac d'Oô angenehm zu gehender Weg.
Einkehr: In Granges d'Astau Auberge d'Astau (s. Unterkunft) und Restaurant Le Mailh d'Astau, Tel. +33 (0)5 61 79 82 17, restaurant-souvenirs-oo-luchon.fr.
Unterkunft: Granges d'Astau: Auberge d'Astau, Tel. +33 (0)5 61 89 30 86 oder +33 (0)6 23 22 65 95, astau.fr, Mai–Okt., 26 B in EZ/DZ/Schlafsaal, HP, LP, Restaurant. **Refuge du Lac d'Oô**, Tel. +33 (0)6 81 13 43 24, refuge-du-lac-doo.business.site; Mai–Okt., 25 B in MBZ/Schlafsaal, einfache Hütte, HP.
Cabanes: Cabane d'Ourtiga (bei ❸ 250 m abseits des GR 10), 6 P im Obergeschoss, Tisch, Bänke, Kamin.
Zeltmöglichkeit: Abseits des GR 10 bei der Cabane d'Ourtiga. Mehrere Möglichkeiten in Bachnähe am Aufstieg zum Couret d'Esquierry. Rund um die Cabane d'Esquierry ❺.
Einkauf: Im Refuge du Lac d'Oô kleiner LM-Verkauf.
Wasser: Bachzugang während einem Großteil der Etappe (Wasser evtl. behandeln). An der Außenseite des Refuge du Lac d'Oô Wasserhahn (Wasser evtl. behandeln).
ÖPNV: Mitte Juli–Aug. jeweils morgens und abends Shuttlebus von Bagnères-de-Luchon nach Granges d'Astau, Infos und Reservierung: Farrus Voyages Luchon, Tel. +33 (0)5 61 79 06 78.
Information: Keine.
Hinweis: Zelt- und Badeverbot am Lac d'Oô beachten!
Karte: IGN 5 Luchon.

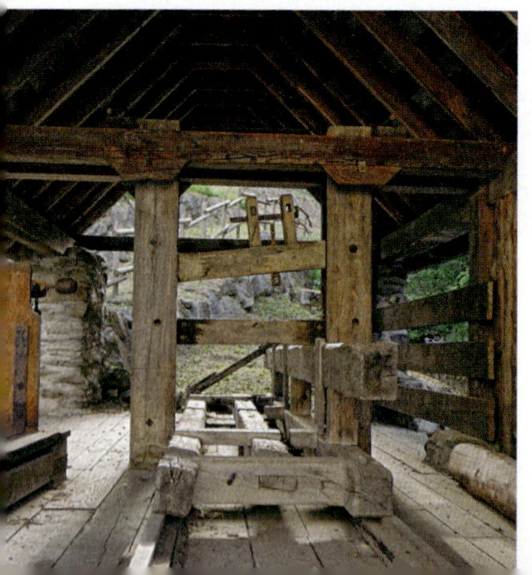

Historisches Sägewerk bei Germ.

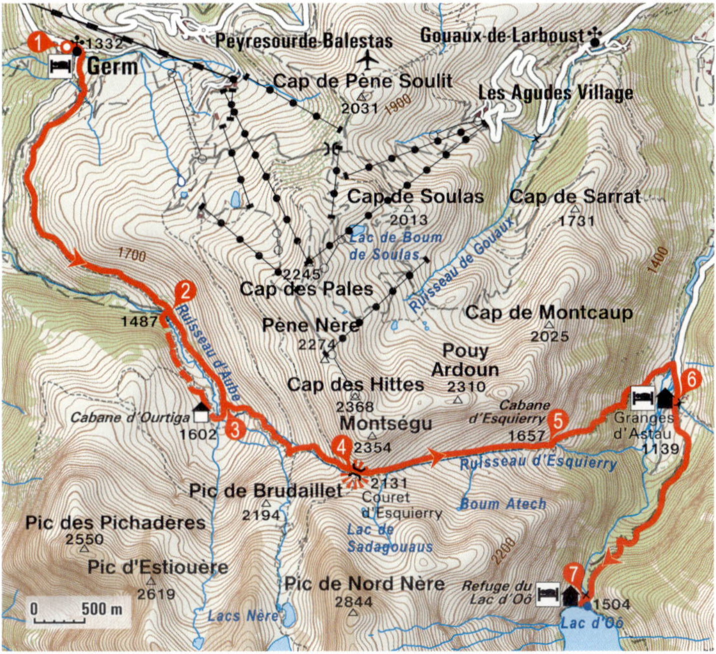

Vom Rathaus von **Germ** ❶, 1332 m, folgen wir der Straße durch den Ort aufwärts. An der nächsten Kreuzung, bei einem alten Waschhaus mit Brunnen, biegen wir rechts ab, passieren die Auberge de Germ, die gegenüber einem historischen Sägewerk liegt, und verlassen das schmucke Dorf. An der nächsten Gabelung bei einer Steinhütte wählen wir den linken Schotterweg. Wir wandern empor zu einer weiteren Gabelung, an der wir uns

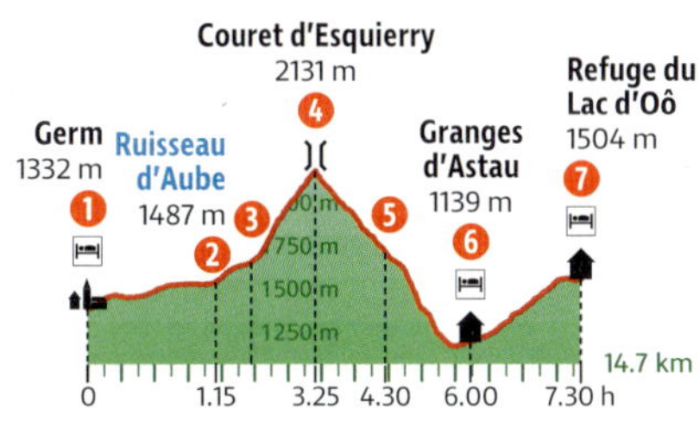

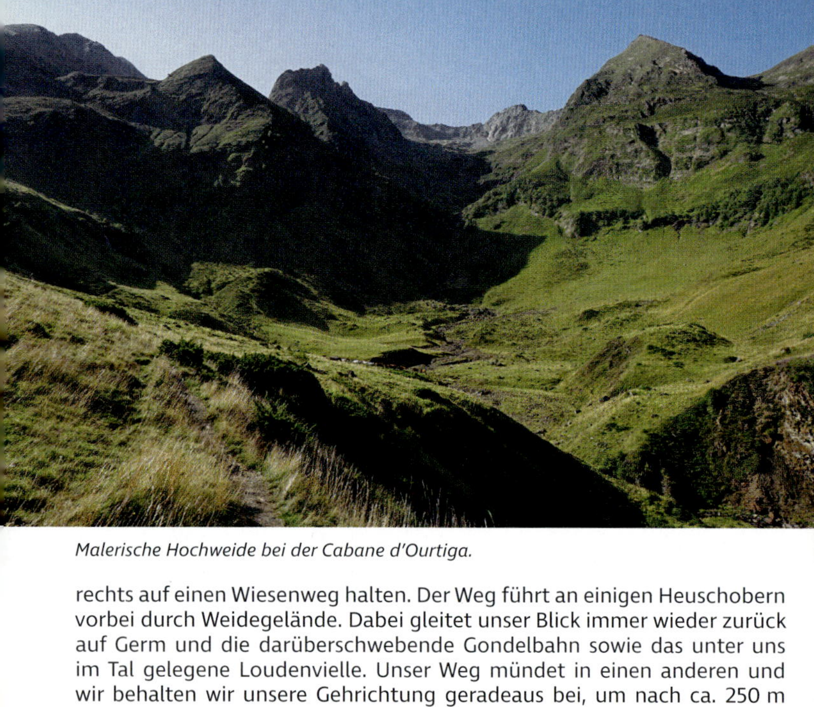

Malerische Hochweide bei der Cabane d'Ourtiga.

rechts auf einen Wiesenweg halten. Der Weg führt an einigen Heuschobern vorbei durch Weidegelände. Dabei gleitet unser Blick immer wieder zurück auf Germ und die darüberschwebende Gondelbahn sowie das unter uns im Tal gelegene Loudenvielle. Unser Weg mündet in einen anderen und wir behalten wir unsere Gehrichtung geradeaus bei, um nach ca. 250 m bei einem Hinweisschild mit der Aufschrift »Zone pastorale« nach links auf einen Pfad abzuzweigen. Nach einiger Zeit wendet sich der Steig nach links und führt in das Tal hinein. Wir gehen durch ein Felstor hindurch und gelangen hinunter zum kleinen Staudamm am **Ruisseau d'Aube** ❷, 1487 m. Man könnte hier auf die rechte Talseite wechseln, um direkt zur **Cabane d'Ourtiga** zu gehen, der Zugang ist aber auch von oben noch möglich.
Der GR 10 bleibt auf der linken Seite des Bachs, folgt dabei ein kurzes Stück einem Schotterweg und biegt dann bei einem kleinen Speicherbecken auf einen nach links ansteigenden Pfad ab. Wir wandern entlang des Bachs weiter und kommen an einigen guten Zeltmöglichkeiten vorbei (bei Regen Hochwassergefahr!). Auf der rechten Talseite ist die **Cabane d'Ourtiga** zu erkennen. Um dorthin zu gelangen, folgt man am **Abzweig** ❸, 1602 m, nach rechts dem Pfad zirka 250 m in entgegengesetzte Richtung.
Der GR 10 bleibt jedoch auf der linken Bachseite. Wir passieren weitere gute Zeltmöglichkeiten und erreichen auf einem zuletzt steilen Pfad den aussichtsreichen Sattel **Couret d'Esqierry** ❹, 2131 m. Auch hier kann gezeltet werden.

Ab dem Col steigen wir auf einem steilen Pfad durch das enge Tal hinab zur **Cabane d'Esquierry** 5, 1657 m, die von einem Hirten bewohnt wird. Hier halten wir uns links, überqueren einen Bach und folgen dem steil ansteigenden Pfad. Anschließend führt der Pfad wieder steil bergab. Wir wandern durch ein kleines Waldstück bergab und erreichen zuletzt über Wiesengelände eine schmale Straße. Auf dieser gehen wir über einen Bach zur D76 und nach rechts zum Wanderschild mit der Aufschrift **Granges d'Astau** 6, 1139 m. Hier befinden sich die Auberge d'Astau sowie das Restaurant Le Mailh d'Astau. Die Straße geht in einen Schotterweg über. Wir überqueren auf Holzbalken einen Bach, gehen durch ein Viehgatter und folgen dem breiten Schotterweg in Serpentinen bergauf. An einem Abzweig bei einer Steinbrücke erreichen wir den Abfluss des Lac d'Oô. Wer nicht im Refuge übernachten möchte, kann hier geradeaus weitergehen. Ansonsten überqueren wir die Steinbrücke und steigen die wenigen Meter zum **Refuge du Lac d'Oô** 7, 1504 m, empor. Dieses belohnt uns mit einem herrlichen Ausblick auf den See sowie den dahinter liegenden Wasserfall.

Von unserem Etappenziel aus genießen wir den atemberaubenden Blick auf den 275 m hohen Wasserfall, der den Stausee Lac d'Oô speist.

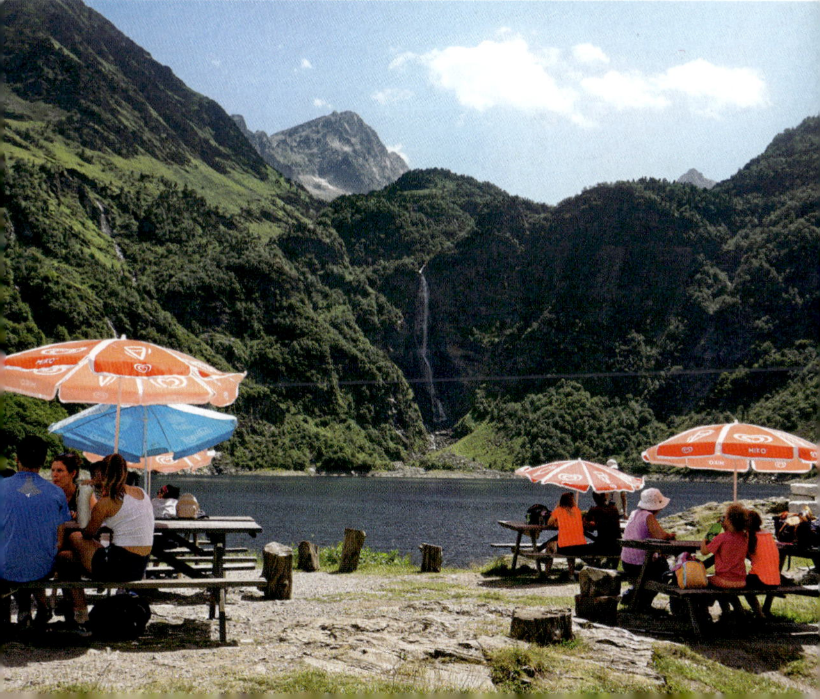

25 Refuge du Lac d'Oô – Bagnères-de-Luchon

9.15 h | 21,1 km
↗ 1130 m | ↘ 2000 m

Zu Besuch bei der »Königin der Pyrenäen«

Der erste Teil der Etappe führt uns durch eine atemberaubende Hochgebirgslandschaft. Schwindelerregende Höhentraversen und Übergänge auf fast 2300 m über Meereshöhe können dabei neben Sonne pur auch Wind und eisige Kälte bescheren. Der Abstecher zum glasklaren Lac d'Espingo ist fast schon ein Muss. Wer am Lac d'Oô noch nicht gänzlich erschöpft war, kann auch hier im urgemütlichen Refuge d'Espingo übernachten. Im zweiten Teil der Etappe steigen wir auf angenehmen Waldpfaden mit Zwischenstopp beim Skigebiet Superbagnères nach Bagnères-de-Luchon ab. Das touristische Städtchen, auch liebevoll »Königin der Pyrenäen« genannt, bietet alles, was das Herz begehrt, und lässt sich auch gut für einen Pausentag nutzen. In jedem Fall sollten hier alle Vorräte vollständig aufgefüllt werden. Das Ariège lässt grüßen.

Ausgangspunkt: Refuge du Lac d'Oô, 1504 m.
Anforderungen: Meist gut begehbare Pfade in alpinem Terrain; einige steilere Geröllpassagen, die rutschig sein können.
Einkehr: Im Refuge d'Espingo (10 Min. südlich des GR 10, s. Unterkunft). In Superbagnères Restaurant La Plète, Tel. +33 (0)5 61 79 19 94, nur Juli/Aug. In Bagnères-de-Luchon.
Unterkunft: Refuge d'Espingo (FFCAM), Tel. +33 (0)5 61 79 20 01, refugedespingo.ffcam.fr, Mai–Okt., 60 B in Schlafsälen, 15 P im Winterraum, HP, Abendessen, Frühstück, LP, AV-Rabatt. **Superbagnères:** Villages Club du Soleil, Tel. +33 (0)5 61 79 90 00 und +33 (0)8 25 80 28 05 (außerhalb der Saison), nur Juli/Aug. **Bagnères-de-Luchon:** u. a. Gîte Le Lutin (an Av. J. Jaurès 100 m nach links), Tel. +33 (0)5 61 89 70 86 oder +33 (0)6 70 74 58 26, gite-luchon-pyrenees.fr, ganzjährig, 20 B in DZ/MBZ, Gemeinschaftsraum, HP und LP nach Reservierung. – Hôtel Panoramic, Tel. +33 (0)5 61 79 30 90, hotelpanoramic.fr, Frühstück. – Camping Des Thermes (500 m südlich des Zentrums), Tel. +33 (0)5 61 79 03 85 oder +33 (0)6 48 27 46 70, campingdesthermes.com, März–Nov., 28 SP, kleine Bungalows, Waschmaschine, gratis Shuttlebusse ins Zentrum. – Camping Pradelongue (2 km nördlich des Zentrums), Tel. +33 (0)5 61 79 86 44, camping-pradelongue.com, April–Sept., 170 SP, Pool, Aufenthaltsraum.
Cabanes: Keine.
Zeltmöglichkeit: Am Lac d'Espingo

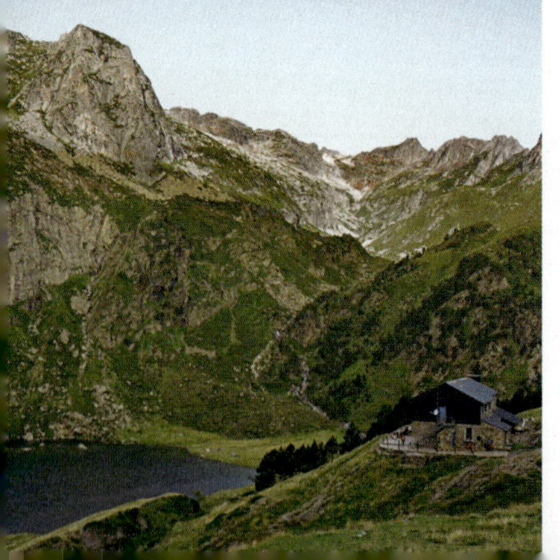

Refuge d'Espingo und gleichnamiger See.

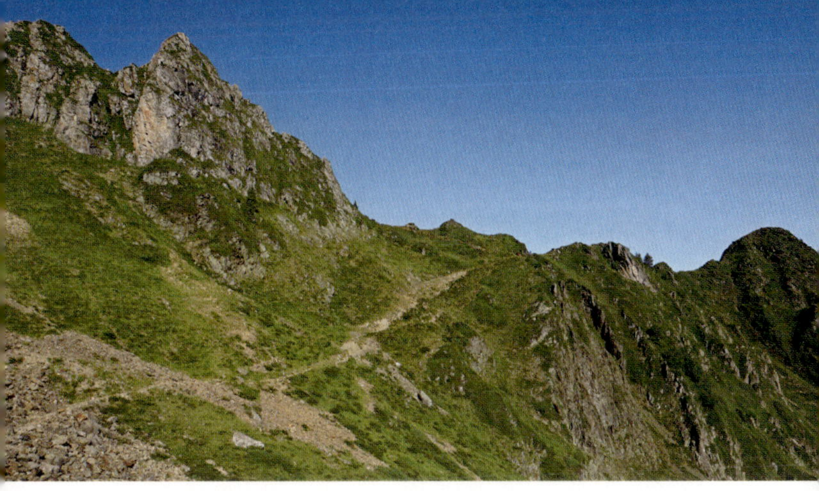

Ab der Horquette des Hounts-Secs geht es durch felsiges Gelände wieder bergab.

(15 Min. abseits des GR 10). Nach der Horquette des Hounts-Secs. Bei der Picknickbank ca. 1 Std. nach Superbagnères.
Einkauf: In Bagnères-de-Luchon Intersport mit Verkauf von Gaskartuschen; Casino-Supermärkte im Zentrum und Lidl nördlich des Zentrums.
Wasser: An der Außenseite des Refuge d'Espingo Wasserhahn. Kurz nach dem Col de la Coum de Bourg gefasste Quelle. In Superbagnères WC (nur Juli/Aug.).
ÖPNV: Buslinie 394: mehrmals tgl. von Bagnères-de-Luchon nach Montréjeau, dort Zuganschluss in Richtung Toulouse, Pau und Bayonne; Infos: Tel. +33 (0)8 00 08 13 65, mestrajets.lio.laregion.fr.
Information: Bagnères-de-Luchon, Tel. +33 (0)5 61 79 21 21, pyrenees31.com.
Hinweis: Ab Dez. 2023 knieschonender »Abstieg« mit der neu errichteten Gondel (fährt nur Juli/Aug. sowie während der Skisaison) von Superbagnères nach Bagnères-de-Luchon möglich, Tel. +33 (0)5 61 79 97 00, pyrenees31.com unter »Luchon-Superbagnères«. In diesem Fall auch Kombination mit Etappe 26 möglich.
Karte: IGN 5 Luchon.

Vom **Refuge du Lac d'Oô** ❶, 1504 m, gehen wir zurück zur Steinbrücke und biegen direkt danach nach rechts ab. Der steinige Pfad verläuft erst am nordöstlichen Seeufer, nach einiger Zeit beginnt er anzusteigen. Wir überqueren mehrere Bachläufe und gelangen bei einem größeren Felsen zu einem **Abzweig** ❷, 1910 m. Der Weg geradeaus führt in 10 Min. zum **Refuge d'Espingo** über dem gleichnamigen See, an dem auch gezeltet werden kann. Der GR 10 biegt jedoch scharf links ab. Der steinige Pfad traversiert zunächst die Bergflanke, dann zieht er steil hinauf zur felsigen **Horquette des Hounts-Secs** ❸, 2267 m.
Auf der anderen Seite folgen wir nach links einem gut sichtbaren Pfad bergab. Stellenweise führt der Steig über loses Geröll. Am tiefsten Punkt finden sich gute Zeltmöglichkeiten. Von dort geht es in Serpentinen hinauf

zum grasigen **Col de la Coum de Bourg** ❹, 2272 m, der bei gutem Wetter eine atemberaubende Fernsicht bietet.
Wir steigen auf einem grasigen Pfad ab und kommen an weiteren Zeltmöglichkeiten sowie einer in einem Rohr gefassten Quelle vorbei. Bei einigen gestapelten Felsbrocken treffen wir auf einen Abzweig, an dem wir uns rechts halten. Vor uns können wir bereits die Liftanlagen des Skigebiets erkennen. Wir gehen weiterhin auf dem Pfad bergab, überqueren einen Bach und folgen auf der gegenüberliegenden Uferseite dem Pfad bergan in Richtung »Superbagnères«. Am Kamm befinden sich auch einige Picknickbänke. Wir wandern auf dem oberen der beiden Schotterwege nach rechts weiter in Richtung des Skikomplexes. Wir gelangen an einen **Abzweig** kurz vor der Straße nach **Superbagnères** ❺, 1783 m. Zur Seilbahn des Skigebiets und zu den Einkehrmöglichkeiten (nur Juli/Aug. geöffnet) folgt man der Straße.
Wir gehen jedoch nach links auf dem Schotterweg bergab. An der nächsten Gabelung halten wir uns ebenfalls links. Bei einer Picknickbank mit kleinem Pavillon (bietet bei schlechtem Wetter Unterstand) biegen wir scharf links auf

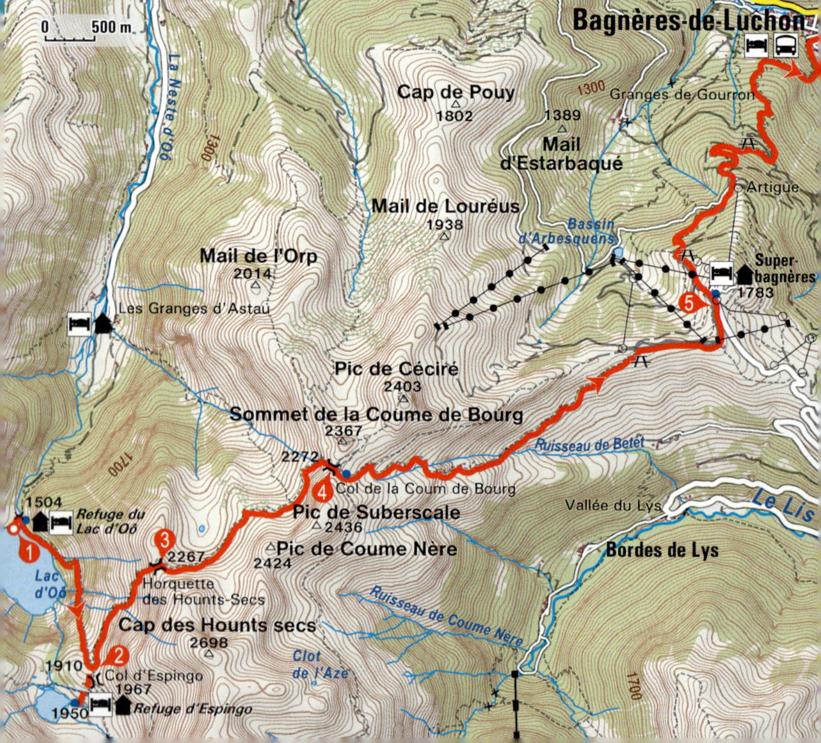

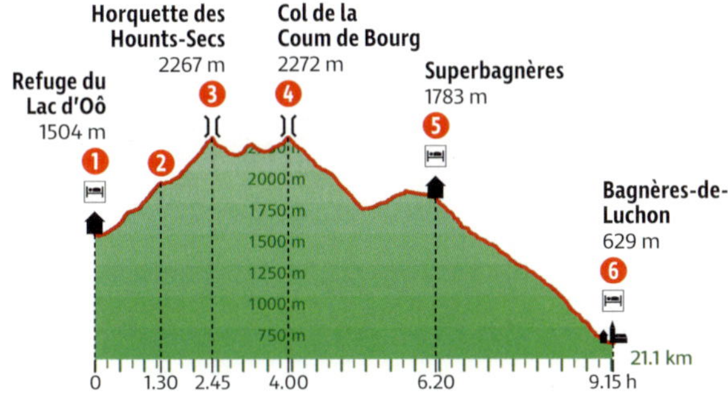

einen Wiesenpfad ab. Am Abzweig wenige Meter darauf zweigen wir nach rechts ab. An der nächsten Gabelung halten wir uns wiederum rechts und gelangen in den Wald. Wir ignorieren eine Schotterpiste und folgen einem Pfad nach links unten. Dieser führt in Serpentinen mit angenehmem Gefälle durch den schattigen Wald bergab. Wir treffen auf einen Forstweg, gehen nach rechts und biegen an der nächsten Kreuzung nach links ab. Über diesen Weg steigen wir ein Stück ab und zweigen dann nach links auf einen Pfad ab. Wir unterqueren eine ehemalige Standseilbahn, überqueren eine quer verlaufende Forststraße und kommen zu einer Lichtung mit **Picknickbank**. Hier befinden sich gute Zeltmöglichkeiten. Kurz nach der Bank biegen wir nach rechts ab und gelangen wieder in den Wald hinein. An einer Gabelung halten wir uns links und passieren nach einiger Zeit die ersten Häuser von Bagnères-de-Luchon. Wir folgen einem Sträßchen bergab bis zu einer T-Kreuzung, an der wir links weitergehen. Bei der nächsten Möglichkeit biegen wir nach rechts auf die Av. Jean Jaurès ab, passieren die Markthalle und erreichen die Kirche von **Bagnères-de-Luchon** 6, 629 m.

*i Von 1912 bis 1966 verband die Standseilbahn **Bagnères-de-Luchon** mit **Superbagnères**. Die Bahn war sommers wie winters in Betrieb und brachte die Fahrgäste in 45 Minuten bis ganz nach oben. Mit dem Bau der Straße ging die Anzahl der Gäste jedoch immer mehr zurück und so musste der Fahrbetrieb nach etwas mehr als 50 Jahren eingestellt werden. In gewisser Weise lebt die alte Bahn jedoch bis heute weiter: Das Material, das noch in besonders gutem Zustand war, wurde Anfang der 1970er-Jahre ins Baskenland transportiert und dient dort heute dem Betrieb der Bahn auf die Rhune! Während Superbagnères nach dem Abbau der Standseilbahn über mehrere Jahrzente nur noch über die Straße zu erreichen war, bringt seit 1993 wieder eine Luftseilbahn die Skifahrer:innen und Wandertourist:innen auf den Berg.*

26 Bagnères-de-Luchon – Artigue

3.00 h | 7,8 km | ↗640 m | ↘40 m

In gemächlicher Manier von Dorf zu Dorf

Die kurze Etappe mutet schon fast wie ein Pausentag an. Zu Beginn erwartet uns ein entspannter Spaziergang in der Ebene, bevor wir uns an den gemächlichen Anstieg durch den schattigen Wald nach Artigue machen. Dabei bieten sich mitunter herrliche Rückblicke auf Superbagnères und das im Tal liegende Bagnères-de-Luchon. Wer am verschlafenen Etappenziel noch einen Überschuss an Kraft feststellt, kann auch direkt in die darauffolgende Etappe starten und in einer der am Weg liegenden Schutzhütten übernachten.

Ausgangspunkt: Bagnères-de-Luchon, 629 m, Kirche im Stadtzentrum.
Anforderungen: Einfache Wege und Pfade.
Einkehr: Nach Bagnères-de-Luchon, auf Höhe des Flugplatzes, La Guinguette du Lac de Badech (einfaches Restaurant), Tel. +33 (0)6 11 17 87 10, Di Ruhetag. In Artigue Restaurant Les Hauts Pâturages, Tel. +33 (0)5 61 79 10 47, restaurantleshautspaturages.eatbu.com, Mo/Di Ruhetag.
Unterkunft: Artigue: Gîte d'étape communal d'Artigue , Tel. +33 (0)6 77 23 37 48 oder +33 (0)6 34 02 79 12, artigue31110.wordpress.com, ganzjährig, 12 B im Schlafsaal und 2 kleine Zimmer, Platz für zwei Zelte, SV-Küche, Abendessen im Restaurant (s. Einkehr). – Chambres d'hôtes Eth Artigaou, Tel. +33 (0)5 61 94 36 15 oder +33 (0)6 82 44 02 25, artigaou.fr, ganzjährig, 18 B in drei Schlafsälen, Aufenthaltsraum.
Cabanes: Keine.
Zeltmöglichkeit: Wenige Möglichkeiten zwischen Sode und Artigue.
Einkauf: Nur in Bagnères-de-Luchon.
Wasser: In Juzet-de-Luchon, Sode und Artigue Brunnen.
ÖPNV: Keine Möglichkeit.
Information: Keine.
Hinweis: Selbstversorger können die kurze Etappe noch bis zu einer der nächsten Cabanes an Etappe 27 fortsetzen.
Tipp: Ab Juzet-de-Luchon kurzer, ausgeschildeter Abstecher zur Cascade de Juzet.
Karte: IGN 5 Luchon.

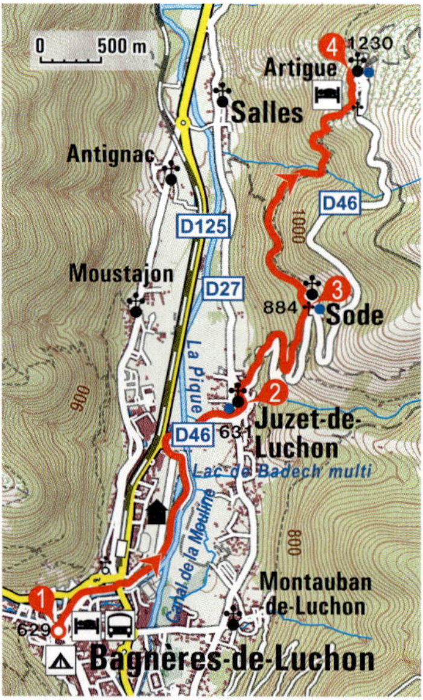

Auf die Kirche von **Bagnères-de-Luchon ❶**, 629 m, schauend gehen wir nach links. Nach dem Casino-Supermarkt schlagen wir nach rechts einen Fußweg neben dem Fluss L'One ein. Wir überqueren den Fluss auf der Straßenbrücke und gehen danach nach rechts auf einem Sträßchen am linken Ufer entlang. Wir passieren den Wohnmobilstellplatz sowie das Restaurant La Guinguette du Lac de Badech und gehen auf der Straße weiter zur D46. An dieser gehen wir nach rechts bis zum Rathaus von **Juzet-de-Luchon** ❷, 631 m, wo sich rechts des Weges eine Wasserstelle befindet. Ab hier kann man auch einen kleinen Abstecher zum schönen Wasserfall **Cascade de Juzet** machen. Der GR 10 folgt der D46 geradeaus in Richtung »Sode/Artigue«. Nach rund 100 m verlassen wir die Straße und steigen nach rechts eine Steintreppe hinauf. Oben überqueren wir das Sträßchen und steigen eine weitere Steintreppe empor. So gelangen wir erneut zur Straße und folgen auf der gegenüberliegenden Seite einem Pfad. Auf diese Weise wird die Straße noch dreimal überquert, bis wir auf ihr in den kleinen Ort **Sode** ❸, 884 m, gelangen. Bei der Gabelung am Ortseingang folgen wir dem linken unteren Sträßchen und gehen an der darauffolgenden T-Kreuzung bei einer Bank nach rechts aufwärts. Wir passieren einen Trinkwasserbrunnen und steigen an der nächsten Möglichkeit nach links haltend auf einem Pfad ab. Dieser bietet immer wieder eine gute Sicht auf das Tal mit dem darin eingebetteten Bagnères-de-Luchon. Der gut angelegte Pfad führt uns in angenehmen Serpentinen, vorbei an einigen Ruinen und alten Steinhäusern, hinauf in den nächsten Ort. Geradeaus, am Abzweig nach rechts zur Gîte d'étape d'Artigue vorbei, gelangen wir zur Kirche von **Artigue** ❹, 1230 m. Gut 50 m nach rechts befinden sich die Chambres d'hôtes Eth Artigaou.

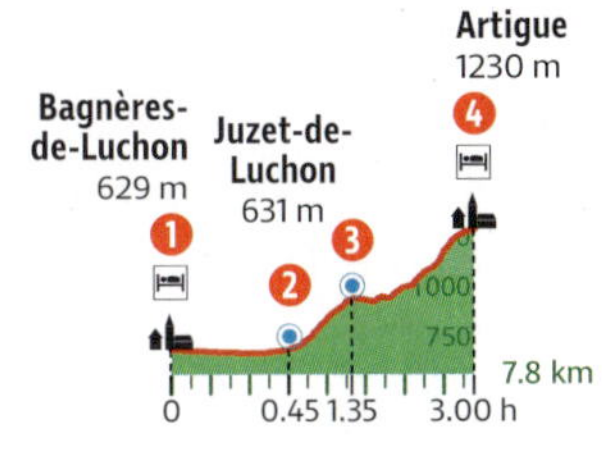

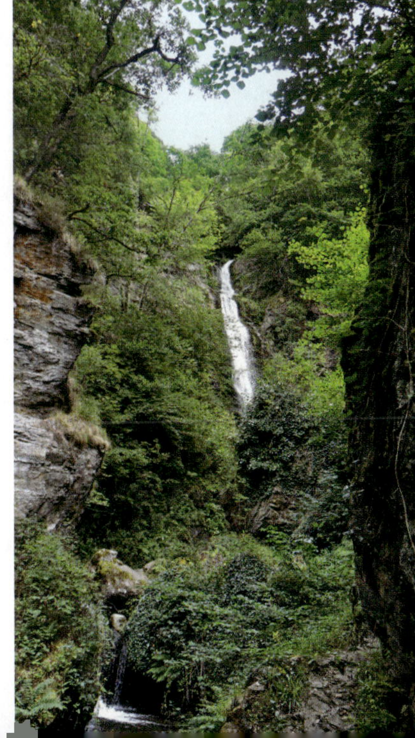

Cascade de Juzet.

27 Artigue – Fos

8.30 h	20,3 km
↗ 1060 m	↘ 1750 m

Über den Pic de Bacanère ins Tal der Garonne

Auf dem heutigen Weg in das Tal der Garonne ist der Pic de Bacanère zu überwinden. Mit immerhin 2193 m ist uns damit ein ganz schöner Brocken in den Weg gestellt. Bis zur Cabane de Saunères gestaltet sich der Aufstieg jedoch recht gemütlich. Anschließend betreten wir im Sommer von Blumen übersätes freies Weidegelände, das mit einer herrlichen Aussicht auf die umgebenden felsigen Gipfel bis zum Maladeta-Massiv betört. Einzig die spärliche Pfadspur, die volle Aufmerksamkeit auf die Markierungen erfordert, schmälert das Gesamterlebnis ein wenig. In Fos angekommen, macht sich angesichts der verlassenen Häuser und Straßen ein mulmiges Gefühl breit. Deutlich ist hier die Abwanderung in die größeren Städte zu spüren. Umso mehr freuen wir uns über das mittlerweile wieder geöffnete kleine Lebensmittelgeschäft. Hier lassen sich vor Eintritt in die endgültige Einsamkeit des Ariège noch einmal die wichtigsten Vorräte aufstocken.

Ausgangspunkt: Artigue, 1230 m, Kirche.
Anforderungen: Anstieg zunächst auf guten Schotterwegen, später grasiges Gelände, auf dem der Weg teilweise nur schwer erkennbar ist, auf Markierungen achten. Auf den Höhenwegen ist man Wind und Wetter ausgesetzt. Beim Abstieg einige steile Passagen über Felsen und Geröll, bei Nässe sehr rutschig (s. Variante).
Einkehr: In Fos Hôtel-Restaurant La Gentilhommière (s. Unterkunft).
Unterkunft: Fos: Hôtel-Restaurant La Gentilhommière (rechts des GR 10, beim Rathaus), Tel. +33 (0)9 75 32 34 66, 4 DZ, Restaurant, Frühstück. – Gîte d'étape Le Moulin de Fos (am GR 10), Tel. +33 (0)6 66 50 71 03, legitedefos.com, ganzjährig, 20 B in Schlafsaal/DZ, HP.
Cabanes: Cabane de Saunères, 6 P auf Holzplattform, Kamin, 350 m östlich davon Wasser aus Schlauch. **Cabanes des Courreaux**, vordere der beiden Hütten für Wandernde, 10 P auf Bettgestellen mit Matratzen, Ofen, Wasser am Bach. **Cabane d'Artigue**, 4 P auf Holzplattform, Kamin, Tisch, Bänke. **Cabane d'Artiguessans** (an Variante 2), 6 P auf niedriger Holzplattform mit drei Matratzen und auf Boden, Tisch, Bänke, Kamin.
Zeltmöglichkeit: Bei der Cabane de Saunères sowie im Bereich der Cabane des Courreaux und der Cabane d'Artigue. In Fos auf ehemaligem Campingplatz, Wasserhahn vorhanden, im Juli/Aug. dürfen Duschen und WC der Grundschule benutzt werden, auch duschen im Hôtel-Restaurant La Gentilhommière möglich
Einkauf: In Fos im Hôtel-Restaurant La Gentilhommière kleines LM-Geschäft mit Verkauf von Gaskartuschen.
Wasser: 350 m östlich der Cabane de Saunères Wasser aus Schlauch. 50 m nördlich der Cabane des Courreaux Quelle. In Fos u. a. Wasserhahn beim Rathaus.
ÖPNV: Buslinie 395 Mo–Fr 4x tgl. ab Fos in Richtung Melles (Etappe 28) und Saint-Gaudens, dort Zuganschluss in Richtung Toulouse und Pau. Infos: Tel. +33 (0)8 00 08 13 65, mestrajets.lio.laregion.fr.
Information: Keine.
Varianten: 1. Ab Cabane de Saunères bei Nebel Variante auf einer Schotterpiste, auf der die Orientierung bei schlechter

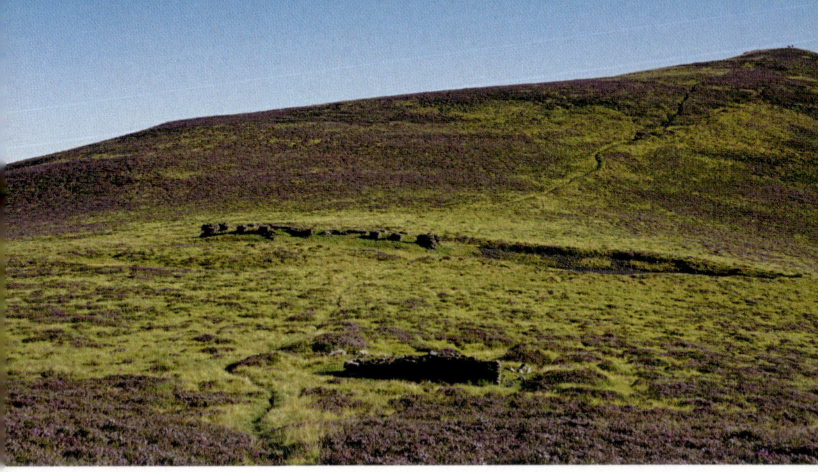

Unser Pfad führt heute über Hochweiden entlang des französisch-spanischen Grenzkamms.

Sicht einfacher ist. Knapp 800 m vor dem Col des Taons de Bacanère trifft die Piste wieder auf den GR 10 (etwa gleich lang wie Hauptweg).
2. Rund 30 Min. nach der Cabane d'Artigue Schlechtwettervariante auf altem Verlauf des GR 10 (rot-weiß markiert). Am markierten Abzweig 7 in Richtung »Cabane d'Artiguessans«, dann steiler Abstieg zum Ruisseau de la Batch, ab hier flussabwärts bis zu einer T-Kreuzung und wenige Meter nach rechts aufwärts zum GR 10 bei der Ruine (rund 15 Min./600 m kürzer als Hauptweg und 70 Hm weniger Aufstieg).
Karte: IGN 5 Luchon.

Wir gehen hinter der Kirche von **Artigue** 1, 1230 m, nach rechts oben und biegen anschließend sofort wieder nach links ab. Wir lassen den Ort hinter uns und wandern auf einer gut ausgebauten Schotterpiste bergan. Einen Abzweig ignorieren wir und halten uns weiter links. An der nächsten Gabelung wählen wir die rechte Schotterpiste, die uns zur **Cabane de Saunères** 2, 1660 m, hinaufbringt. Bei der Schutzhütte verlassen wir die Piste und steigen einen Wiesenpfad empor. (Bei Nebel kann man bei der Cabane auch der nach links abzweigenden Schotterpiste folgen, vgl. Variante 1.)
Der Pfad führt auf einen grasigen Rücken und ist dort teilweise kaum erkennbar. Hier ist ein besonderes Augenmerk auf die Markierungen zu legen. Bei einem kleinen Teich, 1944 m, trifft die Variante bzw. Schotterpiste von der Cabane de Saunères wieder auf die Hauptroute. Hier schwenkt der GR 10 markant nach links, um eine vor uns liegende Erhebung des französisch-spanischen Grenzkamms zu umgehen. Erst am **Col des Taons de Bacanère** 3, 1976 m, bei einer größeren Ruine, treffen wir auf die französisch-spanische Grenze. Entlang mehrerer Grenzsteine wandern wir bis

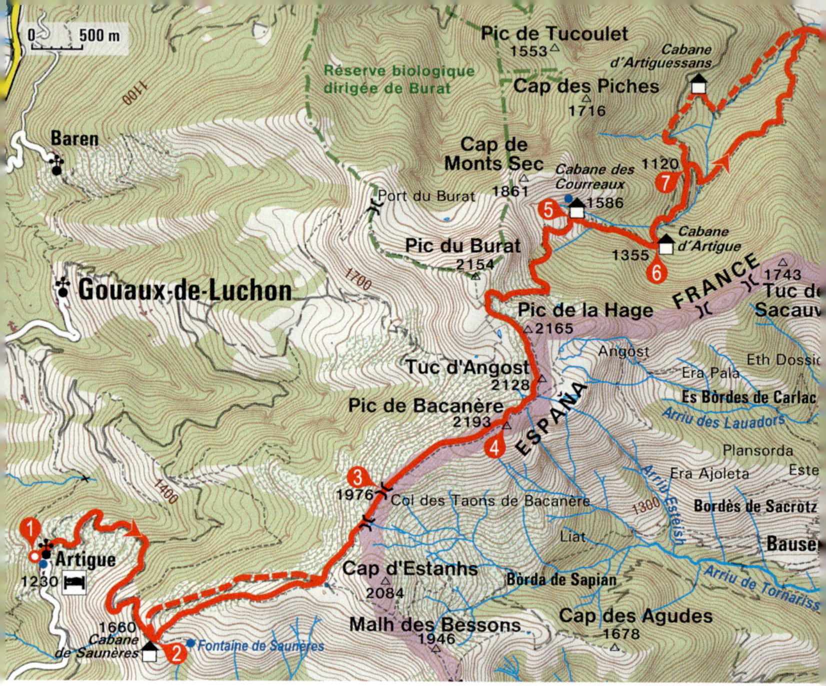

0 500 m
Pic de Tucoulet
1553
Réserve biologique dirigée de Burat
Cap des Piches
1716
Cabane d'Artiguessans
1100
Baren
Cap de Monts Sec
1861
Cabane des Courreaux
1120
Port du Burat
1586
Pic du Burat
2154
Cabane d'Artigue
1355
Gouaux-de-Luchon
1700
FRANCE
1743
Tuc de Sacauv
Pic de la Hage
2165
Angost
Eth Dossic
Era Pala
Tuc d'Angost
2128
Es Bòrdes de Carlac
Pic de Bacanère
2193
Arriu des Lauadors
ESPAÑA
Plansorda
Era Ajoleta
Este
1400
1976
Col des Taons de Bacanère
Arriu Esteish
1300
Bordès de Sacrotz
Liat
Bause
Artigue
1230
Cap d'Estanhs
2084
Bòrda de Sapian
Arriu de Tornariss
1660
Cabane de Saunères
Fontaine de Saunères
Malh des Bessons
1946
Cap des Agudes
1678
1
2
3
4
5
6
7

Massiv de la Maladeta.

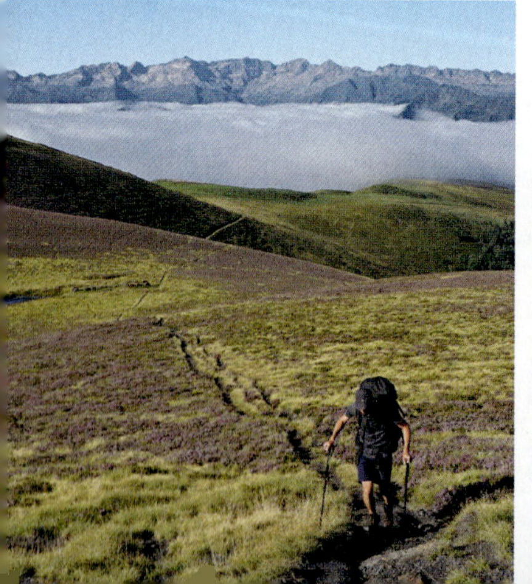

Grenzstein 398.

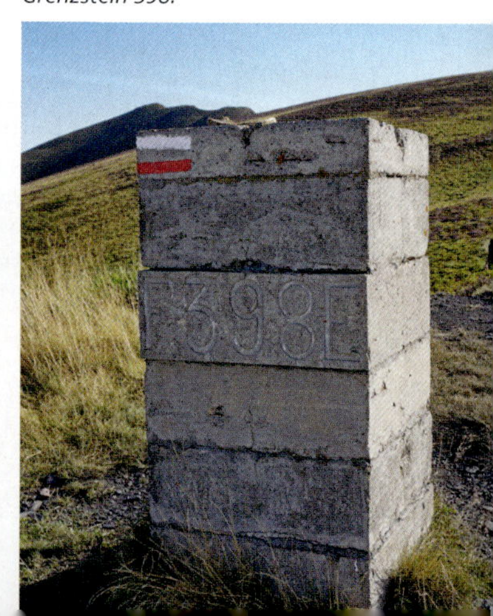

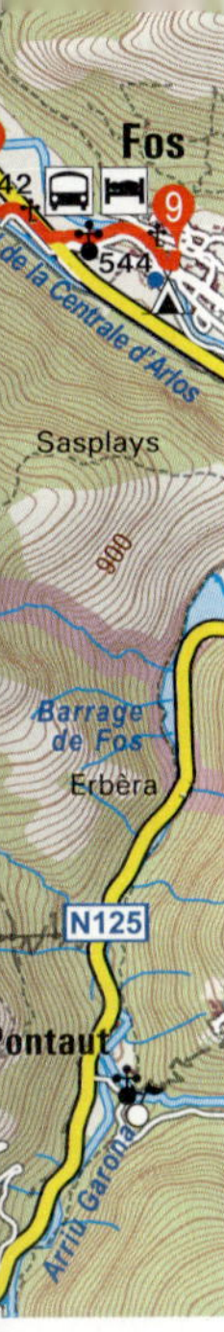

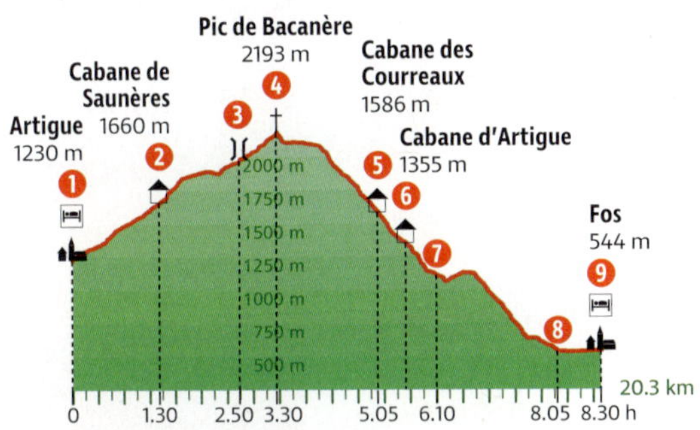

zur höchsten Erhebung der heutigen Etappe, dem **Pic de Bacanère** ❹, 2193 m. Wie schon zuvor haben wir von diesem eine tolle Sicht zu beiden Seiten und können auch das Maladeta-Massiv erkennen.

Der Weg entfernt sich nun wieder vom Hauptkamm und ist mit Steinmännchen markiert. Wir wandern etwas links des Kamms weiter und kehren am Grenzstein 400 auf ihn zurück. Der Pfad führt hinunter zum Grenzstein 404, an dem wir halblinks abbiegen. Beim nächsten Abzweig bei einem kleinen Steinhaufen wählen wir den nach rechts absteigenden Pfad. Wir passieren eine grasige Ebene, auf der sich gute Zeltmöglichkeiten befinden, und steigen weiter ab zu den **Cabanes des Courreaux** ❺, 1586 m. Die vordere der Hütten ist für Wandernde zugänglich.

Bevor wir die zweite Cabane erreichen, biegen wir rechts auf einen erdigen Pfad ab. Der steile, ausgewaschene Weg wird bei Nässe sehr rutschig. Wir überqueren einen Bach und gelangen in den Wald. Hier wird der Pfad wieder etwas besser. So erreichen wir die **Cabane d'Artigue** ❻, 1350 m. Von dort aus gehen wir über die Wiese bergab, um nach ca. 100 m nach links in den Wald abzubiegen. Bei einem Weidezaun zweigen wir nach rechts ab und steigen auf einem Pfad ab. Wir überqueren die Forstpiste zweimal, beim dritten Zusammentreffen folgen wir ihr rund 400 m nach rechts bis zu einem markierten **Abzweig** ❼, 1120 m.

Hier hat man die Wahl: Der neue Wegverlauf biegt scharf nach rechts ab und verläuft auf einem meist erdigen, teils sehr steilen Pfad durch den Wald bergab. Bei Nässe wird dieser Pfad sehr matschig und es besteht Rutschgefahr. Bei Regen empfiehlt sich daher geradeaus der etwas kürzere alte Wegverlauf (vgl. Variante 2).

Bei gutem Wetter gehen wir jedoch nach rechts hinunter zum Bach, überqueren diesen, um dann auf der rechten Seite etwas anzusteigen. An der folgenden Gabelung wählen wir den nach links absteigenden Waldpfad.

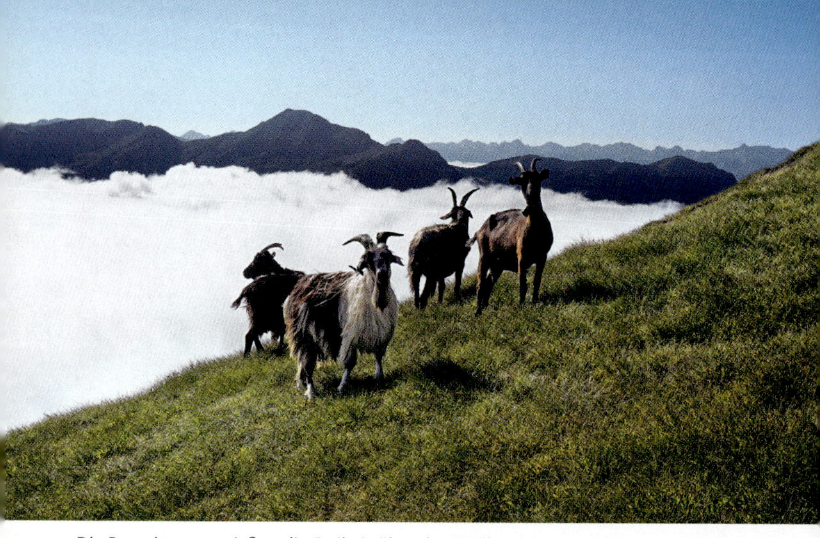

Die Bergziegen genießen die Freiheit über den Wolken.

Dieser führt in steilen Serpentinen kontinuierlich bergab. Wo der Pfad flacher wird, erreicht man eine Ruine, an der von links die Variante wieder auf den neuen Hauptweg trifft.
Wir biegen nach rechts ab und folgen dem Pfad kurz bergauf und dann hinab zum **Canal de la Centrale d'Arlos** 8, 542 m. Ab hier wandern wir auf einem asphaltierten Weg am Kanal entlang. An der nächsten Brücke überqueren wir den Kanal und gehen auf dessen linker Seite auf einem Schotterweg weiter. Wir gelangen zu einem Kreisverkehr, den wir in Gehrichtung überqueren. Noch vor dem Ortseingang biegen wir nach links auf ein Nebensträßchen ab, das uns in einem weiten Rechtsbogen wieder auf die Hauptstraße Av. Jean Jaurès führt. Dabei wird einer der vielen Wasserhähne von Fos passiert.
Dann gehen wir an der Hauptstraße über eine breite Brücke über die Garonne und erreichen direkt danach die Grundschule mit Spiel- und Picknickplatz. Hier dürfen GR-10-Wandernde während der französischen Sommerferien im Juli und August die Toiletten und Duschen benutzen. Geradeaus käme man zum Rathaus, wo es auch einen Wasserhahn gibt. Daneben befindet sich das Hôtel-Restaurant La Gentilhommière mit Krämerladen. Zum früheren Campingplatz würden wir hier nach rechts in Richtung der Garonne gehen und dieser dann noch einige Meter nach links folgen.
Der GR 10 biegt an der Grundschule jedoch scharf links ab und führt nach knapp 200 m zur Place du Moulin in **Fos** 9, 544 m. Dort befindet sich auch die Gîte d'étape Le Moulin de Fos.

7.15 h	17,0 km
↗1670 m	↘250 m

Fos – Refuge du l'Étang d'Araing 28

Mit Blick auf den höchsten Berg der Pyrenäen zum Étang d'Araing

Zu Beginn der Etappe verläuft der GR 10 lange Zeit auf der Straße. Dieser etwas mühselig erscheinende Auftakt wird jedoch nach dem Aufstieg zur Cabane d'Uls, 1862 m, mit einem hinreißenden Ausblick auf die herrliche Natur belohnt. Am Pas du Bouc, 2170 m, dem ersten der beiden einfachen, grasigen Übergänge, tut sich ein wunderschönes Panorama des Hauptmassivs der Pyrenäen auf. Der Pico Aneto, der mit 3404 m höchste Berg der Pyrenäen, zieht uns dabei in besonderer Weise in den Bann. Das wegen der vielen Bachläufe sumpfige Gelände im oberen Teil durchwandern wir mithilfe zahlreicher kleiner Stege und Holzbrücken, die wir in sehr unterschiedlichen Zuständen antreffen. Am höchsten Punkt der heutigen Etappe, dem 2176 m hohen Col d'Auéran, verlassen wir das Département Haute-Garonne, um dann endgültig im Département Ariège anzukommen. Glücklicherweise endet die Etappe am Étang d'Araing. Im See lässt sich der Matsch ganz leicht von den Schuhen und Füßen waschen.

Ausgangspunkt: Fos, 544 m, Place du Moulin.
Anforderungen: Anfangs Straßenhatscher, später felsige Steige; im oberen Bereich sumpfig.
Einkehr: In Melles Auberge du Crabère (s. Unterkunft).
Unterkunft: Melles: Auberge du Crabère, Tel. +33 (0)6 15 09 04 58, 11 B in EZ/DZ/Schlafsaal. – Chambres d'hôtes Chez Pascale, Tel. +33 (0)6 23 82 27 80, chezpascale.fr, Mitte Mai–Mitte Okt., 7 B in 2 DZ/1 MBZ, HP. **Refuge du l'Étang d'Araing** (FFCAM): Tel. +33 (0)5 61 96 73 73, refuge-araing.fr, Juni–Sept., Mai und Okt. nur am Wochenende, 50 B in Schlafsälen, 12 P im Winterraum, Dusche, HP, Frühstück, AV-Rabatt.
Cabanes: Cabane d'Uls (200 m rechts des GR 10), ca. 9 P, Bettgestelle teilweise mit Matratzen, Tisch, Bank, Kamin, Wasser aus dem Bach.
Zeltmöglichkeit: Bei der Cabane d'Uls. Platz für ca. drei Zelte am Etappenziel.
Einkauf: Nur in Fos.
Wasser: In Melles WC, danach mehrere Wasserhähne entlang der Straße. Beim Refuge de l'Étang d'Araing Brunnen.
ÖPNV: Buslinie 395: Mo–Fr 4x tgl. ab Fos in Richtung Melles und Saint-Gaudens, dort Zuganschluss in Richtung Toulouse und Pau. Infos: Tel. +33 (0)8 00 08 13 65, mestrajets.lio.laregion.fr.
Information: Keine.
Variante: Vom Col d'Auéran auf gutem Pfad auf den Pic de Crabère, 2629 m (hin und zurück 1.30 Std., 3,6 km und gut 450 Hm im Auf- und Abstieg).
Hinweise: 1. Neuer Wegverlauf hinter Melles, die alten Markierungen sind teilweise noch deutlich zu erkennen.
2. Sollte das Refuge du l'Étang d'Araing voll sein, kann man 15 Min. weiter zur unbewirtschafteten Cabane de l'Étang d'Araing gehen (s. Etappe 29).
Karte: IGN 5 Luchon/IGN 6 Couserans.

An der Place du Moulin in **Fos** ❶, 544 m, schlagen wir das nach rechts ansteigende Sträßchen ein. Am alten Waschhaus halten wir uns halb rechts und an der nächsten Kreuzung ebenfalls. Die schmale Straße geht in einen

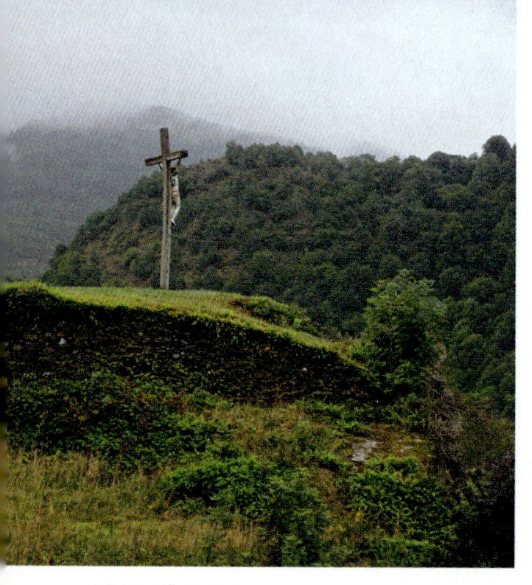

Kreuz über Fos.

Schotterweg über, dieser verlässt den Ort entlang einer kleinen Steinmauer. An der nächsten Gabelung wählen wir den rechten Wiesenweg entlang des Zauns und gelangen zu einer T-Kreuzung. Hier biegen wir auf den linken Wiesenpfad ab. Annähernd eben wandern wir durch den Wald weiter. Der Weg geht in eine schmale Straße über, die zu einer Kreuzung führt. Dort folgen wir der D44H nach links in Richtung »Melles« bergauf. In der ersten Kehre kann die Cascade de Sériail über einen Pfad erreicht werden. Wir bleiben jedoch den rot-weißen Markierungen treu und kürzen dabei einige Male den Straßenverlauf ab. Zuletzt kommen wir an der D44H zum Ortseingang, passieren die Chambres d'hôtes Chez Pascale und die Auberge de Crabère und kommen zur Kirche in **Melles** 2, 719 m (direkt daneben: WC).

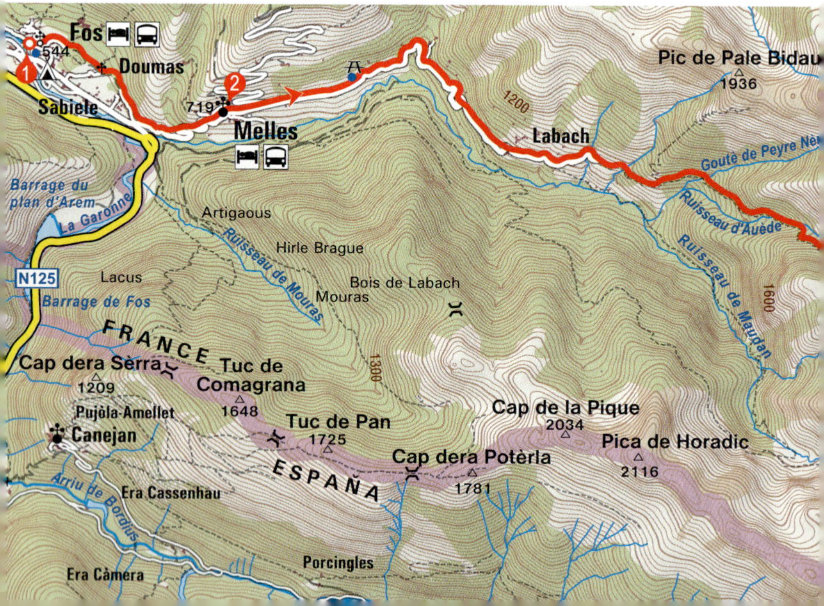

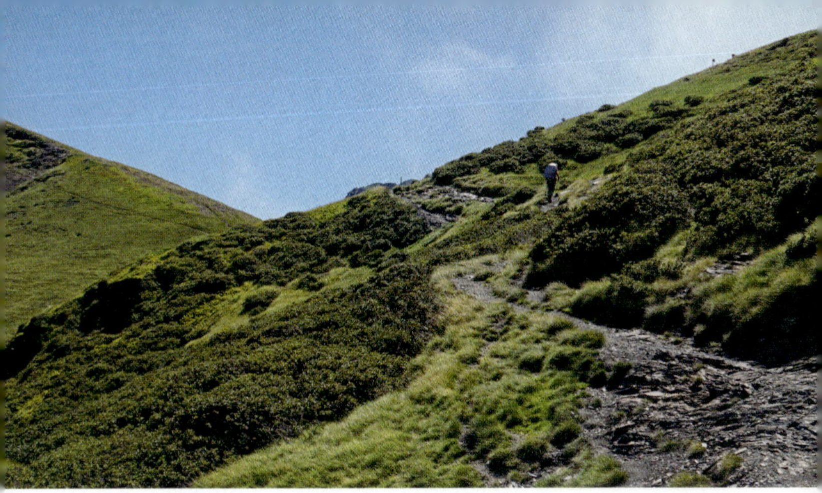

Aufstieg zum Col d'Auéran.

Weiter der D44H folgend gehen wir am Rathaus vorbei aus dem Ort. Wir bleiben auf der Straße und passieren unterwegs einen Picknickplatz und mehrere Wasserhähne. Nach rund 1.15 Std. gelangen wir zu einem Parkplatz. Hier folgen wir dem halblinks ansteigenden Weg, der nach einiger Zeit in einen Pfad übergeht. Wir überqueren einen Bachlauf und halten uns bei der Gabelung bei einer Viehtränke nach links oben. Nachdem wir zwei weitere Bachläufe gequert haben, verlässt der Weg den Wald. Der Untergrund wird nun felsiger. Der

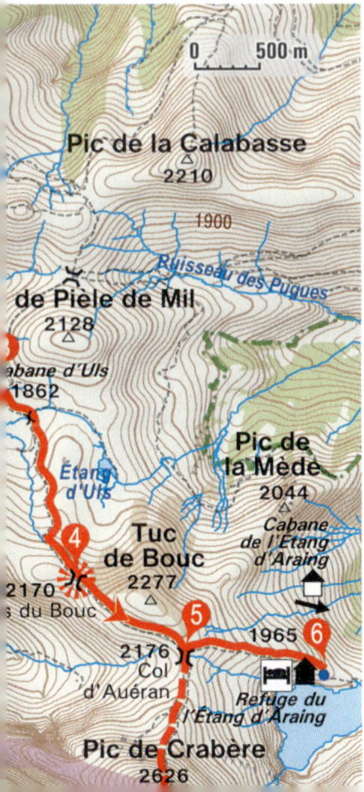

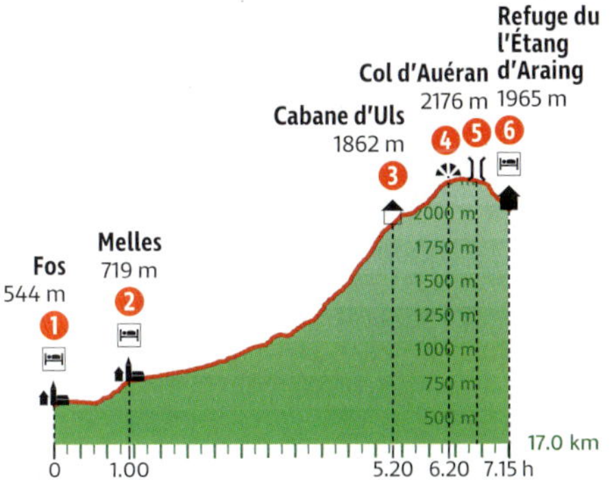

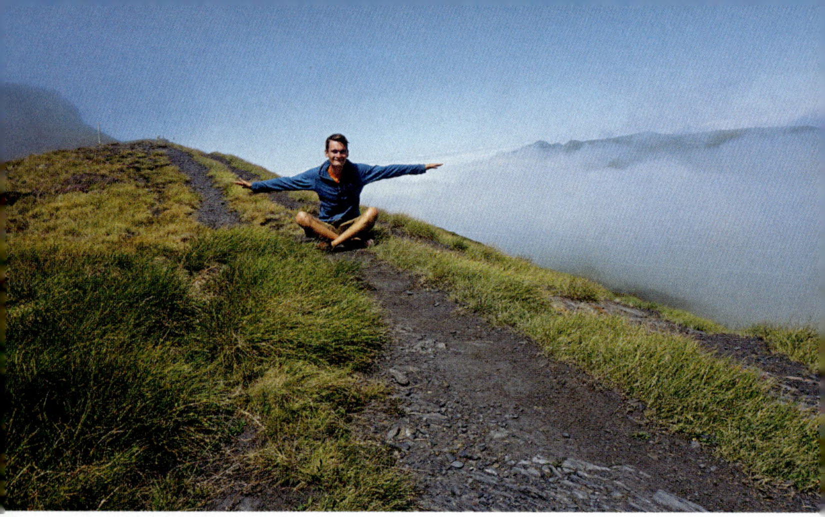

Über den Wolken am Col d'Auréan.

Pfad steigt in Serpentinen bergan und trifft bei den Überresten einer alten Holzbrücke auf den Abzweig zur **Cabane d'Uls** ❸, 1862 m. Die etwas in die Jahre gekommene, jedoch zweckdienliche Nothütte befindet sich ca. 200 m rechts. Im Bereich der Cabane kann auch gut gezeltet werden.
Der GR 10 setzt sich auf dem Pfad geradeaus fort und führt über kleine Brücken in unterschiedlich gutem Zustand; an der nächsten Gabelung halten wir uns links. Der Weg gewinnt nun wieder stärker an Höhe und bringt uns hinauf zum grasigen **Pas du Bouc** ❹, 2170 m. Er bietet einen tollen Blick auf das Aneto-Massiv mit dem Pico Aneto, 3404 m, dem höchsten Berg der Pyrenäen. Wir folgen dem Wiesenpfad geradeaus und gelangen zum **Col d'Auéran** ❺, 2176 m. Hier geht es nach links einige Meter empor, bevor wir auf dem Pfad zum schönen **Refuge du l'Étang d'Araing** ❻, 1965 m, absteigen. Das Refuge (mit Brunnen) liegt oberhalb des gleichnamigen Sees, in dem auch gebadet werden kann.

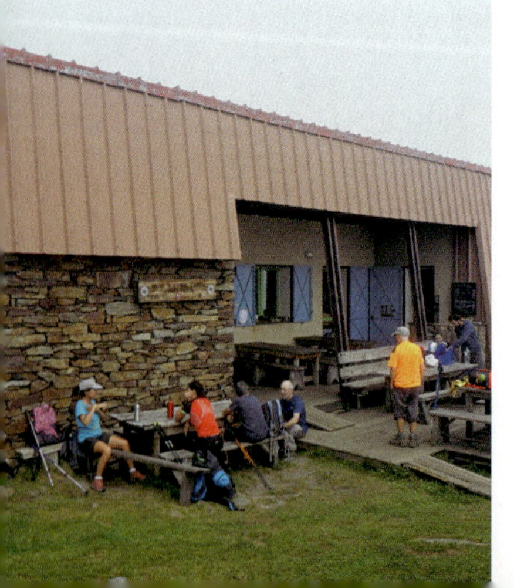

Rast am Refuge du l'Étang d'Araing.

4.00 h	8,0 km
↗ 350 m	↘ 1320 m

Refuge du l'Étang d'Araing – Eylie-d'en-Haut

29

Im Zeichen des Bergbaus

Diese relativ kurze Etappe lässt noch genügend Zeit, um bei der Gîte d'étape in Eylie-d'en-Haut zu entspannen und Kraft für die folgenden Tage zu sammeln. Der erste Teil des Weges bis zur grasigen Serre d'Araing, 2222 m, bietet schöne Ausblicke in Richtung der Berge des Couserans. Der lange Abstieg im Anschluss steht ganz im Zeichen des ehemaligen Bergbaus. Überreste alter Minen, der früheren Seilbahn sowie die Gebäude im Etappenziel Eylie-d'en-Haut sind stumme Zeugen der arbeitsreichen Vergangenheit der Region. Bei Nässe birgt der ohnehin schon steile Abstieg zusätzliche Rutschgefahr. Um heil unten anzukommen, ist besondere Umsicht nötig.

Ausgangspunkt: Refuge du l'Étang d'Araing, 1965 m.
Anforderungen: Steile, felsige Passagen am Abstieg, teilweise matschig; Trittsicherheit und stellenweise Schwindelfreiheit erforderlich; bei Nässe zusätzliche Zeit einplanen.
Einkehr: Keine.
Unterkunft: **Gîte d'étape d'Eylie:** Tel. +33 (0)5 61 96 14 00 oder +33 (0)6 75 59 22 96, giteseylie.jimdofree.com, Mitte Mai–Sept., 14 B in zwei Schlafsälen, HP.
Cabanes: **Cabane de l'Étang d'Araing**, 10 P, einige Matratzen, zwei Stockwerke, Tisch, Bänke, Kamin.
Zeltmöglichkeit: Mehrere in exponiertem Gelände bis kurz vor der Mine de Bentaillou. 5 Min. nach der Gîte d'étape d'Eylie Aire de bivouac (am GR 10, Beginn von Etappe 30), Platz für ca. 6 Zelte.
Einkauf: In der Gîte d'étape d'Eylie kleiner LM-Verkauf.
Wasser: Unterwegs ausschließlich aus Bächen und Flüssen (Wasser evtl. behandeln). An der Außenseite der Gîte d'étape d'Eylie Wasserhahn.
ÖPNV: Keine Möglichkeit.
Information: Keine.
Karte: IGN 6 Couserans.

Mit dem **Refuge du l'Étang d'Araing** ❶, 1965 m, im Rücken folgen wir dem Pfad nach links hinunter zum See. Wir passieren einige technische Gebäude und gehen an der Staumauer entlang weiter. Nach der Überquerung des Abflusses geht es nach rechts hinauf zur **Cabane de l'Étang d'Araing** ❷, 1911 m. Danach geht es nach rechts in Serpentinen empor. Wir passieren einige Ruinen und steigen zuletzt sehr steil hinauf zur **Serre d'Araing** ❸, 2222 m. Der

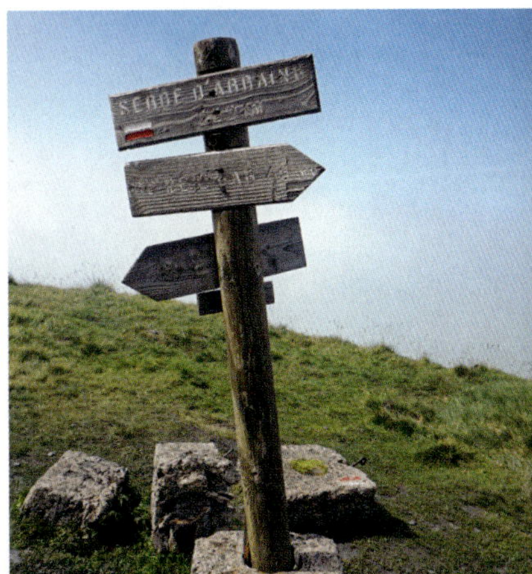

Wegweiser an der Serre d'Araing.

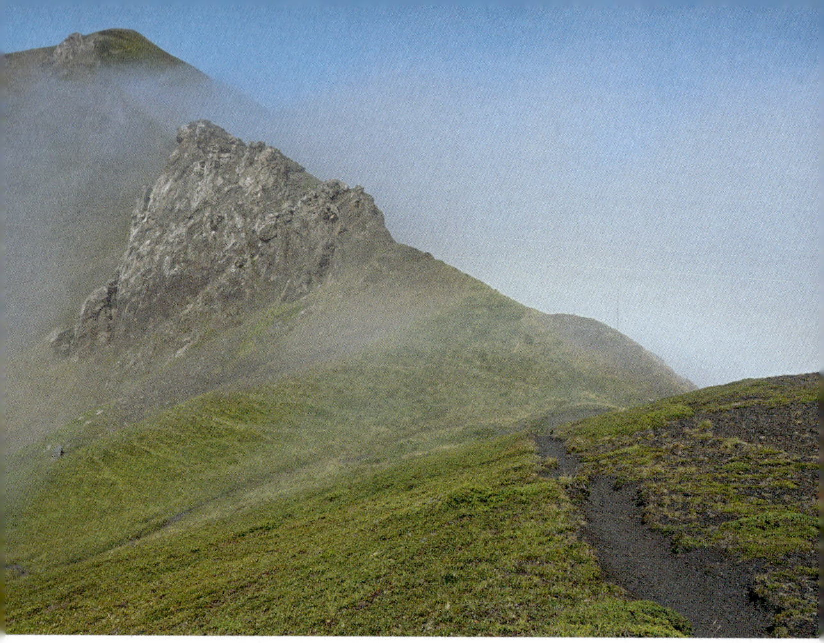

Grasiger Übergang an der Serre d'Araing.

Steig führt hier nach rechts kurz bergauf. Das Gelände wird felsiger. Wir überqueren den Kamm und steigen auf der anderen Seite auf einem grasigen Pfad in einem Bogen ab. Der Pfad überquert einen Bach und wendet sich nach rechts. Wir kommen an einem Gedenkstein vorbei und gelangen zu einer Gabelung. Hier entfernen wir uns nach links unten von der Stromtrasse. Dann passieren wir die ehemalige **Mine de Bentaillou** ❹, 1935 m, und folgen dem felsigen Pfad steil bergab.

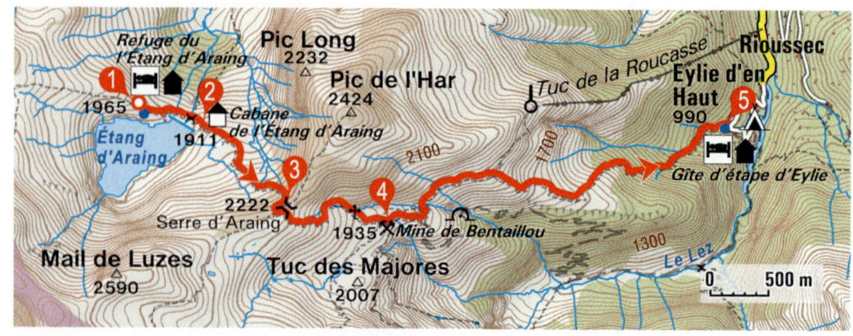

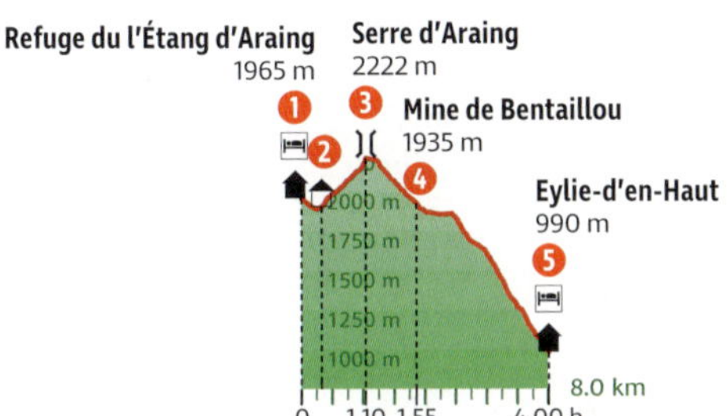

Nach einigen Ruinen, bei denen auch gezeltet werden kann, halten wir uns weiter nach links abwärts. Der steile, bei Nässe sehr rutschige Pfad führt hinunter zu einer Gabelung bei zwei Strommasten. Hier gehen wir nach links weiter. Der Pfad tritt in den Wald ein und überquert einen Bach. Wir passieren einige größere Wasserfälle und verlassen den Wald wieder. Dann biegen wir nach rechts ab und erreichen nach kurzer Zeit das erste Gebäude des Ortes **Eylie-d'en-Haut** 5, 990 m: die Gîte d'étape.

Um zur Aire de bivouac zu gelangen, geht man noch ca. 5 Min. auf dem GR 10 weiter.

Der Abstieg nach Eylie d'en-Haut ist teilweise matschig und rutschig.

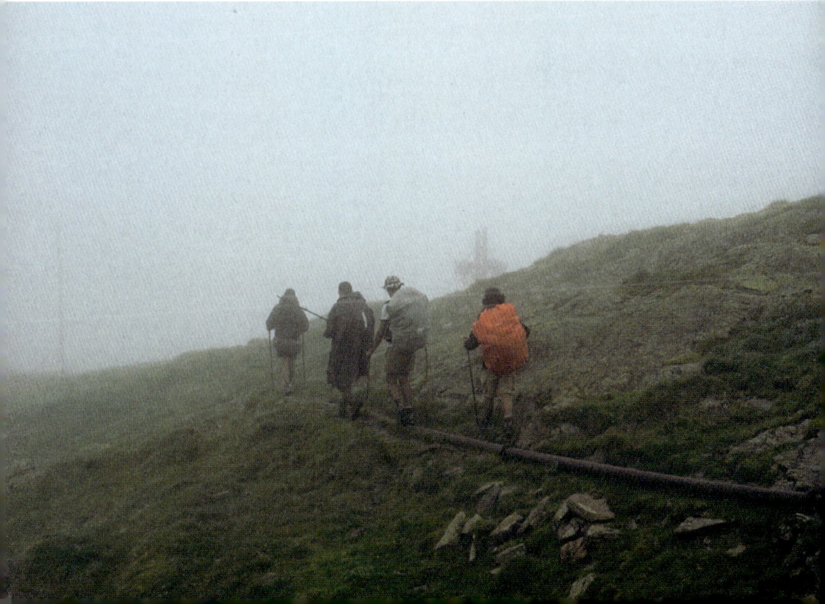

30 Eylie-d'en-Haut – Maison du Valier

9.15 h	18,4 km
↗ 1650 m	↘ 1710 m

Zweimal hoch und wieder runter

Auf dieser konditionell anspruchsvollen Etappe verteilen sich die zu bewältigenden Höhenmeter auf fast unnatürliche Art und Weise gleichmäßig. Nach dem schweißtreibenden Anstieg zum Col de l'Arech, 1802 m, können wir auf der gegenüberliegenden Talseite bereits den Col du Clot du Lac, 1821 m, erkennen. Nur einige Kilometer Luftlinie entfernt, werden uns bereits hier mit Blick auf das tief eingeschnittene Tal die noch vor uns liegenden Anstrengungen bewusst. Dafür werden durch den zweigeteilten Auf- und Abstieg unsere verschiedenen Beinmuskeln abwechselnd belastet; es herrschen also beste Bedingungen, einem drohenden Muskelkater aus dem Weg zu gehen. Insgesamt wartet die landschaftlich beeindruckende Etappe fast durchgängig mit wunderbaren Ausblicken auf. Am Etappenziel empfängt uns jedoch entgegen möglichen Erwartungen kein einsames Tal. Insbesondere im Hochsommer müssen wir uns die Idylle am Fluss mit zahlreichen Tagestourist:innen teilen. Das schöne Badeerlebnis sowie das leckere Essen in der Maison du Valier wissen eben nicht nur GR-10-Wandernde zu schätzen.

Ausgangspunkt: Eylie-d'en-Haut, 990 m, Gîte d'étape.
Anforderungen: Fast durchgehend gut begehbare Erdpfade, gutes Vorankommen möglich; der Schlussabstieg ab der Cabane de l'Artigue ist sehr steil, bei Nässe besondere Aufmerksamkeit erforderlich; insgesamt konditionell anspruchsvolle Etappe mit vielen Höhenmetern im Auf- und Abstieg.
Einkehr: Unterwegs keine.
Unterkunft: Maison du Valier: Tel. +33 (0)5 61 01 01 01, maison-du-valier.fr, März–Okt., 40 B in EZ/DZ/MBZ, HP, Frühstück, Waschmaschine, Trockner.
Cabanes: Cabane de Lasplanous (nördlich des Col de l'Arech), ca. 4 P im Obergeschoss, Tisch, Bank, Kamin. **Cabane de l'Arech**, ca. 6 P im Obergeschoss, Tisch, Stühle, Kamin. **Cabane de Grauilles** (ca. 400 m südlich des GR 10), 6 P auf Holzplattform, Tisch, Bänke, Kamin, Bach. **Cabane de Besset**, ca. 6 P, Tisch, Bank, 2021 renoviert, Feuerstelle vor der Hütte. **Cabane du Clot du Lac**, ca. 6 P auf doppelstöckiger Holzplattform, Tisch, Bank, Kamin. **Cabane du Trapech du -Milieu**, ca. 5 P auf doppelstöckiger Holzplattform, Kamin. **Cabane de l'Artigue**, ca. 3 P auf Holzplattform, Kamin.

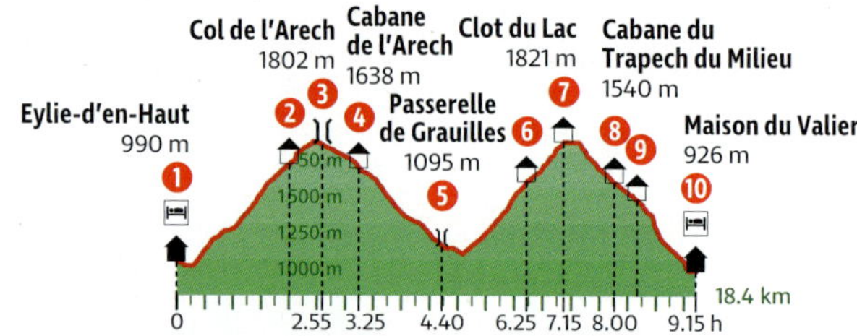

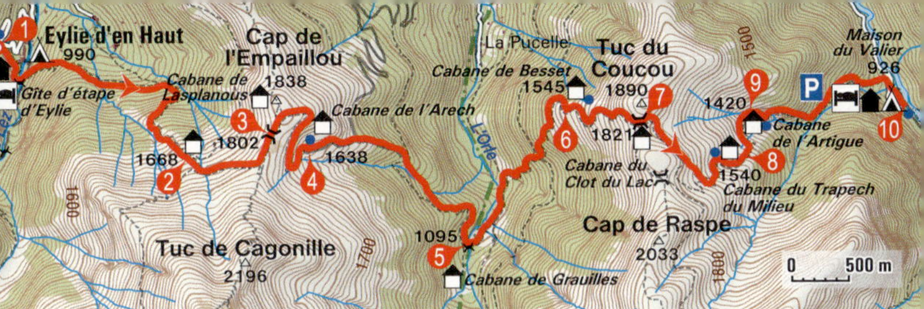

Zeltmöglichkeit: Am Col de l'Arech. Im Bereich der Cabanes am Weg (Ausnahme: Cabane de Grauilles). Um die Passerelle de Grauilles. Am Etappenziel Aire de bivouac am Fluss (gehört nicht zur Maison du Valier; kostenpflichtiges Duschen jedoch möglich).
Einkauf: Bei der Maison du Valier kleiner LM-Verkauf.
Wasser: An der Außenseite der Cabane de l'Arech Wasserhahn. Bei der Cabane de Besset Schlauch über der Viehtränke. Bei der Cabane du Trapech-du-Milieu gefasste Quelle. Bei der Cabane de l'Artigue Schlauch. Am Parkplatz kurz vor der Maison du Valier WC mit Wasserhahn.
ÖPNV: Keine Möglichkeit.
Information: Keine.
Hinweis: Da die Folgeetappe ebenfalls sehr lang ist, kann die Aufteilung auf zwei Tage in Betracht gezogen werden. Zahlreiche Cabanes in gutem Zustand ermöglichen dies auch Wandernden ohne Zelt.
Karte: IGN 6 Couserans.

An der Gîte d'étape von **Eylie-d'en-Haut** ❶, 990 m, wenden wir uns nach rechts und gehen auf dem Pfad bergab. Vorbei an der kostenlosen Aire de bivouac gelangen wir zum Fluss Lez, den wir auf einer Holzbrücke überqueren. Danach folgen wir der Schotterpiste ein kurzes Stück nach rechts,

Auf dem Weg zum Col de l'Arech: ein herrliches Panorama und schier endlose Weiden.

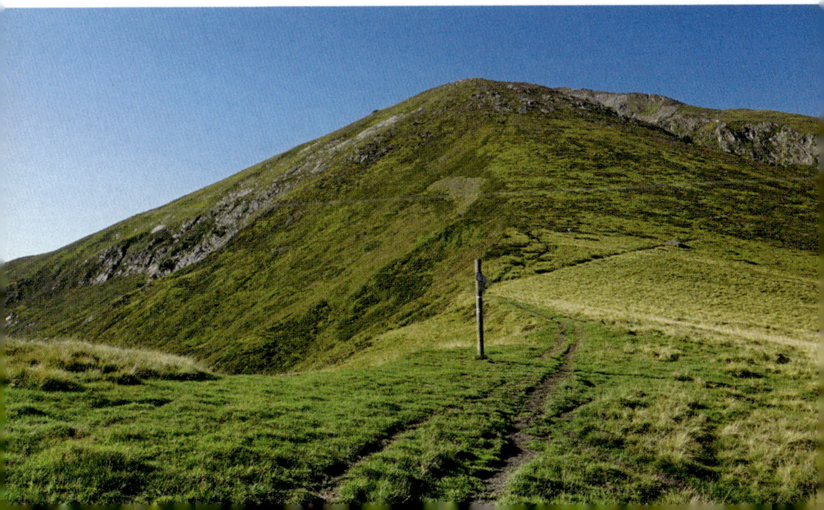

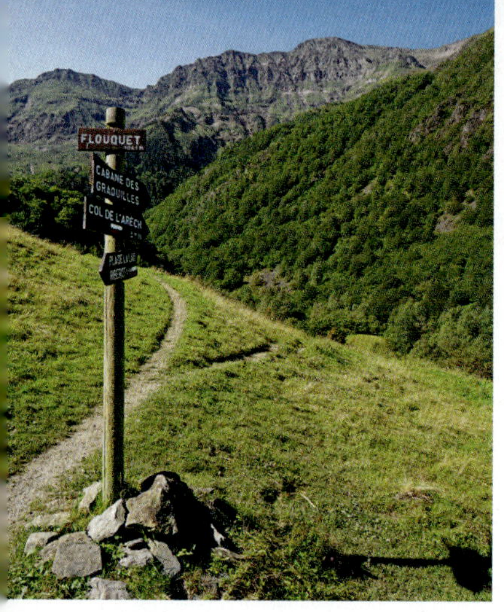

Wegweiser »Floquet«.

um dann sofort nach links auf einen schmalen Pfad abzubiegen. Dieser steigt zunächst in einigen Serpentinen im Wald bergan und quert dann durch dichten Farn den Hang. Nach der Überquerung eines Baches führt der Weg zurück in bewaldetes Gelände und windet sich erneut in Serpentinen den Hang hinauf. Nachdem wir den schattigen Wald endgültig verlassen haben, kommen wir auf freiem Gelände zu einer Gabelung bei einem kleinen **Notunterstand** ❷, 1668 m, aus Stein. Geradeaus führt Etappe 30V nach Bonac.
Wir biegen jedoch mit dem GR 10 nach rechts auf den Pfad in Richtung »Col de l'Arech« ab. Der Pfad verläuft aussichtsreich und in angenehmer Steigung hinauf zu einem Kamm, über den wir links haltend hinab zum **Col de l'Arech** ❸, 1802 m, gelangen. Hier gibt es erste gute Zeltmöglichkeiten und auch die Cabane de Lasplanous ist bereits zu erkennen. Nach der Überwindung einer steileren Felspassage auf dem Kamm kann diese ca. 100 m nach links erreicht werden. Auch dort lässt es sich gut zelten.
Wir folgen jedoch dem Pfad geradeaus weiter, der schon kurz darauf an Höhe verliert. In einer weiten Kehre steigen wir zu einem breiteren Schotterweg ab. Linker Hand befindet sich die **Cabane de l'Arech** ❹, 1638 m, die im rechten Teil einige Schlafplätze für Wanderer bietet. Wir folgen dem Schotterweg weiter bergab bis zu einer Linkskurve. Hier zweigt nach rechts ein Pfad ab. Auf diesem gelangen wir in Serpentinen hinab in den schattigen Wald. An einem Abzweig führt der Pfad nach rechts zur ca. 400 m entfernten Cabane de Grauilles. Der GR 10 biegt hier jedoch nach links ab zur **Passerelle de Grauilles** ❺, 1095 m. Nach der Holzbrücke folgen wir dem Pfad durch den grasigen Talgrund. Hier bieten sich einige gute Zeltmöglichkeiten. Rechts oberhalb des Bachs wandern wir relativ eben durch das Tal, überqueren einen seitlichen Zufluss über Steine und gelangen zu einem Abzweig an der Ruine von Flouquet, 1081 m. Wir ignorieren den nach rechts abzweigenden Pfad und gehen stattdessen geradeaus weiter. Der Pfad verläuft nun etwas oberhalb des Talgrunds und überquert dabei einige Bachläufe.
An der folgenden Gabelung nehmen wir den rechten Pfad. Dieser steigt in Kehren durch den Wald an und trifft auf eine weitere Gabelung, an der wir nach links abbiegen. Am Abzweig wenige Meter danach halten wir uns

nach rechts oben. Zuletzt über freies Weidegelände steigen wir in Serpentinen zur **Cabane de Besset** 6, 1545 m, auf. Die wunderschön gelegene Nothütte überzeugt mit einer tollen Aussicht auf den gegenüberliegenden Col sowie die umliegenden Berggipfel. Auch freies Zelten ist hier gut möglich.
Ab der Cabane gilt es noch einmal alle Kraftreserven für den letzten Aufstieg des Tages zu mobilisieren. Relativ steil geht es in Serpentinen hinauf zum **Clot du Lac** 7, 1821 m; rechts steht die gleichnamige Cabane. Hier lässt es sich auch hervorragend zelten. Wir überqueren den Sattel und gehen auf dem Pfad einige Meter bergab. Anschließend wandern wir auf der deutlich sichtbaren Pfadspur nach rechts am Hang entlang. Zunächst geht es noch leicht bergan, dann beginnt der Pfad an Höhe zu verlieren. Ab einem Abzweig halten wir uns links und steigen auf dem Pfad zur **Cabane de Trapech du Milieu** 8, 1540 m, ab (auch hier gute Zeltmöglichkeiten).
Wir folgen dem Pfad hinab zur nächsten Nothütte, der **Cabane de l'Artigue** 9, 1420 m. Wer noch vor Erreichen des Etappenziels eine Zeltmöglichkeit sucht, dem bietet sich hier die letzte Gelegenheit.
Für den finalen Abstieg ist schließlich noch einmal volle Konzentration erforderlich. Der Pfad führt zurück in den Wald und ist dabei überwiegend sehr steil und besonders bei Nässe ziemlich rutschig. Schließlich erreichen wir eine schmale Straße, der wir nach rechts folgen. Nach den öffentlichen Toiletten und einigen Infotafeln biegen wir nach links auf einen Pfad ab und gehen entlang des Flusses weiter. So erreichen wir die **Maison du Valier** 10, 926 m. Der durch das Tal führende Le Ribérot lockt im Hochsommer zahlreiche Tagestouristen zum Baden an. Im Uferbereich lässt sich zudem gut zelten.

Die aussichtsreich gelegene Cabane de Trapech du Milieu im Vallée du Riberot.

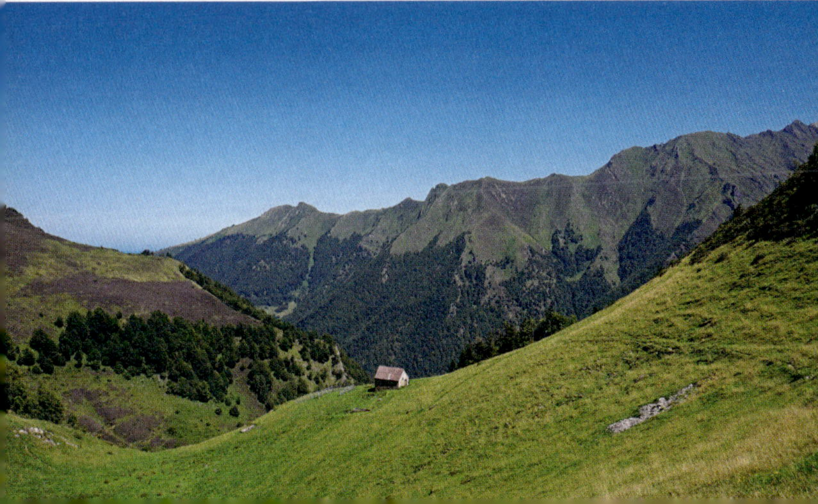

31 Maison du Valier – Gîte d'étape d'Aunac

9.15 h	22,6 km
↗1350 m	↘1490 m

Über den Col de la Core, Dreh- und Angelpunkt des GR 10

Heute ist vor allem Geduld gefragt. Anders, als die Maison du Valier aufgrund ihres Namens vielleicht vermuten ließe, sind uns auf der heutigen Etappe noch keine atemberaubenden Ausblicke auf den berühmten Mont Valier, 2838 m, vergönnt. Stattdessen erwarten uns jedoch tolle Höhenübergänge von Col zu Col, wobei jeder Pass mit einer neuen Perspektive auf die verschiedenartige Landschaft der Pyrenäen besticht. Nachdem wir entlang von rauschenden Bächen den schweißtreibenden Anstieg zum Cap des Lauses, 1892 m, bezwungen haben, wird unsere Mühe also durchaus belohnt. Am Col de la Core, 1395 m, bei Motorradfahrer:innen und Tageswandernden gleichermaßen beliebt, herrscht reges Treiben. Dennoch ist es hier ratsam, sich einen Moment der Ruhe zu gönnen und sich bei einer Pause auf einer der Picknickbänke einen Überblick über die verschiedenen Routenverläufe des GR 10 zu verschaffen. Einerseits trifft hier der GR 10E, von Bonac aus kommend, wieder auf die Hauptroute (vgl. Etappe 31Va). Gleichzeitig können wir uns auch noch für die Direktalternative (GR 10D) in das Estours-Tal und weiter nach Rouze entscheiden (vgl. Etappe 31Vb). Vorausgesetzt, wir benötigen keine Unterkunft in einer der beiden Gîtes d'étape am Ende dieser Etappe oder im nahe gelegenen Örtchen Seix. So wird der GR 10 den Ansprüchen aller Wandernden gerecht. Das kann sich wahrlich sehen lassen!

Ausgangspunkt: Maison du Valier, 926 m.
Anforderungen: Zu Beginn Alpinsteige mit z. T. felsigen Passagen. Ab dem Col de la Core einfachere, breitere, jedoch teils eingewachsene und matschige Wege, Markierungen mitunter schwach.
Einkehr: Unterwegs keine.
Unterkunft: Gîte d'étape d'Esbintz: Tel. +33 (0)9 63 64 15 96, gite-ferme-esbintz.fr, Mai–Nov., 11 B im Schlafsaal, Aufenthaltsraum, Kochnische, Verkauf regionaler Produkte, HP, Biwakmöglichkeit. **Gîte d'étape d'Aunac:** Tel. +33 (0)5 61 66 82 15, domaine-aunac.fr, ganzjährig, 25 B in DZ/MBZ, 6 Zeltstellplätze, Aufenthaltsraum, Waschmaschine, Trockner, Gepäcktransport, lokale Produkte.
Cabanes: Cabane d'Aouen, Eingang am rückseitigen Giebel, 4 P auf Bettgestell mit Matratze, Tisch, Kamin, Wasser am Bach. **Cabane de Taus** (ca. 500 m südlich des GR 10), 8 P auf Holzplattform und im Obergeschoss einige Matratzen,

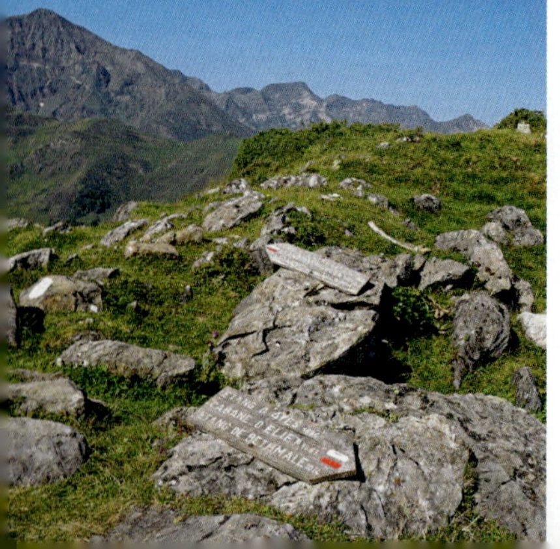

Am Col de Laziès.

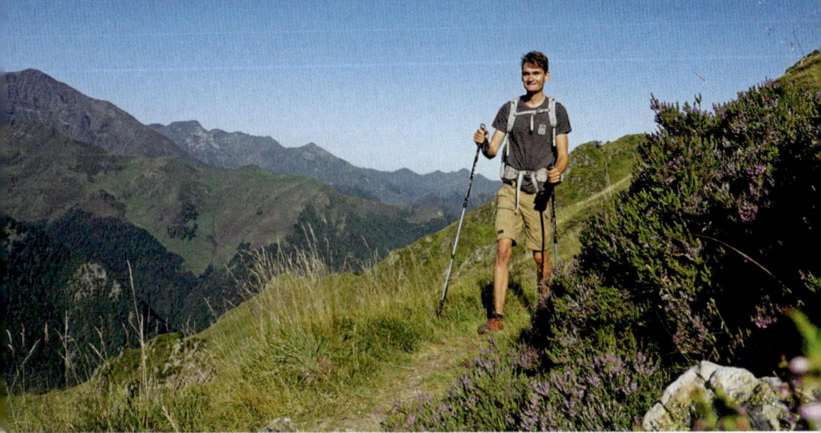

Aussichtsreicher Höhenweg zwischen Cap des Lauses und Col de Laziès.

Tisch, Stühle. **Cabane du Col d'Eliet** (bei ❺ 200 m östlich des GR 10), 6 P im Obergeschoss, Tisch, Bänke, Kamin, Quelle in Hüttennähe. **Cabane de Tariolle**, 10 P auf doppelstöckiger Plattform, einige Matratzen, Tisch, Stühle.

Zeltmöglichkeit: Exponiert am Col de Laziès, geschütztere Stellen bei der Viehtränke kurz danach. Am Étang d'Ayes. Bei der Cabane de Tariolle ❼.

Einkauf: In der Gîte d'étape d'Esbintz und der Gîte d'étape d'Aunac Verkauf von lokalen Produkten.

Wasser: Bei der Gîte d'étape d'Esbintz Wasserhahn, davor ausschließlich aus Flüssen und Bächen (Wasser evtl. behandeln).

ÖPNV: Keine Möglichkeit.

Information: Keine.

Hinweise: 1. Zeltverbot aufgrund von Felssturzgefahr am Col d'Auédole.
2. Da die Gîte d'étape d'Aunac nicht direkt am GR 10 liegt, muss gut auf das entsprechende Hinweisschild geachtet werden, um den Abzweig nicht zu verpassen.

Karte: IGN 6 Couserans.

Von der **Maison du Valier** ❶, 926 m, aus gehen wir hinunter zum Fluss und wechseln über eine Holzbrücke und zwei kleinere Stege an das linke Ufer. Dort wandern wir taleinwärts. Auch hier finden sich gute Zeltmöglichkeiten. An einem markierten Abzweig auf einer kleinen Lichtung biegt der GR 10 auf einen nach links ansteigenden Pfad ab. Wir überqueren zwei Bachläufe und steigen anschließend in Serpentinen ein enges Tal hinauf. Der Pfad schlängelt sich durch den mit Felsbrocken durchsetzten Wald und an Wasserfällen vorbei. Dann verlassen wir den Wald und erreichen freies Weidegelände. Nach der Überquerung eines breiten Bachs treffen wir auf den **Abzweig** zur **Cabane d'Aouen** ❷, 1616 m. Diese kann nach links weglos nach ca. 100 m erreicht werden.

Der GR 10 führt in Serpentinen hinauf zum **Cap des Lauses** ❸, 1892 m. Zur **Cabane de Taus** folgt man nach rechts dem Pfad ca. 500 m entlang der Bergflanke. Wir aber gehen auf dem Pfad nach links weiter.

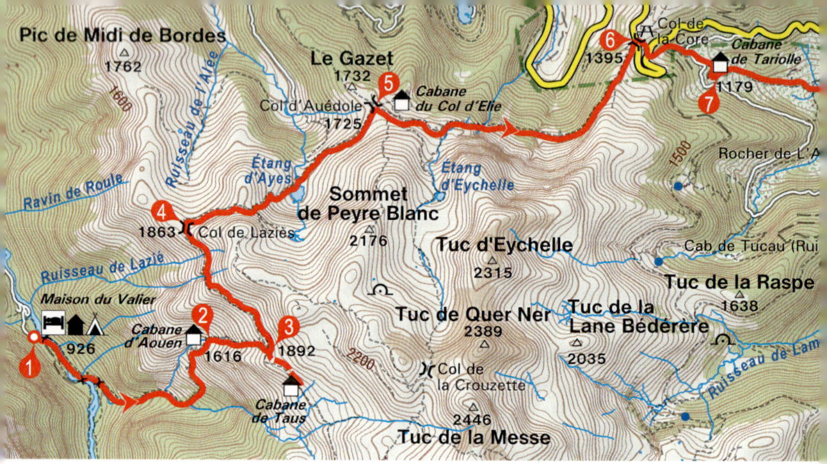

In stetem Auf und Ab wandern wir den Hang querend zum **Col de Laziès** 4, 1863 m, wo auch ausgesetzte Zeltmöglichkeiten zu finden sind. Auf der anderen Seite des Passes treten die Pyrenäen nun wesentlich gemäßigter und weniger steil und schroff in Erscheinung. Nachdem wir den Col überquert haben, steigt der Pfad ein kurzes Stück ab. Bei einer Viehtränke befinden sich noch einmal wesentlich geschütztere Möglichkeiten zum Zelten. Schon bald wendet sich der Pfad nach rechts und beginnt erneut anzusteigen. Wir passieren einen weiteren kleinen Übergang und können

Der grünlich schimmernde Étang d'Ayes.

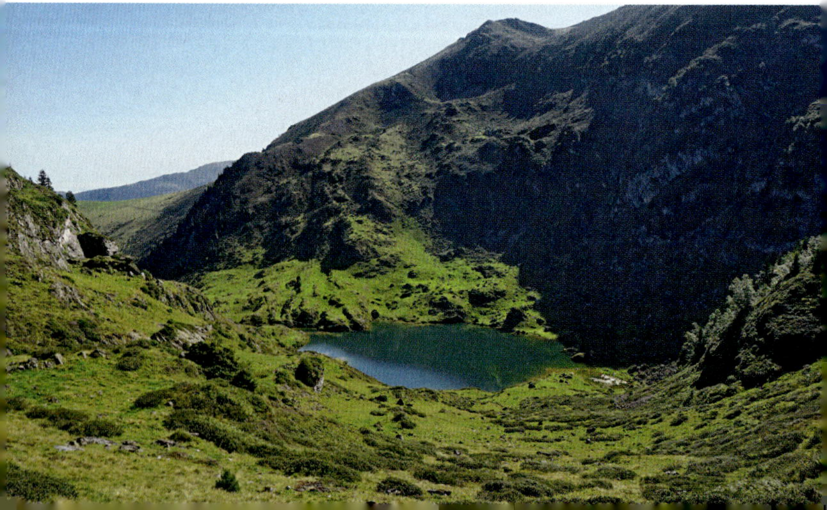

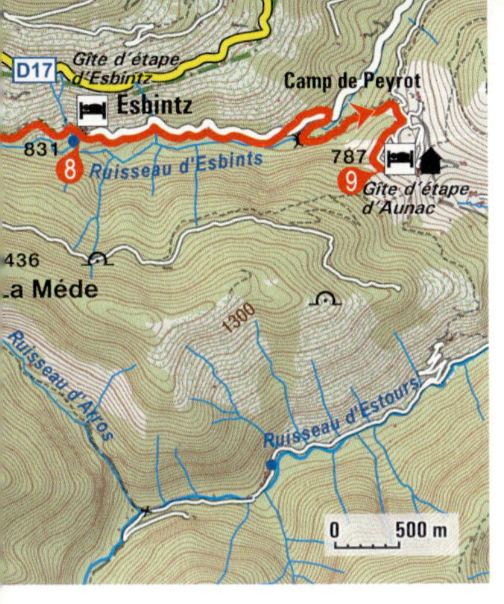

von dort aus bereits den vor uns liegenden, grünlich schimmernden **Étang d'Ayes**, 1694 m, erkennen, in dessen Richtung wir absteigen. Der Pfad verläuft etwas links oberhalb des Sees und überquert über Steine den Abfluss. Nach dem See passieren wir eine nicht gefasste Quelle, dann geht es hinauf zum **Col d'Auédole** 5, 1725 m. Der Wiesenpfad wendet sich hier nach rechts. Links unten ist die **Cabane du Col d'Eliet** zu erkennen, die ca. 200 m östlich des Sattels liegt. Der aussichtsreiche Höhenpfad führt über ein grasiges Hochplateau, wo hervorragend gezeltet werden kann. Am Abzweig wählen wir den Pfad nach links und wandern zum **Col de la Core** 6, 1395 m, der mit seinen Picknickbänken zu einer Rast einlädt. Auch ein Parkplatz befindet sich hier. Von Westen trifft aus Bonac kommend der GR 10E (vgl. Etappe 31Va) auf den GR 10. Der GR 10D (vgl. Etappe 31Vb) setzt sich nach rechts auf der Passstraße fort.

Wir überqueren die Passstraße und kommen zu einem Wegweiser, der den Weg durch ein Viehgatter hindurch anzeigt. Der Pfad verläuft durch Farnwiesen und trifft erneut auf die Passstraße. Auf der gegenüberliegenden Seite wandern wir auf dem etwas breiteren erdigen Weg nach links, um anschließend nach rechts auf einem Pfad weiter abzusteigen. Wir treffen auf einen Schotterweg und gehen nach rechts weiter. Am nächsten Wegweiser halten wir uns geradeaus auf den absteigenden der beiden Wiesenpfade. Dieser bringt uns zur **Cabane de Tariolle** 7, 1179 m, vor der man auch zelten kann. Nun schlängelt sich der Wiesenpfad durch mannshohen Farn. Wir gehen durch einen Viehzaun, ignorieren einen eingewachsenen

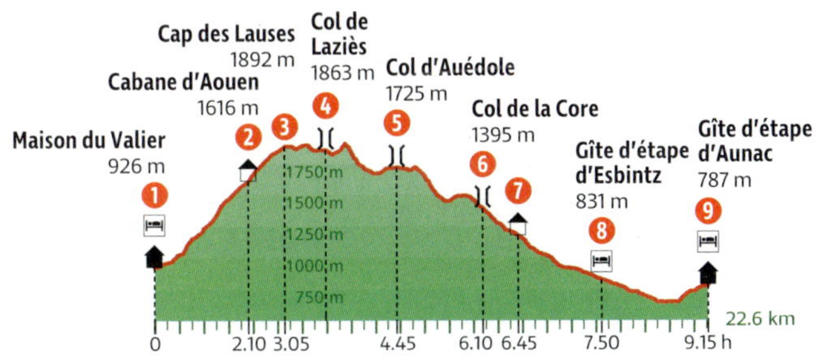

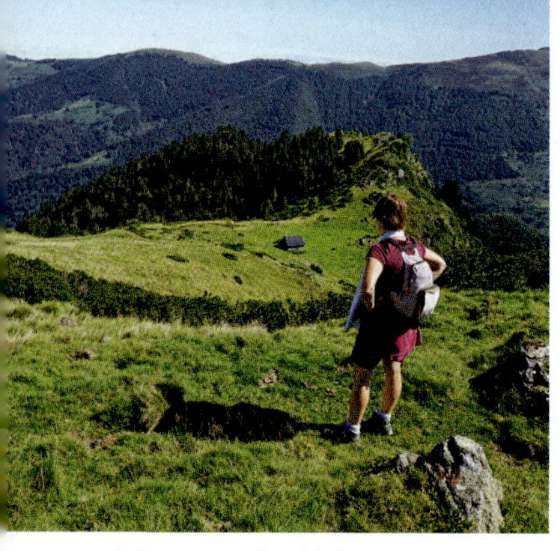

Blick vom Col d'Auédole.

abzweigenden Pfad und wählen am darauffolgenden Abzweig nach rechts den Wiesenpfad. Dieser führt zurück in den Wald, überquert zwei Bachläufe und verläuft dann aussichtsreich entlang eines Weidezauns. Nach der Überquerung eines weiteren Baches erreichen wir eine kleinere Häuseransammlung mit der **Gîte d'étape d'Esbintz** 8, 831 m, die sich ein Stück geradeaus befindet. Der GR 10 biegt hingegen nach rechts ab und leitet uns weiter zu einem Schotterweg. Dieser geht in eine schmale Straße über, der wir bergab folgen. Wir passieren einen Schlauch mit Wasserhahn und kommen zu einem Abzweig, an dem wir scharf rechts einen breiten Erdweg einschlagen. Der Weg führt an einem Schuppen vorbei hinunter zum Ruisseau d´Esbints, den wir auf einer Holzbrücke überqueren. Auf der gegenüberliegenden Seite wandern wir nach rechts auf einem schmalen Waldpfad am Bach entlang. Der Pfad überquert einen breiten Wiesenweg und trifft auf ein Sträßchen, an dem wir nach rechts gehen. An der nächsten Kreuzung zweigt der GR 10 scharf links ab. Um zur Etappenunterkunft zu gelangen, nehmen wir jedoch die Straße halb rechts und erreichen nach ca. 10 Min. die **Gîte d'étape d'Aunac** 9, 787 m.

In der Cabane de Tariolle gibt es auch Tisch und Stühle..

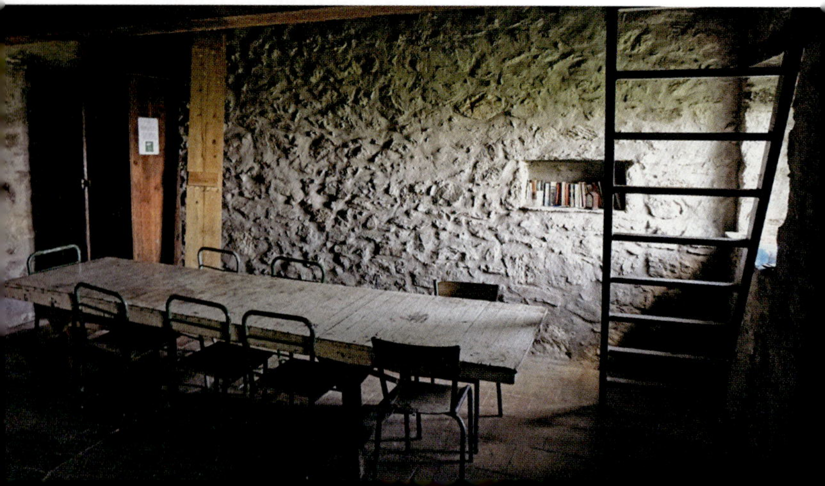

6.15 h	15,8 km
↗ 770 m	↘ 1060 m

Eylie-d'en-Haut – Bonac

30V

Auf dem GR 10E nach Bonac

Mit der alternativen Wegführung des GR 10E über Bonac können die beiden langen Etappen 30 und 31 mit Zwischenstopp in der Maison du Valier umgangen werden. Dank der Gîte d'étape Le Relais Montagnard in Bonac kann die Variante problemlos von Wandernden begangen werden, die eine Übernachtung in bewirtschafteten Unterkünften bevorzugen. Dass mit dem GR 10E die Hauptroute verlassen wird, ist leider aufgrund der Wegqualität sofort spürbar. Anders als gewohnt ist der Weg oft in schlechtem Zustand, stark eingewachsen und hat eine Querneigung, die das Vorwärtskommen erschwert. Zumindest die rot-weißen Markierungen bleiben weiterhin zuverlässige Begleiter und machen diese Variante des GR 10 zu einer lohnenswerten Alternative.

Ausgangspunkt: Eylie-d'en-Haut, 990 m, Gîte d'étape.
Anforderungen: Pfad überwiegend in schlechtem Zustand mit starkem Bewuchs und oft mit Querneigung, dadurch Rutschgefahr. Auf einigen ausgesetzten Passagen Trittsicherheit erforderlich.
Einkehr: In Bonac in der Gîte d'étape Le Relais Montagnard (s. Unterkunft).
Unterkunft: Bonac: Gîte d'étape Le Relais Montagnard (am GR 10), Tel. +33 (0)9 51 26 79 55 oder (0)7 68 90 78 96, relais-montagnard.org, März–Dez., 26 B in DZ/ Schlafsaal, Aufenthaltsraum, SV-Küche, kl. LM-Verkauf, HP. **Seintein** (abseits des GR 10, s. Hinweis): Camping municipal La Grange, Tel. +33 (0)5 61 96 18 74, Juli–Aug., 48 SP.
Cabanes: Cabane des Cassaings, 5 P auf Holzplattform im Obergeschoss, Tisch, Bänke. **Cabane de l'Araing**, 3 P im Obergeschoss.
Zeltmöglichkeit: Am Col des Cassaings.
Einkauf: In Bonac in der Gîte d'étape kleiner LM-Verkauf. In Sentein LM-Geschäft.
Wasser: Unterwegs ausschließlich aus Bächen (aufgrund niedriger Höhenlage das Wasser unbedingt behandeln). In Bonac Wasserhahn direkt nach der Flussüberquerung.
ÖPNV: Buslinie 455: unregelmäßige Verbindung von Bonac in Richtung Sentein bzw. Saint-Girons (nur während der Schulzeit). Infos: Tel. +33 (0)8 00 08 13 65, lio.laregion.fr.
Information: Sentein, Tel. +33 (0)5 61 96 72 64, tourisme-couserans-pyrenees.com.
Hinweis: Sentein (Campingplatz, Lebensmittelgeschäft, Tourist-Info) befindet sich rund 2 km westlich von Bonac (der D4 nach links flussaufwärts folgen).
Tipp: Aufgrund üppiger Vegetation (viele Brennnesseln) lange Hose empfehlenswert.
Karte: IGN 6 Couserans.

An der Gîte d'étape von **Eylie-d'en-Haut** ❶, 990 m, wenden wir uns nach rechts und gehen auf dem Pfad bergab. Vorbei an der kostenlosen Aire de bivouac gelangen wir zum Fluss Lez, den wir auf einer Holzbrücke überqueren. Danach folgen wir der Schotterpiste ein kurzes Stück nach rechts, um dann sofort nach links auf einen schmalen Pfad abzubiegen. Dieser steigt zunächst in einigen Serpentinen im Wald bergan und quert dann

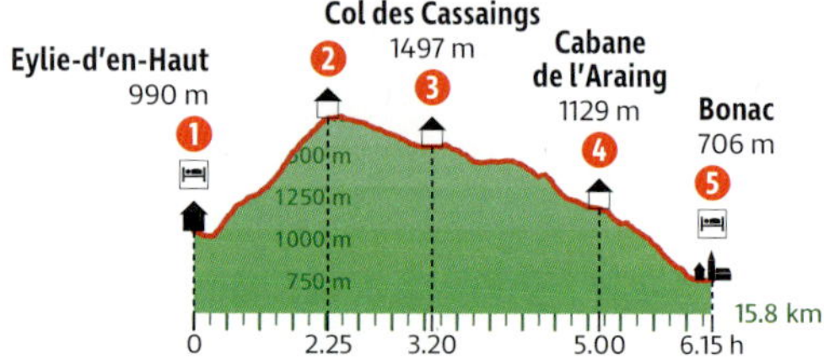

durch dichten Farn den Hang. Nach der Überquerung eines Baches führt der Weg zurück in bewaldetes Gelände und windet sich erneut in Serpentinen den Hang hinauf. Nachdem wir den schattigen Wald endgültig verlassen haben, kommen wir auf freiem Gelände zu einer Gabelung bei einem kleinen **Notunterstand** ❷, 1668 m, aus Stein. Nach rechts biegt die Hauptroute des GR 10 (Etappe 30) in Richtung Col de l'Arech ab.

Wir folgen ab hier geradeaus dem Verlauf des GR 10E. Schon bald nimmt die Wegqualität merklich ab. Der eingewachsene Pfad überquert einen Bach und passiert die Überreste einer Materialseilbahn. Die Querneigung des Weges erschwert das Vorankommen; zudem herrscht bei Nässe Rutschgefahr. Relativ eben gelangen wir zum **Col des Cassaings** ❸, 1497 m, wo sich auch die gleichnamige Cabane befindet. Im Bereich der Nothütte kann gezeltet werden.

Wir gehen auf dem Pfad durch die Viehgatter und an der Cabane vorbei. Immer wieder müssen felsige Passagen überwunden werden, dann ist der Pfad wieder stark eingewachsen. Wir treten in den Wald ein und folgen dem kurvigen Pfad leicht bergan. Nach gut 1.30 Std. treffen auf einen Abzweig, an dem wir nach rechts abbiegen. Nach einem Anstieg von wenigen Metern passieren wir die etwas höher gelegene, leicht verdeckte **Cabane de l'Araing** ❹, 1129 m. Anschließend beginnt der Weg an Höhe zu verlie-

Tierische Bekanntschaft am Weg.

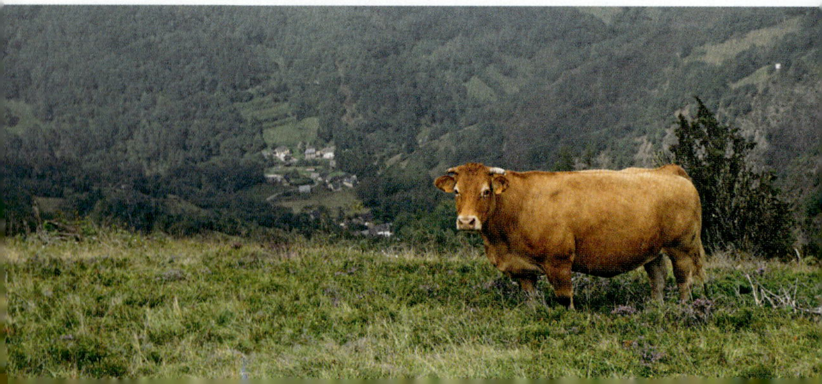

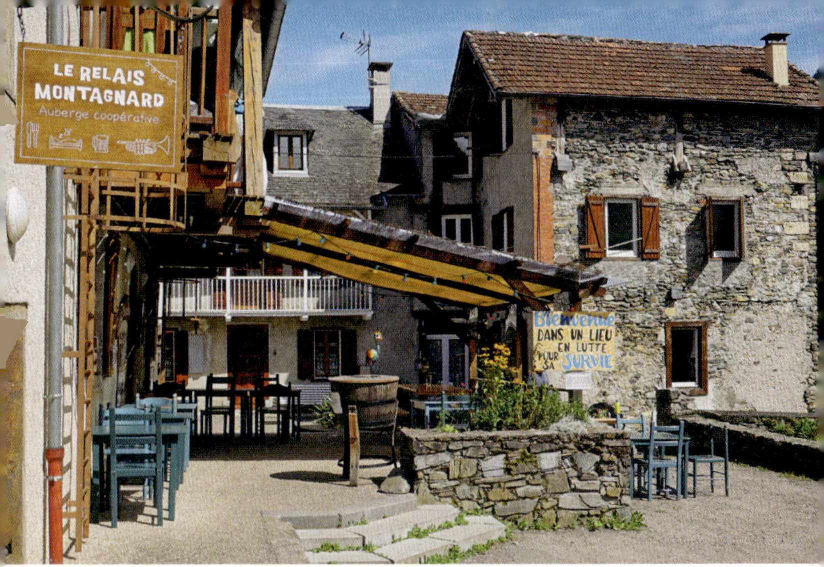

Die genossenschaftliche Gîte d'étape Le Relais Montagnard in Bonac.

ren. In einem Bogen wendet er sich nach links und wir kommen an einem alten Stall und einer Ruine vorbei. Bei einem ehemaligen Bauernhof überqueren wir ein Schottersträßchen und gelangen über den Pfad zu einem weiteren Schotterweg, dem wir nach rechts abwärts folgen. Nach der Aire de Camping Car, an der jedoch nicht gezeltet werden kann, überqueren wir den Fluss Lez über eine Brücke. Wir passieren einen Wasserhahn und überqueren die Hauptstraße des Ortes.
Direkt hinter der Kirche von **Bonac** 5, 706 m, liegt die Gîte d'etape Le Relais Montagnard.

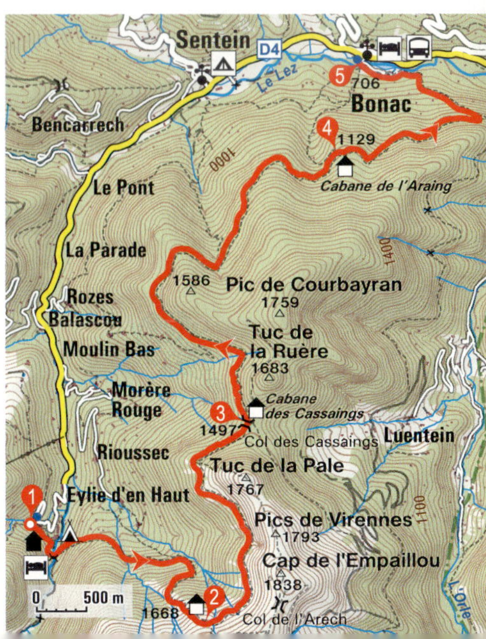

31Va Bonac – Gîte d'étape d'Aunac

9.45 h	28,2 km
↗1320 m	↘1240 m

Tieflandvariante von Bonac zum Col de la Core

Bei der Fortführung der zweitägigen Alternativroute über den GR 10E dürfen wir uns auf sprudelnde Bäche, hübsche Dörfer und angenehme Waldpfade freuen. Ganz untypisch für den GR 10 treffen wir hier auch des Öfteren auf ebene Teilstücke, die ab und zu entlang von Straßen verlaufen. Am Col de la Core, 1395 m, trifft der GR 10E schließlich wieder auf die Hauptroute, über die wir weiter bis zur Gîte d'étape d'Aunac gelangen. Alternativ kann man ab dem Col de la Core mit Etappe 31Vb direkt zur Piste d'Estours absteigen und dort an Etappe 32 anknüpfen.

Ausgangspunkt: Bonac, 706 m, Gîte d'étape Le Relais Montagnard.
Anforderungen: Bis zum Col de la Core angenehme, teils steile, mitunter eingewachsene Waldpfade, danach einfachere, breitere, jedoch ebenfalls teils eingewachsene und matschige Wege, Markierungen mitunter schwach.
Einkehr: In Ourjout (300 m nördlich von Les Bordes-sur-Lez) Le Nomade, Tel. +33 (0)6 49 56 68 36, lenomade-restaurant.fr.
Unterkunft: Ayet (500 m nördlich des GR 10): Le Petit Refuge, Tel. +33 (0)9 67 03 60 83 oder +33 (0)6 31 32 96 42, lepetitrefuge.com, ganzjährig, 1 EZ, 2 DZ, Abendessen, Frühstück, LP. **Gîte d'étape d'Esbintz:** Tel. +33 (0)9 63 64 15 96, gite-ferme-esbintz.fr, Mai–Nov., 11 B im Schlafsaal, Aufenthaltsraum, Kochnische, Verkauf regionaler Produkte, HP, Biwakmöglichkeit. **Gîte d'étape d'Aunac:** Tel. +33 (0)5 61 66 82 15, domaine-aunac.fr, ganzjährig, 25 B in DZ/MBZ, 6 Zeltstellplätze, Aufenthaltsraum, Waschmaschine, Trockner, HP, Abendessen, Frühstück, Gepäcktransport, lokale Produkte.
Cabanes: Cabane de Tariolle, 10 P auf doppelstöckiger Plattform, einige Matratzen.
Zeltmöglichkeit: Bei der Cabane de Tariolle.
Einkauf: In der Gîte d'étape d'Esbintz und in der Gîte d'étape d'Aunac Verkauf von lokalen Produkten.
Wasser: In Balacet Wasserhahn und Quelle. In Uchentein, in Les Bordes-sur-Lez (dort auch WC) und in Ourjout Brunnen (Wasser nicht kontrolliert, evtl. behandeln). Am Étang de Bethmale WC mit nicht kontrolliertem Wasser. An der Gîte d'étape d'Esbintz.
ÖPNV: Buslinie 455: unregelmäßige Verbindung ab Uchentein und Les Bordes-sur-Lez in Richtung Sentein bzw. Saint-Girons (nur während der Schulzeit); Infos: Tel. +33 (0)8 00 08 13 65, lio.laregion.fr.
Information: Les Bordes-sur-Lez, Tel. +33 (0)5 61 96 72 57.
Hinweis: Zeltverbot am Étang de Bethmale.
Karte: IGN 6 Couserans.

Vor der Gîte d'étape Le Relais Montagnard in **Bonac** ❶, 706 m, halten wir uns nach rechts oben. Die schmale Straße geht in einen Pfad über, der entlang eines Baches aus dem Dorf hinausführt. Dann steigt er im Wald steil an. Wir gehen durch einen Viehzaun und treffen auf einen Wiesenweg, der uns schräg rechts zu einem Sträßchen bringt. Auf diesem nach links gelangen wir zügig hinauf in den kleinen Ort **Balacet** ❷, 912 m. Nach

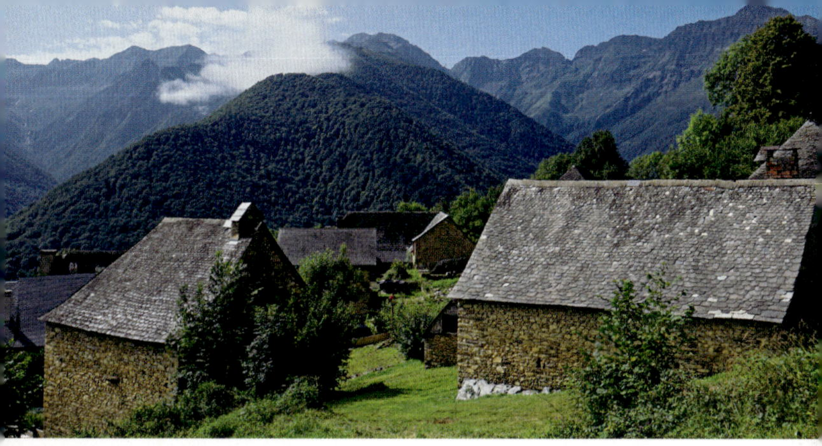

Steinhäuser in Uchentein.

der Kirche kürzen wir die Hauptstraße geradeaus auf einer Einbahnstraße (mit Wasserhahn) ab. Dann verlassen wir den Ort nach rechts, passieren eine Quelle und lassen den Abzweig zu einem 15 Min. entfernten Aussichtspunkt links liegen. Im Nachbardorf **Uchentein** 3, 973 m, kommen wir an einer Viehtränke, der Kirche und dem Rathaus mit schöner Aussichtsbank vorbei. Knapp 100 m nach der folgenden Rechtskurve biegen wir nach links auf eine Schotterpiste ab, die gut markiert zwischen zwei Steinhäusern hindurchführt. Wir passieren ein Waschhäuschen ohne Trinkwasser und einen Bauernhof. Danach beginnt die Piste an Höhe zu verlieren. Bevor der Schotterweg wieder ansteigt, biegen wir nach rechts auf einen Pfad ab. Steil bergab überqueren wir zwei Bäche und eine schmale Straße. An der Kreuzung kurz darauf folgen wir der breiten, unteren Straße (D4) nach links. Über eine Brücke gelangen wir in das Dorf **Les Bordes-sur-Lez** 4, 563 m. Direkt nach dem Ortseingang passieren wir eine Quelle (Wasser nicht kontrolliert) und gehen an der Straße weiter zu einem Trinkwasserbrunnen mit einigen Bänken und WC. Geradeaus gelangt man in wenigen Minuten nach Ourjout (Restaurant und WC).

Der GR 10 zweigt jedoch direkt nach der Brücke rechts ab. Bei einem Schuppen in einer kleinen Siedlung biegen wir erneut nach rechts ab und gehen entlang eines Steinmäuerchens auf dem Wiesenpfad weiter. Wir überqueren einen Bach über eine Holzbrücke und treffen nach wenigen Metern auf einen Querweg, dem wir nach rechts folgen. An der Gabelung kurz darauf halten wir uns auf einen nach links ansteigenden felsigen Pfad. An einer weiteren Gabelung im Wald biegen wir wieder nach links ab und kommen an zwei alten Ställen vorbei. Steil bergan treffen wir erneut auf eine Gabelung. Hier nehmen wir den breiten Erdweg nach links an einem Kanal entlang. Der Weg überquert ein Sträßchen, passiert einige Häuser und geht in einen Waldpfad über. Wir gehen über eine eingezäunte Weide und überqueren einen Bach über Steine. Der Pfad verläuft links des Kanals weiter und über einen Schotterweg. Danach leitet uns der Pfad zurück in den Wald. Dazwischen haben wir immer wieder eine schöne Sicht auf das unter uns liegende Tal. Bei einem allein stehenden Haus treffen wir auf den **Abzweig ⑤**, 740 m, zum **Petit Refuge** im 500 m entfernten **Ayet**.

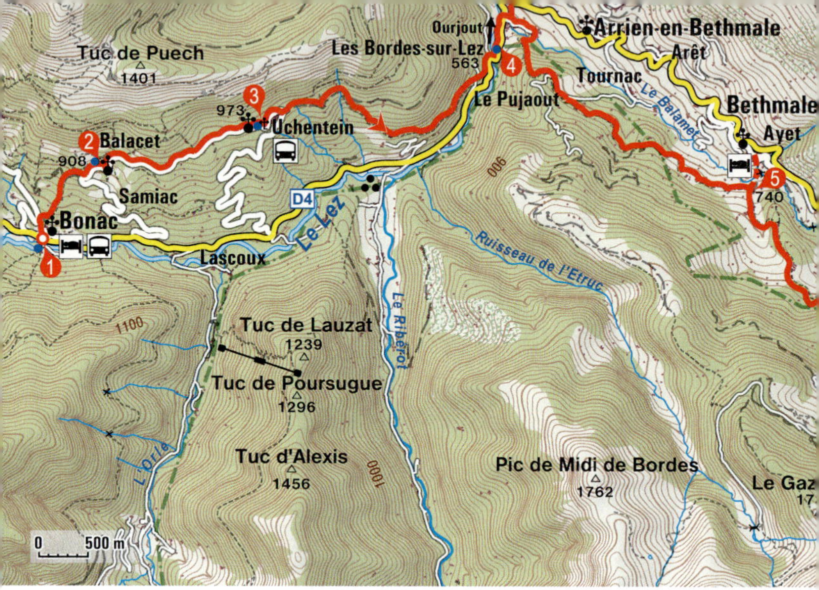

Unser GR 10E verlässt jedoch den Kanal nach rechts oben auf einem Naturweg. In einer Rechtskurve gehen wir geradeaus auf einem Wiesenpfad in den Wald. Der Pfad überquert einen Bach und beginnt anschließend steil anzusteigen. Wir treffen auf einen Querpfad, auf dem wir nach rechts bergan gehen. Der Pfad führt auf freies Weidegelände. Am Abzweig bei drei Schuppen geht es geradeaus auf einem Wiesenweg wieder in den Wald. Wir überqueren einige Bachläufe und passieren mehrere Viehgatter. So erreichen

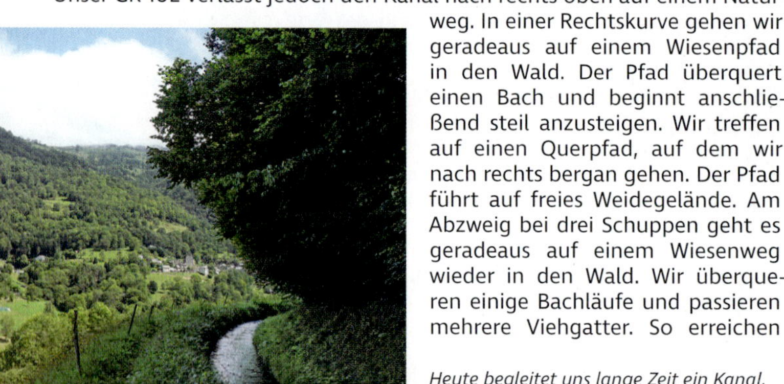

Heute begleitet uns lange Zeit ein Kanal.

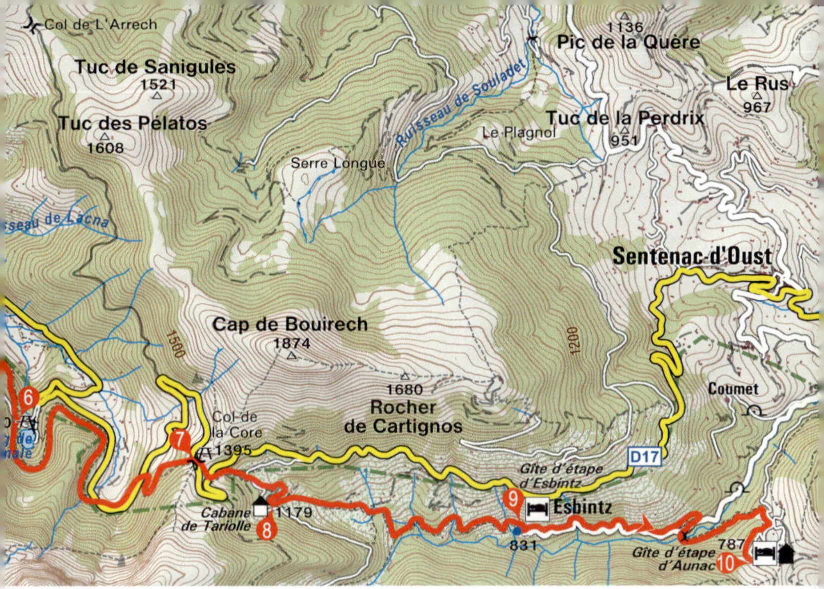

wir den Parkplatz am **Étang de Bethmale** 6, 1060 m. Auf der Straße nach links hinunter gelangt man zu öffentlichen Toiletten. Der GR 10 führt nach rechts zu einer Rechtskurve. Davor biegen wir nach links auf einen ansteigenden Pfad ab. Wir passieren Picknickbänke und halten uns anschließend sofort rechts. Unter uns können wir den grün schimmernden See erkennen. Der Pfad steigt an und führt so vom See weg. Wir treffen auf die D17 und folgen ihr gut 500 m bergan. An einem markierten Abzweig verlassen wir die Straße nach scharf rechts und steigen auf dem steilen Pfad zum **Col de la Core** 7, 1395 m, auf, der mit seinen Picknickbänken zu einer Rast einlädt. Auch ein Parkplatz befindet sich hier und der von der Maison du Valier kommende GR 10 (vgl. Etappe 31) trifft zu uns. Der GR 10D (vgl. Etappe 31Vb) setzt sich nach rechts auf der Passstraße fort.

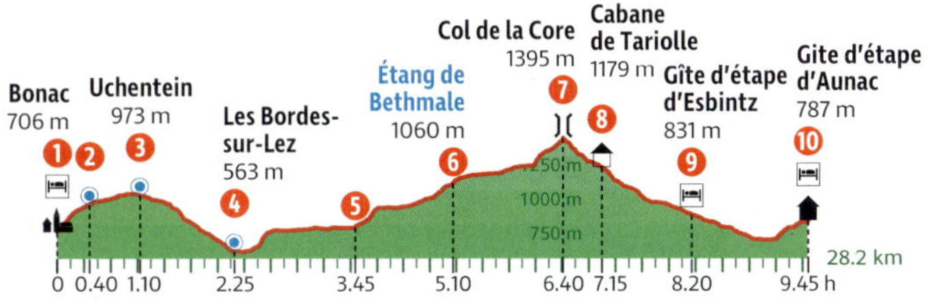

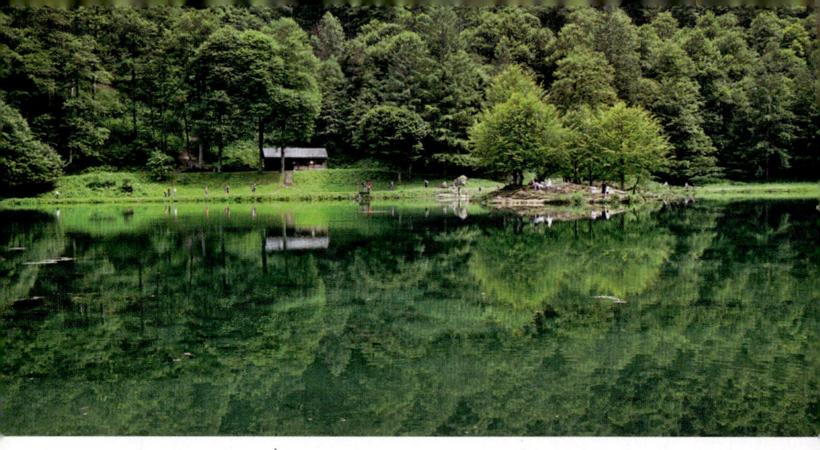

Der grün schimmernde Étang de Bethmale.

Wir überqueren die Passstraße und kommen zu einem Wegweiser, der den Weg durch ein Viehgatter hindurch anzeigt. Der Pfad verläuft durch Farnwiesen und trifft erneut auf die Passstraße. Auf der gegenüberliegenden Seite wandern wir auf dem etwas breiteren erdigen Weg nach links, um anschließend nach rechts auf einem Pfad weiter abzusteigen. Wir treffen auf einen Schotterweg und gehen nach rechts weiter. Am nächsten Wegweiser halten wir uns geradeaus auf den absteigenden der beiden Wiesenpfade. Dieser bringt uns zur **Cabane de Tariolle** 8, 1179 m, vor der man auch zelten kann. Nun schlängelt sich der Wiesenpfad durch mannshohen Farn. Wir gehen durch einen Viehzaun, ignorieren einen eingewachsenen abzweigenden Pfad und wählen am darauffolgenden Abzweig nach rechts den Wiesenpfad. Dieser führt zurück in den Wald, überquert zwei Bachläufe und verläuft dann aussichtsreich entlang eines Weidezauns. Nach der Überquerung eines weiteren Baches erreichen wir eine kleinere Häuseransammlung mit der **Gîte d'étape d'Esbintz** 9, 831 m, die sich ein Stück geradeaus befindet. Der GR 10 biegt hingegen nach rechts ab und leitet uns weiter zu einem Schotterweg. Dieser geht in eine schmale Straße über, der wir bergab folgen. Wir passieren einen Schlauch mit Wasserhahn und kommen zu einem Abzweig, an dem wir scharf rechts einen breiten Erdweg einschlagen. Der Weg führt an einem Schuppen vorbei hinunter zum Ruisseau d´Esbints, den wir auf einer Holzbrücke überqueren. Auf der gegenüberliegenden Seite wandern wir nach rechts auf einem schmalen Waldpfad am Bach entlang. Der Pfad überquert einen breiten Wiesenweg und trifft auf ein Sträßchen, an dem wir nach rechts gehen. An der nächsten Kreuzung zweigt der GR 10 scharf links ab. Um zur Etappenunterkunft zu gelangen, nehmen wir jedoch die Straße halb rechts und erreichen nach ca. 10 Min. die **Gîte d'étape d'Aunac** 10, 787 m.

4.15 h	11,6 km
↗ 300 m	↘ 1020 m

Col de la Core – Piste d'Estours

31Vb

GR 10D – Auf direktem Weg ins Estours-Tal

Wer die Übernachtungs- und Einkaufsmöglichkeiten der Gîtes d'etape d'Esbintz und d'Aunac sowie in Seix nicht benötigt, hat mit dem GR 10D die Möglichkeit einer Direktvariante. Ab dem Col de la Core, 1395 m, führt die landschaftlich sehr schöne Alternativroute durch den Wald und über Almgelände mit zahlreichen Schäferhütten hinunter ins Estours-Tal. Hier treffen wir wieder auf die Hauptroute in Richtung Cabane d'Aula und Rouze (vgl. Etappe 32).

Ausgangspunkt: Col de la Core, 1395 m.
Anforderungen: Überwiegend Pfade, meist gut begehbar; bei Nässe matschig und rutschig. Einige wenige Steilstufen am Abstieg von der Cabane de Lameza. Obwohl es sich um eine Variante handelt, ist der Weg sehr gut markiert (rot-weiße Metallplättchen), einzig im Bereich der Cabane de la Subera ist die Markierung uneindeutig.
Einkehr: Keine.
Unterkunft: Keine.
Cabanes: **Cabane de Luzurs**, 6 P im Obergeschoss, einige Matratzen, Tisch, Bänke; im Sommer teilweise von Hirten bewohnt. **Cabane de la Subera**, ein Teil für Wandernde, ca. 10 P auf Holzplattform, Tisch, Bank.
Zeltmöglichkeit: Zwischen Col de la Core und Cabane de Luzurs. Im Bereich der Cabane de Subera und der Cabane de Lameza sowie am Abstieg danach im Bereich des Bachs.
Einkauf: Keine Möglichkeit.
Wasser: Bei der Cabane de Luzurs. Rechts oberhalb der Cabane de Casabède. Bei der Cabane de la Subera.
ÖPNV: Keine Möglichkeit.
Information: Keine.
Karte: IGN 6 Couserans.

Am **Col de la Core** ❶, 1395 m, folgen wir der Passstraße bergab bis zur ersten Linkskehre. Hier biegen wir nach rechts auf einen Naturweg ab, gehen durch ein Gatter und kommen an einer guten Zeltmöglichkeit vorbei. Wir wandern den Hang querend auf dem Waldweg weiter und gelangen zu einer Kreuzung, an der wir geradeaus den schmalen Pfad nehmen. Kurz nach einem Holzgatter verlassen wir den Pfad nach rechts und steigen einige Meter steil hinauf zu einer Lichtung. Dort befindet sich der Abzweig zur

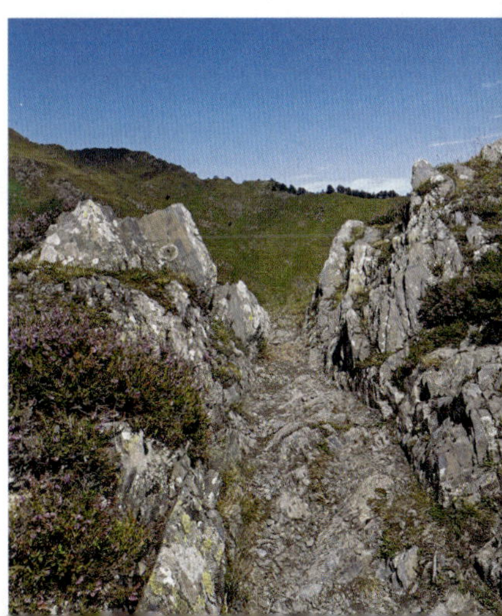

Felsiger Übergang am Col de Soularil.

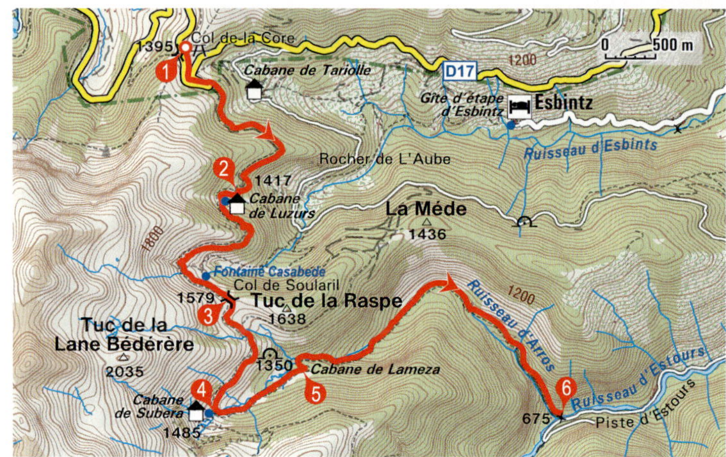

Cabane de Luzurs ❷, 1417 m, die gut 70 m links liegt. Auch einige gute Zeltmöglichkeiten sind dort zu finden.
Der GR 10D setzt sich jedoch oberhalb der Cabane geradeaus fort. Der Pfad schlängelt sich durch den von Felsen durchsetzten Wald empor. Wir verlassen den Wald und erreichen freies Almgelände. Den Hang weiter querend gelangen wir zur **Cabane de Casabède**, 1558 m. Auch hier kann gezeltet

Herrliches Panorama im mittleren Teil der Etappe.

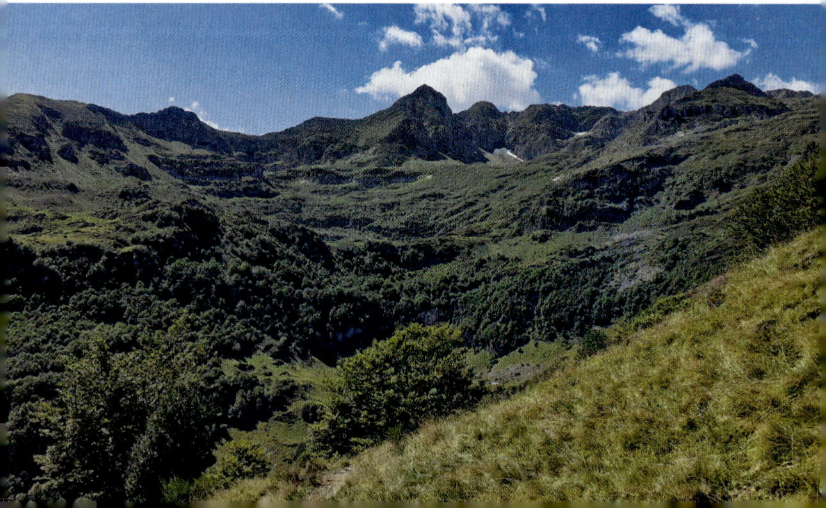

werden. Wir folgen dem Almpfad hinauf zum **Col de Soularil** 3, 1579 m. Von dort aus steigen wir auf einem nicht immer eindeutig erkennbaren, jedoch gut markierten Pfad wieder ein Stück ab. Wir überqueren einen kleinen Bach und gelangen zum markierten **Abzweig** zur **Cabane de Subera** 4, 1485 m. Diese befindet sich ca. 200 m rechts des Wegs. Auf dem Almgelände im Bereich der Cabane und auch des Abzweigs kann gut gezeltet werden.

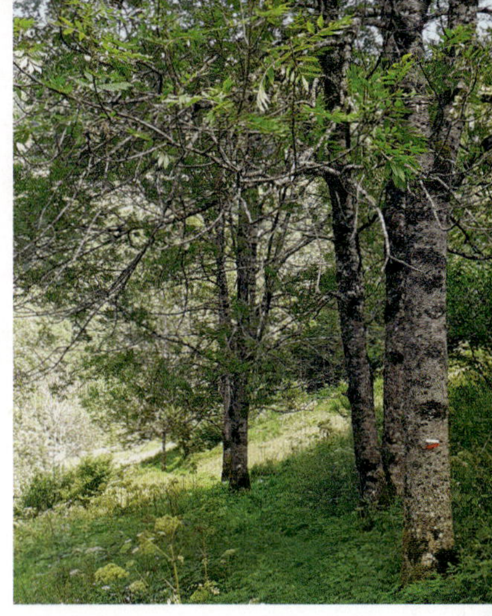
Wegmarkierung.

Ab hier ist der Weg nun teilweise undeindeutig und nur schwer zu finden. Nach dem Abzweig halten wir uns links und überqueren einen glasklaren Bach. Dahinter folgen wir einer kaum sichtbaren Pfadspur bergab und halten uns dabei immer etwas rechts oberhalb des Bachs. In Bachnähe befinden sich zahlreiche Zeltmöglichkeiten. Wir überqueren mehrere kleine Nebenbäche und gelangen zur verschlossenen **Cabane de Lameza** 5, 1350 m.

Kurz danach geht es leicht links haltend wieder in den Wald hinein. Wir steigen durch einige Serpentinen ab und folgen anschließend dem oberhalb des Flusses verlaufenden Pfad weiter abwärts. Dabei sind einige steilere Abschnitte zu bewältigen. Wir verlassen den Wald und wandern auf dem relativ ebenen Wiesenpfad weiter. Nachdem wir zurück in den Wald gelangt sind, wechseln wir über eine kleine Holzbrücke ans linke Ufer. Vorbei an einer kleinen Hütte steigen wir zu einem breiteren Forstweg ab, der uns steil bergab zum Betonhaus eines Wasserkraftwerks bringt. Auf einem Metallsteg überqueren wir den Ruisseau d'Estours und erreichen die **Piste d'Estours** 6, 675 m. Hier trifft der GR 10D auf Etappe 32.

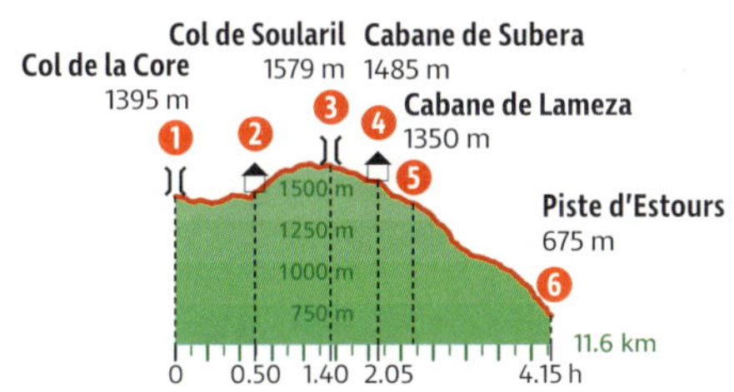

32 Gîte d'étape d'Aunac – Gîte d'étape de Rouze

11.15 h | 30,1 km | ↗1750 m | ↘1580 m

Wahrzeichen des Ariège: durch den Parc Naturel du Mont Valier

Ganz ungewohnt verläuft die heutige Etappe tatsächlich einmal etwas öfter über breitere Forstwege und kleine Straßen. Da wir zwischendurch aber immer wieder auch auf schmalen Pfaden und Steigen unterwegs sind und dabei mit herrlichen Ausblicken belohnt werden, überwiegt letztlich doch die positive Seite. Neben den Wasserfällen bleibt dabei in besonderer Weise die Aussicht auf den mit zahlreichen Gipfeln bestückten Felsenkranz im Gedächtnis. Mit seinen 2838 m sticht der Mont Valier, das Wahrzeichen des Ariège, deutlich hervor. Am Abstieg von der Bouche d'Aula bringen mehrere kleine Ansammlungen von Häusern etwas Abwechslung in den zum Teil eintönigen Streckenverlauf. Nach dem kleinen, verschlafenen Ort Couflens haben wir es schließlich nicht mehr weit. Ein letzter Anstieg und wir haben die Gîte d'étape de Rouze erreicht. Die von einem Deutschen und einem Niederländer gemeinsam geführte Unterkunft und Ferme setzt ganz auf lokale und biologische Erzeugnisse. Selbst hergestellter Ziegenkäse, frisches Obst und Gemüse aus eigenem Anbau – wem läuft da nicht das Wasser im Mund zusammen?

Ausgangspunkt: Gîte d'étape d'Aunac, 787 m.
Anforderungen: Viele Sträßchen und breite Wege. Im oberen Teil gut begehbare erdige Pfade; bei Nässe rutschig. Die Abkürzungen am Abstieg nach Couflens können umgangen werden.
Einkehr: In Seix (30 Min. nördlich des GR 10). In Pont de La Taulé (20 Min. südöstlich des GR 10) Auberge des Deux Rivières (s. Unterkunft).
Unterkunft: Seix: u. a. Auberge du Haut Salat, Tel. +33 (0)5 61 66 88 03, www.aubergeduhautsalat.com, 9 Zi. (DZ/MBZ), Restaurant. – Camping municipal La Côte d'Oust, Tel. +33 (0)5 61 96 50 53, März–Okt, 50 SP, Aufenthaltsraum. **Pont de La Taulé:** Auberge des Deux Rivières, Tel. +33 (0)5 61 66 83 57, aubergedesdeuxrivieres.com, 9 Zi. (DZ/MBZ), Restaurant. **Cabane de l'Ours** (von der Cabane de l'Artigue 300 m in Richtung Cascade d'Arcouzan), privat, Reservierung erforderlich, Tel. +33 (0)6 27 81 48 17, Juni–Sept., 6 P, warmes Wasser, Dusche, Gas und Elektrizität, LP. Kurz nach Faup: **Camping Les Bouriès:** Tel. +33 (0)6 95 41 59 80 oder +33 (0)5 61 04 85 84, fermelesbouries.jimdofree.com, Mai–Okt., 15 SP. **Gîte d'étape de Rouze:** Tel. +33 (0)5 61 66 95 45, ferme-de-rouze.fr, ganzjährig, 16 B im Schlafsaal, HP (nur Mitte Juni–Mitte Sept.).
Cabanes: Cabane d'Aula, 10 P in Stockbetten mit Matratzen, Tisch, Bank, Kamin, Wasser aus Bach.
Zeltmöglichkeit: An der schmalen Straße kurz vor der Piste d'Estours. Bei der Cabane de l'Artigue und der Cabane d'Aula sowie bei der Bouche d'Aula.
Einkauf: In Seix kleiner Casino-Supermarkt, Bäckerei und Sportgeschäft mit Verkauf von Gaskartuschen. In der Gîte d'étape de Rouze kleiner LM-Verkauf mit viel frischem Obst und Gemüse aus eigenem Anbau.
Wasser: In Estours (nach der Pont du Salat) Quelle. Bei der Moulin Lauga Wasserhahn. Etwas nördlich des ONF Refuge Forestier d'Arreou (vor dem Étang

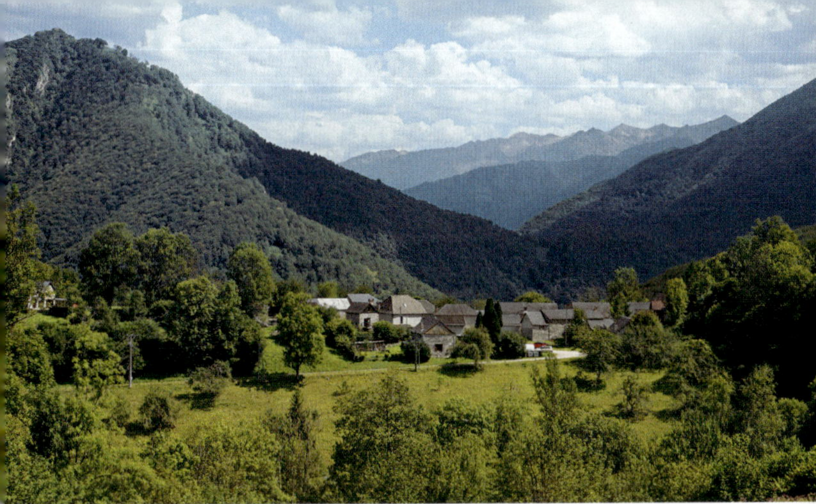

Blick zurück auf Aunac.

d'Arreau) Schlauch am Weg. In Faup altes Waschhaus mit Wasserhahn. In Couflens WC mit Wasserhahn. Am Ortseingang von Rouze und an der Gîte d'étape Wasserhahn.

ÖPNV: Buslinie 452: mehrmals tgl. ab Seix nach St.-Girons (ab dort Busse in Richtung Tarbes und Foix) sowie in Richtung Aulus-les-Bains (Etappe 34). Buslinie 457: mehrmals tgl. ab Seix in Richtung St.-Girons sowie Massat und Aulus-les-Bains (Etappe 34). Infos: Tel. +33 (0)8 00 00 81 78, lio.laregion.fr.

Information: Seix, Tel. +33 (0)5 61 96 00 01, seix.stationverte.com.

Hinweise: 1. Insbesondere für Selbstversorger ist der 30-minütige Abstecher (einfach, gelbe Markierung) nach Seix (Einkaufsmöglichkeiten) empfehlenswert. 2. Die lange Etappe lässt sich durch eine Übernachtung in der ansprechenden Cabane d'Aula problemlos aufteilen. 3. Das ONF Refuge Forestier d'Arreou steht nur angemeldeten Gruppen zur Verfügung.

Karte: IGN 6 Couserans.

Von der **Gîte d'étape d'Aunac** ❶, 787 m, aus müssen wir nicht zum Sträßchen vom Vortag zurückkehren. Stattdessen gehen wir auf direkterem Weg zurück auf den GR 10. Dazu folgen wir hinter der Gîte d'étape den Markierungen. Wir kommen durch das Dorf Aunac und treffen anschließend am Col de l'Oule, 749 m, auf den GR 10. Wir wandern nach rechts auf dem Schotterweg weiter, der nach einiger Zeit in einen Wiesenpfad übergeht. Wir treffen auf einen kleinen Parkplatz an einer schmalen Straße, der wir nach rechts bergab folgen. Vorbei am Abzweig nach links nach Seix (gelb markierter Weg, vgl. »Hinweis«) gelangen wir hinab zur **Pont du Salat** ❷, 525 m.

Am anderen Ufer des Flusses Le Salat gehen wir nach rechts an der D3 entlang zur Häuseransammlung **Moulin Lauga** ❸, 541 m (unterwegs zweigt auf Höhe des Kanuladens Etappe 32V nach links ab). Bei den Picknickbän-

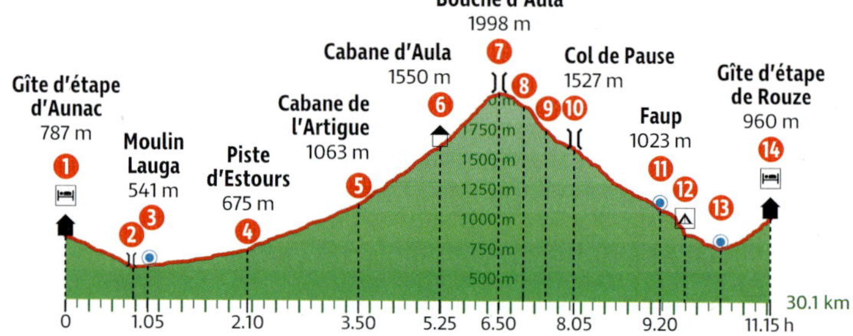

ken (Wasserhahn) führt eine Treppe hinunter zum Fluss, wo wir wie in einem Schwimmbecken beste Badeverhältnisse finden. Wer zur Auberge des Deux Rivières an der Pont de La Taulé möchte, folgt der D3 rund 20 Min. Der GR 10 setzt sich jedoch nach rechts über die Brücke und auf der schmalen Straße fort. Wir passieren einige Häuser und wandern entlang des Baches nach Estours. Hier befindet sich eine Quelle am Straßenrand. Wenig später treffen wir bei einem kleinen Parkplatz an der **Piste d'Estours** 4, 675 m, auf eine Brücke. Hier stößt die Direktvariante über den GR10D (vgl. Etappe 31Vb) wieder auf die Hauptroute.

*i Im 19. Jh. begannen die Menschen rund um den kleinen Ort **Seix** damit, **Marmor** abzubauen. Das in vielen verschiedenen Farbvarianten vorkommende Gestein wurde in großen Blöcken aus dem Berg gebrochen und anschließend im Ort in regelmäßigere Stücke geschnitten. Vor allem als Baumaterial wurden diese weiterverkauft und so entstanden gleich mehrere sakrale Bauwerke der näheren und ferneren Umgebung aus dem hiesigen Marmor. Die Besonderheit des im Estours-Tal abgebauten Marmors ist seine Färbung: Im Inneren weist er eine Farbe wie Elfenbein auf, während er im Äußeren von feinen grünen Linien durchzogen ist. In der Gegend um Seix endete der Marmorabbau im Jahr 1976. Der grüne Marmor aus dem Estours-Tal wird jedoch seit dem Jahr 2009 wieder aus den Steinbrüchen gewonnen und ist heute von großer Bedeutung.*

Ab dem Parkplatz gehen wir geradeaus auf dem breiteren Forstweg weiter. In einer Linkskurve verlassen wir ihn geradeaus und wandern auf einem schmalen, schattigen Pfad am Bach entlang. Dabei haben wir immer wieder direkten Zugang zu tieferen Felsbecken, die zu einem Bad einladen. Wir überqueren mehrere kleine Bachläufe, die teilweise auch ausgetrocknet sind, und bleiben dabei durchgehend auf der linken Seite des Hauptstromes. Der Pfad verlässt den Wald und wir erblicken das beweidete Hochtal.

Hier halten wir uns links und erreichen über einen Pfad die **Cabane de l'Artigue** 5, 1063 m. Rund um die geschlossene Hütte befinden sich gute Zeltmöglichkeiten. Von der Cabane bietet sich ein herrlicher Blick auf die

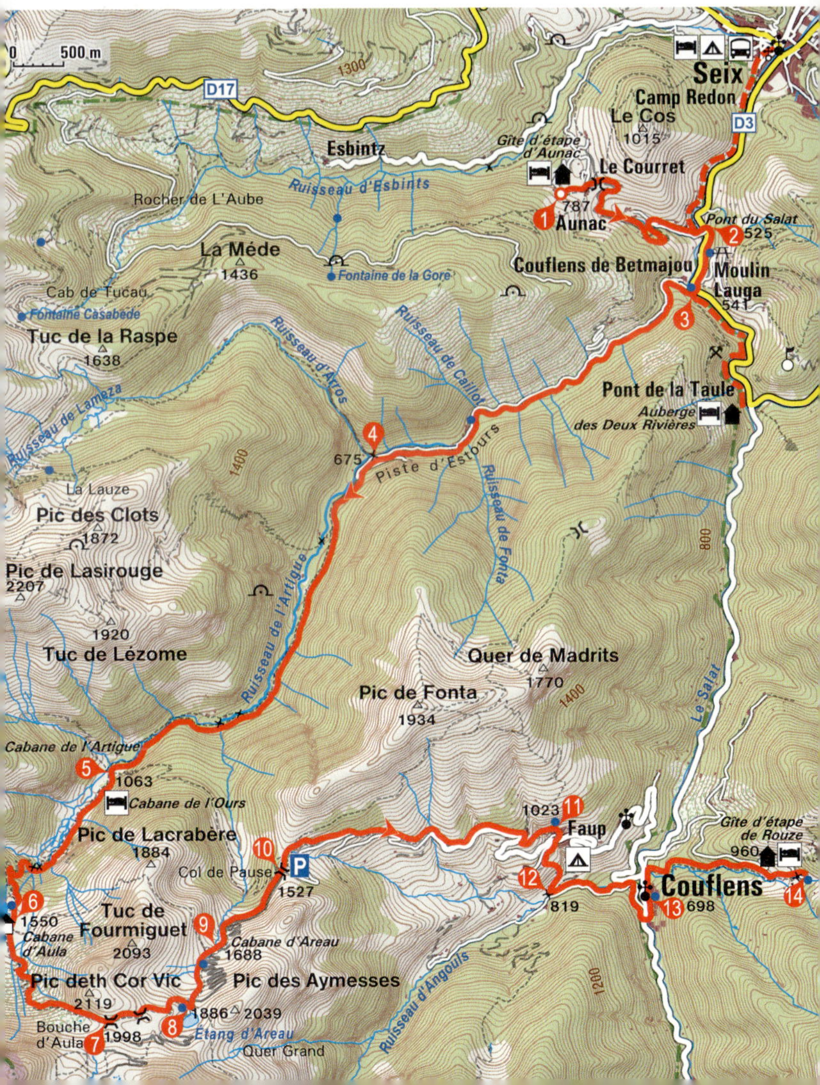

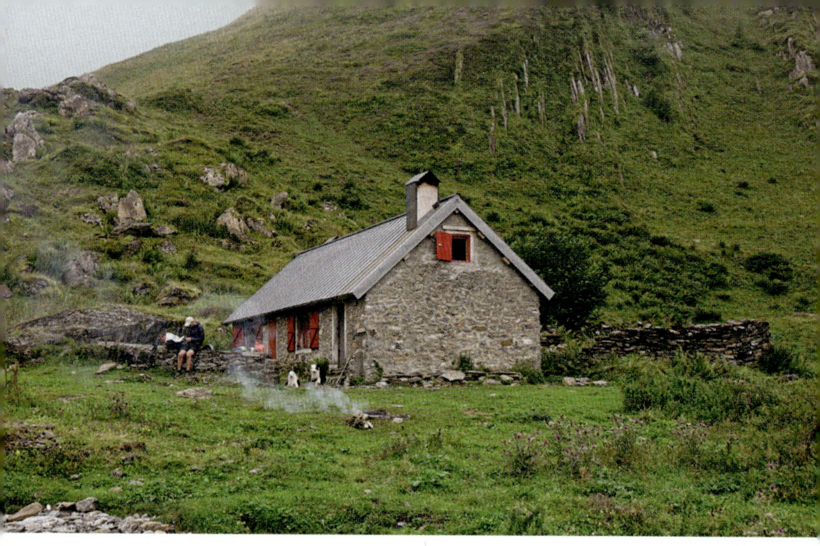

Lagerfeuer vor der Cabane d'Aula.

Cascade d'Arcouzan; 300 m in deren Richtung steht die **Cabane de l'Ours**. Nach der Hütte gehen wir auf dem leicht ansteigenden Pfad weiter, der weiter in das Hochtal hineinführt. Bei einem Seitenbach beginnt der GR 10 in einer ersten Kehre nach links steiler zu werden. Dann schlängelt sich der Pfad in weiteren Kehren die linke Talseite hinauf. Wir überqueren zwei Holzbrücken und gelangen zu einer ebenen grasigen Fläche. Direkt am Bachlauf lässt es sich hier hervorragend zelten. Der grasige Pfad bringt uns zum Abzweig zur **Cabane d'Aula** 6, 1550 m. Diese befindet sich wenigen Meter nach rechts auf der anderen Seite eines ausgetrockneten Bachlaufes. Der GR 10 bleibt am linken Ufer. Zunächst steigt der Pfad nur leicht an, doch schon bald windet er sich links eines herabstürzenden Baches in Serpentinen bergan. An einer Gabelung halten wir uns rechts und steigen weiter durch Farn den Hang hinauf. Dabei bietet sich uns nach Nordwesten eine herrliche Sicht auf den imposanten Felskessel mit dem berühmten Mont Valier, 2838 m, darüber. Wir gelangen auf eine fast ebene Weidefläche, auf der auch gezeltet werden kann. An einer unscheinbaren Gabelung halten wir uns links und erreichen in angenehmer Steigung die **Bouche d'Aula** 7, 1998 m. Der Ausblick von hier ist atemberaubend.

Wir folgen leicht links haltend dem Pfad. Dieser verläuft zunächst quer zum Hang bis zu einem unscheinbaren Sattel. Hier wendet er sich nach rechts und führt weiterhin den Hang querend bergab. Wir passieren das **ONF Refuge Forestier d'Arreou** (ausschließlich für angemeldete Gruppen) und gelangen ein kurzes Stück auf dessen Zufahrtsweg absteigend auf eine breite Schotterpiste am **Étang d'Areau** 8, 1886 m. Wir gehen nach links und verlassen die Piste nach rund 250 m auf einem nach links absteigenden Pfad. Dieser trifft wieder auf die Schotterpiste; wir folgen ihr kurz und schlagen gleich wieder den links abzweigenden Pfad ein. So stoßen wir erneut auf die Piste und kommen zum **Abzweig** zur **Cabane d'Areau** 9, 1688 m. Rund 50 m danach verlassen wir die Piste ein weiteres Mal und erreichen nach einer Schranke den Parkplatz am **Col de Pause** 10, 1527 m. Wir folgen der Forststraße wenige Meter nach rechts, um sogleich nach links auf einen den Hang querenden Pfad abzuzweigen. Der erdige Pfad führt in einem scharfen Rechtsbogen auf die Schotterpiste zurück. Nach einer Rechtskehre verlassen wir die Piste wieder auf einem nach links abbiegenden Pfad. Der Wiesenpfad trifft abermals auf die Schotterstraße, der wir kurz folgen; dann gehen wir in einer Rechtskurve geradeaus auf dem Pfad weiter. Wenn wir das nächste Mal auf die Straße treffen, ist diese asphaltiert. Wir wandern auf ihr nach Laserre, 1100 m, und biegen beim Briefkasten der Arnauds nach links auf einen Feldweg ab. Im Weiler **Faup** 11, 1023 m, treffen wir auf eine kleine T-Kreuzung. Links befindet sich ein altes Waschhaus mit Wasserhahn. Der GR 10 biegt nach rechts ab und führt aus dem Dorf hinaus zurück zur Straße. Wir gehen ein paar Schritte nach links und biegen sogleich nach rechts ab. Kurz vor dem Ort Raufaste schlagen wir nach links einen Pfad ein und steigen durch zwei Eisengatter hindurch zu einer Schotterpiste ab. Wenige Meter nach links befindet sich der **Camping Les Bouriès** 12, 819 m.

Der GR 10 führt nach rechts weiter, überquert eine Brücke und folgt anschließend der Straße nach links bergab. Am Ortseingang treffen wir auf die D3 und gehen an ihr nach links. Wir passieren das Rathaus, die öffentlichen Toiletten sowie die Kirche von **Couflens** 13, 698 m. Danach gehen wir auf einer Brücke über den Fluss Salat und bleiben an der Straße. Direkt nach einer weiteren, kleineren Brücke biegen wir nach rechts auf einen Wiesenpfad ab. Wir überqueren zwei Holzstege und erreichen schon bald die ersten Häuser von Rouze. Bei einem alten Waschhaus befindet sich ein Wasserhahn. Geradeaus weiter gelangen wir nach wenigen Metern zur gemütlichen **Gîte d'étape de Rouze** 14, 960 m, mit ihren blauen Fensterläden. Diese sowie die zugehörigen Gebäude der Ferme sind auch über einen Schotterfahrweg erreichbar.

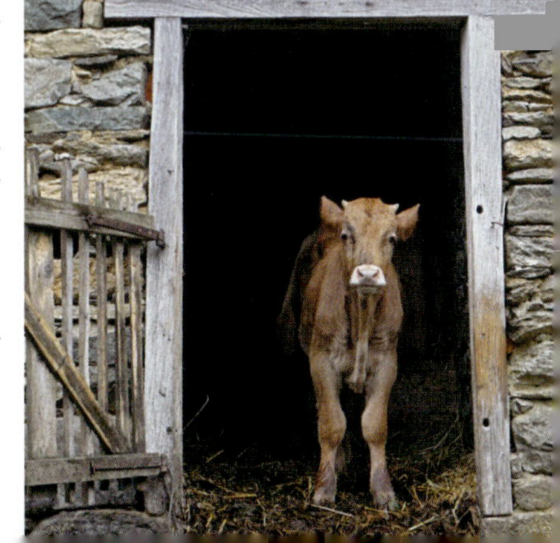

Neugieriger Blick am Etappenziel.

32V Gîte d'étape d'Aunac – Saint-Lizier d'Ustou

6.15 h | 17,1 km | ↗820 m | ↘870 m

Abkürzung über die »Tour du Val du Garbet«

Diese Alternativroute umgeht die beiden Etappen 32 und 33 und knüpft in Saint-Lizier-d'Ustou direkt an Etappe 34 an. Insbesondere Wandernde, die auf Unterkünfte angewiesen sind, sollten dies in Betracht ziehen, zumal Etappe 32 für die Mehrheit zu lang sein dürfte. Die »Tour du Val du Garbet« genannte Route verläuft lange oberhalb des Ustou-Tals und führt dann hinab nach Saint-Lizier d'Ustou – eine in Länge und Höhendifferenz angenehme Etappe.

Ausgangspunkt: Gîte d'étape d'Aunac, 787 m.
Anforderungen: Lange Querung auf schmalem Pfad, sehr steiler Hang, Trittsicherheit und Schwindelfreiheit sind hier kurzzeitig gefragt; Orientierung dank guter Markierungen der »Tour du Val du Garbet« (rot-gelb) zumeist einfach, nur im Waldabschnitt nach dem Steinhaus zwischen Azas und Fontaine de Gouilly etwas uneindeutig.
Einkehr: In Seix (30 Min. nördlich des GR 10). In Saint-Lizier d'Ustou Restaurant-Bar Le Marterat.
Unterkunft: Seix: u. a. Auberge du Haut Salat, Tel. +33 (0)5 61 66 88 03, www.aubergeduhautsalat.com, 9 Zi. (DZ/MBZ), Restaurant. – Camping municipal La Côte d'Oust, Tel. +33 (0)5 61 96 50 53, März–Okt, 50 SP, Aufenthaltsraum. **Le Trein d'Ustou:** Camping Le Montagnou (am GR 10), Tel. +33 (0)5 61 66 94 97, lemontagnou.com, Mitte Feb.–Okt., 38 SP, KS, beheizter Pool. **Saint-Lizier d'Ustou:** Gîte d'étape La Colline Verte (ggü. Kirche), Tel. +33 (0)5 61 04 68 17 oder +33 (0)6 86 89 39 28, gite-colline-verte.com, ganzjährig, 25 B in DZ/MBZ, Waschmaschine, Trockner, HP, Frühstück, LP. – Camping municipal d'Ustou (beim Hauptplatz), Tel. +33 (0)6 70 84 52 59 oder +33 (0)6 88 85 94 47, ustou-camping-municipal.com, Juni–Sept., 53 SP, Waschmaschine, Trockner, Aufenthaltsraum, KS, Mikrowelle, Freibad (nur Juli/Aug.) nebenan.
Cabanes: Keine.
Zeltmöglichkeit: Nach ca. 3.30 Std. nach dem Heuschober ❺ auf der grasigen Fläche bei dem alten Steinhaus.
Einkauf: In Seix kleiner Casino-Supermarkt, Bäckerei und Sportgeschäft mit Verkauf von Gaskartuschen. In Saint-Lizier d'Ustou kleines LM-Geschäft mit Verkauf von Gaskartuschen.
Wasser: Bei der Moulin Lauga rund 350 m abseits an Etappe 32 Wasserhahn. In Azas Waschhäuschen mit Wasserhahn. In Le Trein d'Ustou WC und Wasserhahn bei der Kirche. In Saint-Lizier d'Ustou

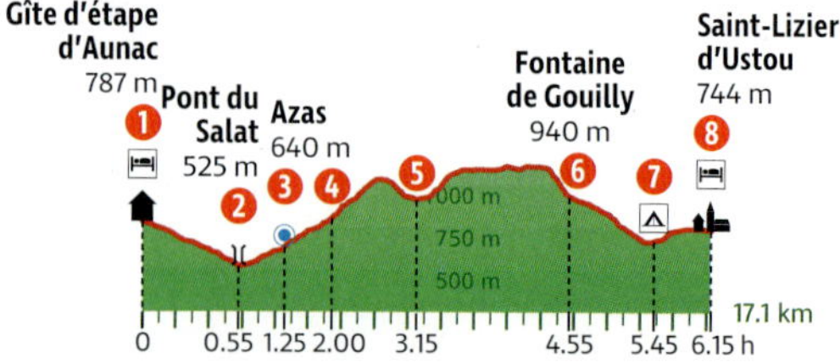

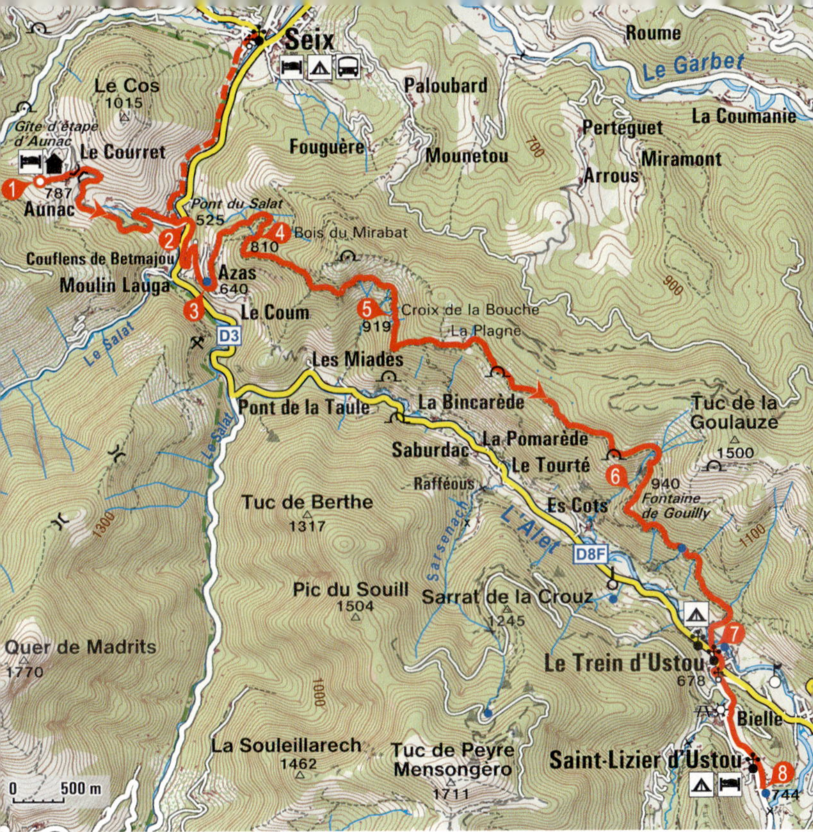

Wasserhähne und WC.
ÖPNV: Buslinie 452: mehrmals tgl. ab Seix nach St.-Girons (ab dort Busse in Richtung Tarbes und Foix) sowie in Richtung Aulus-les-Bains (Etappe 34). Buslinie 457: ab Seix in Richtung St.-Girons sowie Massat und Aulus-les-Bains (Etappe 34). Infos: Tel. +33 (0)8 00 00 81 78, lio.laregion.fr.
Information: Seix, Tel. +33 (0)5 61 96 00 01, seix.stationverte.com.
Hinweis: Insbesondere für Selbstversorger ist der 30-minütige Abstecher (einfach, gelbe Markierung) nach Seix (Einkaufsmöglichkeiten) empfehlenswert.
Karte: IGN 6 Couserans.

Von der **Gîte d'étape d'Aunac** ❶, 787 m, aus müssen wir nicht zum Sträßchen vom Vortag zurückkehren. Stattdessen gehen wir auf direkterem Weg zurück auf den GR 10. Dazu folgen wir hinter der Gîte d'étape den Markierungen. Wir kommen durch das Dorf Aunac und treffen anschließend am Col

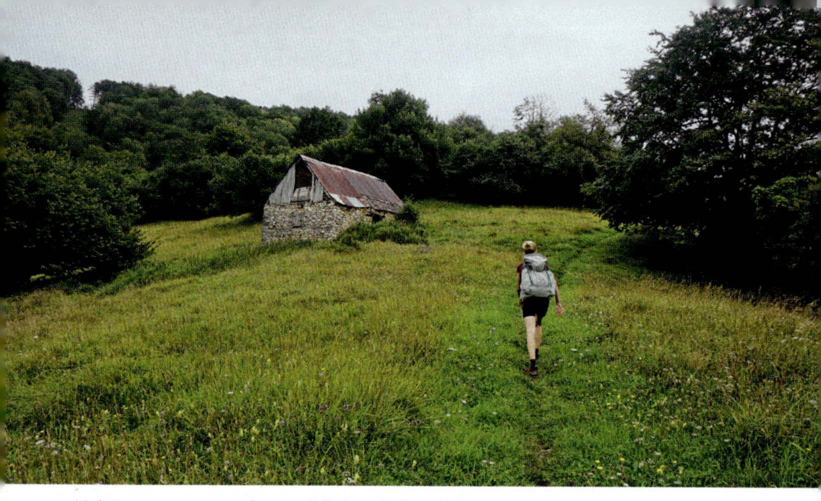

Meist erwarten uns sehr gemütliche Pfade auf dieser Variante.

de l'Oule, 749 m, auf den GR 10. Wir wandern nach rechts auf dem Schotterweg weiter, der nach einiger Zeit in einen Wiesenpfad übergeht. Wir treffen auf einen kleinen Parkplatz an einer schmalen Straße, der wir nach rechts unten folgen. Vorbei am Abzweig nach links nach Seix (gelb markierter Weg, vgl. »Hinweis«) gelangen wir hinab zur **Pont du Salat** 2, 525 m.
Am anderen Ufer des Flusses Le Salat gehen wir an der D3 ca. 200 m nach rechts. Kurz hinter dem Kanuverleih biegen wir in Richtung »Azas« auf eine schmale Straße ab (geradeaus: Etappe 32). Damit verlassen wir den GR 10 und folgen ab jetzt den gelb-roten Markierungen. Sie führt uns auf der Straße zunächst in den kleinen Weiler **Azas** 3, 640 m. Die Straße geht nun in einen Pfad über, der zwischen einigen Häusern hindurchleitet. Nach den Gebäuden biegen wir scharf links auf einen gepflasterten Weg ab. Wir kommen an einem alten Waschhäuschen vorbei und steigen auf einem Wiesenweg bergan. Dem Pfad durch den Wald folgend erreichen wir einen Abzweig im **Bois du Mirabat** 4, 810 m.

Heute folgen wir ausnahmsweise der gelb-roten Markierung.

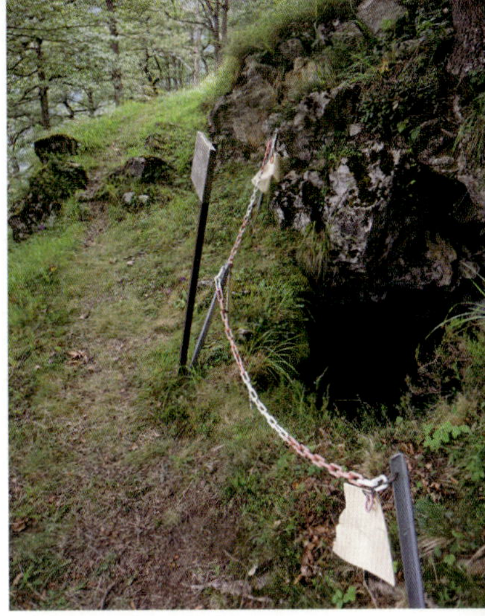

Ein tiefes Loch ist sichtbar abgesperrt.

Wir behalten unsere Richtung bei und wandern den Hang querend, dabei stellenweise steil ansteigend, bergauf. An einem Felsen haben wir den Sattel des Mirabat erreicht. Ab hier geht es weiterhin quer zum Hang zu einem **Heuschober** 5, 919 m, hinab. Der Pfad gewinnt wieder an Höhe und leitet zu einem alten Steinhaus auf einer Wiesenfläche. Hier lässt es sich gut zelten.

Wir wandern zunächst fast eben weiter und gelangen wieder zurück in den Wald. An den mit Moos und Flechten bewachsenen Felsen und Bäumen sind die Markierungen teilweise schlecht zu erkennen und der Verlauf des Pfades nicht immer eindeutig. Hier ist hohe Aufmerksamkeit gefragt. Nach einiger Zeit wird der Pfad felsiger, was das Vorankommen spürbar erschwert. Wir überqueren zwei Bäche über teils sehr rutschige Steinplatten und folgen dem Pfad durch einige Serpentinen bergab. Anschließend wandern wir wieder quer zum Hang und passieren den Wegweiser an der **Fontaine de Gouilly** 6, 940 m. Anders, als der Name vermuten lässt, gibt es hier kein Wasser.

Wir steigen weiter durch den Wald bergab, passieren einige Weidezäune und gehen durch ein Holzgatter. Dann führt der Pfad über eine ebene, grasige Fläche hinunter zum Fluss Rivière Alet, den wir auf einer Betonbrücke überqueren. Am anderen Ufer biegen wir vor dem Eingang des Campingplatzes Le Montagnou nach links ab und folgen dem Pfad am Fluss entlang. Schließlich gelangen wir nach rechts zwischen zwei Häusern hindurch hinauf nach **Le Trein d'Ustou** 7, 678 m.

Wir gehen nach links an der schmalen Straße durch den Ort bis zur Kirche (gegenüber: WC). Nach der Kirche, wo sich auch ein Wasserhahn befindet, nehmen wir die zweite Straße nach rechts. Wir überqueren einen Bach über eine Brücke und steigen über einen Schotterweg zur D38 auf. Links liegt das Château de la Coste mit Picknickplatz. Um auf Etappe 33 des GR 10 zu treffen, gehen wir an der Straße nach rechts. Durch den Weiler Bielle kommen wir zum Ortseingang von Saint-Lizier-d'Ustou. Wir passieren die Kirche (ggü.: Gîte d'étape) und danach das Rathaus (ggü.: Wasserhahn). Der Straße weiter folgend kommen wir an einem zweiten Wasserhahn vorbei und erreichen schließlich die Place du Marterat in **Saint Lizier-d'Ustou** 8, 744 m (kleiner Lebensmittelladen, Campingplatz, Freibad und WC).

33 Gîte d'étape de Rouze – Saint-Lizier d'Ustou

4.00 h | 8,6 km
↗600 m | ↘820 m

Entspannter Übergang über den Col de la Serre-du-Clot

Diese Etappe besteht aus einem steilen, waldigen Aufstieg sowie einem ebenfalls steilen Abstieg. Dazwischen liegt der aussichtsreiche, grasige Col de la Serre-du-Clot, 1546 m. Anschließend bleibt noch genügend Zeit, den Nachmittag bei gutem Wetter im kleinen, aber feinen kommunalen Freibad in Saint-Lizier d'Ustou zu verbringen.

Ausgangspunkt: Gîte d'étape de Rouze, 960 m.
Anforderungen: Kurze Etappe mit nur einem Anstieg; teils steile Pfade, die bei Nässe matschig und rutschig werden; Orientierung einfach.
Einkehr: In Saint-Lizier-d'Ustou Restaurant-Bar Le Marterat.
Unterkunft: Saint-Lizier d'Ustou: Gîte d'étape La Colline Verte (ggü. Kirche), Tel. +33 (0)5 61 04 68 17 oder +33 (0)6 86 89 39 28, gite-colline-verte.com, ganzjährig, 25 B in DZ/MBZ, Waschmaschine, Trockner, HP, Frühstück, LP. – Camping municipal d'Ustou (beim Hauptplatz), Tel. +33 (0)6 70 84 52 59 oder +33 (0)6 88 85 94 47, ustou-camping-municipal.com, Juni–Sept., 53 SP, Waschmaschine, Trockner, Aufenthaltsraum, KS, Mikrowelle, Freibad (nur Juli/Aug.) nebenan.
Cabanes: Cabane du Tuc (am Col de la Serre-du-Clot 300 m südlich des GR 10), 3 P, Bank zum Schlafen für eine Person, Tisch.
Zeltmöglichkeit: Exponiert am Col de la Serre-du-Clot und bei der Cabane du Tuc. Am Abstieg vom Col de la Serre-du-Clot vor der Schotterstraße.
Einkauf: In Saint-Lizier d'Ustou kleines LM-Geschäft mit Verkauf von Gaskartuschen.
Wasser: Nach dem Col de la Serre-du-Clot ausgeschilderte Quelle 300 m abseits des GR 10. In Saint-Lizier d'Ustou Wasserhähne und WC.
ÖPNV: Keine Möglichkeit.
Information: Keine.
Tipp: Freibadbesuch in Saint-Lizier d'Ustou.
Karte: IGN 6 Couserans.

Von der **Gîte d'étape de Rouze** ❶, 960 m, gehen wir auf dem bereits bekannten Weg wieder einige Meter hinab zum Hinweisschild am Abzweig. Hier biegen wir nach rechts auf einen schmalen Pfad ab. Dieser steigt in Serpentinen durch den Wald empor. Wir ignorieren einige abzweigende Pfade und bleiben auf dem Hauptweg. Dieser kann bei Nässe schnell rutschig werden. Vorbei an einigen Ruinen erreichen wir nach gut 1 Std. den **Col de la Serre-du-Clot** ❷, 1546 m (ca. 300 m rechts steht die kleine **Cabane du Tuc** mit guten Zeltmöglichkeiten). Am Col halten wir uns links und steigen auf dem unteren der beiden

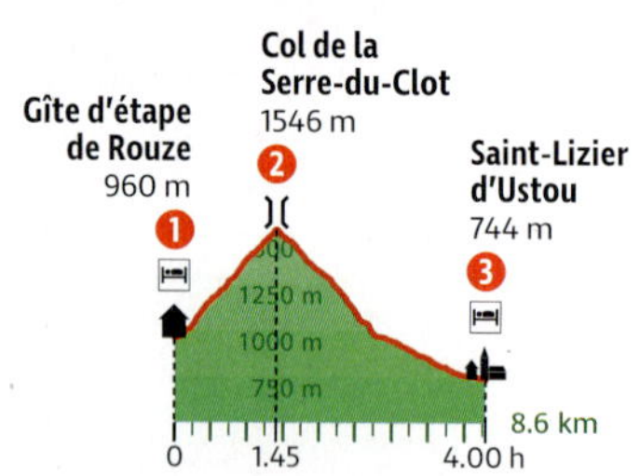

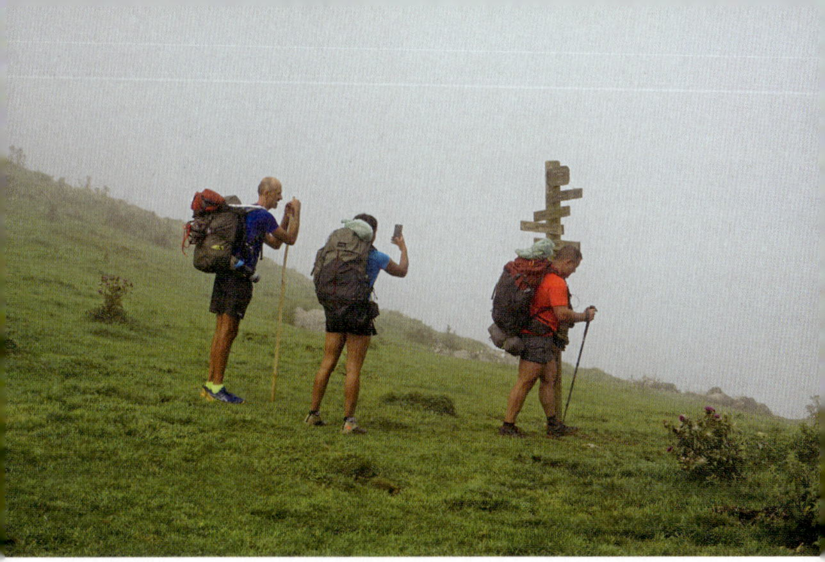

Schwer bepackt am Col de la Serre-du-Clot.

Pfade ab (über den oberen Pfad gelangt man zu einer 300 m entfernten Quelle). Der Pfad überquert einen breiten Wiesenweg und verläuft weiter durch den Wald. Der erste Schotterweg, auf den wir treffen, wird überquert, das zweite Mal folgen wir diesem nach links. Wir überqueren eine Brücke und folgen weiter der Forststraße nach links abwärts. Der Weg trifft auf die D38, an der wir nach rechts in Richtung Ortseingang gehen. Wir passieren die Kirche (gegenüber: Gîte d'étape) und kurze Zeit später das Rathaus (gegenüber: Wasserhahn). Der Straße weiter folgend kommen wir an einem zweiten Wasserhahn vorbei und erreichen schließlich die Place du Marterat in **Saint-Lizier d'Ustou** ❸, 744 m, mit kleinem Lebensmittelladen, Campingplatz, kommunalem Freibad und WC.

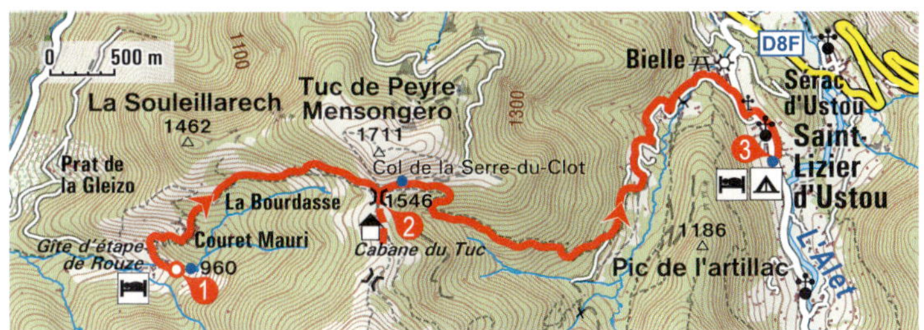

34 Saint-Lizier d'Ustou – Aulus-les-Bains

9.30 h | 22,4 km
↗1420 m | ↘1410 m

Im Zeichen des Wasserfalls

Liebhaber tosender Wasserfälle werden heute mit Sicherheit auf ihre Kosten kommen. Mit dem Ruisseau de Fouillet und dem Ruisseau d'Ars begleiten uns heute zwei reißende Bäche, die auf ihrem steilen Weg ins Tal gleich mehrere Wasserfälle präsentieren können. Um die volle Anzahl der Naturwunder betrachten zu können, müssen wir jedoch einige Höhen- und Streckenmeter in Kauf nehmen. Gut, dass gleichzeitig auch die Möglichkeit besteht, die Etappe deutlich zu verkürzen, indem ab der Jasse de Fouillet der direkte Abstieg nach Aulus-les-Bains gewählt wird. Da sich der Hauptweg an der Cascade d'Ars vorbei ganz schön ziehen kann, stellt diese Variante eine durchaus überlegenswerte Option dar. Der Wasserfall kann bei schwindender Kraft auch noch am nächsten Tag im Rahmen eines »Pausentags« besichtigt werden.

Ausgangspunkt: Saint-Lizier d'Ustou, 744 m, Place du Marterat.
Anforderungen: Bis zum Skigebiet beim Col de Fitté einfache erdige Pfade, im oberen Teil felsiger; besonders im Frühjahr bzw. in regenreichen Sommern stellenweise sehr matschig und rutschig. Vor dem Col d'Escots wird die Erhebung des Picou de la Mire rechts haltend umgangen. Dieser Weg ist schmal und steil abfallend. Ab Jasse de Fouillet beschwerliches Vorankommen: hohe Tritthöhen, felsiger Untergrund und rutschige Steine; Markierung trotz Wegverlauf durch ein Skigebiet sehr gut.
Einkehr: Am Col d'Escots Restaurant Chalet de Beauregard, Tel. +33 (0)5 61 66 75 99, chaletdebeauregard.com (nur Juli/Aug.). In Aulus-les-Bains u. a. Bar-Restaurant L'Étape, Tel. +33 (0)5 61 96 79 88 oder +33 (0)6 14 40 41 59, restaurant-etape.free.fr
Unterkunft: Bidous (1,7 km abseits, an Variante 1): Gîte d'étape L'Escolan, Tel. +33 (0)5 61 96 58 72, lescolan.com, Mai–Okt., 25 B in DZ/MBZ/Schlafsaal, HP. **Aulus-les-Bains:** u. a. Gîte d'étape Le Presbytère, Tel. +33 (0)7 68 07 41 07, giteaulus.com, Juni–Sept., 12 B in zwei Schlafsälen, Waschmaschine, Aufenthaltsraum, Küche, Frühstück. – Résidence Aux Volets Bleus d'Aulus (300 m nordöstlich der Tourist-Info), Tel. +33 (0)6 77 24 10 23, arsenelutin777.wixsite.com/monsite-1, ganzjährig, 3 DZ, 1 MBZ, 1 Schlafsaal (jeweils mindestens zwei Nächte). – Camping municipal Le Coulédous (500 m nordwestlich der Tourist-Info), Tel. +33 (0)5 61 66 43 56, camping-aulus-couledous.com, ganzjährig, 70 SP, Waschmaschine, Zeltverleih.
Cabanes: Cabane de Guzetou, 4 P in Stockbetten, Tisch, Kamin, Wasser am Bach.
Zeltmöglichkeit: Am Col de Fitté. Mehrere Möglichkeiten am Weg zum Col d'Escots. Nach insg. 4.30 Std. nach der Brücke zwischen dem Col d'Escots und der Jasse de Fouillet. Zwischen 5 und 6 am Plateau de Souliou sowie nach insg. 6 Std. am Étang de Guzet. Bei der Cabane de Guzetou. Exzellente Möglichkeiten nach der Passerelle d'Ars und kurz danach bei der Cascade d'Ars. Bei der Cabane de Bazets (s. Variante 3).
Einkauf: In Guzet-Neige (20 Min./1 km abseits des GR 10 an Variante 2) SPORT 2000. In Aulus-les-Bains kleiner Utile-

Supermarkt nahe der Tourist-Info und weiteres LM-Geschäft.
Wasser: Fast durchgängig aus Bächen (Wasser evtl. behandeln). Am Col d'Escots Wasserschlauch über der Viehtränke. In Aulus-les-Bains Brunnen und zwei WC (nahe der Tourist-Info und hinter den Thermen).
ÖPNV: Buslinie 452: mehrmals tgl. ab Aulus-les-Bains (Pont) in Richtung St.-Girons, ab dort Busse in Richtung Tarbes und Foix). Buslinie 457: mehrmals tgl. ab Aulus-les-Bains in Richtung St.-Girons sowie Massat; Infos: Tel. +33 (0)8 00 00 81 78, lio.laregion.fr.
Information: Guzet-Neige, Tel. +33 (0)5 61 96 00 01, tourisme-couserans-pyrenees.com. Aulus-les-Bains, Tel. +33 (0)5 61 96 00 01, tourisme-couserans-pyrenees.com.
Varianten: 1. Über Bidous und zur Gîte d'étape L'Escolan: nach der Pont d'Oque nach rechts über Le Pouech zur Gîte (knapp 30 Min./1,7 km); von dort auf ansteigendem Pfad zurück zum GR 10 (knapp 1 Std./1,5 km, 280 Hm Anstieg). 2. Vom Col de Fitté zur Skistation von Guzet-Neige (einfach 20 Min., gut 1 km). 3. Ab Jasse de Fouillet direkt nach Aulus-les-Bains: Abstieg auf dem Pfad (gelb-rote Markierung) geradeaus an der Cabane de Bazets vorbei (3 Std./8 km kürzer als Hauptweg, kein Aufstieg, 420 Hm Abstieg).
Tipp: Bei der Direktvariante 3 nach Aulus-les-Bains ist die »Wasserfallrunde« am nächsten Tag möglich.
Karte: IGN 6 Couserans und IGN 7 Haute-Ariège.

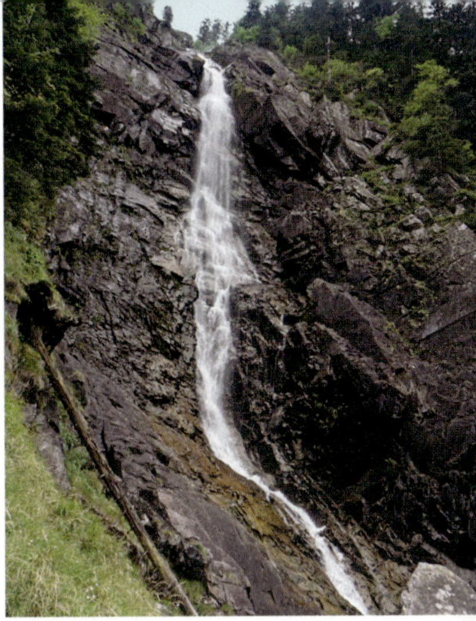
Die Cascade d'Ars: krönendes Finale der Etappe.

Von der Place du Marterat in **Saint-Lizier d'Ustou** ❶, 744 m, gehen wir an der Hauptstraße bis zu einer Kapelle am Ortsausgang. Hier biegen wir nach links ab und überqueren die Pont d'Oque, 730 m. Der Pfad leitet uns zu einer Gabelung, an der wir uns rechts halten. An der Gabelung kurz darauf geht es nach rechts zur Gîte d'étape in Bidous (vgl. Variante 1). Um auf dem GR 10 zu bleiben, halten wir uns jedoch links und folgen dem schattigen, teils steil ansteigenden Pfad durch den Wald. Nach der Überquerung zweier Bachläufe gelangen wir zu einem **Wegweiser** ❷, 1000 m. Hier trifft von rechts die Variante über Bidous wieder auf den Hauptweg. Wir bleiben auf dem schmalen Waldpfad geradeaus. An einem unscheinbaren Abzweig halten wir uns links auf den aufwärtsführenden Pfad. Wir verlassen den Wald und überqueren eine Kuhweide. Nun haben wir freie Sicht auf die uns umgebenden Gipfel. So erreichen wir den **Col de Fitté** ❸, 1387 m. Auf dem Wiesenweg geradeaus kann in ca. 20 Min. die Skistation von Guzet-Neige erreicht werden (vgl. Variante 2). Um auf dem GR 10 zu bleiben, halten

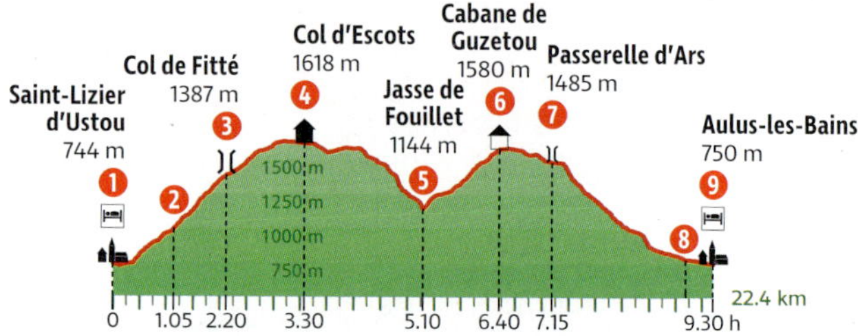

wir uns rechts und steigen auf einem Wiesenpfad in Serpentinen bergan. Dann führt der aussichtsreiche Pfad langsam abflachend über das grasige Gelände des Skigebiets; hier bieten sich gute freie Zeltmöglichkeiten. Wir wandern in leichtem Auf und Ab weiter. Dabei müssen wir immer auch mit teils rücksichtslos bergab rasenden Mountainbikern rechnen. Wir erreichen den Col de Picou de la Mire, 1565 m, wo der GR 10 nach rechts weiterführt. Hier ist Vorsicht angebracht, da der Pfad recht schmal ist und durch steil abfallendes Gelände verläuft. Weiter gelangen wir zum sattelartigen Übergang, l'Arech, 1619 m, und wandern rechts haltend auf dem schmalen Pfad um den Picou de la Mire, 1741 m, herum. Wir treffen auf eine Gabelung, an der wir dem linken Wiesenweg bergan zu einer Schotterpiste folgen. Hier biegen wir nach rechts ab und passieren das Chalet de Beauregard am **Col d'Escots** 4, 1618 m. Wir gehen auf der Straße rechts am im Hochsommer geöffneten Restaurant vorbei. Wo sich die Straße nach rechts wendet,

Schafe und Wandernde am Col de Fitté.

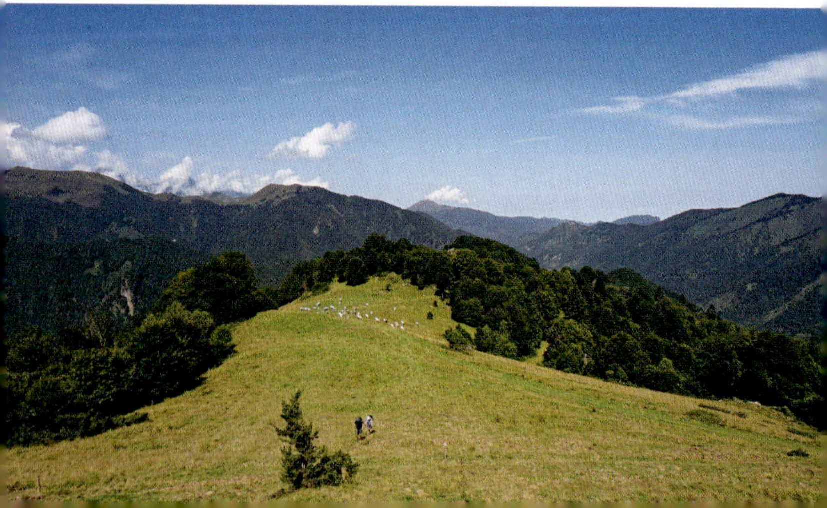

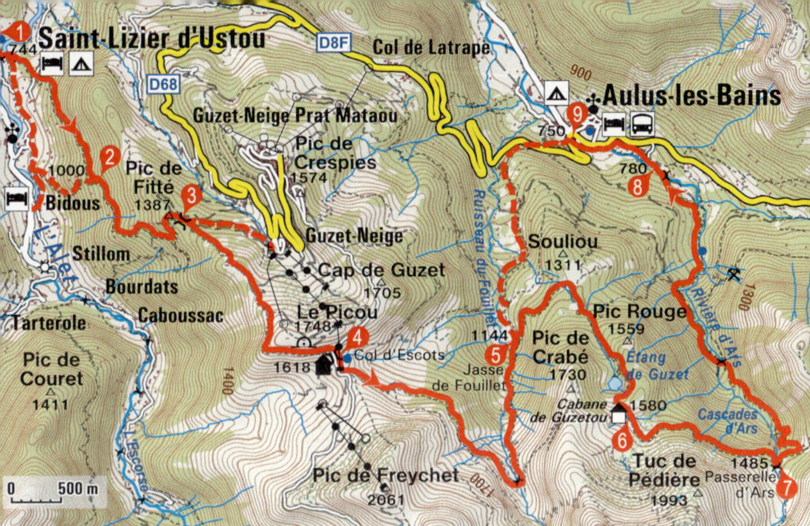

zweigt nach links ein Pfad ab. Auf dem Wiesengelände bieten sich einige gute Zeltmöglichkeiten.

In stetem Auf und Ab wandern wir durch den Wald und traversieren dann die freien Hänge. Wir überqueren einen Bach über Steine; der Pfad beginnt nun steiniger zu werden. Im Talgrund geht es auf einer Brücke über den Ruisseau de Fouillet. Die dahinterliegenden steil aufragenden Felswände des Talkessels bieten eine imposante Kulisse zum Zelten. Der Pfad verläuft zunächst etwas oberhalb des Bachs weiter. Sobald er sich von diesem nach rechts abwendet, finden sich weitere sehr gute Zeltmöglichkeiten. Wir überqueren zahlreiche kleine Bachläufe, die alle die rasant herabstürzenden Wasserfälle des Ruisseau de Fouillet speisen. Durch bewaldetes Gelände gelangen wir zur **Jasse de Fouillet** ❺, 1144 m. Geradeaus führt die gelbrot markierte Kurzvariante direkt nach Aulus-les-Bains (vgl. Variante 3).

Der GR 10 biegt nach rechts ab und verläuft als Pfad bergan durch den Wald. An einem Abzweig am **Plateau de Souliou**, 1280 m, gehen wir nach rechts weiter und streifen einige Zeit später den rechts unter uns liegenden **Étang de Guzet**. Wir erreichen einen unscheinbaren grasigen Übergang, an dem sich ca. 100 m rechts des Weges die **Cabane de Guzetou** ❻, 1580 m, mit Zeltmöglichkeit befindet.

Der GR 10 setzt sich geradeaus fort. Wir überqueren einen kleinen Bach und gelangen über einen beschwerlichen, da felsig-matschigen Pfad zur **Passerelle d'Ars** ❼, 1485 m, einer Metallbrücke über den Ruisseau d'Ars. Hier bieten sich abermals hervorragende freie Zeltmöglichkeiten. Der Pfad wendet sich nun in einem Bogen zurück in Richtung Aulus-les-Bains. Wir

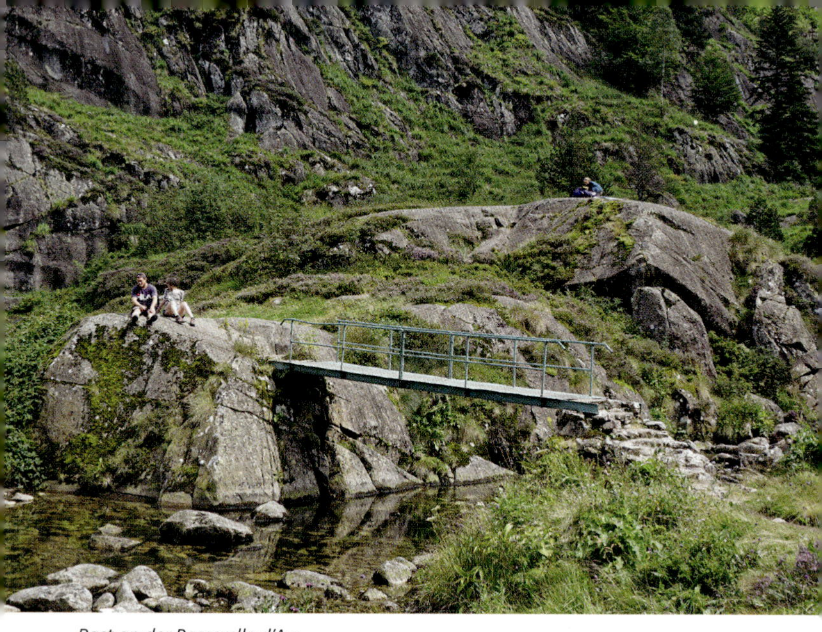

Rast an der Passerelle d'Ars.

erreichen den ersten Wasserfall, dem man sich über einen nach links abzweigenden »Fotopfad« weiter annähern kann.

Unser felsiger Abstiegspfad bleibt weiterhin anstrengend zu begehen. Noch mehrmals gibt es die Möglichkeit, näher an die beeindruckenden Wasserfälle des Ruisseau d'Ars heranzutreten. Auf einer Betonbrücke wechseln wir auf die linke Talseite und folgen dem nun breiten Schotterweg bis zu einem nach rechts abzweigenden Pfad. Dieser führt hinunter zum Fluss. Dort befinden sich einige herrliche Felsbecken, die zum Baden einladen. Auch hier bieten sich nochmals Möglichkeiten zu zelten.

Wir ignorieren eine schmale Metallbrücke und wandern auf dem Pfad am linken Ufer entlang. Dann treffen wir auf einen Schotterweg und folgen diesem zu einer Betonbrücke, auf der wir ans andere Ufer wechseln. Auch hier gibt es hervorragende Bademöglichkeiten.

Am Abzweig der **Piste de la Mouline** 8, 780 m, biegt der GR 10 nach rechts auf einen Wiesenweg ab. Wer nicht nach Aulus-les-Bains möchte, kann hier direkt auf Etappe 35 weiterwandern. Um in den Ort zu gelangen, gehen wir geradeaus. An der nächsten Gabelung wählen wir den linken Schotterweg. Am Ortseingang treffen wir auf die D8f. Zur Gîte d'étape folgt man ihr nach rechts unten. Nach links gelangt man zur Tourist-Info im Ortskern von **Aulus-les-Bains** 9, 750 m.

5.30 h	11,0 km
↗ 1200 m	↘ 300 m

Aulus-les-Bains – Refuge des Étangs de Bassiès

35

Zwischen Granitblöcken im Réserve biologique de Mont-Calme

Der Aufstieg vom Talort Aulus-les-Bains gestaltet sich ganz klassisch: anfangs durch schattigen Wald, später über freies Weideland kehren wir in die atemberaubende Hochgebirgswelt der Pyrenäen zurück. Vom Parkplatz am Plateau de Coumebière aus starten viele Tageswanderer in Richtung Port de Saleix, 1794 m. Dennoch verteilen sich die Besucherströme recht schnell in verschiedene Richtungen und so können wir schon bald wieder die Ruhe genießen. Durch felsiges Granitgelände bahnen wir uns mitunter beschwerlich einen Weg hinab zum Refuge des Étangs de Bassiès. Aufgrund des vorherrschenden Campingverbots im Réserve biologique de Mont-Calme ist dieses mit der Aire de bivouac auch für Wandernde mit Zelt ein wichtiger Stützpunkt.

Ausgangspunkt: Aulus-les-Bains, 750 m, Tourist-Info.
Anforderungen: Zu Beginn gut begehbare Wege und Pfade. Nach dem Port de Saleix steil und kurz ausgesetzt; anschließend anspruchsvoller Weg über felsig-blockiges Granitgelände (dafür merklich weniger rutschig als über Kalkgestein), Trittsicherheit erforderlich.
Einkehr: Unterwegs keine.
Unterkunft: Refuge des Étangs de Bassiès: Tel. +33 (0)6 89 40 65 00 oder (0)6 81 96 39 71, refugedebassies.fr, Ende Mai–Sept., 56 B in 8 Schlafsälen (außerhalb der bewirtschafteten Zeit: Winterraum mit 10 B), Abendessen, Frühstück, HP, LM-Verkauf, AV-Rabatt, Aire de bivouac.
Cabanes: Keine.
Zeltmöglichkeit: In der Nähe der Gabelung bei der Piste de la Mouline ❷. Einige Stellen im Weideland nach dem Picknickplatz am Plateau de Coumebière. Achtung: Ab Eintritt ins Réserve biologique de Mont-Calme ist Zelten ausschließlich auf dem Aire de bivouac beim Refuge des Étangs de Bassiès erlaubt.
Einkauf: Im Refuge des Étangs de Bassiès kleiner LM-Verkauf.
Wasser: Nach dem Picknickplatz am Plateau de Coumebière gefasste Quelle. An der Außenseite Refuge des Étangs de Bassiès Wasserhahn.
ÖPNV: Keine Möglichkeit.
Information: Keine.
Variante: Ab dem Port de Saleix Aufstieg auf den Pic de Girantès, 2088 m (hin und zurück ca. 1 Std., knapp 2 km und 300 Hm Auf- und Abstieg).
Tipp: Erfrischendes Bad im Étang d'Alate.
Karte: IGN 7 Haute-Ariège.

Von der Tourist-Info in **Aulus-les-Bains** ❶, 750 m, gehen wir auf der D8f zurück in Richtung Ortsausgang. Dort biegen wir nach rechts auf den bereits bekannten Wiesenweg ab und wandern zum Abzweig an der **Piste de la Mouline** ❷, 780 m. Nun halten wir uns halblinks auf einen Wiesenpfad. Kurz darauf kommen wir zu einer weiteren Gabelung, an der wir erneut den linken Pfad wählen. Wir queren die D8f ein erstes Mal und steigen durch den steinigen Wald zu einer T-Kreuzung auf, wo wir nach links oben abbiegen. Gemächlich ansteigend erreichen wir wieder die D8f, wo

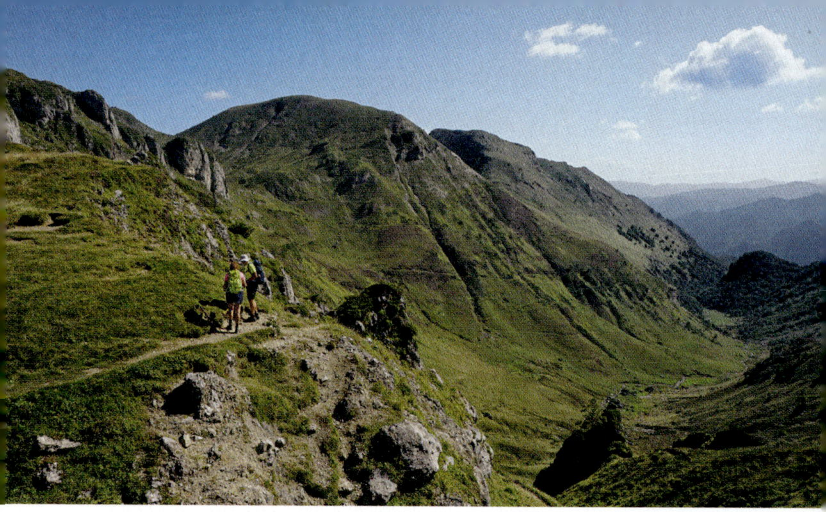

An der Port de Saleix.

ein Schild auf das Zeltverbot entlang der Straße hinweist. Am **Plateau de Coumebière** ❸, 1402 m, erreichen wir einen Parkplatz. Wir überqueren die Straße, passieren einen Picknickplatz und folgen durch ein Viehgatter dem gemächlich ansteigenden Pfad. Nach kurzer Zeit passieren wir eine Quelle, 1450 m, bei einem Abzweig. Hier halten wir uns links. An der nächsten Gabelung biegen wir nach rechts ab und steigen über den Wiesenpfad hinauf zur **Port de Saleix** ❹, 1794 m.

Diese wird jedoch nicht überquert, stattdessen setzen wir unseren Weg auf dem nach rechts ansteigenden Pfad fort. In steilen Serpentinen erklimmen wir einen exponierten Grat. Dann steigen wir zum Étang d'Alate, dem ersten der herrlichen noch vor uns liegenden Seen, ab. Dieser lädt zu einem Bad ein. Über Blockgelände verläuft der Pfad an der linken Seite des Sees

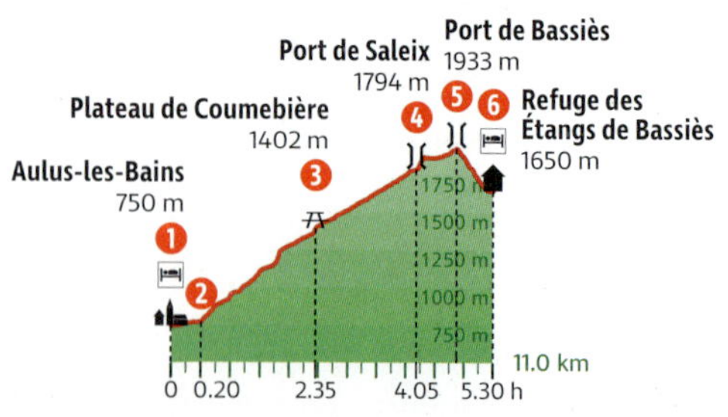

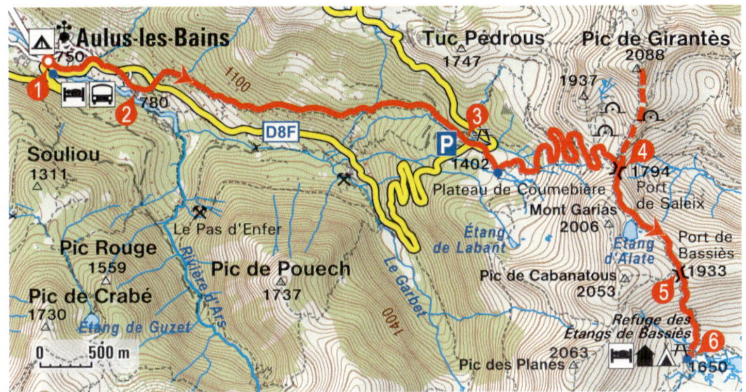

entlang; dabei muss besonders auf die Markierungen geachtet werden. Wir gelangen hinauf zum **Port de Bassiès** ❺, 1933 m, wo es einige wenige Zeltmöglichkeiten gibt. Von dort aus können wir bereits den nächsten unter uns liegenden See erkennen, während die Hütte noch verdeckt liegt.

Nach dem grasigen Übergang führt der Pfad in Serpentinen mit teils großen Tritthöhen bergab. Bei zwei Notunterständen befindet sich am Eintritt in das Réserve biologique ein Hinweisschild, das das Zelten mit Ausnahme auf der Aire de bivouac beim Refuge verbietet. Am Abzweig können wir geradeaus weiter direkt in die nächste Etappe starten. Andernfalls halten wir uns rechts und erreichen über eine Holzbrücke das **Refuge des Étangs de Bassiès** ❻, 1650 m, mit Picknickbänken und Aire de bivouac.

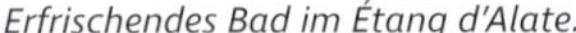

Erfrischendes Bad im Étang d'Alate.

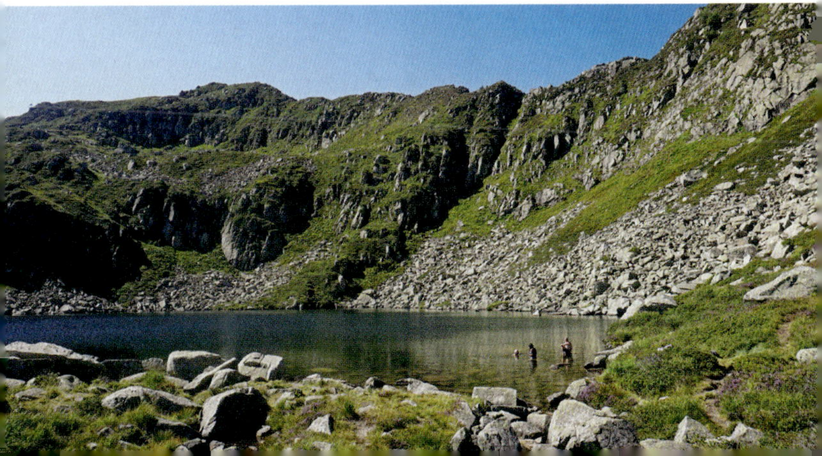

36 Refuge des Étangs de Bassiès – Marc

3.30 h | 10,4 km
↗110 m | ↘750 m

Im Zeichen des Wassers

Ganz im Zeichen des Wassers starten wir unsere heutige Etappe am Refuge des Étangs de Bassiès. Wie an einer Perlenkette aufgezogen liegen die Bassiès-Seen und -Teiche während der ersten Wanderstunde am Weg. Während einige davon eher seicht und schlammig in Erscheinung treten, laden die tieferen Seen wie der Étang Majeur sowie der Étang d'Escalès zu einem erfrischenden Bad ein. Wem es dafür zu kalt ist, der kann auch einfach auf der Staumauer entspannen und von dort aus das herrliche Panorama genießen. Ein weiteres Highlight ist die Überquerung der atemberaubenden Steinbrücke über den Ruisseau de Bassiès: ausschließlich aus übereinandergeschichteten Steinen erbaut, führt sie sicher über den Bach – eine architektonische Meisterleistung! Anschließend sind wir vor die Wahl gestellt: Man kann ins größere Auzat absteigen und dort Einkäufe erledigen und/oder übernachten; am nächsten Tag kann man direkt, ohne Umweg über Marc, auf den GR 10 zurückkehren. Die Etappe folgt jedoch dem GR 10 nach Marc und verläuft dabei zunächst über ein bequemes ebenes, mit Betonplatten abgedecktes Aquädukt. Anschließend machen wir uns an den finalen Abstieg. Marc erwartet uns als Canyoning-Hotspot mit einem tollen schwimmbeckenartigen Felsenpool.

Ausgangspunkt: Refuge des Étangs de Bassiès, 1650 m.
Anforderungen: Kurze Etappe, im ersten Teil felsig-steiniges Granitgelände (Trittsicherheit erforderlich). Im zweiten Teil bequemer, breiter Weg über das Aquädukt, teilweise seitlich steil abfallend; selten steile Passagen.
Einkehr: In Auzat und Vicdessos (rund 1.30 Std./5 km abseits, vgl. Variante).
Unterkunft: Auzat: Chambres d'hôtes La Borio Nove, Tel. +33 (0)5 63 56 67 92 oer +33 (0)6 31 30 21 79, laborionove.com, ganzjährig, 1 DZ/1 MBZ. – Camping La Vernière, Tel. +33 (0)5 61 64 84 46, la-verniere.fr, ganzjährig, 70 SP, Aufenthaltsraum, kl. LM-Verkauf, freier Eintritt ins örtliche Freibad (nur Juli/Aug. geöffnet). **Vicdessos** (weitere 20 Min. ab Auzat): Camping La Bexanelle, Tel. +33 (0)5 61 64 82 22, labexanelle.com, Mitte März–Anfang Nov., 185 SP, Pool, LM-Verkauf. **Marc:** Gîte d'étape de Marc (in einem Nebengebäude des Village

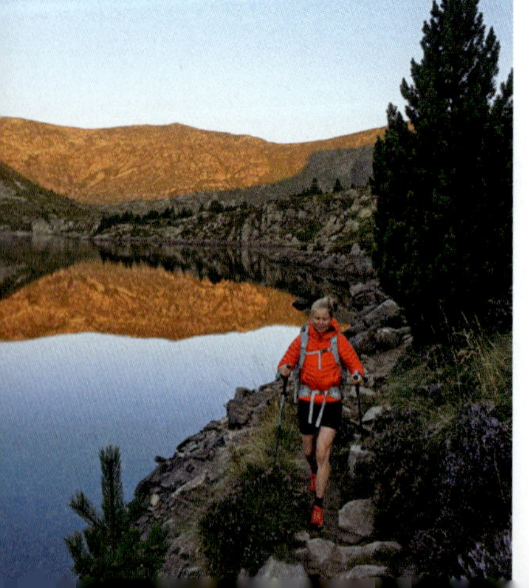

Morgenstund' hat Gold im Mund.

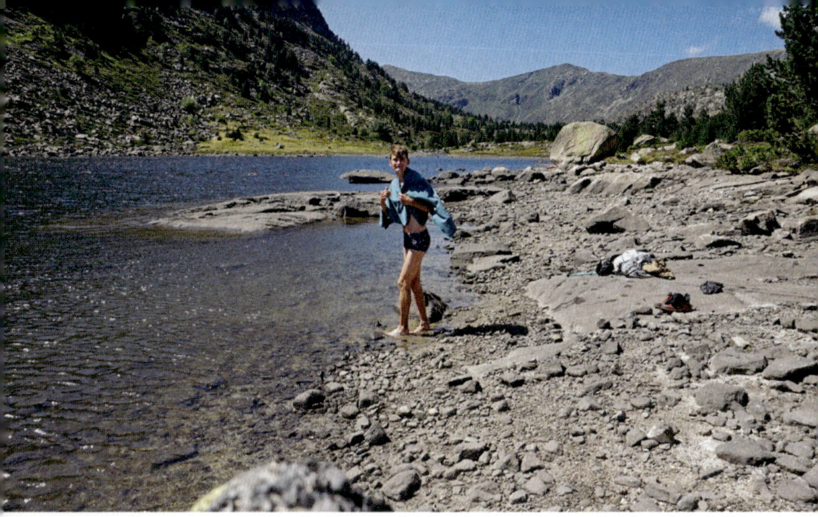

Badefreuden am Étang d'Escalès.

de Vacances), Tel. +33 (0)5 61 64 88 54, marc-montmija.com, Mai–Sept., 18 B in Schlafsälen, Küche, Restaurant.
Cabanes: Keine.
Zeltmöglichkeit: Keine (Zeltverbot im Réserve biologique de Mont-Calme).
Einkauf: In Auzat kleiner LM-Verkauf, in Vicdessos SPAR-Supermarkt.
Wasser: Im Wald nach der Steinbrücke über den Ruisseau de Bassiès gefasste Quelle. In Auzat WC. In Marc beim alten Waschhaus WC mit Wasserhahn.
ÖPNV: Keine Möglichkeit.
Information: Auzat, Tel. +33 (0)5 61 05 94 94, pyrenees-ariegeoises.com.
Variante: Abstieg nach Auzat/Vicdessos: für Selbstversorger interessant, da es hier die einzigen Einkaufsmöglichkeiten zwischen Aulus-les-Bains (Etappe 35) und Mérens-les-Vals (Etappe 41) gibt. Am Abzweig vor dem Aquädukt steigt man auf dem mittleren der drei Pfade zur D8 ab und folgt der Straße nach links bis Auzat (1.30 Std., 5 km und 420 Hm Abstieg) bzw. 20 Min./1,5 km weiter bis Vicdessos. Von Vicdessos bzw. Auzat auf der Straße über Artiès zum GR 10/Etappe 37 (insg. 2 Std., 6,5 km, 320 Hm Aufstieg).
Tipp: 1. Bad in einem der Seen (Étang Majeur oder besonders gut im Étang d'Escalès).
2. Großes Felsbecken im Fluss unter der Brücke bei Marc.
Karte: IGN 7 Haute-Ariège.

Wir steigen die Stufen vom **Refuge des Étangs de Bassiès** ❶, 1650 m, hinunter und folgen dem Pfad zurück zum Abzweig. Rechts haltend erreichen wir schon bald darauf den Étang du Pla de la Font, 1645 m. Wir wandern an seiner nördlichen Seite entlang, passieren den am Rand sumpfigen und nicht zum Baden zu empfehlenden Étang Mort und steigen in Richtung der Staumauer des Étang Majeur ab. Hier kann eine erste Pause auf der Mauer eingelegt und die Zeit auch für ein Bad genutzt werden. Entlang des seichten Étang Long führt der felsige Pfad zum Étang d'Escalès. Dieser

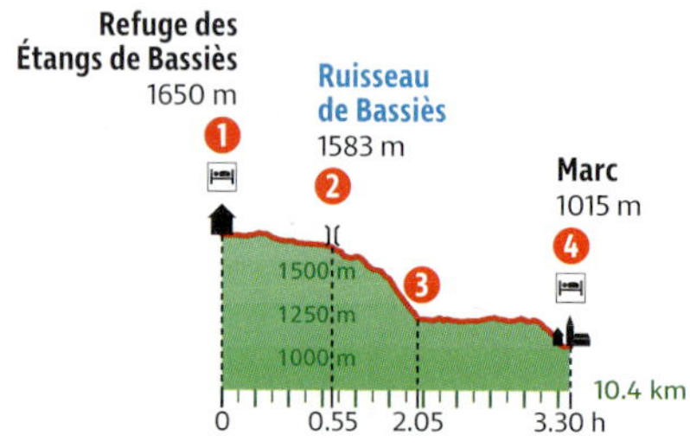

See bietet sich mit seinem teils strandartigen Ufer am besten zum Baden an. Wir gehen über Granitblöcke weiter und überqueren rechts haltend den **Ruisseau de Bassiès** ❷, 1583 m, über eine abenteuerlich konstruierte Steinbrücke. Danach führt der Pfad unter einigen dicken Rohren hindurch und tritt schon bald in den Wald ein. Ab hier ist der Weg weniger beschwerlich und einfacher zu begehen. Wir passieren eine mit einem Rohr gefasste Quelle und steigen in Serpentinen zum **Abzweig** ❸, 1168 m, bei einem alten **Aquädukt** ab. Der mittlere der drei Pfade führt hinab nach Auzat und Vicdessos (vgl. Variante).
Der GR10 hingegen setzt sich nach rechts fort. Über eine betonierte Platte gehen wir über das stillgelegte Aquädukt, passieren mehrere Stollen und wandern auf dem bequemen, nahezu ebenen Weg weiter. Wir kommen an

Abenteuerliche Brückenkonstruktion über den Ruisseau de Bassiès.

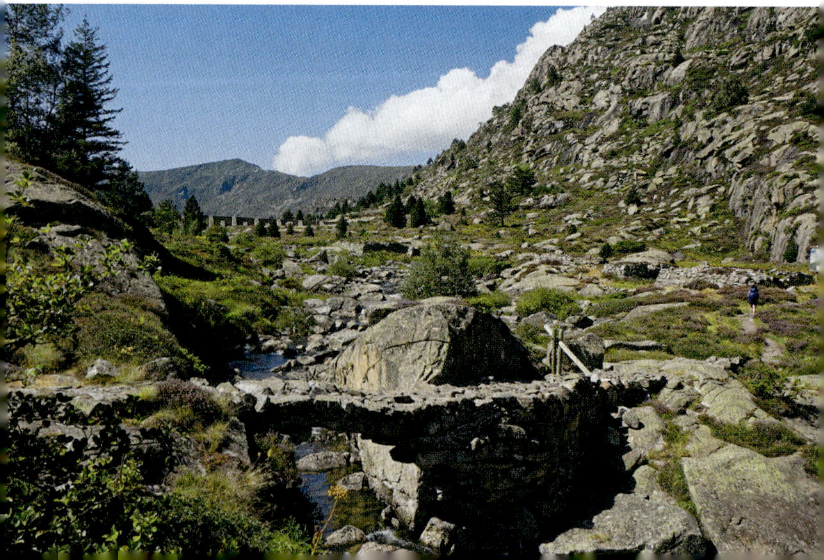

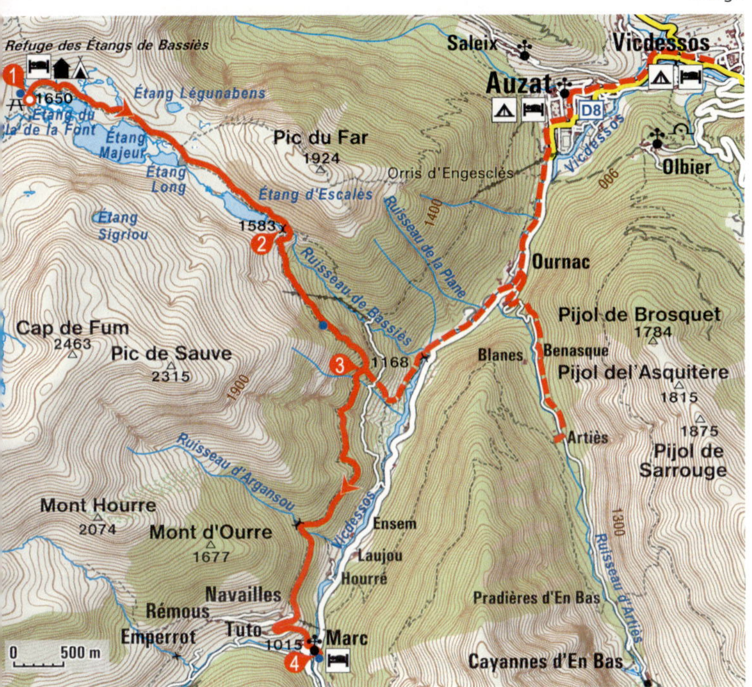

einem Wartungshäuschen vorbei und haben nun schon freie Sicht auf das unter uns liegende Tal. An einem Abzweig wählen wir den oberen rechten Pfad, der uns zu einer schmalen Straße bringt. Dieser folgen wir nach links bergab. Nach wenigen Metern mündet von rechts ein zweite Straße ein. Gleich danach wechseln wir auf den links abzweigenden, abwärtsführenden Pfad. An einer Gabelung halten wir uns links, überqueren die Straße und steigen zu einem alten Waschhaus mit Trinkwasser ab. Wir biegen rechts ab und gehen über den spektakulären Vicdessos-Fluss. Direkt unter der Brücke befindet sich ein großes natürliches Schwimmbecken, das wie zum Baden gemacht ist. Nach links entlang der Ortsstraße erreichen wir die Kirche von Marc.

An der Straßenkreuzung wenige Meter danach gelangt man nach links zu einem Parkplatz mit öffentlichen Toiletten. An der Kreuzung nach rechts geht es in wenigen Metern hinauf zur Gîte d'étape von **Marc** 4, 1015 m. Als erstes Haus auf der linken Seite gehört es zum Gebäudekomplex des Village Vacances.

37 Marc – Goulier

9.30 h	24,7 km
↗ 1420 m	↘ 1320 m

Viele Wege führen zum Ziel

Die zahlreichen Varianten des GR 10 machen es heute wieder einmal möglich, eine ganz individuelle Tour mit passender Länge zu finden. Die Hauptroute verläuft bis Artiès auf angenehmen, schattigen Pfaden durch bewaldetes Gelände. Wer die Nacht in Auzat verbracht hat, trifft hier wieder auf den GR 10. Auf dem Weiterweg in das Tal hinein haben wir in Pradières-d'en-Bas die Möglichkeit, über einen steilen Pfad die Etappe um ungefähr ein Drittel zu verkürzen. Wer sich für den längeren Hauptweg entscheidet, steigt zum herrlich gelegenen Étang d'Izourt auf. Von dort aus könnte man außerdem auf dem GR 10A noch weiter in die gigantische Bergwelt eintauchen und die Etappe mit einer Übernachtung im Refuge de l'Étang Fourcat auf zwei Tage ausweiten. Ab dem Étang d'Izourt leitet der Weg sodann auf einem aussichtreichen, aber anstrengend zu begehenden Höhenweg wieder aus dem Tal hinaus. Vor dem Schlussabstieg nach Goulier werden wir ein letztes Mal vor die Wahl gestellt: Wer die Unterkunft im Ort nicht benötigt, kann hier auf dem GR 10B direkt über das Skigebiet Goulier-Neige zum Col d'Esquérus wandern und dort an Etappe 38 anknüpfen. Wer hingegen die Nacht in der Gîte d'étape du Relais d'Endron verbringen möchte, der steigt ins nette Goulier ab und lässt sich dort mit ausgesprochen gutem Essen verwöhnen.

Ausgangspunkt: Marc, 1015 m, Gîte d'étape.
Anforderungen: Bis Artiès schattiger, sehr gut begehbarer Waldpfad, danach felsiger und steiniger. Ab dem Étang d'Izourt lange Querung auf schmalem, teilweise felsigem bzw. stark eingewachsenem Pfad, Vorankommen erschwert.
Einkehr: Am Hauptweg keine, nur an Variante 3 im Refuge de l'Étang Fourcat (s. Unterkunft).
Unterkunft: **Mounicou:** Gîte d'étape de Mounicou, Tel. +33 (0)6 22 24 60 02, April–Okt., 17 B in zwei Schlafsälen, Küche. **Étang Fourcat** (3.30 Std. südlich des Wegs, vgl. Variante 3): Refuge de l'Étang Fourcat (FFCAM), Tel. +33 (0)5 61 65 43 15, refugeetangfourcat.ffcam.fr, Juli–Mitte Sept. bewirtschaftet, 37 B in Schlafsälen, HP, Winterraum mit 11 B, AV-Rabatt. **Goulier:** Gîte d'étape du Relais d'Endron, Tel. +33 (0)9 87 37 06 19 oder +33 (0)6 41 15 04 55, ganzjährig, 43 B in DZ/MBZ/Schlafsaal, Restaurant.
Cabanes: **Refuge de Prunadière**, ca. 6 P auf Holzplattform im Obergeschoss, Tisch, Bank, Stühle, Kamin. **Refuge du Barrage d'Izourt** (am Étang d'Izourt), ca. 10 P.
Zeltmöglichkeit: Wenige Möglichkeiten beim Refuge de Prunadière sowie am Abstieg danach. Nach Pradières-d'en-Bas in Parkplatznähe vor der Centrale électrique de Pradières. Am Aufstieg zum sowie am linken Ufer des Étang d'Izourt (5 Min. Abseits GR 10).
Einkauf: Keine Möglichkeit.
Wasser: Am Bach hinter Mounicou Wasserschlauch. Beim Refuge de Prunadière kleine Quelle. In Artiès WC. Nach dem Abzweig am Étang d'Izourt gefasste Quelle. Außen am Refuge ONF de Ber-

tasque Wasserhahn. In Goulier vor der Gîte d'étape Wasserhahn (Wasser nicht kontrolliert). An Variante 4 Quellen bei der Fontaine de Brosquet und am Parkplatz vor dem Skigebiet Goulier-Neige.
ÖPNV: Keine Möglichkeit.
Information: Keine.
Varianten: 1. Von Vicdessos bzw. Auzat auf der Straße über Artiès zum GR 10 (insg. 2 Std., 6,5 km, 320 Hm Aufstieg).
2. Abkürzung ab Pradières-d'en-Bas: am Abzweig der rot-weißen Markierung bergan folgen (ca. 1.45 Std., 1,2 km und 470 Hm Aufstieg weniger als Hauptweg).
3. Zum Refuge de l'Étang Fourcat (GR 10A): ab dem Abzweig am Étang d'Izourt mit der rot-weißen Markierung am linken Ufer entlang und weiter bergan zum Refuge (einfacher Weg 3 Std., 5,5 km und 810 Hm Aufstieg).
4. Mit dem GR 10B direkt zu Etappe 38: am markierten Abzweig oberhalb des Refuge ONF de Bertasque zum Skigebiet von Goulier-Neige und mit dem GR 10 nach rechts weiter zum Col de l'Esquérus (bis zum Zusammentreffen mit Etappe 38: 200 Hm im Auf- und Abstieg weniger als Hauptroute, aber 20 Min. und 1,8 km länger).
Karte: IGN 7 Haute-Ariège.

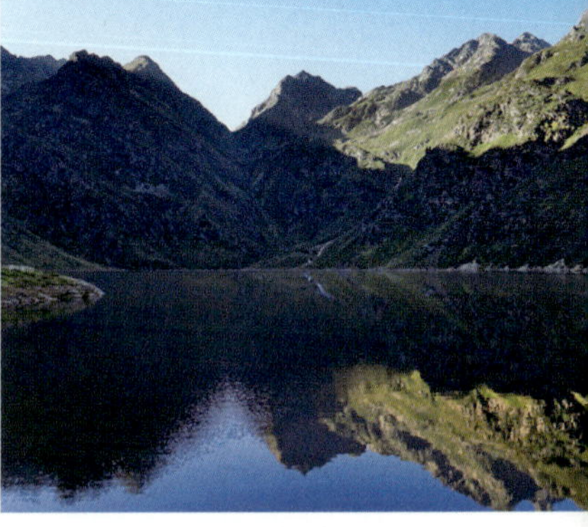

Spiegelbild im Stausee Étang d'Izourt.

Ab der Gîte d'étape von **Marc** ❶, 1015 m, folgen wir der schmalen Straße bergauf, bis diese eine scharfe Linkskurve macht. Hier halten wir uns geradeaus auf einen schmalen Pfad. Dieser leitet uns zu einer weiteren Straße im kleinen Ort **Mounicou** ❷, 1087 m (nach rechts über die Brücke geht es zur Gîte d'étape).
Der GR 10 bleibt geradeaus auf der Straße. Wenig später zweigt ein schmaler Pfad nach links in den Wald ab. Wir überqueren einen breiten Bachlauf und schlagen direkt danach den nach rechts ansteigenden Pfad ein. Ein schmaler, nach rechts abgehender Pfad führt zu einem Wasserschlauch am Bach. Der überwiegend schattige Pfad verläuft gut markiert weiter bergan, Abzweige werden ignoriert. Dabei haben wir immer wieder eine gute Sicht auf die gegenüberliegende Talseite. Wir queren mehrere schmale Bachläufe und erreichen das **Refuge de Prunadière** ❸, 1614 m, an dem sich einige wenige Zeltmöglichkeiten befinden.
An der Nothütte vorbei folgen wir dem Pfad geradeaus. Wir steigen ein kurzes Stück ab und wandern dann auf dem angenehmen, nahezu ebenen Waldweg entlang des steilen Hangs weiter. Bevor der Pfad beginnt, an Höhe zu verlieren, erreichen wir eine kleinere ebene Fläche, auf der gezeltet werden kann. Danach verläuft der Pfad in weiten Serpentinen hinunter zu einer Gabelung. Hier treffen wir auf einen ebenfalls von Marc kommenden direkteren Weg. Wir halten uns geradeaus bergab in Richtung des Artiés-Tals und erreichen die T-Kreuzung oberhalb von **Artiès** ❹, 1022 m. Von hier können

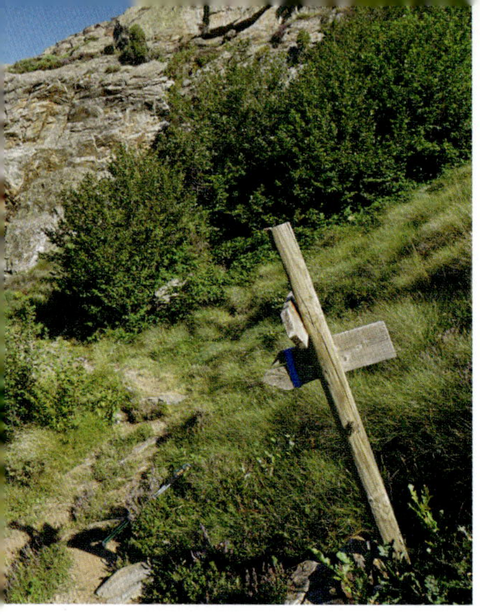

An der Coumasses-Grandes trifft Variante 2 wieder auf den GR 10.

wir bereits den unter uns liegenden Ort erkennen (von links kommt die direkte Variante aus Auzat/Vicdessos; wer Wasser benötigt oder auf die Toilette möchte, erreicht das Dorf nach links in ca. 5 Min.).

Der GR 10 biegt nach rechts ab und führt weiter in das Tal hinein. Wir folgen dem Pfad bis zu einer Felswand und gehen dort nach links. Der Pfad verläuft ein Stück abwärts und biegt nach links ab. Wir passieren eine Reihe alter verlassener Steinhäuser und erreichen den Talgrund. An einer Gabelung halten wir uns rechts, überqueren den Bach über eine Brücke und treffen auf eine Straße. An dieser nach rechts kommen wir zu einem Abzweig im Weiler **Pradières-d'en-Bas** 5, 1117 m. Variante 2 führt hier (ebenfalls als GR 10 gekennzeichnet) nach links bergan und zurück auf die beschriebene Hauptroute.

Wir gehen geradeaus auf der Straße entlang des schmalen Baches weiter und biegen nach rechts auf einen Wanderparkplatz ab. Wir überqueren den **Parkplatz** (mit einigen Zeltmöglichkeiten) vor der **Centrale électrique de Pradière** und folgen am hinteren Ende dem Schotterweg. Bei einer Metallbrücke biegen wir nach links ab und überqueren den Bach. Danach folgen wir dem breiten Schotterweg wenige Meter und biegen sogleich auf einen nach rechts abzweigenden Pfad ab. Der felsig-steinige Pfad bringt uns bergan zu einem Abzweig oberhalb des **Étang d'Izourt** 6, 1663 m. Wenige Meter weiter in Richtung Staumauer steht das Refuge du Barrage d'Izourt. Am Seeufer befinden sich Zeltmöglichkeiten. Geradeaus führt der GR 10A am linken Ufer entlang zum Refuge de l'Étang Fourcat (vgl. Variante 3).

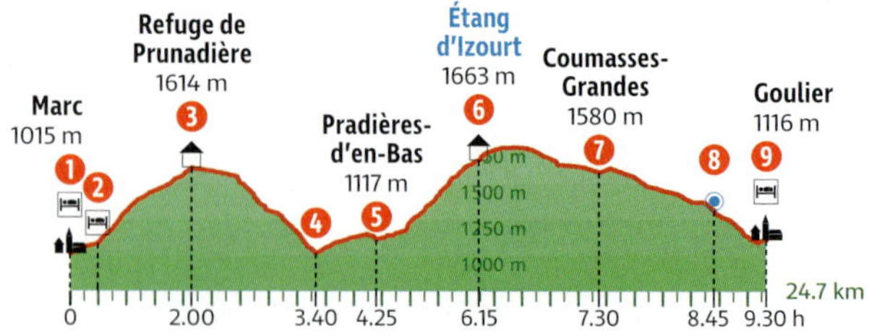

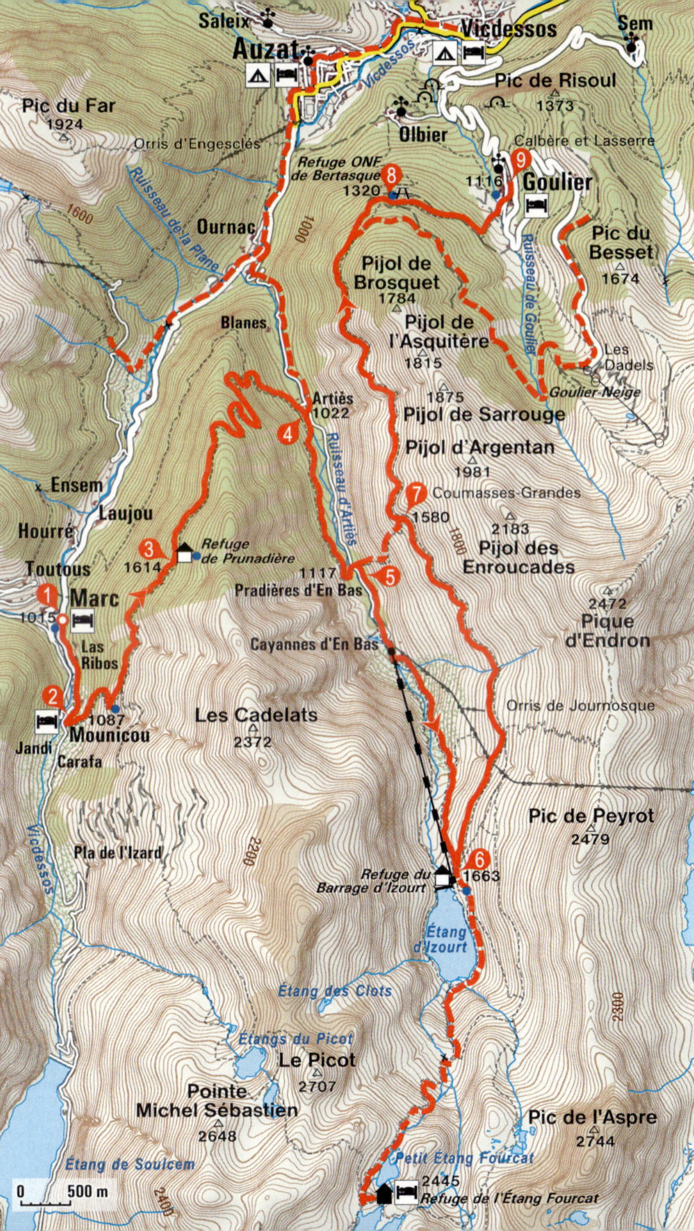

Saleix
Auzat
Vicdessos
Sem
Pic de Risoul
1373
Pic du Far
1924
Orris d'Engesclés
Olbier
Calbère et Lasserre
Refuge ONF de Bertasque
1320
1116
Goulier
Ruisseau de la Plane
1600
Ournac
1000
Pijol de Brosquet
1784
Pic du Besset
1674
Ruisseau de Goulier
Blanes
Pijol de l'Asquitère
1815
Les Dadels
Goulier-Neige
1875
Pijol de Sarrouge
Artiès
1022
Pijol d'Argentan
1981
Ruisseau d'Artiès
Ensem
Laujou
Coumasses-Grandes
1580
2183
Hourré
1800
Pijol des Enroucades
Refuge de Prunadière
1614
Toutous
1117
Pradières d'En Bas
Marc
1015
2472
Pique d'Endron
Las Ribos
Cayannes d'En Bas
1087
Mounicou
Jandi
Carafa
Les Cadelats
2372
Orris de Journosque
Pic de Peyrot
2479
Vicdessos
Pla de l'Izard
2200
Refuge du Barrage d'Izourt
1663
Étang d'Izourt
Étang des Clots
2300
Étangs du Picot
Le Picot
2707
Pointe Michel Sébastien
2648
Pic de l'Aspre
2744
Petit Étang Fourcat
2445
Refuge de l'Étang Fourcat
Étang de Soulcem
0
500 m
2400

Wir biegen an der Gabelung nach links ab und wandern auf dem steinigen Pfad, vorbei an einer in einem Rohr gefassten Quelle, bergauf. Über einige Bachläufe hinweg wandern wir den Hang querend weiter. Vom Höhenweg aus haben wir einen wunderschönen Blick auf das zuvor durchwanderte Tal. An einem Wartungshäuschen kreuzen wir die dicken Wasserrohre und kommen zu einer Gabelung, an der wir dem Pfad nach links bergab folgen. Das Vorankommen ist hier aufgrund felsiger Passagen sowie starkem Bewuchs insgesamt recht beschwerlich.

Wir erreichen den Abzweig an der **Coumasses-Grandes** 7, 1580 m. Hier trifft die Direktvariante ab Pradières-d'en-Bas wieder auf den GR 10. Wir gehen geradeaus am Hang entlang weiter, wobei das Gelände langsam waldiger wird. Bei einem Abzweig führt der rechte obere Weg als GR 10B über die Fontaine de Brosquet und das Skigebiet Goulier-Neige direkt zu Etappe 38 (vgl. Variante 4). Um zur Gîte d'étape in Goulier zu gelangen, wählen wir hier den linken unteren Weg. Auf dem bequem begehbaren Pfad passieren wir das für Gruppen bestimmte **Refuge ONF de Bertasque** 8, 1320 m, mit Picknickbänken und Wasserhahn.

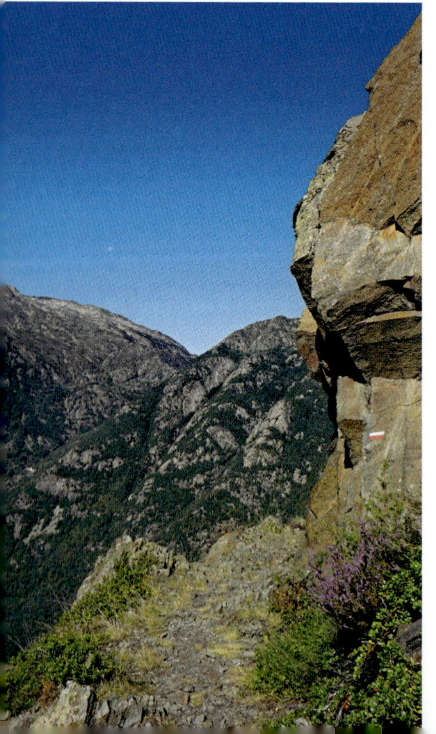

Kurz nach dem Refuge überqueren wir einen Schotterweg. Wenig später treffen wir erneut auf ihn und wandern auf ihm bergab. Dann biegen wir auf einen nach links abzweigenden Pfad ab und gelangen über eine weitere Schotterpiste an den Ortseingang von Goulier, 1110 m. Wir überqeren die Brücke und folgen der schmalen Straße. Nach einem ersten Durchgangsbogen biegen wir nach links ab, passieren einen Wasserhahn und biegen nach rechts ab. Wir gehen unter einem weiteren Bogen hindurch und kommen zu einem Holzgatter. Wer nicht zur Gîte d'étape möchte, folgt dem Weg hinter dem Gatter bergan. Um jedoch zur Gîte zu gelangen, halten wir uns links und erreichen eine Straße, an der wir nach links zur Gîte d'étape du Relais d'Endron am östlichen Ortsrand von **Goulier** 9, 1116 m, gehen. Von dort aus haben wir eine schöne Sicht auf das Tal.

Lange Querung.

4.15 h	11,6 km
↗460 m	↘830 m

Goulier – Siguer 38

Über den Col de Lercoul nach Siguer – ein Dorf in Aufbruchsstimmung

Diese einfache, kurze Etappe auf bequemen Wegen erlaubt es uns heute, unsere Gedanken schweifen zu lassen. Im Vergleich zu den Tagen zuvor verläuft der schattige Waldweg durch weitaus weniger steiles Gelände und verlangt uns wenig Konzentration ab. Die verschiedenen am Weg liegenden Cols versprechen dem Namen nach mehr, als sie eigentlich sind. Oft sind sie nur anhand des Hinweisschilds zu erkennen, eine gute Aussicht bleiben sie uns schuldig. Dafür besticht das Etappenziel Siguer mit überaus herzlicher Gastfreundschaft. Die kostenlose Wanderunterkunft spricht für sich. Zudem scheint der Ort seit einiger Zeit wieder aufzublühen und so kann Siguer mittlerweile mit Chambres d'hôtes aufwarten. Hinzu kommt das Restaurant Le Café Rousse, das mit herrlich schmackhaften Gerichten aus regionalen Zutaten überzeugt. Seit einiger Zeit bietet Mathieu, der im Dorf aufgewachsene Besitzer des Cafés, auch Zimmer in seinem Le Joséphine an. Auf diese Weise gut gestärkt, lässt sich vielleicht auch der langen morgigen Etappe etwas entspannter entgegenblicken.

Ausgangspunkt: Goulier, 1116 m, Gîte d'étape du Relais d'Endron.
Anforderungen: Einfache Etappe, breite Forstwege und gute Waldpfade.
Einkehr: In Siguer Restaurant Le Café Rousse (beim Rathaus 300 m nach rechts), zum Le Joséphine gehörend (s. Unterkunft), abends nur mit Reservierung.
Unterkunft: Siguer: Salle d'accueil communale des Randonneurs (beim Rathaus 200 m nach rechts), April–Okt., kostenlos, keine Reservierung möglich, 8 B in Stockbetten, Tisch, Stühle, WC, warme Dusche. – Chambres d'hôtes Maison Cancela (beim Rathaus nach links), Tel. +33 (0)7 66 58 17 34, maisoncancela.fr, ganzjährig, Juli/Aug. mindestens zwei Nächte, 2 DZ, HP nach Voranmeldung, Mikrowelle, KS, beheizter Pool, Zeltstellplatz – Le Joséphine (gehört zum Café Rousse), Tel. +33 (0)6 25 19 33 55, lejosephine.fr, ganzjährig, 12 B in DZ/MBZ.
Cabanes: Keine.
Zeltmöglichkeit: Am Col de Risoul ❷ und am Col de Grail ❹. Beim Picknicktisch oberhalb von Lercoul.
Einkauf: Keine Möglichkeit.
Wasser: Ca. 250 m rechts des Col de Grail Quelle. Am Hauptplatz von Lercoul Brunnen. In Siguer WC bei der Kirche, beim Rathaus sowie bei der Salle d'accueil communale des randonneurs.
ÖPNV: Keine Möglichkeit.
Information: Keine.
Karte: IGN 7 Haute-Ariège.

Von der Gîte d'étape du Relais d'Endron in **Goulier** ❶, 1116 m, gehen wir auf der bereits bekannten Straße bis zu einem bei einer Bank nach links abzweigenden Wanderweg zurück. Entlang von Steinmauern folgen wir dem schattigen Weg bergan, gehen durch ein Eisengatter und passieren eine Quelle (Wasser nicht kontrolliert). Wir verlassen den Wald und treffen auf einen Schotterweg am **Col de Risoul** ❷, 1330 m (gute Zeltmöglichkeiten).

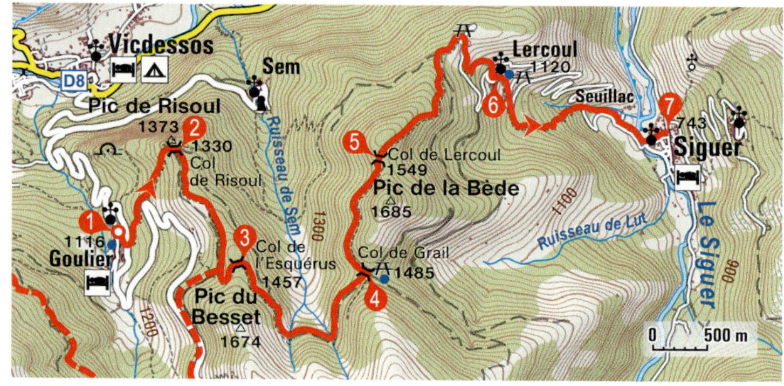

Wir folgen dem Schotterweg nach rechts. Nach der Kurve wandern wir auf dem nach links abzweigenden schattigen Pfad weiter, der oberhalb der Forststraße parallel zu dieser verläuft. An einem Abzweig trifft die Variante über den GR 10B auf die Hauptroute (vgl. Etappe 37). Wir biegen nach links ab und steigen zum farnbewachsenen **Col de l'Esquérus** 3, 1457 m, auf. Danach geht es durch Wald und über Wiesen auf dem nahezu ebenen Forstweg weiter. Wir überqueren einen breiteren Bach und gelangen über eine Schotterpiste zum **Col de Grail** 4, 1485 m, wo auch gezeltet werden könnte; ca. 250 m rechts des Cols befindet sich eine Quelle.

Der GR 10 folgt dem breiten Weg nach links bergan, vorbei am Refuge ONF de Grail. Es öffnet nur für Gruppen, jedoch können wir die davor stehenden Picknickbänke für eine Rast nutzen. Wir bleiben auf dem sanft ansteigenden Waldweg und biegen einige Zeit später auf einen Pfad in Richtung »Lercoul« ab. Der Pfad geht in einen von Forstfahrzeugen zerstörten Weg über, auf dem wir den unscheinbaren **Col de Lercoul** 5, 1549 m, erreichen. Hier wird der verwüstete Weg wieder zum Pfad, der nun beginnt, an Höhe zu verlieren. Wo sich der Wald kurz lichtet, könnnen wir bereits einen ersten Blick auf das unter uns liegende Tal mit dem Ort Siguer erhaschen. Wir treffen auf einen Forstweg und gehen nach links zu einer komplexeren Kreuzung. Hier biegen wir nach rechts ab und ge-

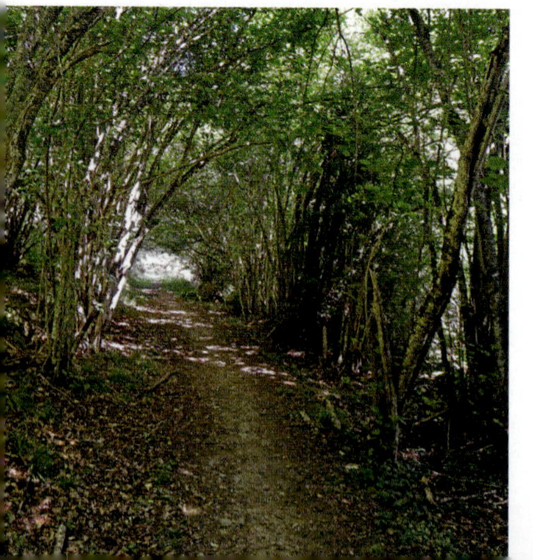

Unter schützendem Blätterdach.

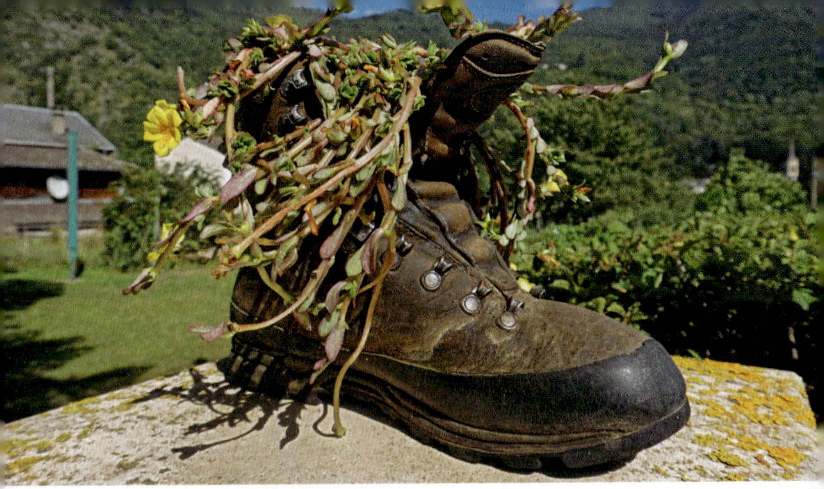

Stimmige Begrüßung der Wandernden in Siguer.

langen zu einer Picknickbank, bei der es sich problemlos zelten lässt. Direkt nach der Bank folgen wir der befestigten Straße wenige Meter nach rechts bergab, um sogleich geradeaus auf dem Pfad weiterzugehen. Der Pfad trifft wieder auf die Straße, auf der wir wenige Meter bleiben, um dann auf den Pfad nach links abzuzweigen. Am Ortseingang von Lercoul treffen wir bei einer aussichtsreichen Picknickbank auf die asphaltierte Straße, auf der wir wenige Meter nach links gehen, bevor wir nach rechts in das Dorf abbiegen. An einer Gabelung halten wir uns links und steigen einige Treppenstufen hinunter zur Ortsmitte von **Lercoul** 6, 1120 m. An der Place de la Fontaine befindet sich ein Trinkwasserbrunnen.

Wir überqueren den kleinen Platz und steigen geradeaus über einen Pfad ab. An der nächsten Gabelung halten wir uns rechts und folgen dem steinigen Pfad bergab. Wir passieren einige Stallgebäude und wählen an der darauffolgenden Gabelung den linken Weg. Nach einigen Kehren gelangen wir zur Straße, überqueren sie und steigen auf der anderen Seite auf dem Pfad ab. Wir treffen erneut auf die Straße und gehen nun an ihr nach links hinab zum Ortseingang, wo sich direkt nach der Brücke links die öffentlichen Toiletten befinden. Wir passieren die schöne Kirche und kommen zu einer T-Kreuzung. Direkt vor uns liegt das Rathaus von **Siguer** 7, 743 m, wo sich ebenfalls WCs befinden.

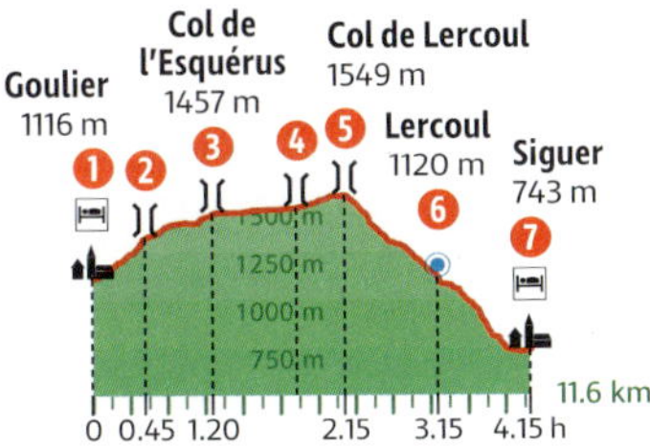

39 Siguer – Village Nordique Angaka (Plateau de Beille)

10.30 h | 20,0 km
↗2330 m | ↘1280 m

Über Pla de Montcamp und Col de Sirmont auf das Plateau de Beille

Gleich drei große Anstiege sind auf dieser langen Etappe zu bewältigen. In Summe bescheren uns die flache Erhebung des Pla de Montcamp, 1904 m, sowie die beiden nachfolgenden Pässe mehr als 2300 Höhenmeter im Aufstieg. Eine Aufteilung der Etappe mit Zwischenübernachtung in einer der Cabanes ist hier einmal mehr eine Überlegung wert. Vor allem, da die für die Schutzhütten verantwortlichen Schäfer mit viel Liebe einladende Nachtlager bereiten, um die Mühen der erschöpften Wandernden zu belohnen. Eine Besonderheit sind dabei mit Sicherheit die beiden Lebensmittelschränke in der Cabane de Balledreyt und in der Cabane EDF de Clarans. Aber auch die gelungene Wandbemalung in der Cabane d'Artaran zeugen von den Bemühungen. Noch bevor wir bei unserem Etappenziel, dem Village Nordique Angaka, ankommen, sind die dort beherbergten Schlittenhunde von Weitem zu hören. Einige Meter weiter am Plateau de Beille herrscht das ganze Jahr über ein reger Besucherandrang. Im Sommer zieht das mit dem Fahrzeug erreichbare Plateau zahlreiche Tageswanderer an, während sich im Winter die Skifahrer:innen auf den Pisten tummeln. Das 2021/2022 neu errichtete Hauptgebäude, in dem es auch ein Restaurant gibt, trägt sein Übriges dazu bei. Umso ruhiger wird es gegen Abend, wenn die Tagestouristen die Fahrt zurück ins Tal angetreten haben. Da die Sonne das Plateau de Beille besonders verwöhnt, können wir noch lange in den wärmenden Strahlen sitzen. Nachdem wir schließlich den Sonnenuntergang betrachtet haben, wartet nach einem langen Tag eine gemütliche Jurte auf uns.

Ausgangspunkt: Siguer, 743 m, Rathaus.
Anforderungen: Überwiegend schmale Pfade. Bis zur Cabane de Balledreyt meist schattenlos. Die Hochweiden um das Pla de Montcamp sind Wind und Wetter stark ausgesetzt. Orientierung: im ersten Teil geht es häufig weglos über Weidegelände; Markierung mit Stöckchen, die jedoch teilweise weit auseinander stehen bzw. umgefallen sind (bei guter Sicht relativ einfach zu finden, bei Nebel ist ein GPS-Track unabdingbar).
Einkehr: In Aston und Les Cabannes (4.15 Std./14 km bzw. 4.45 Std./15,8 km abseits des GR 10, s. Varianten und Unterkunft). Auf dem Plateau de Beille Restaurant à Beille, Tel. +33 (0)5 61 65 10 80, beille.fr unter »Info pratiques – Restaurants«.
Unterkunft: Aston: Camping Pas de l'Ours, Tel. +33 (0)5 61 64 90 33, lepasdelours.fr, Mai–Mitte Sept., 30 SP, Pool. **Les Cabannes:** u. a. Gîte d'étape Complexe des Oustalous, Tel. +33 (0)5 61 64 95 40, les-cabannes.com, ganzjährig, 44 Zi. (EZ/DZ/MBZ), SV-Küche, Hol- und Bringservice zur Pont de Coudènes. – Camping du Pays de Beille, Tel. +33 (0)5 61 64 77 45, camping.paysdebeille.fr, ganzjährig, 82 SP, Aufenthaltsraum. **Village Nordique Angaka:** Tel. +33 (0)5 61 01 75 60, angaka.com, Mitte Juni–Mitte Sept., 19 P in Tipi/Jurte sowie Platz für eigene Zelte, SV-Küche, Frühstück, HP.
Cabanes: Cabane de Courtal Marti, 3 P, Kamin, Wasserschlauch bei Viehtränke.

Cabane de Balledreyt, 8 P auf doppelstöckiger Holzplattform, Kamin, Tisch, Bank, LM-Schrank; sehr guter Zustand. **Cabane EDF de Clarans** (nach 9, 300 m abseits), nur die hintere der beiden Hütten ist zugänglich, 8 P auf schmalen Holzbänken mit Matratzen, Tisch, Bank, Gaskocher, Töpfe/Geschirr, Kamin, LM-Depot. **Cabane d'Artaran**, 2 P auf doppelstöckiger Holzplattform, Tisch, Bank, Kamin, elektrisches Licht, Handylademöglichkeit (Solarstrom).

Zeltmöglichkeit: Hervorragend am Col de Gamel. Ausgesetzt am Pla de Montcamp. Am Col du Sasc 5 und am Col de Sirmont. Bei der Cabane EDF de Clarans und im Bereich der Cabane d'Artaran.

Einkauf: In der Cabane de Balledreyt und der Cabane EDF de Clarans kleines LM-Angebot. Im Village Nordique Angaka LM-Verkauf.

Wasser: In Gestiès Brunnen. 200 m südwestlich der Cabane de Courtal Marti Quelle. 300 m vor der Cabane d'Artaran 100 m abseits gefasste Quelle. Im Village Nordique Angaka WC.

ÖPNV: Ab Pont de Coudènes Hol- und Bringservice des Complexe des Oustalous in Les Cabannes (s. Unterkunft). In Les Cabannes Zuganschluss in Richtung Mérens-les-Vals im Süden (Etappe 41) und Foix im Norden, Infos: Tel. +33 (0)1 84 91 91 91, de.oui.sncf.

Information: Les Cabannes, Tel. +33 (0)5 61 64 77 09, pyrenees-ariegeoises.com.

Varianten: Wer auf Unterkünfte angewiesen ist, kann die extrem lange Etappe unterteilen: 1. Ab Col de Sasc nach links Abstieg nach Aston (4.30 Std., 14 km sowie 1300 Hm Abstieg) bzw. 30 Min./2 km weiter nach Les Cabannes. Am nächsten Tag gibt es drei Möglichkeiten zurück zum GR 10: 1. Mit dem Bringservice des Complexe des Oustalous oder zu Fuß über Aston auf der Straße zur Pont de Coudènes (zu Fuß bis zur Brücke 3 Std., 10,5 km und 520 Hm Aufstieg, ab der Brücke bis Etappenziel 2.30 Std., 4,7 km und 750 Hm Aufstieg). 2. Mit Taxi oder zu Fuß auf der Straße von Les Cabannes zum Village Nordique Angaka auf dem Plateau de Beille (zu Fuß 5 Std., 12,5 km und 1250 Hm Aufstieg). 3. Mit dem Zug nach Mérens-les-Vals (Etappe 41).

Karte: IGN 7 Haute-Ariège.

Mit Blick auf das Rathaus von **Siguer** 1, 743 m, folgen wir der Straße nach rechts, um schon nach gut 100 m nach links in ein schmales, unauffälliges Gässchen abzubiegen. Die Gasse geht in einen Wiesenweg über. Wir überqueren eine Straße und gelangen in den Wald. Der Weg überquert ein weiteres Sträßchen und trifft auf eine Gasse, durch die wir bergan zu einer Straße kommen. Wir halten uns rechts und erreichen die Kirche von **Gesti-**

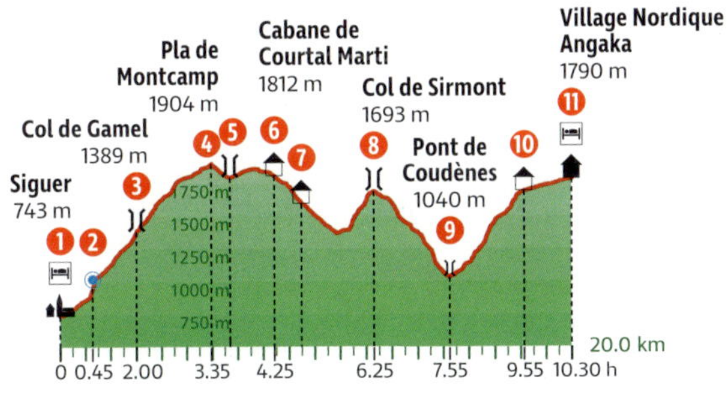

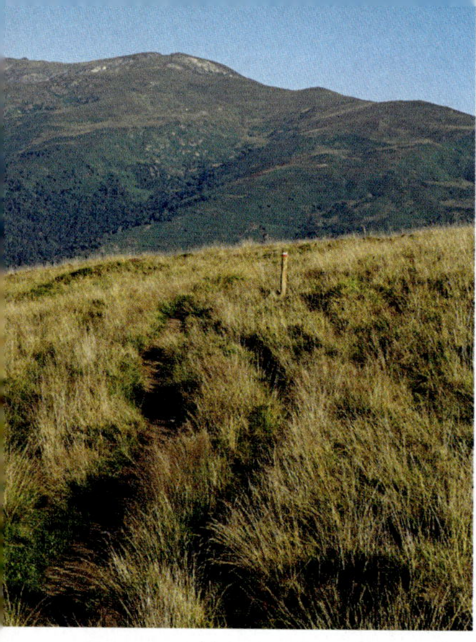

Stangenmarkierung auf der Hochweide.

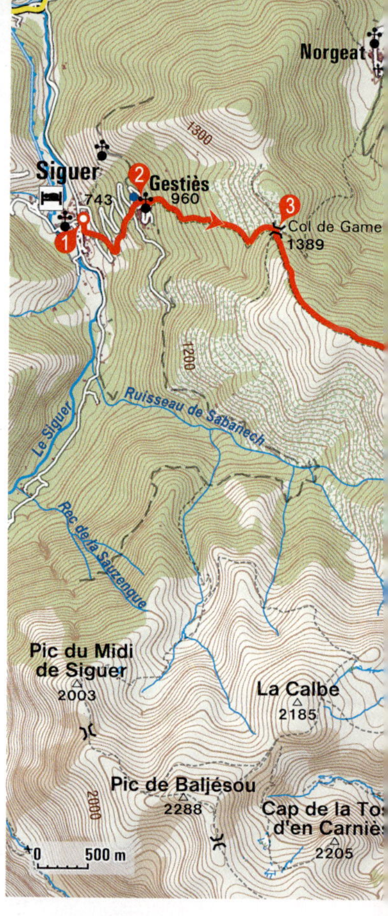

ès ❷, 960 m. Der Brunnen befindet sich neben dem Rathaus, gegenüber der Kirche.

Die Straße wendet sich nach links. Im Aufstieg passieren wir einen Pavillon mit Sitzbänken, der als Unterstand oder zum Rasten dienen kann. Wir verlassen das Dorf über einen Wiesenpfad und steigen zum **Col de Gamel** ❸, 1389 m, auf, an dem es sich wunderbar zelten lässt. Hier biegen wir nach rechts ab und wandern auf dem Pfad durch den Farn. Wir ignorieren eine Vielzahl an abzweigenden Pfaden und bleiben auf dem breitesten der Wege. Dieser verlässt den Wald und führt nun über freies Weidegelände. Hier muss besonders auf die Markierungen geachtet werden. Wir folgen zunächst der höchsten Linie des Rückens und steigen anschließend zu einem kleineren Zwischenübergang, dem Col de la Lène, 1708 m, ab. Von dort aus geht es steil empor zum **Pla de Montcamp** ❹, 1904 m. Hier befinden sich hervorragende, jedoch ausgesetzte Zeltmöglichkeiten. Wir steigen nach rechts auf dem Pfad ab; nach einiger Zeit geht er in einen breiteren Weg über. Vorbei an zwei von Hirten bewohnten Ca-

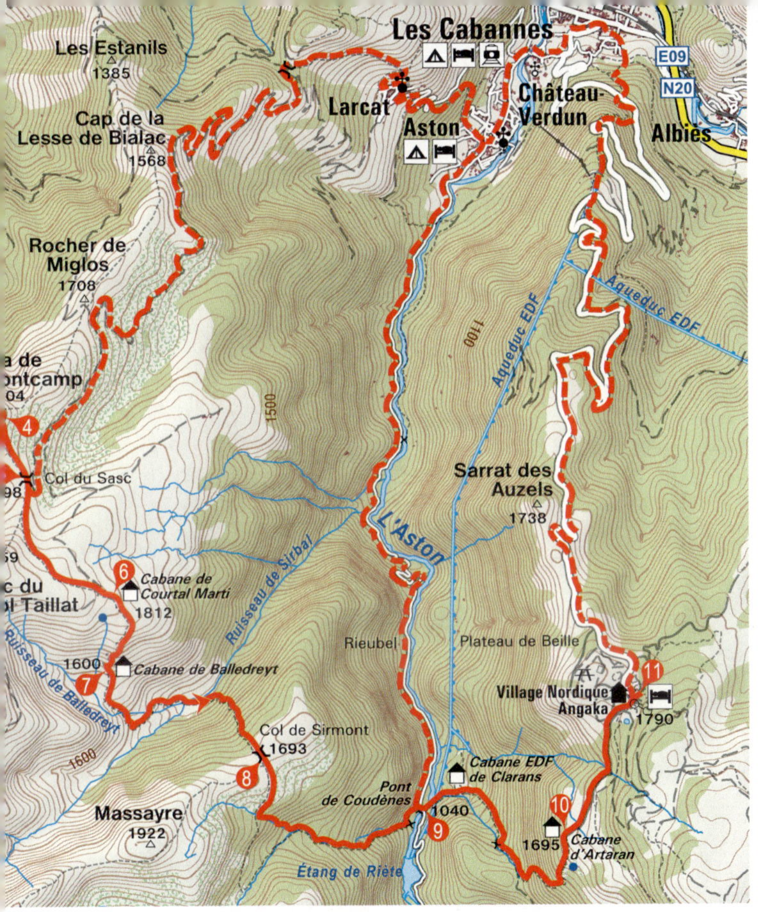

banes bringt er uns zum **Col du Sasc** ❺, 1798 m. Wer in Aston oder Les Cabannes übernachten möchte, steigt auf dem links abzweigenden Pfad ab (vgl. Varianten).

Der GR 10 setzt sich geradeaus auf einem schwach ausgeprägten, mit Stöckchen markierten Wiesenpfad fort. Dieser verläuft nach links um den Pic du Col Taillat, 1959 m, herum. Die Markierungsstöckchen stehen hier teilweise weit auseinander, was die Orientierung bei Nebel oder schlechter Sicht besonders erschwert. Wir passieren einen schon von Weitem sichtbaren Wegweiser auf einem Steinhaufen und wandern links haltend weiter über die Hochweiden, die sich Schafe, Kühe und Pferde gleichermaßen teilen. Eine größere, von Hirten bewohnte Cabane lassen wir links liegen und erreichen die **Cabane de Courtal Marti** 6, 1812 m, die auch Wandernden offen steht. In steilen Serpentinen steigen wir über den Pfad zur **Cabane de Balledreyt** 7, 1600 m, ab. Weiter unten überquert der Pfad einen Bach und verläuft über steiniges Gelände weiter bergab. Wir gehen über eine kleine Holzbrücke, bei der sich gute Zeltmöglichkeiten befinden. Rechts haltend geht es danach durch den Wald extrem steil bergan zum grasigen **Col de Sirmont** 8, 1693 m, mit hervorragenden Möglichkeiten zum Zelten. Ab dem Col führt der Pfad ebenfalls sehr steil durch den Wald bergab. Bei Nässe herrscht hier Rutschgefahr. Ein Bach wird über einen Metallsteg überquert, danach halten wir uns nach links und steigen in Serpentinen über loses Geröll steil bergab. Zahlreiche Gabelungen ermöglichen hier einen steileren beziehungsweise moderateren Abstieg. Schließlich gelangen wir über eine weitere Metallbrücke auf einen Schotterweg. Dieser bringt uns nach rechts hinauf zur D520a. Wir gehen an dieser nach rechts über die **Pont de Coudènes** 9, 1040 m, und biegen direkt danach nach links auf einen Schotterweg ab. Bevor dieser in einer Kurve in einen Wiesenweg übergeht, zweigt nach rechts ein Pfad ab. Wir wandern durch ein kleines Waldstück und kommen zu einer Gabelung. Rund 150 m links befindet sich

Das Pla de Montcamp ist der höchste Punkt der heutigen Etappe.

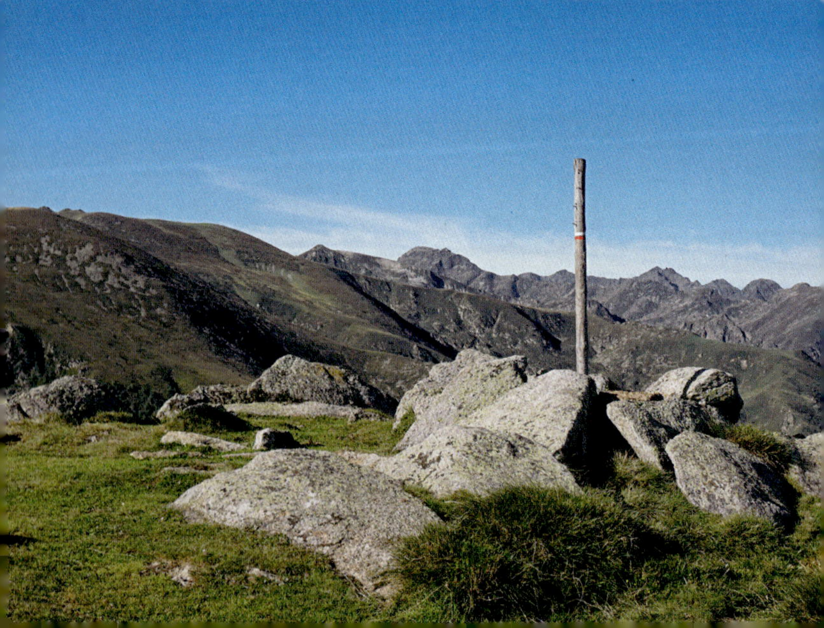

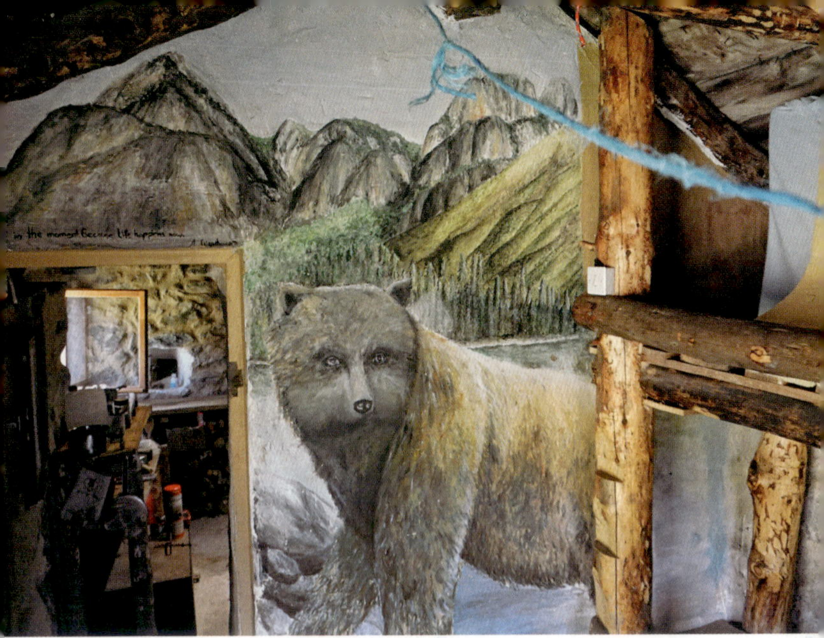

Wandmalerei im Inneren der Cabane d'Artaran.

die Cabane de Clarans, die aber verschlossen ist. 300 m weiter kann jedoch auf einem eingewachsenen Pfad in nordöstliche Richtung die **Cabane EDF de Clarans** erreicht werden, die für Wandernde zugänglich ist.

Der GR 10 setzt sich an der Gabelung nach rechts auf einem Wiesensteig entlang des Waldrands fort. Nach einer Bachüberquerung ist der Pfad nur noch schlecht zu erkennen. Hier weisen Steinmännchen den Weg. Nach einiger Zeit verlassen wir den Wald und wandern durch dichten Farn. Bei einem markierten Abzweig befindet sich 100 m rechts eine in einem Rohr gefasste Quelle. Der GR 10 führt nach links weiter. Über den langsam abflachenden Pfad gelangen wir zur **Cabane d'Artaran** ⑩, 1695 m. Auch wenn man nicht vorhat, in der kleinen, aber sehr feinen Cabane zu übernachten, lohnt sich ein Blick in das Innere. Die Wandmalerei, die einen Bären zeigt, ist sehr schön anzuschauen.

Ab der Schutzhütte folgen wir einem Fahrweg bis zu einer Gabelung mit Wegweiser am Rande des Plateaus de Beille. Wer nicht auf dem Plateau übernachten möchte, kann hier nach rechts direkt auf Etappe 40 weitergehen. Andernfalls gehen wir auf dem Fahrweg weiter zum Restaurant. Das **Village Nordique Angaka** ⑪, 1790 m, befindet sich rechts etwas oberhalb davon.

40 Angaka Nordique Village (Plateau de Beille) – Ref. du Rulhe

5.00 h	13,9 km
↗700 m	↘300 m

Rückkehr ins Hochgebirge

Nach längerer Zeit erreichen wir heute wieder einmal die 2000-Meter-Marke. Nachdem wir bis zum Col de Finestres, 1964 m, durch eine von Weiden geprägte Landschaft gewandert sind, ändert sich das Gesicht der Umgebung merklich. Das Gelände wird langsam felsiger und steiler und mit der Crête des Isards stellt sich schon bald das bekannte Hochgebirgsfeeling ein. Der Grat, der bei gutem Wetter eine tolle Aussicht auf die umliegenden Berge und Seen verspricht, kann bei Gewitter jedoch schnell zur Hölle werden. Der exponierte Pfad bietet dann keinerlei Schutz vor dem Unwetter; eine gute Tourenplanung schützt vor bösen Überraschungen. Vom Col de Belh, 2247 m, aus ist das Refuge du Rulhe schließlich schon zu erkennen. Der Abstieg zu unserem Etappenziel ist schnell geschafft und die Terrasse der Hütte lädt dazu ein, auf ihr ein Menü mit wunderbarer Sicht auf die umliegende Bergwelt zu genießen.

Ausgangspunkt: Village Nordique Angaka, 1790 m, Plateau de Beille.
Anforderungen: Bis zum Col de Finestres breite, relativ flache Wege (Gras/Schotter). Exponiertheit am Crête des Isards: Vorsicht bei Gewitter! Schwindelfreiheit und Trittsicherheit erforderlich.
Einkehr: Unterwegs keine.
Unterkunft: Refuge du Rulhe: Tel. +33 (0)5 61 65 65 01 oder +33 (0)6 74 24 50 71 (außerhalb der bewirtschafteten Zeit), rulhe.com, Mai–Sept., im Winter nach Anmeldung, 53 B in DZ/MBZ/Schlafsaal, HP, kein AV-Rabatt.
Cabanes: Keine.
Zeltmöglichkeit: Bis zum Col de Finestres fast durchgängig möglich. Am Col de la Didorte möglich, jedoch exponiert (daher nur bei besten Wetterverhältnissen). Im Bereich des Refuge du Rulhe (evtl. fragen).
Einkauf: Keine Möglichkeit.
Wasser: Zwischen Col de Finestres und Col de la Didorte Schäferhütte mit Quelle. Außen am Refuge du Rulhe Wasserhahn.
ÖPNV: Keine Möglichkeit.
Information: Keine.
Hinweis: Vorsicht bei Gewitter an der Crête des Isards zwischen Col de la Didorte und Col de Belh: exponierter Grat.
Karte: IGN 7 Haute-Ariège und IGN 8 Cerdagne-Capcir.

Architektonische Meisterleistung.

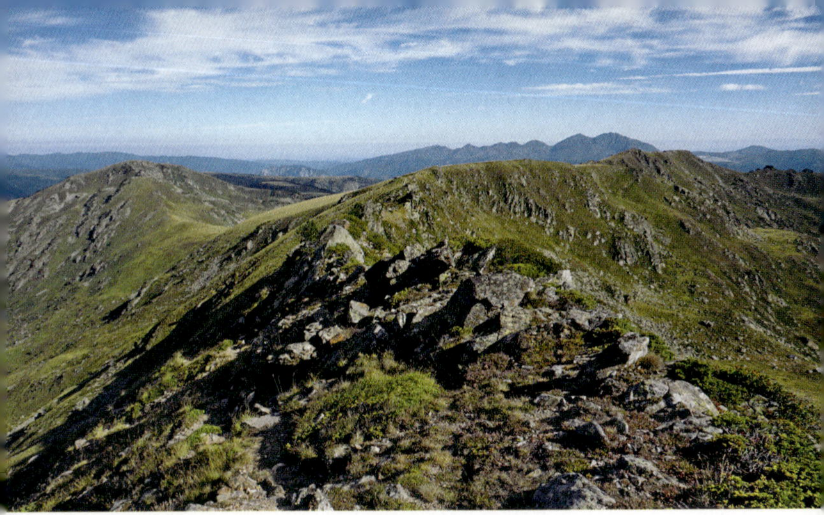

Entlang der Crête des Isards.

Vom **Village Nordique Angaka** ❶, 1790 m, aus, gehen wir hinunter in Richtung Restaurant am Plateau de Beille und auf der Schotterpiste zurück zur Kreuzung mit dem Wegweiser. Hier treffen wir wieder auf den GR 10 und folgen dem breiten Schotterweg bergan bis zur Kreuzung Quatre-Chemins, 1880 m, bei einem Picknicktisch. Wir behalten unsere Richtung auf der Schotterpiste bei und passieren die rechts etwas oberhalb des Weges gelegene **Cabane de Beille-d'en-Haut** ❷, 1939 m, die von Hirten bewohnt wird. An der nächsten Gabelung gehen wir wiederum geradeaus weiter und kommen erneut an einigen Picknickbänken mit schöner Aussicht vorbei. Der bequeme Weg wird mit der Zeit immer grasiger und führt in leichtem Auf und Ab über Weidegelände zum **Col de Finestres** ❸, 1964 m, an dem wie auch schon im ganzen ersten Wegabschnitt gut gezeltet werden kann. Wir behalten unsere Richtung bei und steigen auf dem nun merklich steileren Weg hinauf zu einem kleinen Sattel. Langsam verändert sich das Landschaftsbild: Das Gelände wird felsiger und insgesamt steiler. Über den nun schmalen Pfad steigen wir zu einer kleinen Schäferhütte mit Quelle ab, in deren Bereich gezeltet werden kann. Der Pfad setzt sich über grobe Steinblöcke am Hang der rechten Talseite fort. Dann wird der Weg flacher und grasiger.

Am **Col de la Didorte** ❹, 2093 m, gehen wir geradeaus weiter und ersteigen zunächst steiler und dann langsam abflachend einen grasigen Grat. Rechts haltend folgen wir dessen Verlauf bergauf bis zu einem markanten Wegweiser mit wunderbarer Aussicht zu allen Seiten. Der grasige Grat ist aufgrund der Geländeform fürs Zelten geeignet, wegen seiner Exponiert-

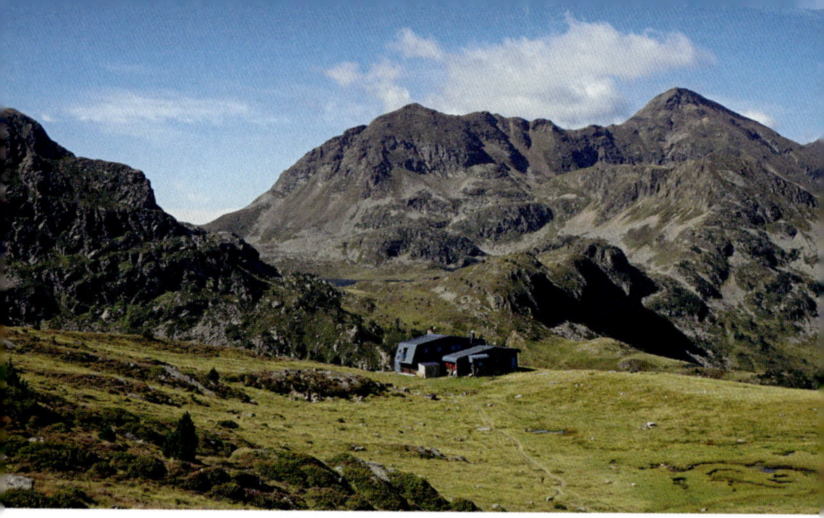

Unser heutiges Etappenziel: das Refuge du Rulhe.

heit empfiehlt sich dies jedoch nur bei stabilen Wetterverhältnissen. Der aussichtsreiche Pfad über die nun felsigere **Crête des Isards** bietet eine tolle Sicht auf zahlreiche unter uns liegende Seen. Obwohl Schwindelfreiheit und Trittsicherheit erforderlich sind, werden die schwierigsten Stellen umgangen und der Pfad führt geschickt zu einem kleinen grasigen Col. Wieder ansteigend geht es über den Grat weiter und unter einem aufgeschichteten Steintor hindurch. Wir überqueren noch einen grasigen Übergang und folgen dabei stets dem Verlauf des Grates. Unterhalb eines kleinen mit Fahne markierten Gipfelchens (Pic de Belh, 2386 m) vorbei erreichen wir den **Col de Belh** ❺, 2247 m. Über einige Bachläufe hinweg geht es danach gemäßigt zum Col de Terre Nègre, 2304 m, hinauf. Von dort aus ist das Refuge mit den dahinter liegenden Étangs de Fontargente bereits zu erkennen. Wir steigen zu einem querenden Weg ab und folgen diesem nach links zum wunderschön gelegenen **Refuge du Rulhe** ❻, 2185 m.

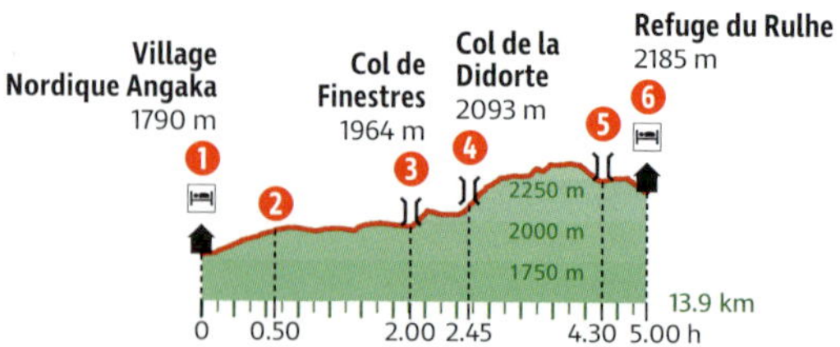

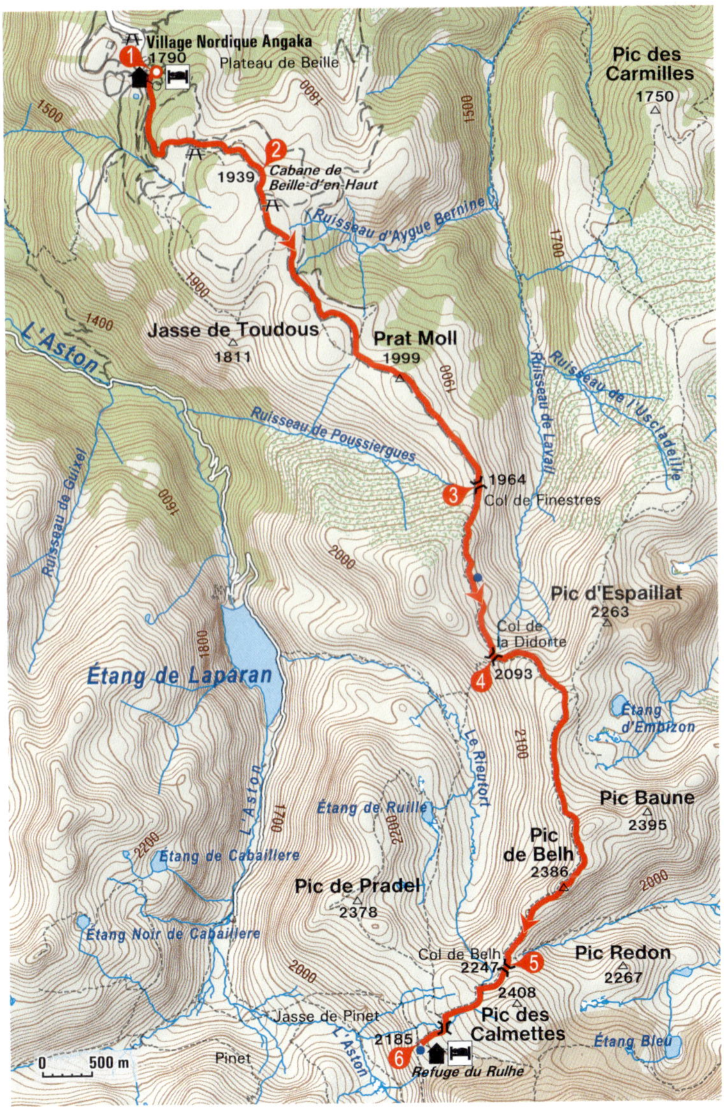
Village Nordique Angaka
1790
Plateau de Beille
Pic des Carmilles
1750
Cabane de Beille-d'en-Haut
1939
Ruisseau d'Aygue Bernine
Jasse de Toudous
1811
Prat Moll
1999
L'Aston
Ruisseau de Poussiergues
Ruisseau de Lavail
Ruisseau de l'Usciadeille
Ruisseau de Guixel
1964
Col de Finestres
Pic d'Espaillat
2263
Col de la Didorte
2093
Étang de Laparan
Étang d'Embizon
Le Rieutort
Pic Baune
2395
Étang de Ruille
Pic de Belh
2386
Étang de Cabaillere
Pic de Pradel
2378
Étang Noir de Cabaillere
Col de Belh
2247
Pic Redon
2267
2408
Jasse de Pinet
Pic des Calmettes
2185
Étang Bleu
Pinet
0 500 m
Refuge du Rulhe

41 Refuge du Rulhe – Mérens-les-Vals

5.15 h | 12,3 km | ↗360 m | ↘1500 m

Über die Crête de la Lhasse ins Tal der Ariège

Wenn wir an der über 2400 m hohen Crête de la Lhasse ankommen, haben wir bereits einige Stunden mühsamer Hochgebirgstour hinter uns. Das blockige, mit Schuttfeldern durchsetzte Gelände ist trotz oder vielleicht gerade wegen seiner Kargheit beeindruckend; das Vorankommen erschwert es jedoch deutlich. Nachdem wir uns einen Weg durch die Steinwüste gebahnt und die letzten Serpentinen zum Grat überwunden haben, erwartet uns eine atemberaubende Rundsicht. Der lange Abstieg von fast 1400 Höhenmetern liegt dann jedoch noch vor uns. Nach einem Zwischenstopp mit Badepause im Naturbecken des l'Estagnol bewegen sich unsere Beine schließlich schon fast wieder von allein. Durch schattigen Wald steigen wir nach Mérens-les-Vals ab. Das im Tal der Ariège liegende kleine Dorf bietet zusätzlich zu den heißen schwefelhaltigen Quellen (s. Etappe 42) mit den Ruinen von Saint-Pierre auch noch eine typische Pyrenäenkirche.

Ausgangspunkt: Refuge du Rulhe, 2185 m.
Anforderungen: Orientierung im Block-/Schuttgelände teilweise schwierig, es muss von einer Markierung zur nächsten gegangen werden (z. T. helfen Steinmännchen); Trittsicherheit im weglosen Gelände erforderlich.
Einkehr: In Mérens-les-Vals La gare des Vals (am Bahnhof), Tel. +33 (0)6 37 65 78 62, leclercqlouis.wixsite.com/gare-des-vals-resto. – Auberge du Nabre (s. Unterkunft), Fr/Sa abends nach Reservierung, Jul./Aug. auch tgl. mittags.
Unterkunft: Mérens-les-Vals: Auberge du Nabre (am GR 10, 800 m nach der Steinbrücke im Ortsteil Le Soula), Tel. +33 (0)5 61 01 89 36 oder +33 (0)6 22 37 45 19, aubergedunabre.com, ganzjährig, 30 B in EZ/DZ/MBZ/Schlafsaal, LP, Restaurant (Verwendung eigener Produkte, HP, Jul./Aug. auch à la carte), Aufenthaltsbereich, SV-Küche. – Camping municipal de Mérens (1,3 km südlich des GR 10 bzw. des Orts), Tel. +33 (0)5 61 02 85 40 (Mai–Sept.) oder +33 (0)5 61 64 33 77 (Okt.–April), ganzjährig, 71 SP, Aufenthaltsraum mit Mikrowelle und KS, Waschmaschine, Trockner.
Cabanes: Refuge du Mourguillou (nördlich des kleinen Naturbeckens l'Estagnol), ca. 2 P auf Holzplattform, Tisch, Kamin.
Zeltmöglichkeit: Zwischen dem Refuge du Rulhe und dem Col des Calmettes ❷. Am Ufer des kleinen Sees oberhalb des Étang Bleu (zwischen ❷ und ❸) Platz für bis zu drei Zelte. Am Ufer des Natur-

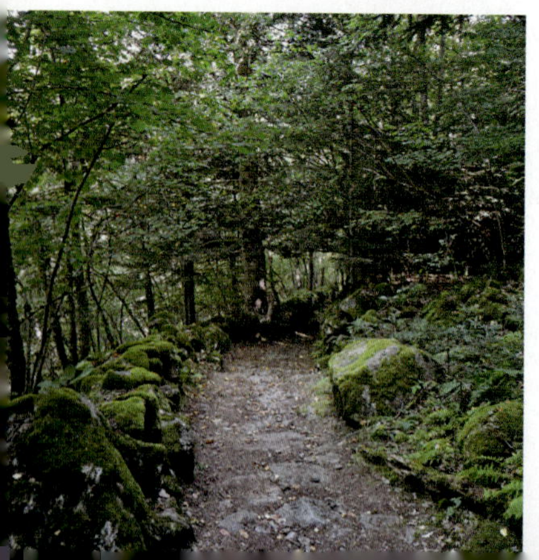

Moosbewachsene Steinmauern.

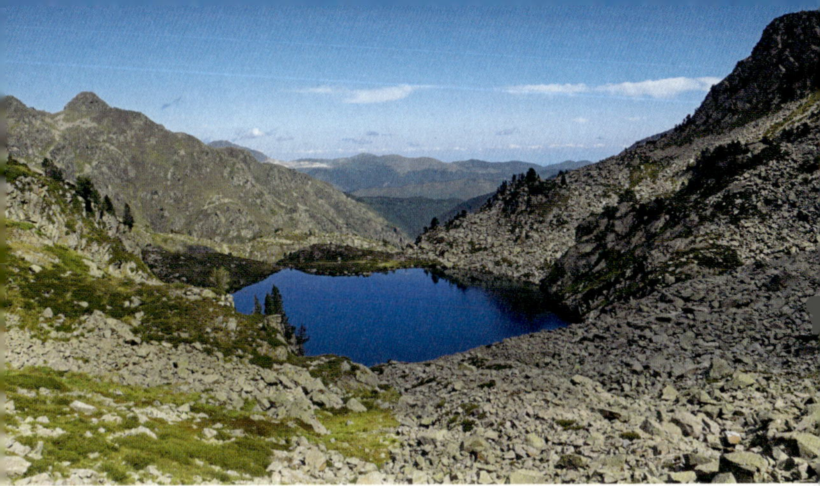

Étang Bleu (blauer Teich).

beckens l'Estagnol.
Einkauf: In Mérens-les-Vals kleines LM-Geschäft im Restaurant am Bhf. (die örtlichen Gegebenheiten scheinen sich relativ schnell zu ändern; es lohnt sich, sich vor Ort umzuhören). Auf dem Camping municipal kleiner LM-Verkauf.
Wasser: Unterwegs nur Bäche (Wasser evtl. behandeln). Am Ortseingang von Mérens-les-Vals Trinkwasserbrunnen.
ÖPNV: Vom Bhf. in Mérens-les-Vals mehrmals tgl. Züge in Richtung Toulouse und Latour-de-Carol (Umsteigemöglichkeit in Richtung Barcelona); Infos: Tel. +33 (0)1 84 91 91 91, de.oui.sncf.
Information: Mérens-les-Vals, Tel. +33 (0)5 61 64 33 77, merenslesvals.fr.
Tipp: Bad im Naturbecken l'Estagnol.
Karte: IGN 7 Haute-Ariège/IGN 8 Cerdagne-Capcir.

Mit dem **Refuge du Rulhe** ①, 2185 m, im Rücken nehmen wir den markierten Pfad nach Osten in Richtung »Mérens-les-Vals«. Der Pfad führt an der linken Seite des Hochtals hinauf zum **Col des Calmettes** ②, 2318 m. Auf dem Weg dorthin finden sich zwischen den großen Felsbrocken einige gute Zeltmöglichkeiten. Vom Col aus folgen wir dem blockigen Pfad leicht links haltend bergab. Da der Pfad nicht immer erkennbar ist, muss gut auf Markierungen und Steinmännchen geachtet werden. Über das blockige Schuttgelände steigen wir in Richtung eines kleinen Sees ab. Auf einer kleinen ausgetretenen Stelle oberhalb des Ufers kann ein Zelt aufgestellt werden.
Bevor wir das Ufer erreichen, wendet sich der Pfad nach links und die Markierungen leiten uns um die linke Seite des Sees herum. Auch auf der anderen Seite gibt es Platz für einige wenige Zelte.
Auf dem Weiterweg erblicken wir schon bald den **Étang Bleu**. Auch hier weisen wieder Markierungen und Steinmännchen den Weg oberhalb des

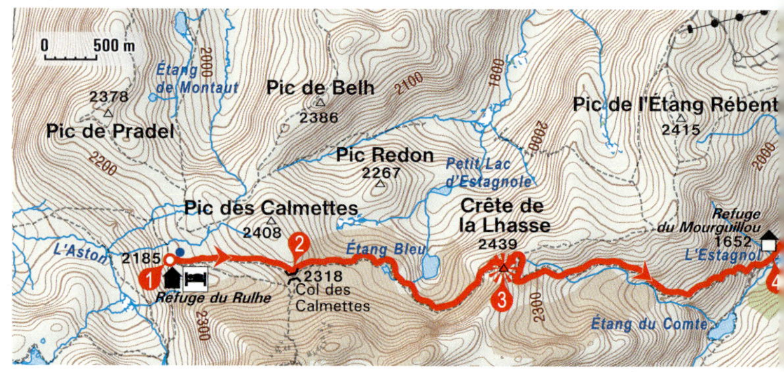

rechten Seeufers entlang. Der Weg beginnt in einigen Serpentinen sich vom See zu entfernen. Nach ein paar Kehren wendet sich er jedoch wieder nach links und verläuft quer zum Hang. Allmählich verlässt der Weg das Block- und Schuttgelände und wir treffen auf einen deutlich erkennbaren Pfad, der weiter ansteigt. Zuletzt gelangen wir in Serpentinen hinauf zum höchsten Punkt der heutigen Etappe, der **Crête de la Lhasse** ❸, 2439 m. Die herrliche Rundsicht ist atemberaubend.
Wir folgen dem Pfad ein kurzes Stück geradeaus am Grat entlang, um schon nach gut 100 m den scharf nach rechts unten abknickenden Pfad einzuschlagen. Zunächst steigen wir entlang von Schuttfeldern etwas ab und wandern anschließend an der linken Seite eines Hochtals weiter

Heutiger Höhepunkt: die Crête de la Lhasse.

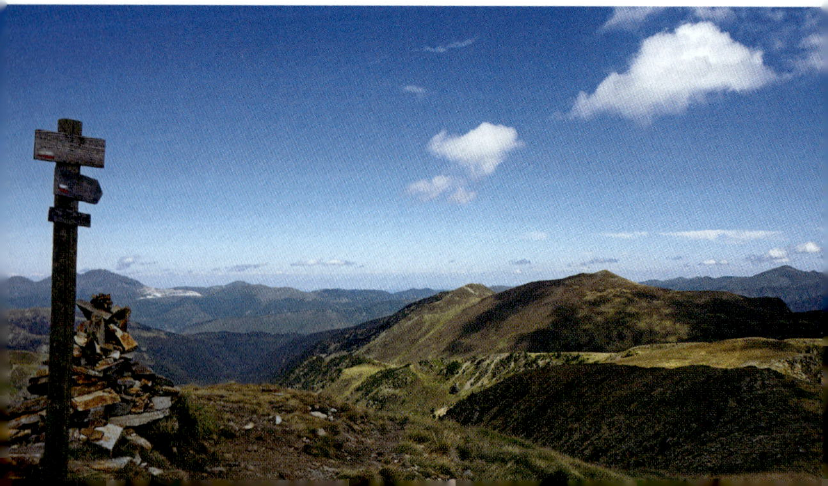

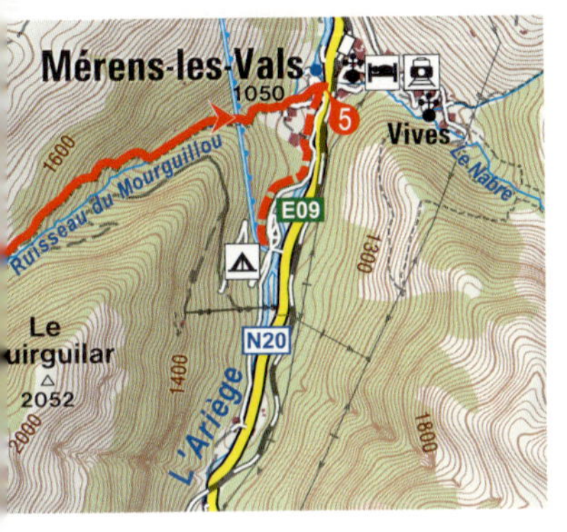

bergab. Wir streifen einen Bach, in dessen Nähe es auch Zeltmöglichkeiten gibt, und steigen in einigen Kehren weiter ab. Der Pfad wendet sich nach links und traversiert den Hang oberhalb des gut erkennbaren Étang de Comte. Wir überqueren einen schmalen Bach und steigen anschließend über den teils eingewachsenen Serpentinenpfad zum Talgrund ab. An einer Gabelung gehen wir nach links weiter und passieren das zum Baden einladende Naturbecken **l'Estagnol** ❹, 1652 m. An dessen flachem Ufer lässt es sich wunderbar zelten. Einige Meter links oberhalb des Teichs befindet sich die kleine Nothütte Refuge du Mourguillou.

Wir folgen dem Pfad an der linken Seite des Bachs entlang. Das Gelände wird langsam waldiger. Einen nach rechts abzweigenden Pfad über eine Steinbrücke ignorieren wir und wandern geradeaus am linken Bachufer weiter. Dann fällt der Pfad steiler ab und bringt uns zu einer Betonbrücke über den Fluss. Nach der Brücke wandern wir nach links an mit Moos bewachsenen Steinmauern entlang, überqueren einen Feldweg und treffen auf eine asphaltierte Straße. Auf dieser nach rechts passieren wir die ersten Häuser des Ortes und einen Trinkwasserbrunnen. Danach treffen wir auf einen Wegweiser bei der spätmittelalterlichen Steinbrücke am Ufer des Flusses l'Ariège. Nach rechts, weiter am Fluss entlang, gelangt man zum 1,3 km entfernten Camping municipal de Mérens. Der GR 10 überquert jedoch die Brücke, das »Eingangstor« nach **Mérens-les-Vals** ❺, 1050 m. Um zur Gîte d'étape Auberge du Nabre zu gelangen, folgt man den Markierungen noch ca. 800 m.

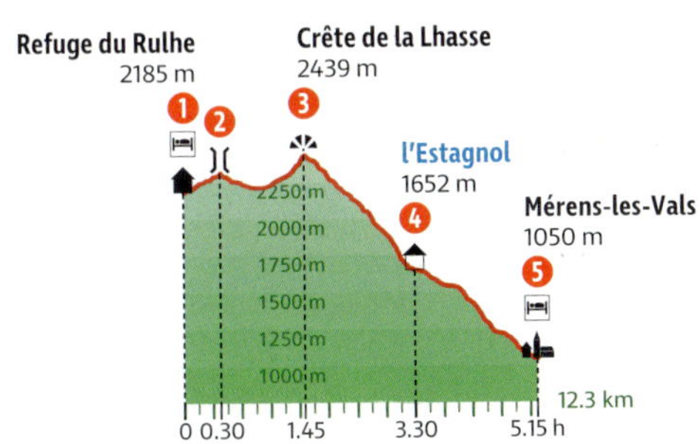

42 Mérens-les-Vals – Refuge des Bésines

4.45 h | 9,1 km | ↗1310 m | ↘260 m

Heiß und kalt: gemäßigter Aufstieg mit zwei Zwischenstopps

Auf der heutigen Etappe zeigt sich das Hochgebirge wieder von seiner schönsten Seite. Über felsigen Kalkuntergrund und umgeben von herrlichen Blumenwiesen steigen wir über den Pass Porteille des Bésines, 2333 m, hinauf zum Refuge des Bésines, 2101 m. Wer seinen Kreislauf zusätzlich zum Wandern in den Schwung bringen möchte, dem sei je ein Zwischenstopp in den heißen Quellen sowie später im eiskalten l'Estagnas empfohlen. Denn dank der eher kurzen Etappe lässt sich das Tagesziel dennoch stressfrei erreichen!

Ausgangspunkt: Mérens-les-Vals, 1050 m, Steinbrücke.
Anforderungen: Teils hohe Gehstufen im blockigen Gelände; besonders bei Nässe Vorsicht: Rutschgefahr!
Einkehr: Unterwegs keine.
Unterkunft: **Refuge des Bésines** (FFCAM): Tel. +33 (0)9 88 77 35 28 oder +33 (0)6 85 77 64 47 (außerhalb der bewirtschafteten Zeit), refugedesbesines.ffcam.fr, Juni–Sept., Reservierung empfohlen, 56 B in 8 Schlafsälen, 16 B im Winterraum, Abendessen, Frühstück, AV-Rabatt; begrenzte Zeltmöglichkeit im Bereich des Refuges (Bedingung: Einnahme der Mahlzeiten des Refuge).
Cabanes: Keine.
Zeltmöglichkeit: Kurz nach den heißen Quellen 2 im Wald. Nach Verlassen des Waldes im freien Grasgelände in Bachnähe, Feuerstellen.
Einkauf: Nur in Mérens-les-Vals und im Camping municipal südlich des Orts.
Wasser: Unterwegs aus verschiedenen Bachläufen. An der Außenseite des Refuge des Bésines Wasserhahn.
ÖPNV: Vom Bhf. in Mérens-les-Vals mehrmals tgl. Züge in Richtung Toulouse und Latour-de-Carol (Umsteigemöglichkeit in Richtung Barcelona); Infos: Tel. +33 (0)1 84 91 91 91, de.oui.sncf.
Information: Keine.
Tipp: Bei einem Pausentag in Mérens-les-Vals: die heißen Quellen sind vom Ort aus in gut 45 Min. zu erreichen.
Karte: IGN 7 Haute-Ariège.

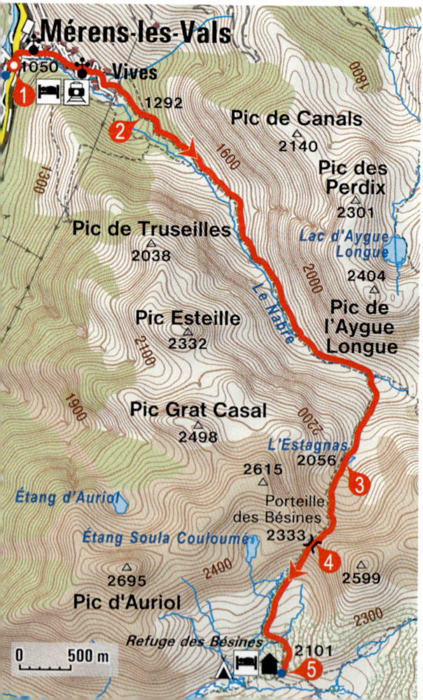

In **Mérens-les-Vals** 1, 1050 m, gehen wir über die alte Steinbrücke zur verkehrsreichen Nationalstraße N20, auf der anderen Straßenseite nach links und nach wenigen Me-

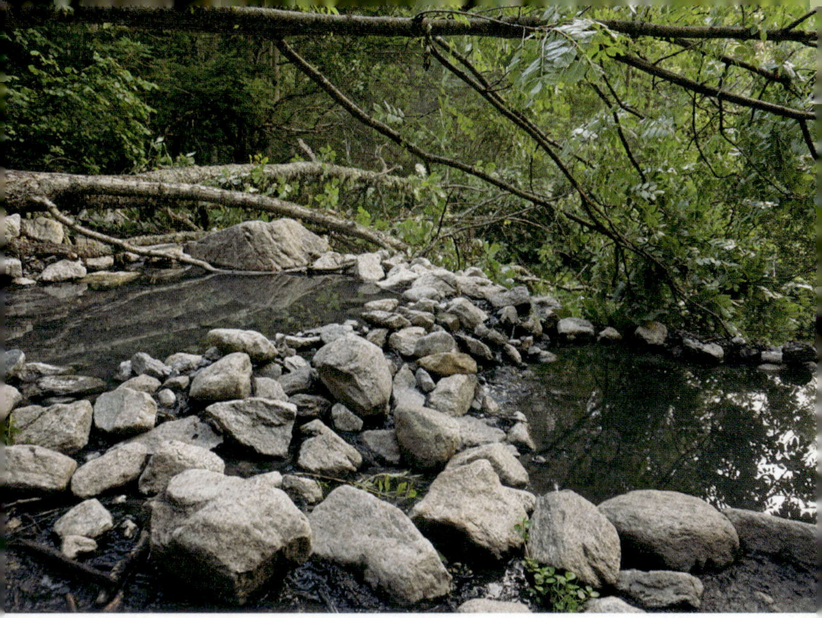

Die 37 °C warmen »Badewannen« über Mérens-les-Vals.

tern nach rechts. Über eine weitere Brücke überqueren wir den Fluss Nabre. Direkt nach der Brücke wenden wir uns nach rechts oben, passieren die Kirche und wandern auf einem Fußweg am Fluss entlang. Wir erreichen eine Kreuzung. Links davon liegt ein altes Gebäude mit den dunkelblauen Fensterläden: die Auberge du Nabre im Ortsteil Le Soula. Der Weg führt geradeaus weiter auf die Ruine der Église romane de St-Pierre zu. An dieser gehen wir links vorbei und steigen weiter bergauf. Wenn der Weg ein weiteres Mal auf ein schmales Sträßchen trifft, folgen wir diesem nach rechts über die Brücke. Wir passieren einen Brunnen und biegen nach dem nächsten Haus nach links auf einen Pfad ab. Über diesen erreichen wir die **heißen Quellen** ❷, 1292 m, von Mérens-les-Vals: mehrere Becken mit schwefelhaltigem, bis zu 37 Grad warmem Wasser, das zu einem entspannenden Bad einlädt.

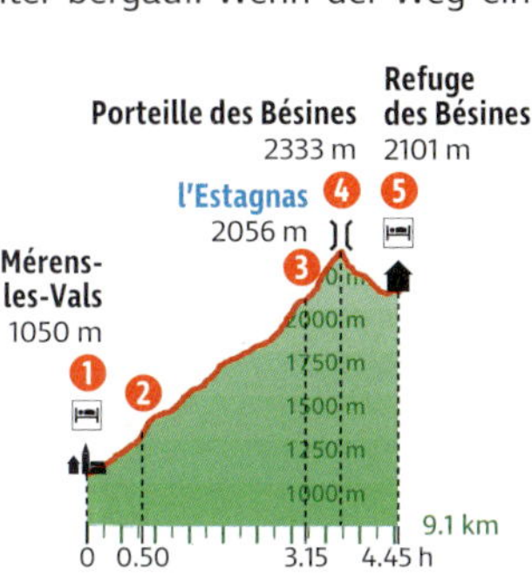

Der Weg setzt sich am Bach entlang fort und wird langsam steiniger. Immer wieder müssen dabei hohe Steinstufen

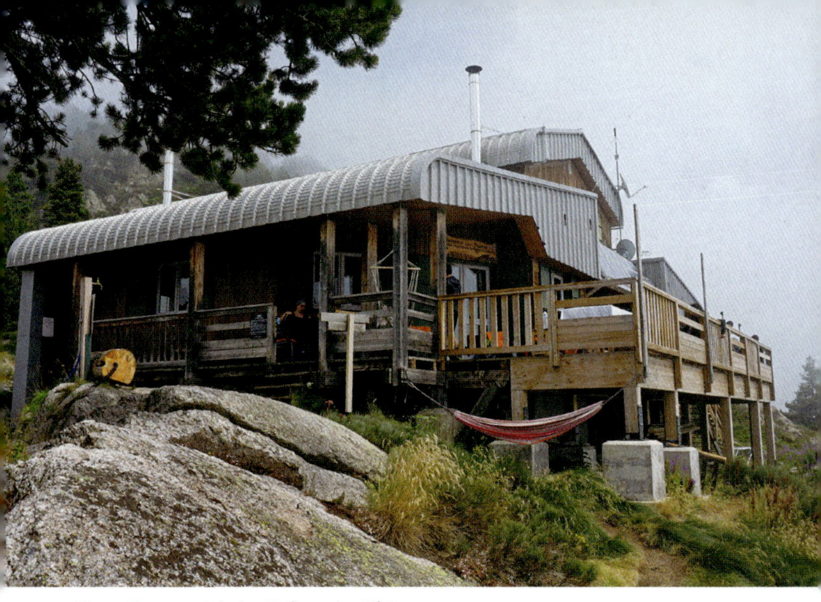

Unser Etappenziel: das Refuge des Bésines

überwunden werden. Wir gelangen in einen Wald, wo sich hervorragende Zeltmöglichkeiten befinden. Nach einiger Zeit verlassen wir das bewaldete Gelände wieder und wandern auf der linken Seite des schönen Hochtals in angenehmer Steigung bergauf. Unterwegs kommen wir immer wieder an ebenen, grasigen Flächen mit Bachzugang vorbei, die zum Aufstellen des Zeltes einladen. Bei einem Metallgitter überqueren wir den Bach und wechseln vom linken an das rechte Ufer. Der Weg verläuft weiter über felsigen Untergrund, auf dem man bei Nässe leicht ausrutschen kann.

Nach dem Wegweiser zum »Refuge des Bésines« steigt der Weg deutlich steiler durch das Kerbtal bergan. Kurz bevor der Weg wieder flacher wird, kommen wir zum kleinen See **l'Estagnas** 3, 2056 m. Der Pass am höchsten Punkt der Etappe ist jetzt bereits zu sehen. Über steile Geröllfelder machen wir uns an den letzten Anstieg des heutigen Tages. Zuletzt geht es relativ flach zur **Porteille des Bésines** 4, 2333 m.

Hier folgen wir dem Wegweiser in Richtung »Refuge des Bésines« und machen uns an den steileren, jedoch grasigen und dementsprechend gut begehbaren Abstieg. Der Weg wird langsam flacher und schwenkt leicht nach links. Obwohl das **Refuge des Bésines** 5, 2101 m, zwischenzeitlich schon von Weitem sichtbar ist, ist man schließlich doch erstaunt, wenn es plötzlich vor einem auftaucht. Jetzt haben wir unser herrlich gelegenes Tagesziel erreicht.

6.00 h	16,7 km
↗ 660 m	↘ 760 m

Refuge des Bésines – Lac des Bouillouses

43

Spektakuläre Höhenetappe von Refuge zu Refuge

Mit dem Refuge des Bouillouses als Tagesziel befindet sich der niedrigste Punkt der heutigen Etappe immer noch auf knapp 2000 m über dem Meer. Durch eine dementsprechend felsig-steinige Hochgebirgslandschaft leitet uns heute der Weg. Dabei sind zwei hohe Pässe mit jeweils atemberaubender Aussicht zu überwinden, die trotz ihrer stattlichen Höhe erstaunlicherweise wenig Schwierigkeiten bereiten. Mit dem ersten Übergang über den Coll de Coma d'Anyell, 2470 m, ist dann auch der Eintritt in die Pyrénées Orientales geschafft. Das Mittelmeer als Ziel unserer Pyrenäendurchquerung rückt damit immer näher. Zuvor erholen wir uns jedoch erst einmal im Refuge des Bouillouses. Der Blick auf den Stausee ist dabei schon fast so schön wie der auf das Meer.

Ausgangspunkt: Refuge des Bésines, 2101 m.
Anforderungen: Unschwierige, grasige Passübergänge. Vorsicht bei Wegverläufen über die Kalksteinfelsen, bei Nässe Rutschgefahr! Bei unklarem Pfadverlauf auf Markierungen und Steinmännchen achten.
Einkehr: Am Staudamm beim Lac des Bouillouses Hôtel des Bones Hores und Auberge du Carlit (s. Unterkunft).
Unterkunft: Lac des Bouillouses: Hôtel des Bones Hores (vor dem Staudamm, rechts des GR 10), Tel. +33 (0)4 68 04 24 22 oder +33 (0)6 32 11 24 63, boneshores.com, Mai–Okt., 80 B in DZ/Schlafsälen, Restaurant. – Auberge du Carlit, Tel. +33 (0)4 68 04 22 23, lesioux.fr/aubergeducarlit, Mai–Okt., 15 B in DZ/MBZ (Hotel), 30 B in Schlafsälen (Gîte), Bar/Restaurant. – Refuge des Bouillouses (FFCAM), Tel. +33 (0)4 68 04 93 88, Mitte Juni–Ende Sept. und im Winter, 59 B in Schlafsälen, Frühstück, Abendessen, AV-Rabatt, Reservierung sehr empfohlen.
Cabanes: Cabane de la Coum d'Anyell, während Weidezeit im Sommer von Hirten bewohnt, rechte Tür: Notraum für Wandernde mit 2 P auf Holzplattform, Zugang zu Quelle. **Cabane du Solà** (südlich des GR 10: am Estany de Lanoset auf gleicher Höhe nach rechts 500 m über die Weide), 4 P auf doppelstöckiger Holzplattform, Bank, Kamin. **Cabane de Rouzet**, 3–4 P auf Betonplattform, kleiner Steintisch mit Bank, sauber, Wasser aus Bach.
Zeltmöglichkeit: Vor und am Coll de Coma d'Anyell. Besonders beliebt rund um die Cabane de Rouzet. Um den Lac de Bouillouses ist Biwakieren von 19 bis 9 Uhr gestattet.
Einkauf: Keine Möglichkeit.
Wasser: Nahezu während der gesamten Etappe aus Bächen (Wasser evtl. behandeln). Am Lac des Bouillouses WC.
ÖPNV: Juli–Sept. mehrmals tgl. kostenpflichtiger Shuttlebus ab der Staumauer des Lac des Bouillouses nach Pla de Barrès, Infos: Tel. +33 (0)4 68 85 85 85, ledepartement66.fr unter »À mon Service – Sport et nature – Le Site classé du Lac des Bouillouses«; Weiterfahrt mit Bus nach Mont-Louis (Busbahnhof und Bhf.).
Information: Infopunkt nahe der Staumauer des Lac des Bouillouses, Tel. +33 (0)4 68 04 24 61, ledepartement66.fr.
Karte: IGN 7 Haute-Ariège/ IGN 8 Cerdagne-Capcir.

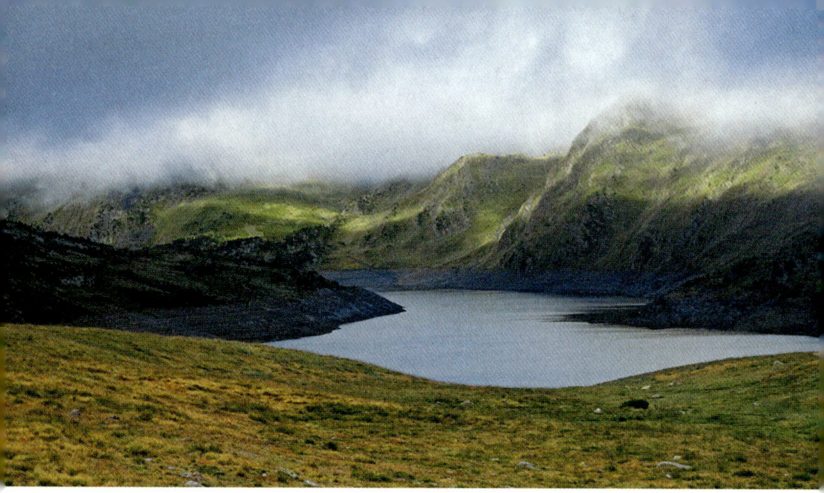

Der Stausee Estany de Lanoset.

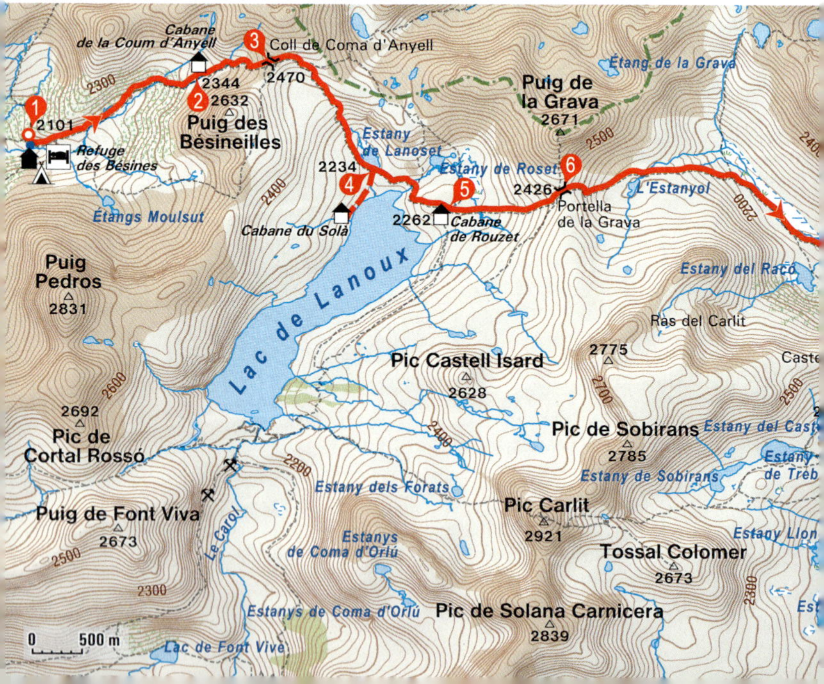

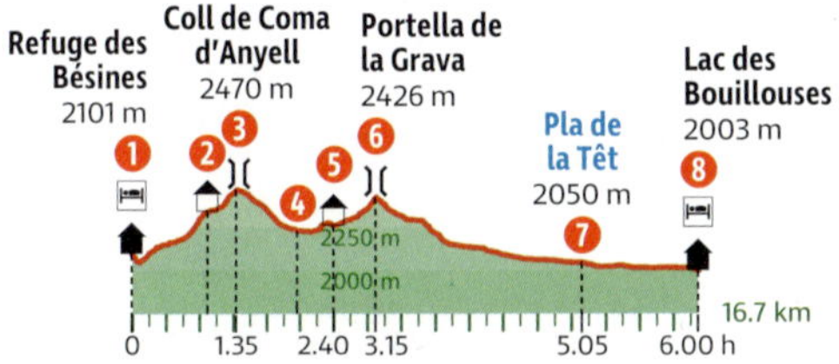

Vom **Refuge des Bésines** ①, 2101 m, steigen wir in Richtung Süden ab. Kurz darauf treffen wir auf eine Kreuzung mit Wegweiser, wo wir nach links abbiegen und den unteren der beiden Wege wählen. Am nächsten markierten Abzweig trifft der Weg mit dem »GR de Pays Tour de Carlit« zusammen, der gelb markiert ist. Wir halten uns links auf dem nun gemächlich ansteigenden Weg. Über einen Bach gelangen wir zum Abzweig nach links zur **Cabane de la Coum d'Anyell** ②, 2344 m (die Hütte befindet sich rund 150 m entfernt links unten). Wir gehen geradeaus am Abzweig vorbei, passieren einen seichten Schmelzwassersee und folgen dem Weg an der rechten Seite des Tales bergauf. Unerwartet finden sich hier immer wieder ebene, grasige Plateaus, die herrliche Zeltmöglichkeiten bieten.

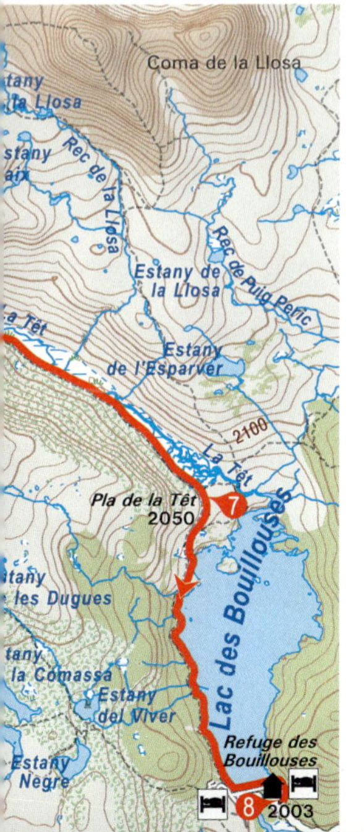

Im Geröll und blockigen Gelände ist der Pfad nicht immer gut zu erkennen. Hier ist es wichtig, genau auf Markierungen und Steinmännchen zu achten, die den richtigen Weg weisen. Schließlich erreichen wir über weniger steiles Gelände den grasigen **Coll de Coma d'Anyell** ③, 2470 m, und damit den Eingang in die Pyrénées Orientales. Nach dem Col verläuft der Weg links der Falllinie, die Hänge des Pic Lanoux traversierend. Nach dem ersten großen Abzweig, an dem wir uns links halten, erreichen wir eine etwas unübersichtliche Stelle. Während der Hauptpfad links weiterführt, folgen wir den mit einem Steinmännchen markierten Pfadspuren nach rechts talwärts. Wir wandern zum **Estany de Lanoset** ④, 2234 m; 500 m rechts des Wegs befindet sich auf gleicher Höhe die Cabane du Solà. Der GR 10 setzt sich hingegen geradeaus fort und erreicht links haltend einen Abzweig. Hier biegen wir nach rechts ab. Über einen kleinen Hügel erreichen wir die **Cabane de Rouzet** ⑤, 2262 m. Der grasige Pfad schwenkt

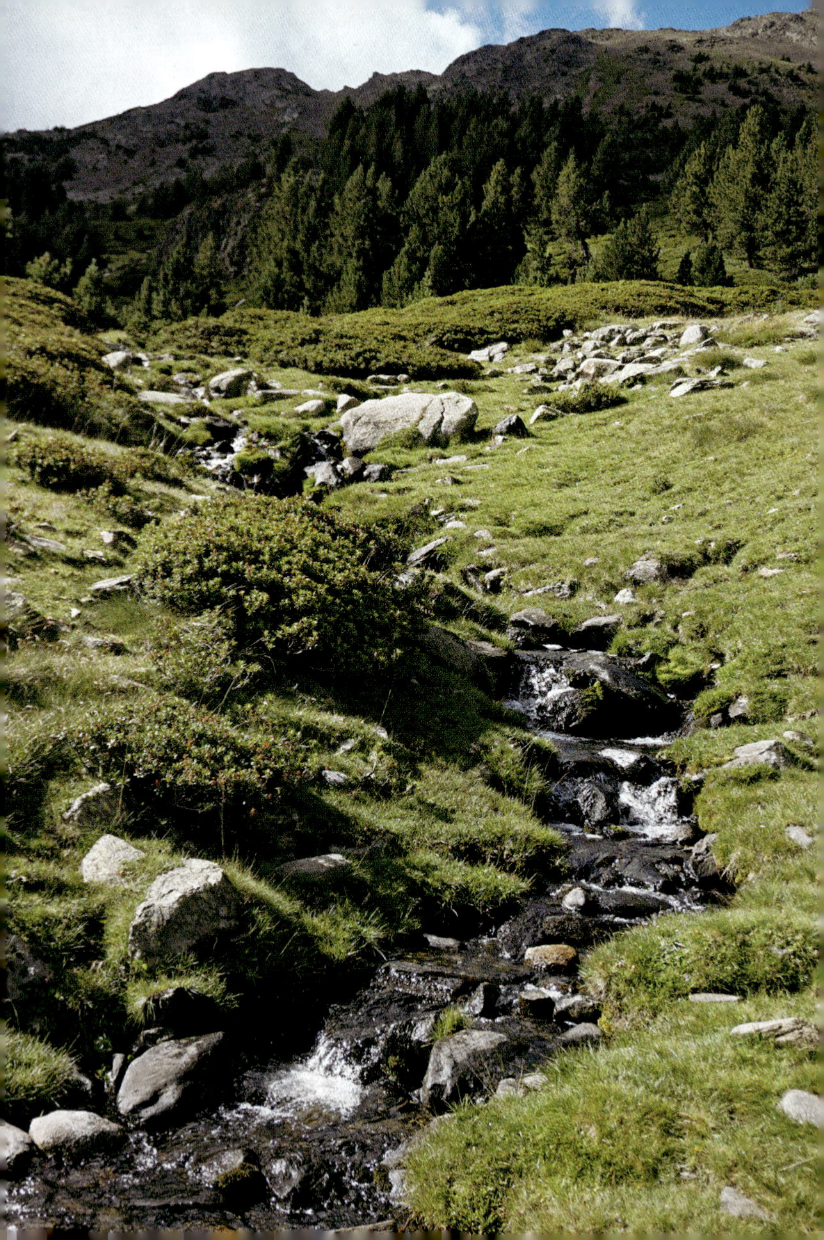

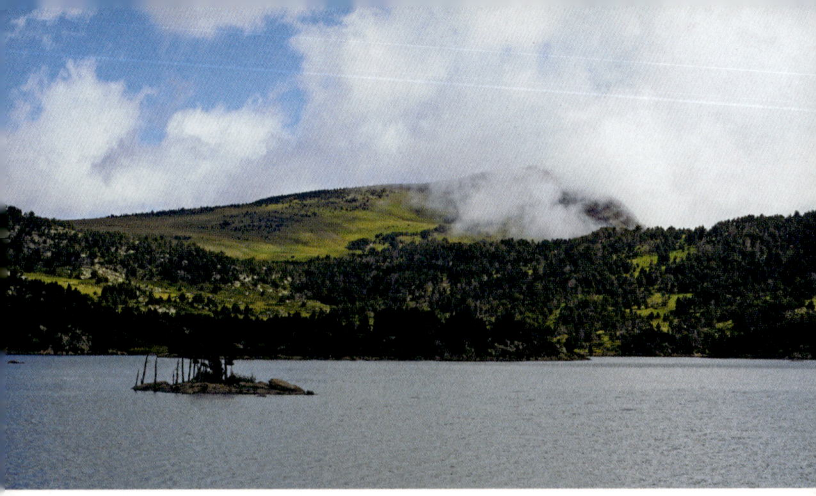

Lac des Bouillouses vom Nordufer.

nun nach links. Von hier aus ist bei guter Sicht auch bereits der nächste Passübergang zu erkennen. Nach 30 Min. gelangen wir zur grasigen **Portella de la Grava** 6, 2426 m. Hier halten wir uns eher links und queren den felsdurchsetzten Hang, bis der Weg sich nach wenigen Felsstufen abrupt nach rechts wendet, und wir dessen Verlauf talwärts folgen.

Abermals ist der Pfad teilweise nur schwer zu erkennen; mithilfe der Markierungen können wir den Routenverlauf durch das Gelände jedoch gut finden. Auch hier herrscht bei Nässe Rutschgefahr! Dabei hält sich der Weg weit links des bereits von der Portella aus sichtbaren Schmelzwassersees Lac d'Estanyol. Danach wechseln wir auf die rechte Talseite, indem wir den Abfluss des Sees über eine schöne Holzbrücke überqueren. Anschließend wandern wir auf der rechten Seite des Seitentals hinab ins Haupttal. Der Pfad wird allmählich immer flacher. An einer Kreuzung mit Wegweiser erreichen wir den **Pla de la Têt** 7, 2050 m, wo die Bäche des Tals ein Sumpfgebiet bilden, bevor sie den mächtigen Stausee speisen.

Hier halten wir unsere Richtung geradeaus bei. Wir steigen wenige Meter einen kleinen Hügel hinauf, erblicken sogleich den malerisch gelegenen Lac des Bouillouses und folgen dem Weg am rechten Seeufer entlang. Wir überqueren zwei kleine Holzbrücken und gelangen zur Staumauer. Rechts oben steht das Hôtel des Bones Hores. Wir gehen über die Mauer, am Ende nach rechts und auf der Straße an der Auberge du Carlit vorbei zum etwas unterhalb des **Lac des Bouillouses** 8, 2003 m, gelegenen Refuge des Bouillouses.

Der Rec de la Grava, der den Lac des Bouillouses speist.

44 Lac des Bouillouses – Planès

5.15 h | 19,1 km | ↗230 m | ↘700 m

Abstieg vom Cerdagne-Plateau zurück in die Zivilisation

Vom Lac des Bouillouses am Rand des Cerdagne-Plateaus führt die angenehme Etappe überwiegend bergab in Richtung Tal der Têt. Unterwegs kommen wir durch kleine Orte, die eine Vielzahl an Einkehrstopps, Übernachtungsmöglichkeiten und Einkaufsgelegenheiten bieten. Auf diese Weise gut erholt, lässt der heutige Tag auch kleine Abstecher zu etwas vom Weg abgelegenen Sehenswürdigkeiten zu. Bahnliebhaber werden sich eine Fahrt mit dem berühmten Petit Train Jaune nicht entgehen lassen. Genauso wie Geschichtsinteressierte den Umweg für die Erkundung der von General Vauban geplanten Zitadelle (UNESCO-Welterbe) in Mont-Louis mit Sicherheit gerne in Kauf nehmen.

Ausgangspunkt: Lac des Bouillouses, 2003 m, Refuge des Bouillouses.
Anforderungen: Einfach zu begehende Wege und Pfade; Wegverlauf teilweise unklar, hier besonders auf die Markierung achten.
Einkehr: In Bolquère, am Col de la Perche im Hôtel le Catalan (s. Unterkunft) und in La Cabanasse; oft bieten auch die Unterkünfte am Weg warme Mahlzeiten an.
Unterkunft: Superbolquère (700 m abseits des GR 10): Gîte d'étape les Ramiers, Tel. +33 (0)4 68 30 37 48, lesramiers.fr, ganzjährig, 28 B in DZ/MBZ, Frühstück, Abendessen, SV-Küche. **Bolquère:** aufgrund der Nähe zum Skigebiet auch gehobenere Hotels, u. a. Hôtel-Rest. le Lassus, Tel. +33 (0)9 74 56 14 70, restaurant-lassus.fr, ganzjährig. **Col de la Perche:** Hôtel le Catalan, Tel. +33 (0)4 68 04 21 83, hotellecatalan.com, 25 Zi. (EZ/DZ/MBZ), Restaurant, LP. **La Cabanasse:** Camping Rural les Opilleres (ca. 400 m südlich des GR 10 an der D32), Tel. +33 (0)7 85 58 50 34, lesopilleres.com, Juni–Sept., Aufenthaltsraum mit KS. **Planès:** Gîte Auberge l'Orri de Planès, Tel. +33 (0)4 68 04 29 47 oder +33 (0)6 22 32 25 32, orrideplanes.com, 16 B in Schlafsaal, Zeltstellplatz, Mahlzeiten, Waschmaschine, Trockner, Pool.
Cabanes: Am Estany de Pradella, maximal 4 P auf doppelstöckiger Holzplattform, Tisch.
Zeltmöglichkeit: Viele Stellen bis kurz vor Bolquère, die letzte gute Möglichkeit findet sich bei den Picknickbänken vor Bolquère.

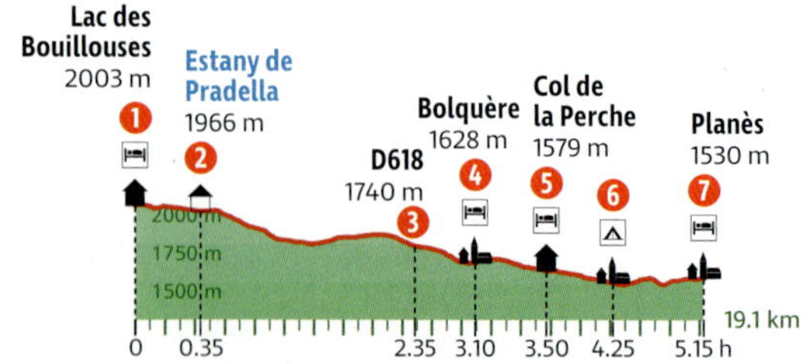

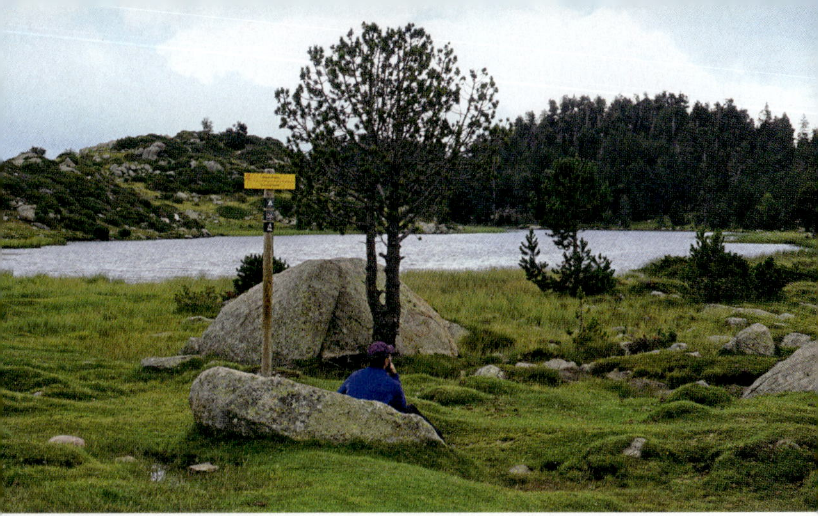

Blick auf den Estany de Pradella von der Cabane aus.

Einkauf: In Superbolquère großer Casino-Supermarkt. In Bolquère Metzgerei mit kleinem LM-Verkauf. In La Cabanasse LM-Geschäft und Bäckerei nahe der Kirche.
Wasser: In Bolquère, La Cabanasse und Planès Trinkwasserbrunnen, in Planès beim Rathaus auch WC.
ÖPNV: Buslinie 560: mehrmals tgl. vom Col de la Perche nach Latour-de-Carol und Perpignan, Infos: lio.laregion.fr. Petit Train Jaune: 2x tgl. Züge (Reservierung erforderlich) vom Bhf. Mont-Louis-La Cabanasse nach Latour-de-Carol und Villefranche-Vernet-les-Bains, dort Zuganschluss in Richtung Toulouse bzw. Perpignan, Infos: ter.sncf.com/occitanie.
Information: Bolquère, Tel. +33 (0)4 68 30 12 42, pyrenees2000.com. Mont-Louis (abseits des GR 10, s. Tipp), Tel. +33 (0)4 68 04 21 97, mont-louis.net.
Hinweis: Die Einkaufsmöglichkeiten sollten genutzt werden, nächste Gelegenheit erst wieder in Py (Etappe 47).
Tipp: Ab La Cabanasse Abstecher (ca. 1,5 km) zur Zitadelle in Mont-Louis (fertiggestellter Teil einer geplanten Festung des französischen Generals Vauban, gehört zum UNESCO-Welterbe, Besichtigung im Rahmen einer Führung möglich).
Karte: IGN 8 Cerdagne-Capcir.

Vom Refuge des Bouillouses am **Lac des Bouillouses** ❶, 2003 m, gehen wir die Straße ein kurzes Stück zurück, um dann sogleich an einem Wegweiser nach rechts auf einen Pfad abzubiegen. Durch lichten Wald gelangen wir zu einer Gabelung, an der wir uns rechts halten. Wir überqueren die D60 und einen Bach und kommen nach ca. 50 m erneut zu einer Gabelung. Hier ignorieren wir den nach links abzweigenden Weg und wandern zur kleinen Steinhütte am **Estany de Pradella** ❷, 1966 m.
Danach folgen wir dem Schotterweg nach links am Seeufer entlang. Nach 400 m ignorieren wir den Abzweig und entfernen uns auf dem Schotter-

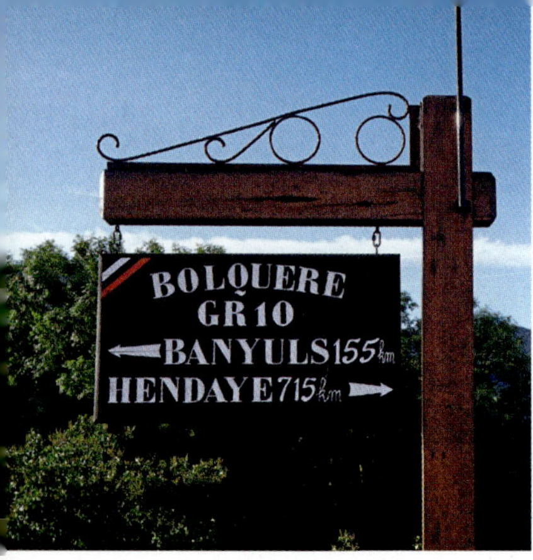

»Nur« noch 155 km.

weg rechts haltend vom See. Nach einem kurzen Anstieg geht es talwärts. An der ersten Gabelung halten wir uns links, an der zweiten rechts, unterqueren einen Sessellift und gelangen zu einer Kreuzung. Hier zweigen wir nach rechts ab, passieren die Talstation der Vierer-Sesselbahn und gehen anschließend auf der linken Schotterpiste bis zur nächsten Gabelung. Dort schlagen wir einen nach rechts absteigenden Waldpfad ein. An einer unübersichtlichen Kreuzung im Wald bleiben wir geradeaus auf dem Weg und erreichen so die **D618** ❸, 1740 m. Rund 700 m nach rechts befindet sich Superbolquère (Casino-Supermarkt und Gîte d'étape les Ramiers).

Der GR 10 überquert jedoch die Straße und führt weiter bergab auf der etwas weniger befahrenen D10C in Richtung Bolquère. Neben der Straße befinden sich immer wieder schöne Picknickbänke, die zur Rast einladen, und auch gute Zeltmöglichkeiten. Wir bleiben an der Straße, bis an einem markierten Leitpfosten nach rechts ein Pfad in den Wald abzweigt. Dieser kürzt eine weitläufige Sepentine der Straße ab, kreuzt diese erneut und führt anschließend direkt in das Dorf. Wir gehen auf dem Sträßchen nach links bis zu einer Brücke, die wir jedoch nicht überqueren; stattdessen biegen wir nach links in die Rue Ruisseau ab. Wir folgen ihr bis zur D10 und gehen an dieser nach links zum Rathaus im Zentrum von **Bolquère** ❹, 1628 m,

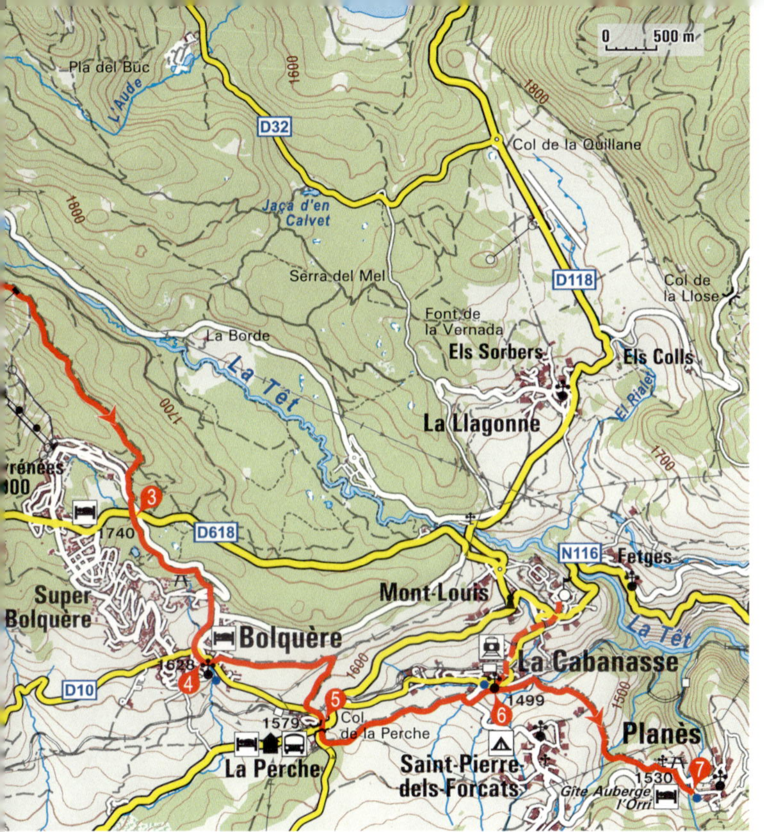

wo sich ein Brunnen befindet. Auf der gegenüberliegenden Straßenseite befindet sich außerdem eine Übersichtskarte mit dem Verlauf des GR 10. Bahninteressierte können rund 1 km an der D10 zum bekannten Bahnhof des **Petit Train Jaune** gehen (die verblassten Markierungen des alten Wegverlaufs sind noch zu erkennen).

*i Seit mehr als 100 Jahren verbindet der **Petit Train Jaune** (auf deutsch »der kleine gelbe Zug«) die beiden Orte Villefranche-Vernet-les-Bains und Latour-de-Carol. Ursprünglich sollte durch den Bau der Bahnlinie die Hochebene der Cerdagne mit den Pyrénées Orientales verbunden werden. Heute fährt der »Kanarienvogel«, wie die Bahn von den Einheimischen*

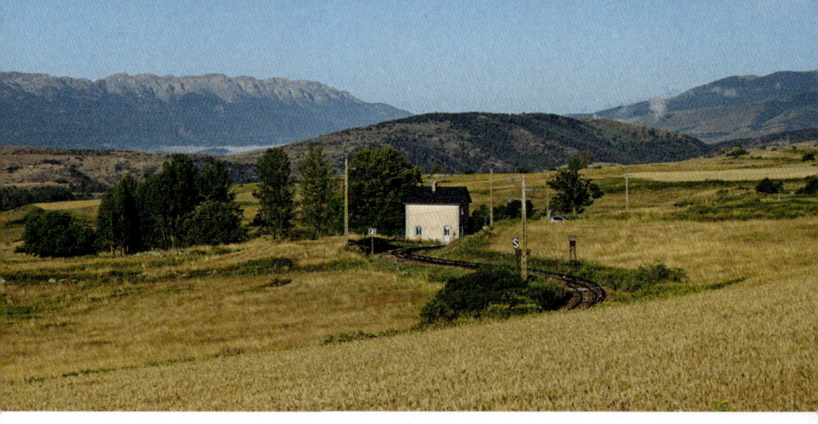

Strecke des bekannten Petit Train Jaune (kleiner gelber Zug).

*auch liebevoll genannt wird, auf der höchsten Schmalspurlinie Europas. Auf seiner Reise fährt der Zug über zahlreiche Brücken und durch insgesamt 19 Tunnel. Der **Gare de Bolquère** an der D10 beschert der Bahn einen weiteren Rekord: Auf einer Höhe von 1593 m erbaut, ist er der höchstgelegene Bahnhof Frankreichs.*

Wir jedoch biegen nach links ab, steigen einige Stufen hinauf und werden von den neuen Markierungen über Feldwege und Pfade zurück zur D10 geleitet. An dieser gehen wir nach links, überqueren die Gleise des Petit Train Jaune und erreichen den **Col de la Perche** 5, 1579 m, an der stark befahrenen N116. Diese überqueren wir, folgen auf der gegenüberliegenden Seite der D33 knapp 150 m und schlagen dann nach links einen Schotterweg ein. Über diesen gelangen wir zur D32. Nach rechts geht es zum Camping Rural les Opilleres. Wir aber folgen der Straße nach links. Direkt am Ortseingang passieren wir einen Brunnen und gehen an der darauffolgenden T-Kreuzung nach rechts zur Kirche und Épicerie von **La Cabanasse** 6, 1499 m. Danach gabelt sich die Straße an einem weiteren Brunnen (nach links geht es zur Zitadelle in Mont-Louis, siehe Tipp). Wir biegen auf die Straße nach rechts ab und folgen ihr bis zu einem kleinen Bach. Nach dessen Überquerung gehen wir auf einem nach rechts abzweigenden Wiesenpfad hinunter zu einem Bach. In stetem Auf und Ab leitet uns der Weg zur D32, die uns nach Planès führt. Vorbei an einer schönen Picknickbank mit Brunnen folgen wir der Straße bis über die Brücke über den Riu de Planès. Um die Gîte-Auberge l'Orri de Planès in **Planès** 7, 1530 m, zu erreichen, müssen wir noch zweimal nach rechts abbiegen.

6.30 h	15,2 km
↗1170 m	↘870 m

Planès – Refuge du Ras de la Carança

45

Auf gemächlichen Wegen in die Abgeschiedenheit

Im ersten Teil der heutigen Etappe müssen wir noch keine größeren Höhenunterschiede bewältigen und wandern entspannt auf oftmals ebenen Wegen und Pfaden. Der GR 10 führt uns dabei durch betörend duftende Nadelwälder und weiter in das schöne Hochtal der Riberola hinein. Ab der Cabane d'Aixeques beginnt dann der steile Anstieg zum Col Mitja, 2367 m, der eine schöne Aussicht auf die umliegende Landschaft verspricht. Wer noch genügend Kraft hat, kann von hier aus zusätzlich einen der beiden lohnenden Gipfel – Pic de Gallinas, 2624 m, oder Pic Redoun, 2677 m – besteigen. Zuletzt folgt der Abstieg zum Refuge du Ras de la Carança. In der einfachen, vom bergverbundenen Wirtspaar geführten familiären Hütte schätzen wir das warme Abendessen nach der langen Etappe umso mehr und fühlen uns den Bergen dabei besonders nah.

Ausgangspunkt: Planès, 1530 m, Gîte-Auberge l'Orri de Planès.
Anforderungen: Einfache Wanderung auf gut begehbaren Wegen. Steiler Auf- und Abstieg auf gutem Weg zum und vom Col Mitja.
Einkehr: Unterwegs keine.
Unterkunft: Refuge du Ras de la Carança: Tel. +33 (0)9 88 66 73 81, refugelacaranca.com, ganzjährig, aber Mitte Sept.–Mai unbewirtet, 30 B in Schlafsaal, Trocken-WC, Waschen am Fluss, Abendessen, Frühstück, HP, LP, Zeltmöglichkeit auf Aire de bivouac.
Cabanes: Barraqua de l'Orri (kurz vor dem Refuge de l'Orri), Cabane d'Aixeques und Cabane Jasse dels Clots nur zum Unterstehen. **Refuge de l'Orri**, von Hirten bewohnt, der rechte Teil ist für Wandernde zugänglich, 6–8 P auf Matratzen, Bänke, guter Zustand.
Zeltmöglichkeit: Während der ganzen Etappe gute Möglichkeiten, besonders beliebt sind der Bereich rund um das Refuge de l'Orri und das Aire de bivouac am Refuge du Ras de la Carança.
Einkauf: Käseverkauf kurz nach Planès.
Wasser: An der Außenseite des Refuge de l'Orri Wasserhahn. Am Refuge du Ras de la Carança Wasserhahn.
ÖPNV: Keine Möglichkeit.
Information: Keine.
Variante: Ab dem Col Mitja Besteigung des Pic de Gallinas, 2624 m, oder des Pic Redoun, 2677 m; beide lohnend (Pic de Gallinas: hin und zurück 45 Min., 800 m und 250 Hm Auf- und Abstieg; Pic Redoun: hin und zurück 1 Std., 1 km und 310 Hm Auf- und Abstieg).
Karte: IGN 8 Cerdagne-Capcir.

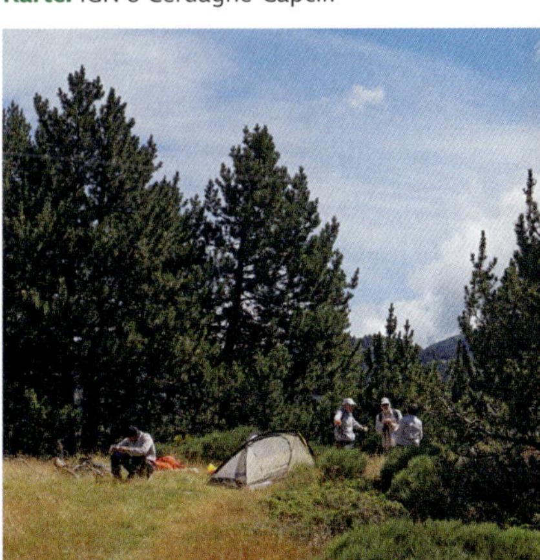

Auf der Pla de Cedeilles.

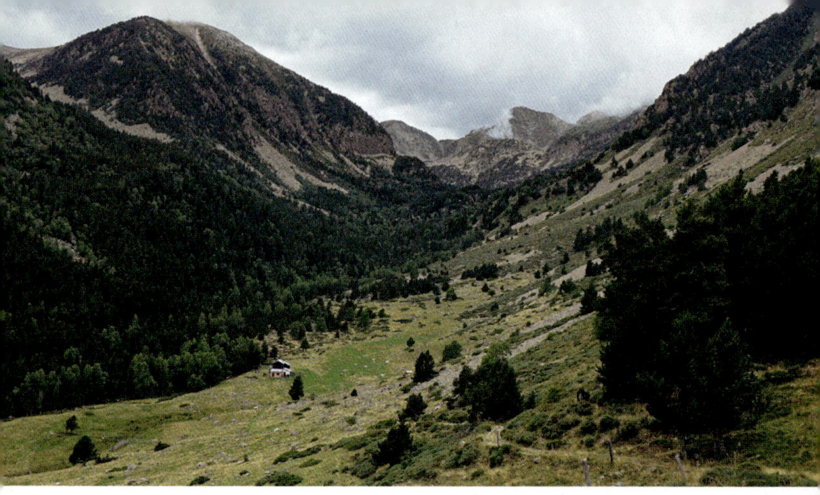

Unser Etappenziel, das Refuge du Ras de la Carança, schon fest im Blick.

Ab der Gîte Auberge l'Orri in **Planès** ➊, 1530 m, folgen wir der Asphaltstraße bergauf. Bei der T-Kreuzung gehen wir rechts und biegen nach wenigen Metern nach links auf einen Naturpfad ab (wer Käse kaufen möchte, bleibt noch einige Meter auf der Straße). Der Pfad leitet uns zu einer Schotterstraße, der wir rechts aufwärts folgen. An der nächsten Gabelung biegen wir rechts und dann sofort wieder nach links ab. Über den Waldpfad steigen wir weiter bergan, überqueren einen Forstweg und wandern geradeaus weiter. Der Wald lichtet sich immer mehr und schon bald erreichen wir den Sattel am freien **Pla de Cédeilles** ➋, 1917 m.

Wir überqueren den Col und gehen geradeaus in den Wald. Der schattige Pfad führt überwiegend eben in das Tal hinein, bis wir die Barraqua de l'Orri auf freiem Weidegelände erreichen. Nach der Barraqua gehen wir auf der Betonbrücke über den Bach und auf die andere Talseite. Auf beiden Seiten des Bachs finden sich in diesem Bereich gute Zeltmöglichkeiten. 300 m nach der kleinen Hütte gelangen wir zum **Refuge de l'Orri** ➌, 1810 m, einer Cabane in sehr gutem Zustand und mit Wasserhahn. Unser Wiesenweg geht in einen sanft absteigenden Schotterweg über. Nach einem Viehgatter wählen wir die rechte, ansteigende Schotterpiste, über die wir rasch die **Cabane d'Aixeques** ➍, 1685 m, erreichen.

Wenige Meter danach gehen wir durch ein Tor im Weidezaun und wandern auf dem schwach erkennbaren Pfad über die Almwiesen. Markierungen und Steinmännchen weisen jedoch sicher den Weg. Der Pfad wird schnell zum steinigen Steig, der uns weiter bergauf führt. Wir gelangen wieder in den Wald und der Steig flacht langsam etwas ab. Wir treffen auf die Spitzkehre eines Schotterwegs, dem wir nach rechts aufwärts folgen. In einer

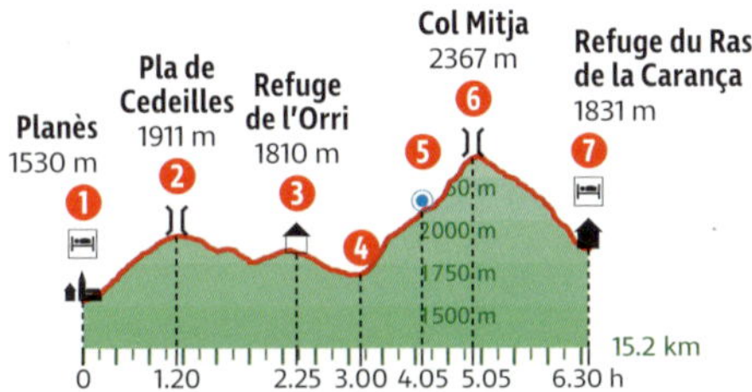

engen Rechtskehre verlassen wir die Piste geradeaus auf dem Steig. Mit der **Cabane Jasse dels Clots** ❺, 2054 m, passieren wir linker Hand eine weitere Nothütte aus Stein, vor der sich auch ein Picknicktisch befindet.

Der Wiesenpfad führt nun fast eben in den Talkessel hinein, bis er langsam beginnt, schmaler und steiler zu werden. Wir überqueren zweimal eine Schotterpiste, beim dritten Zusammentreffen folgen wir ihr ca. 10 m nach links und biegen dann sofort wieder nach rechts auf einen Pfad ab. Dieser bringt uns hinauf zum **Col Mitja** ❻, 2367 m.

Der Weg setzt sich nach links fort. Wir gehen durch einen Viehzaun und treffen auf einen steil abwärtsführenden Schotterweg. Nach der ersten Kehre zweigt links ein Pfad ab, mit dem die Kehren abgekürzt werden könnten. Insbesondere bei Nässe empfiehlt es sich aber, den schmalen, steilen und eingewachsenen Pfad zu ignorieren und stattdessen komplett über die Schotterpiste abzusteigen. Der GR 10 folgt hier oben noch dem Schotterweg und benutzt die Abkürzungen erst im unteren Teil. Dann wandern wir ebener noch einige Meter taleinwärts zum am Fluss gelegenen **Refuge du Ras da la Carança** ❼, 1831 m.

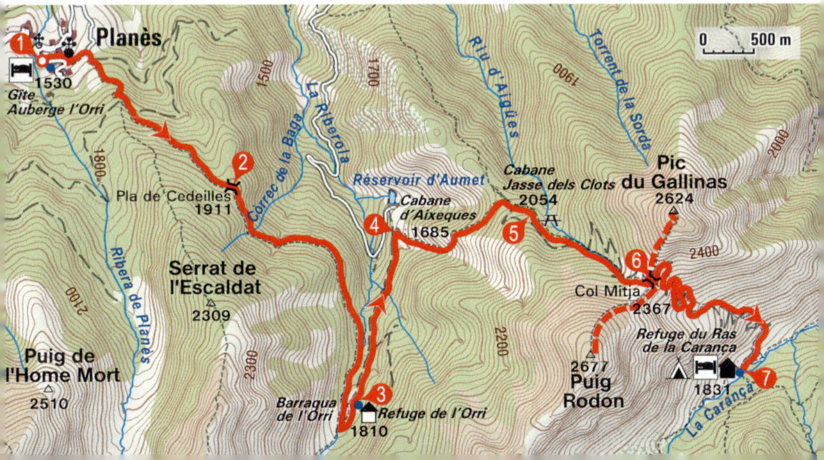

46 Refuge du Ras de la Carança – Mantet

4.45 h | 10,5 km | ↗ 670 m | ↘ 950 m

Über den Coll del Pal ins mittelalterliche Dorf Mantet

Vom Refuge führt der Weg zunächst hinauf zum Coll del Pal, 2294 m, der bereits im Réserve Naturelle von Mantet liegt. Dementsprechend ursprünglich breitet sich die Natur rund um den grasigen Pass aus. Anstelle von Skigebieten und Straßen trifft man hier ausschließlich auf geschützte Pflanzen und Tiere. Der Abstieg führt hinunter in das mittelalterlich anmutende Mantet. Im an den Hang gebetteten kleinen Dorf scheint die Zeit stehengeblieben zu sein. Im Anschluss an die eher kurze Etappe lässt sich hier noch ein Besuch der Maison de la Nature anhängen.

Ausgangspunkt: Refuge du Ras de la Carança, 1831 m.
Anforderungen: Steiler Auf- und Abstieg mit stellenweise hohen Tritthöhen, insgesamt jedoch moderate und eher kurze Halbtagesetappe.
Einkehr: Unterwegs keine.
Unterkunft: Mantet: Gîte à la ferme Cazenove (unterhalb des Rathauses), Tel. +33 (0)4 68 05 60 99, gitecazenovemantet.fr, Mai–Okt., 5 MBZ, HP obligatorisch. – Auberge La Bouf'tic (an der D6, kurz nach Beginn von Etappe 47), Tel. +33 (0)4 68 05 51 76, aubergelabouftic.wixsite.com/auberge-mantet, Mai–Sept., 3 DZ, ein 3-Bett-Zi., HP, Waschmaschi-

Blick hinunter nach Mantet und auf den morgigen Übergang: Col de Mantet.

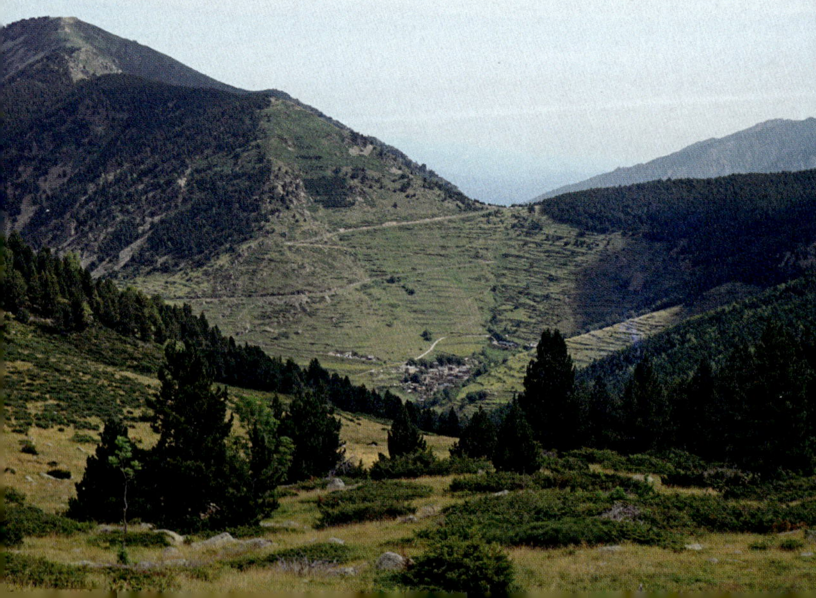

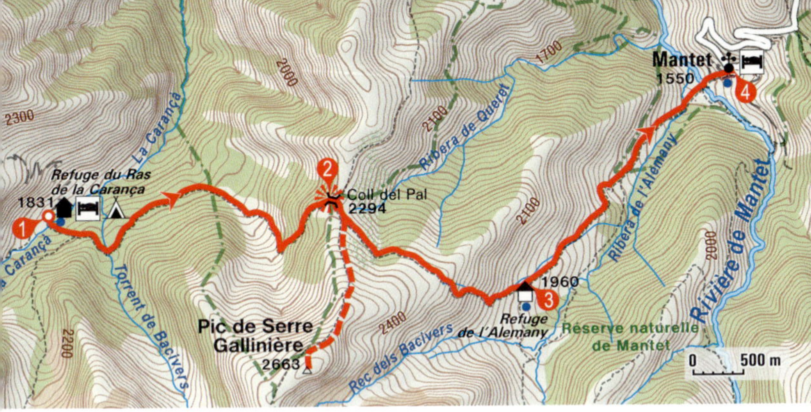

ne. – Gîte d'étape La Cavale (am Anfang von Etappe 47), Tel. +33 (0)4 68 05 57 59, la-cavale.fr, ganzjährig, Reiterhof, 13 B in DZ/MBZ, HP.
Cabanes: Refuge de l'Alemany (200 m rechts des GR 10), 8 P in drei Stockbetten mit Matratzen, Tisch, Bank, Trocken-WC, gefasste Quelle vor der Hütte.
Zeltmöglichkeit: Gute Möglichkeiten am Aufstieg zum sowie am Coll del Pal. Achtung: Nach dem Coll del Pal, im Réserve Naturelle von Mantet, ist Biwakieren nur von 19 bis 9 Uhr erlaubt.
Einkauf: In Mantet kleiner Verkauf von lokalen Produkten.
Wasser: Beim Refuge de l'Alemany Wasserhahn. Unterwegs mehrere kleine Bäche (Wasser evtl. behandeln). In Mantet Wasserhahn beim Maison de la Nature (links oberhalb des Rathauses) und WC (rechts oberhalb des Rathauses).
ÖPNV: Keine Möglichkeit.
Information: Keine.
Variante: Ab dem Coll del Pal Aufstieg auf den Pic de Serre Gallinière, 2663 m (hin und zurück 1.30 Std., 3,8 km und 370 Hm Auf- und Abstieg).
Hinweis: Im Réserve Naturelle von Mantet Biwakerlaubnis nur von 19 bis 9 Uhr.
Tipp: In Mantet Besuch der Maison de la Nature.
Karte: IGN 8 Cerdagne-Capcir.

Vom **Refuge du Ras da la Carança** 1, 1831 m, aus gehen wir in etwas Abstand zum Fluss taleinwärts und überqueren nach ca. 100 m den Torrent de la Carança über eine Holzbrücke. Der Pfad geht auf der linken Talseite in einen breiteren Schuttweg über, der uns bergan durch den Wald bringt.

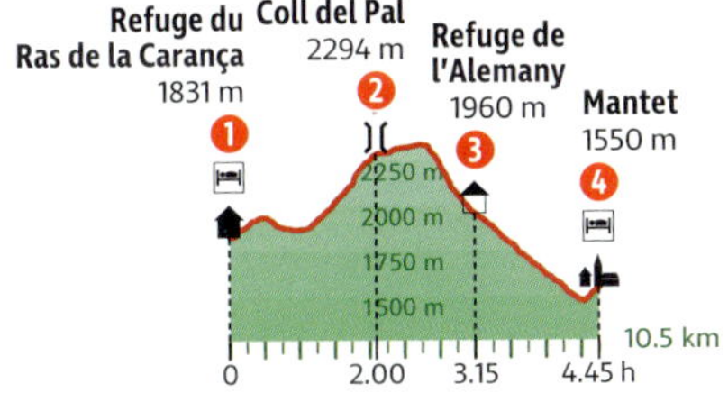

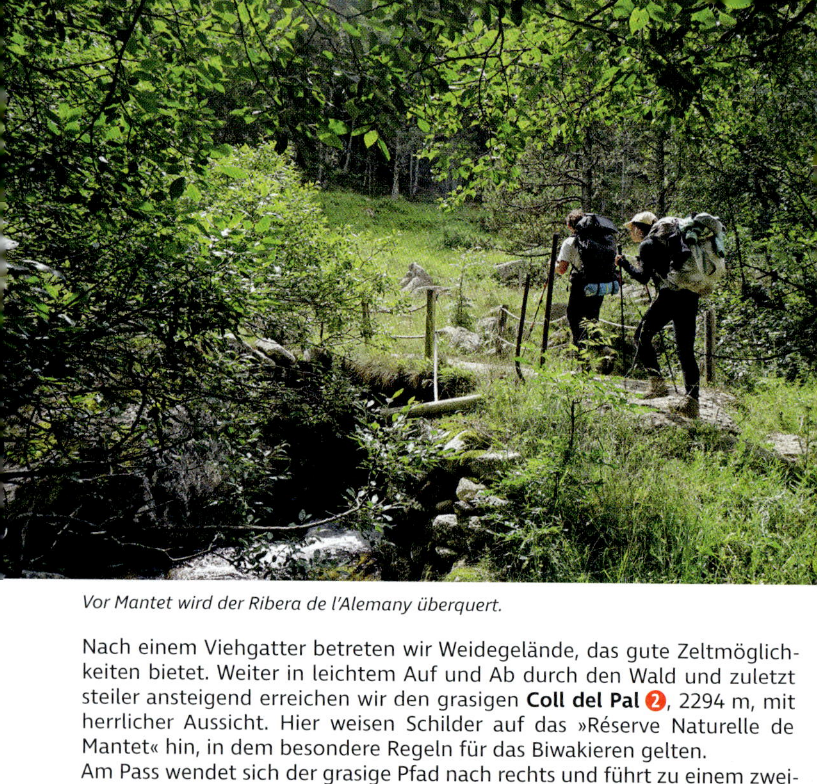

Vor Mantet wird der Ribera de l'Alemany überquert.

Nach einem Viehgatter betreten wir Weidegelände, das gute Zeltmöglichkeiten bietet. Weiter in leichtem Auf und Ab durch den Wald und zuletzt steiler ansteigend erreichen wir den grasigen **Coll del Pal** ❷, 2294 m, mit herrlicher Aussicht. Hier weisen Schilder auf das »Réserve Naturelle de Mantet« hin, in dem besondere Regeln für das Biwakieren gelten.

Am Pass wendet sich der grasige Pfad nach rechts und führt zu einem zweiten schönen Aussichtspunkt. Erst ab hier steigen wir nach links auf dem steinigen Pfad ab. Er bringt uns in Serpentinen und mit teils hohen Trittstufen hinab zum Abzweig zum **Refuge de l'Alemany** ❸, 1962 m. Die große Hütte befindet sich rund 200 m weiter rechts und ist in sehr gutem Zustand.

Der GR 10 wendet sich am Abzweig jedoch nach links. In gemäßigter Steigung führt uns der Weg bergab, vorbei an einem steinernen Notunterstand. Unser Tagesziel Mantet und den darüber liegenden gleichnamigen Col haben wir während des Abstiegs bereits fest im Blick. Wir erreichen den Ribera de l'Alemany und gehen über die Holzbrücke. Über eine Betonbrücke überqueren wir einen zweiten Fluss (Rivière de Mantet) und steigen anschließend auf einer schmalen Kiesstraße in Richtung Dorf empor. Nach der Überquerung eines weiteren Baches folgen wir nach rechts dem befestigten Weg steil bergan direkt in das mittelalterlich anmutende Dorf. An der Ferme Cazenove vorbei, wo sich ein Brunnen befindet, erreichen wir das Rathaus von **Mantet** ❹, 1550 m.

6.00 h	14,7 km
↗1030 m	↘860 m

Mantet – Refuge de Mariailles 47

Zwei Passübergänge mit wenig Einsamkeit

Von Mantet aus ist der an einer Straße gelegene Col de Mantet, 1760 m, schnell erreicht. Nach einem Abstieg durch trockene, üppige Vegetation erreichen wir das Örtchen Py. Hier heißt es noch einmal, die Vorräte aufzufüllen und Kraft für die kommenden Etappen zu schöpfen. Der nächste größere Ort Arles-sur-Tech liegt noch in weiter Ferne. Auf den trubeligen Col de Jou, 1125 m, folgt zuletzt der schöne, jedoch schweißtreibende Anstieg zum Refuge de Mariailles, 1718 m. Das nun wieder deutlich komfortablere Refuge belohnt uns mit einem atemberaubenden Ausblick auf die senkrecht aufragenden Felsen.

Ausgangspunkt: Mantet, 1550 m, Rathaus.
Anforderungen: Gut begehbare, aber teils eingewachsene und felsige Pfade; Markierung wieder deutlich besser als auf der vorherigen Etappe.
Einkehr: In Py in der Auberge de Py (s. Unterkunft).
Unterkunft: Py: Auberge de Py, Tel. +33 (0)4 68 04 12 26, auberge-de-py.business.site, ganzjährig, 6 B in 3 Zi., Waschmaschine, Restaurant. – Gîte d'étape Casa Sant Pau, Tel. +33 (0)6 16 11 56 53 oder +33 (0)6 41 87 57 60, bivouac.free.fr, ganzjährig, 13 B in Schlafsaal, HP, SV-Küche. **Refuge de Mariailles:** Tel. +33 (0)4 68 05 57 99, refugedemariailles.fr, Juni–Sept., 53 B in vier Schlafsälen, HP, vegetarisches Menü, LP, kein AV-Rabatt.
Cabanes: Gut 200 m südöstlich des Refuge de Mariailles (an Etappe 48): **Maison Forestière de Mariailles**, ca. 10 P auf Holzplattform, Matratzen, Tisch, Bank und **Cabane Pastorale de Mariailles**, ca. 5 P, 2021 renoviert.
Zeltmöglichkeit: Am Col de Mantet, aber wenig reizend. Einige Möglichkeiten am Abstieg nach Py und beim Kinderspielplatz in Py. Am Col de Jou (Parkplatz) mit Wasserfällen als Naturdusche. Am Aufstieg ab dem Coll del Cavall Mort nahe der zweiten Ruine (nach insgesamt 5.15 Std.) sowie 200 m südöstlich des Refuge de Mariailles bei den Cabanes.
Einkauf: In der Auberge de Py kleiner LM-Verkauf (auch Campinggas), wenig Frisches (nächste Möglichkeit erst auf Etappe 50), Mittagspause ca. 12/13 bis 16 Uhr.
Wasser: In Py Brunnen. Mehrere kleine Bäche (Wasser evtl. behandeln).
ÖPNV: Keine Möglichkeit.
Information: Keine.
Karte: IGN 10 Canigou.

Ab dem Rathaus von **Mantet** ❶, 1550 m, folgen wir der Ortsstraße bergan durch die Linkskurve. 50 m nach der **Auberge La Bouf'tic** biegen wir nach rechts auf ein schmales Zufahrtssträßchen ab und gehen auf ihm rund 200 m bergan. Bleibt man auf dem Sträßchen bis zum Ende, gelangt man zur **Gîte d'étape La Cavale**. Der GR 10 jedoch setzt sich auf dem nach links abzweigenden geschotterten Pfad fort. Dieser leitet im Zickzack hinauf zur D6. Wir gehen ein paar Schritte nach rechts, bis in der Linkskehre wieder ein Pfad nach rechts abzweigt. Über ihn gelangen wir zum **Col de Mantet** ❷, 1760 m. Direkt nach dem Parkplatz mit Infotafeln schlagen wir nach rechts einen Wiesenpfad ein. Der eingewachsene Pfad kürzt den Straßenverlauf mehr-

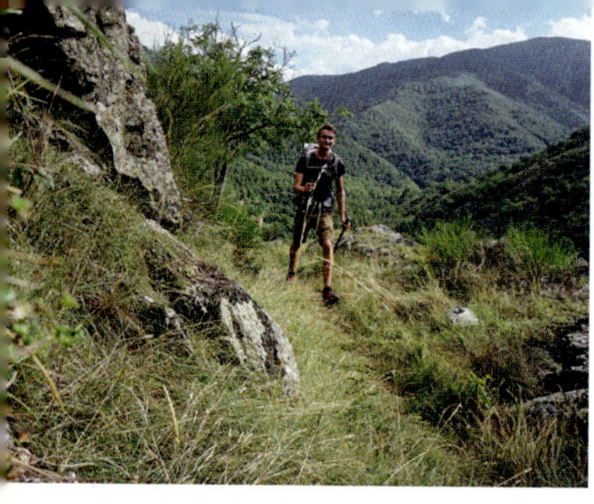

Höhenpfad zum Col de Jou.

mals ab. Wenn wir das fünfte Mal auf die Straße treffen, überqueren wir diese und folgen ihr vorbei an Infotafeln zum »Réserve Naturelle de Py« und an einem Picknickplatz zur Auberge de Py (mit kleinem Lebensmittelverkauf) in der Dorfmitte von **Py** ❸, 1023 m. Kurz darauf wählen wir die nach rechts abwärts führende Straße und passieren den Kinderspielplatz. Hier darf für eine Nacht gezeltet werden.

An der nächsten Kreuzung gehen wir geradeaus über einen Fußgängerweg und gelangen zurück auf die D6. Dieser folgen wir bis zur Brücke und biegen direkt danach nach rechts auf eine schmale Straße ab. Wir überqueren eine zweite Brücke und bleiben bis kurz hinter der Häuseransammlung La Farga auf der Straße. Dann zweigen wir nach rechts auf den schmalen Steig ab. Dieser trifft in Bachnähe auf einen breiteren Weg, dem wir nach links über den Bach folgen. Über den aussichtsreichen Pfad steigen wir weiter bergan. Anschließend geht es wieder steil empor zum **Col de Jou** ❹, 1125 m. Hier befinden sich ein Parkplatz samt Infotafel sowie ein Wasserfall, der nicht nur den hier Zeltenden eine erfrischende Naturdusche bietet.

Ab dem Pass folgen wir dem Schotterweg nach rechts bergan. Über den Bach, der den Wasserfall speist, gelangen wir zu einer Forststraße (Zufahrt

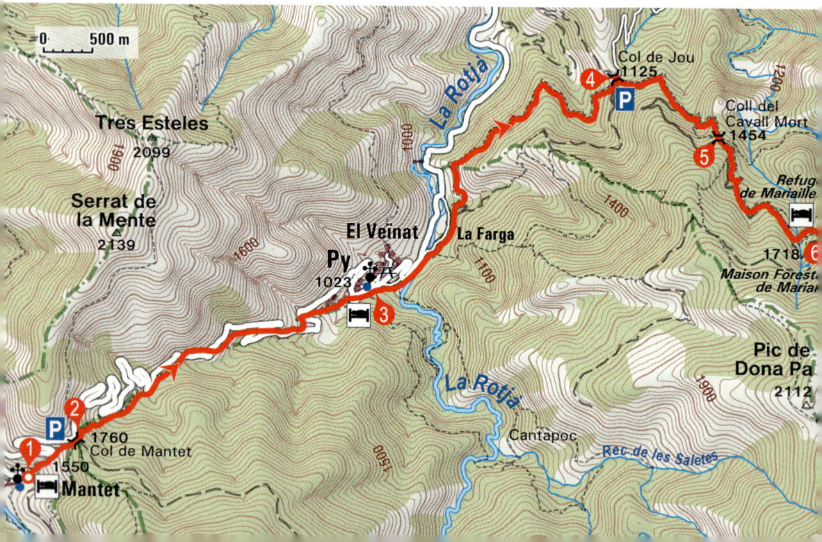

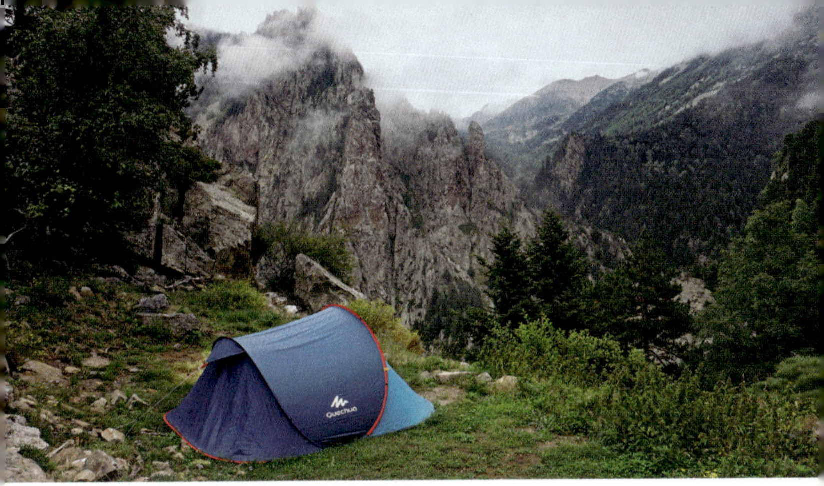

Luftiger Zeltplatz hinter dem Refuge de Mariailles.

zum Refuge de Mariailles). Diese streifen wir kurz, halten uns dann links und wählen den unteren der beiden Pfade. Wir überqueren einige Bachläufe und steigen durch den Wald zu einem Grat mit guter Aussicht auf. Über diesen gelangen wir zum Übergang mit dem seltsamen Namen **Coll del Cavall Mort** 5, 1454 m (dt.: Pass des toten Pferdes).

Ab hier folgen wir dem Bachlauf einige Meter, bis wir uns nach links von ihm entfernen. Wir erreichen eine Ruine mit schöner Aussicht (hier auch gute Zeltmöglichkeit) und wandern nach rechts wieder zum Bachlauf hinauf. Wir streifen wieder die Zufahrt zum Refuge de Mariailles in deren Kehre und zweigen anschließend wieder nach links auf einen Pfad ab. Der Weg entfernt sich vom Bach und steigt wieder steiler an. Auf einer kleinen Lichtung angekommen, können wir bereits unser Etappenziel durch die Bäume hindurch erahnen. Auf der Schotterstraße nach links gelangen wir nach 150 m zum **Refuge de Mariailles** 6, 1718 m.

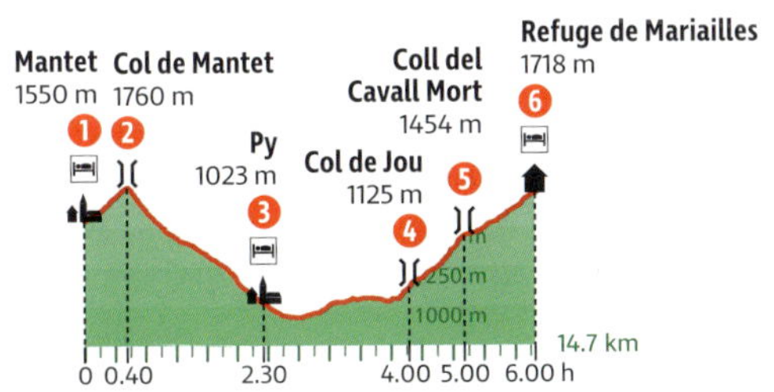

48 Refuge de Mariailles – Refuge des Cortalets

6.30 h | 16,3 km
↗1030 m | ↘600 m

Rund um das Canigou-Massiv

Heute herrscht noch einmal richtiges Hochgebirgsfeeling. Der ausgesetzte Höhenpfad, der die Nordhänge des Canigou-Massivs traversiert, garantiert eine herrliche Aussicht. Bei guter Sicht können wir auch das erste Mal einen Blick auf das am Horizont liegende Mittelmeer werfen. Dabei werden ungeahnte Kräfte freigesetzt. Obwohl der GR 10 auf dieser Etappe ein tolles Wandererlebnis bietet, sei bei gutem Wetter dennoch die Alternative über den Pic du Canigou empfohlen: Als letzter richtig hoher Berg dominiert der 2784 m hohe Riese das Landschaftsbild. Umso eindrücklicher ist der Blick auf das Mittelmeer vom Gipfel aus.

Ausgangspunkt: Refuge de Mariailles, 1718 m.
Anforderungen: Kräftezehrende Alpinpfade. Die Passagen der aufsteigenden Traversen im ersten Teil sind sehr ausgesetzt, Schwindelfreiheit erforderlich.
Einkehr: Unterwegs keine.
Unterkunft: **Refuge des Cortalets** (FFCAM): Tel. +33 (0)4 68 96 36 19, refugedescortalets.ffcam.fr, Mitte Mai–Mitte Okt., 105 B in Schlafsälen, 19 B im Winterraum, HP, kleiner LM-Verkauf, AV-Rabatt.
Cabanes: **Abri Aragó** (abseits des GR 10 an Variante), 6 P auf Holzbänken im Obergeschoss, Quelle. **Refuge de Bonne-Aigue**, exzellenter Zustand, 15 P auf Holzplattform, Tische, Bänke, Terrasse, Ofen.
Zeltmöglichkeit: Kurz nach dem Refuge de Mariailles. Beim Abri Aragó an der Variante. Beim Refuge de Bonne-Aigue. Beim kleinen See kurz vor Etappenende.
Einkauf: Im Refuge des Cortalets kleiner LM-Verkauf.
Wasser: Kurz nach dem Refuge de Mariailles gekennzeichnete Quelle. Beim Abri Aragó an der Variante. Rechts neben dem Refuge de Bonne-Aigue Quelle. Beim Refuge des Cortalets Quelle.
ÖPNV: Keine Möglichkeit.
Information: Keine.
Variante: Bei gutem Wetter empfiehlt sich die Direktvariante (Teil des HRP, steile Pfade, sehr anspruchsvoll, »schwarze« Tour) über den Pic du Canigou, 2784 m, mit grandioser Rundsicht: am Abzweig nach rechts auf dem gelb markierten Pfad am Abri Aragó vorbei. Zunächst moderat ansteigend, dann in steilen Kehren bergauf zu einer Weg-

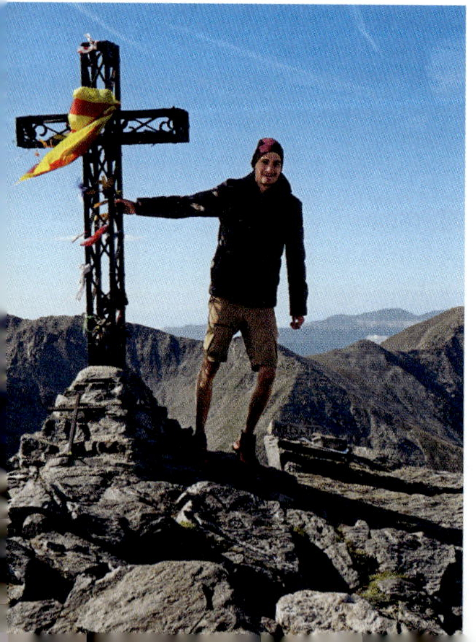

Auf dem Pic de Canigou (Variante).

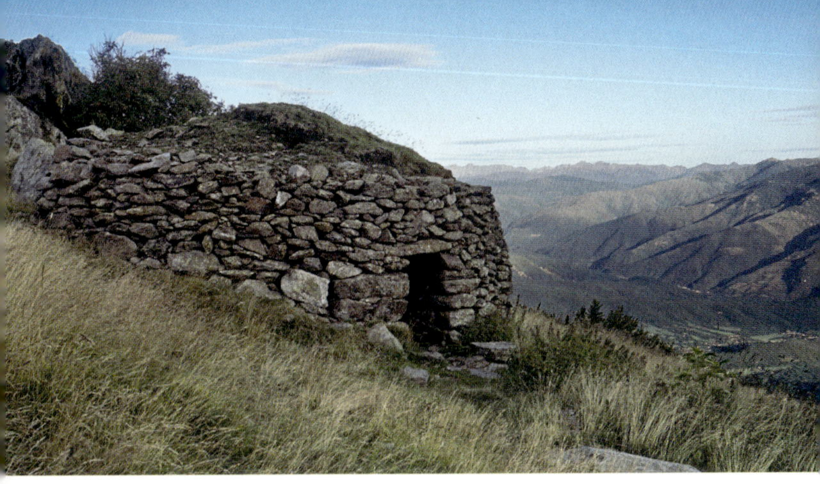

Steinerner Notunterstand Orri de la Casteille.

gabelung an der Porteille de Valmanya, 2591 m. Hier nach links über den felsigen Pfad an den Fuß der Canigou-Südwand und die letzten Höhenmeter hinauf auf den Pic du Canigou, 2784 m. Ab dem Gipfel führt ein Pfad bergab zurück zum GR 10 (insgesamt rund 45 Min. und 3,3 km kürzer als Hauptweg, aber knapp 100 Hm mehr Auf- und Abstieg).
Karte: IGN 10 Canigou.

Vom **Refuge de Mariailles** ❶, 1718 m, steigen wir entlang eines Weidezauns den grasigen Hang hinauf und treffen kurz darauf auf eine Schotterstraße. Hier finden sich gute Zeltmöglichkeiten. An der Gabelung wählen wir den Pfad leicht links entlang eines Bachlaufes. Hier befindet sich die Cabane **Maison Forestière de Mariailles**, knapp 100 m weiter kommt die **Cabane Pastorale de Mariailles**. Gleich darauf kommen wir an einer etwas links unterhalb des Weges liegenden Quelle mit Picknicktisch vorbei und gelangen zu einer Holzbrücke über den **Ribera de la Llipodera** ❷, 1695 m (fr. Ruisseau de la Llipodère). Auf der anderen Bachseite folgen wir dem ansteigenden Weg, der aussichtsreich in das Hochtal hineinführt. Über einige Steine überqueren wir den Gebirgsbach Torrent de Cady und gelangen gemächlich ansteigend hinauf zu einem **Abzweig** ❸, 2022 m, an dem nach rechts die Variante (Teil des HRP) über den Pic du Canigou beginnt.
Für den Normalweg wandern wir geradeaus weiter und erreichen sanft ansteigend den **Col de Segalès** ❹, 2039 m. Der Pfad traversiert die Hänge des Pic Quazemi und führt dabei ausgesetzt über eine Schlucht. Wir erreichen den unspektakulären Übergang am **Col de la Jasse d'en Vernet** ❺, 2041 m, und steigen von dort in einigen Serpentinen in einen Talkessel ab. Hier wendet sich der Pfad nach rechts, um wieder die Hänge zu traversieren. An einem unauffälligen Abzweig wählen wir den linken absteigenden Pfad. Dieser

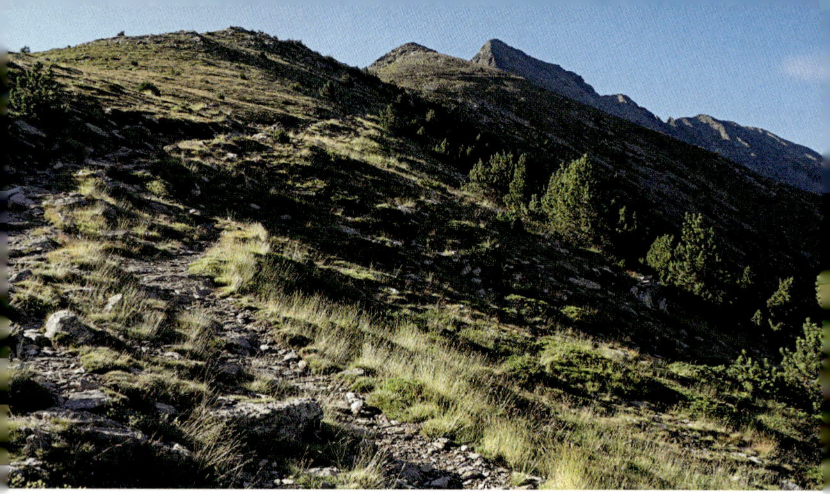

Gute Fernsicht – auch ohne Besteigung des Pic du Canigou.

trifft auf die Kehre eines Schotterwegs, dem wir nach rechts oben zu einem Abzweig etwas oberhalb des **Refuge de Bonne-Aigue** ⑥, 1741 m, folgen. Wir bleiben noch knapp 100 m auf dem Schotterweg und schlagen dann den nach rechts ansteigenden Steig ein. Nachdem der Steig den Wald verlassen hat, kommen wir an einem behelfsmäßigen Notunterstand aus Steinen vorbei, wo sich auch Zeltmöglichkeiten bieten. Wir gelangen auf einen Rücken mit Sicht zu beiden Seiten, wenden uns nach rechts und treffen auf einen breiteren Weg. Von rechts trifft die **Variante** ⑦, 2264 m, über den Pic de Canigou wieder auf den GR 10 (bzw. in entgegengesetzte Richtung Hauptaufstieg: 1.30 Std. und 520 Hm Aufstieg bis zum Gipfel).
Der GR 10 verläuft nun halb links bergab. Unter uns können wir bereits die Dächer des Refuges erkennen. Bei guter Sicht lässt sich auch das Mittelmeer am Horizont ausmachen. Wir passieren einen sumpfigen **kleinen See**, 2173 m, an dem noch einmal gute Zeltmöglichkeiten bestehen, und erreichen auf bequemem Weg das gut besuchte **Refuge des Cortalets** ⑧, 2150 m.

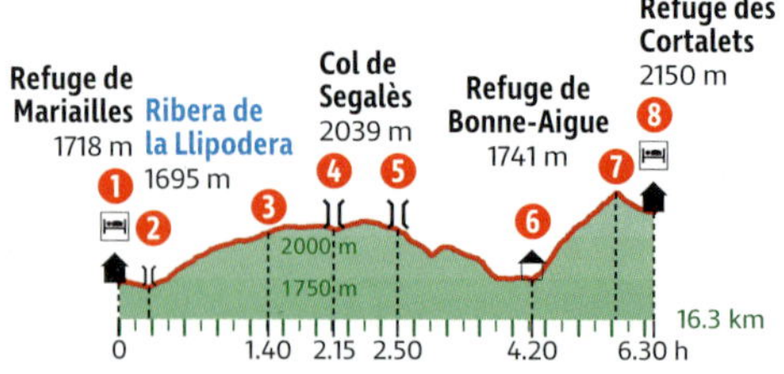

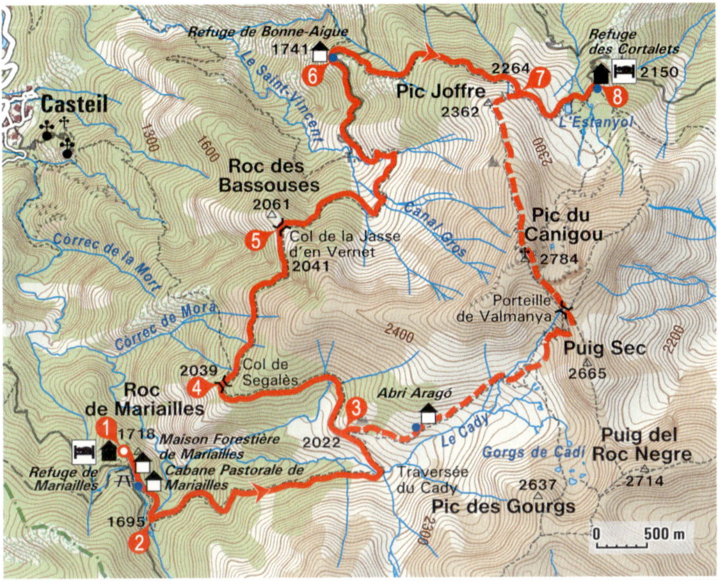

Unser Etappenziel: das Refuge des Cortalets.

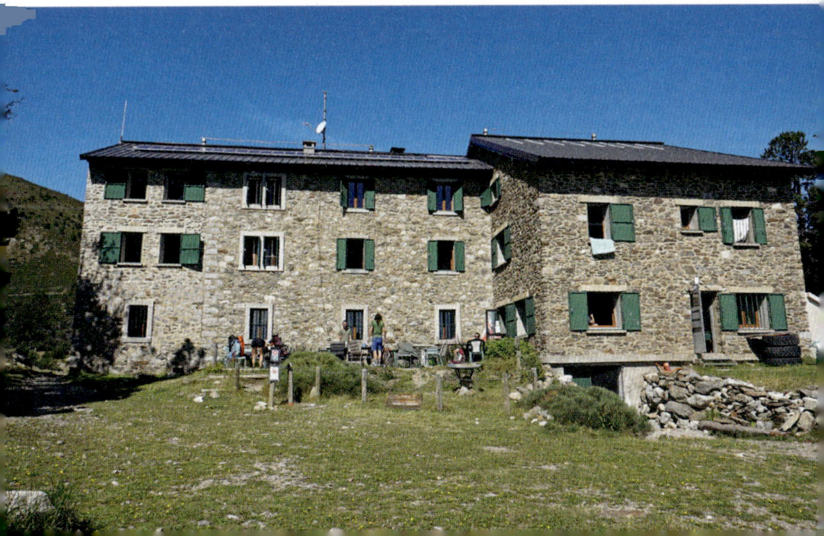

49 Refuge des Cortalets – Refuge de Batère

5.00 h | 15,1 km
↗370 m | ↘1050 m

Abstieg in ein verlassenes Bergbaudorf

Auf dieser Etappe sind nicht allzu viele Höhenmeter zu bewältigen. Wer aufgrund schlechten Wetters am Vortag den Pic du Canigou auslassen musste, hat dementsprechend heute noch einmal die Gelegenheit dazu. Die eher gemütliche Wanderung zum Refuge de Batère ist auch im Anschluss daran noch zu schaffen. Die beiden am Weg liegenden Cabanes warten mit schönen Picknickbänken auf, die zu einer entspannenden Rast einladen. Am Etappenziel zeugen mehrere Baracken von der Bergbauvergangenheit des Gebiets. Die verlassenen Bauten lassen den Ort fast ein bisschen unheimlich wirken. Wäre da nicht das Refuge de Batère. Als ehemalige Unterkunft der Minenarbeiter beherbergt es heute die müden Wanderer des GR 10, der fünftägigen Tour du Canigou sowie des Fernwanderwegs HRP. Vollständige Entspannung garantiert der hauseigene Whirlpool.

Ausgangspunkt: Refuge des Cortalets, 2150 m.
Anforderungen: Vorwiegend bequeme Wege, aber an wenigen Stellen kurzzeitig Trittsicherheit und Schwindelfreiheit erforderlich.
Einkehr: Unterwegs keine.
Unterkunft: Refuge de Batère: Tel. +33 (0)7 57 67 31 71, refugedebatere.fr, Mai–Mitte Okt., 38 B in Schlafsaal/MBZ/DZ, HP, LP, warme Dusche, Whirlpool, kein AV-Rabatt.
Cabanes: Abri du Pinatell, ca. 8 P auf Holzplattform, Tisch, Bänke, Picknickbank, Quelle. **Refuge de l'Estanyol**, ca. 6 P auf Holzplattform, Kamin, Picknickbänke und Quelle.
Zeltmöglichkeit: Kurz nach dem Refuge de l'Estanyol. Am Col de la Cirère und kurz danach unterhalb schützender Felswände. Zone de bivouac nahe dem Refuge de Batère.

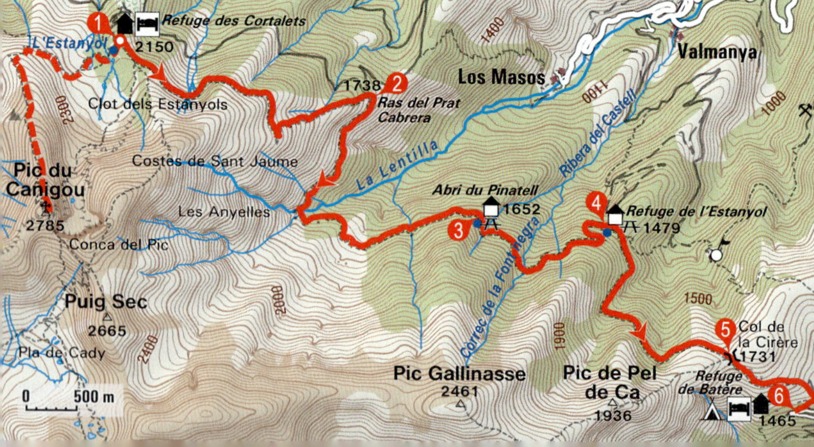

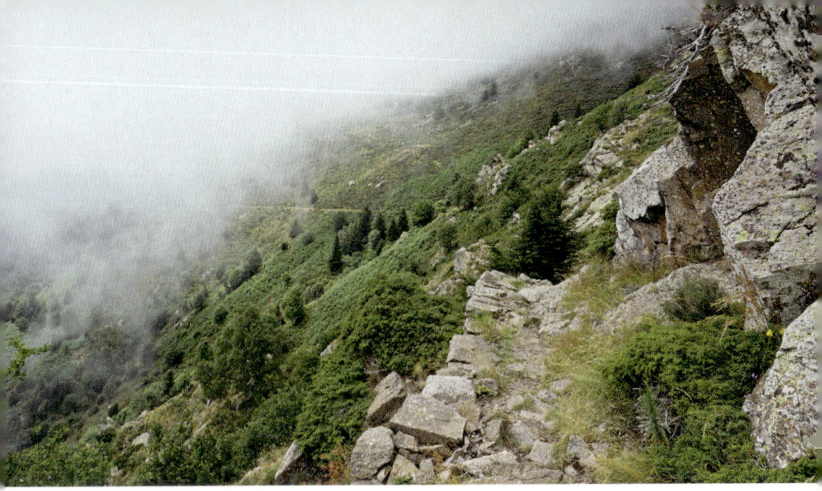

Ausgesetzter Pfad zwischen dem Ras del Prat Cabrera und dem Abri du Pinatell.

Einkauf: Im Refuge de Batère kleiner LM-Verkauf.
Wasser: Beim Abri du Pinatell und beim Refuge de l'Estanyol gibt es jeweils eine Quelle. Außen am Refuge de Batère Wasserhahn.
ÖPNV: Keine Möglichkeit.
Information: Keine.
Variante: Nachholen der Besteigung des Pic du Canigou, 2784 m: Vom Refuge zurück zur Gabelung/Abzweigung der Variante, ab dort Aufstieg zum Gipfel (Refuge–Gipfel–Refuge ca. 3.45 Std., 7,7 km und 650 Hm Auf- und Abstieg).
Hinweis: Zwischen Refuge des Cortalets und Ras del Prat Cabrera sind zwei Wegführungen markiert; die ehemalige Variante des GR 10 ist mittlerweile die (anspruchsvollere) Hauptroute.
Karte: IGN 10 Canigou.

Ab dem **Refuge des Cortalets ❶**, 2150 m, folgen wir dem Pfad nach rechts durch den Wald bergan. Nach 300 m wählen wir an einer Gabelung den linken Pfad, der den Wald verlässt und den Geröllhang weitgehend eben traversiert. Nach der Überquerung von mehreren Bachläufen nacheinander

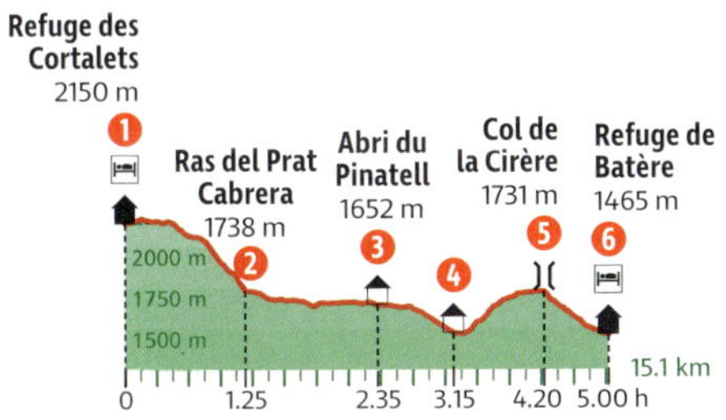

leitet der Pfad sanft bergab. Auf 2060 m Höhe biegt der Pfad scharf links ab und windet sich in engen Serpentinen entlang des Kamms hinab zum Aussichtspunkt **Ras del Prat Cabrera** 2, 1738 m, wo wir auf einen Fahrweg treffen. Hier folgen wir einem Pfad nach rechts. Dieser ist stellenweise sehr ausgesetzt und erfordert Schwindelfreiheit und Trittsicherheit. Wir überqueren zwei herabstürzende Bäche mithilfe einiger Trittsteine. Nach der dritten Bachüberquerung gelangen wir in den Wald. Der Pfad wird etwas breiter und ist angenehm zu gehen. Am nächsten Abzweig befindet sich links, etwas unterhalb des Pfades, das **Abri du Pinatell** 3, 1652 m, eine Schutzhütte in exzellentem Zustand und mit Picknickbank und Wasserquelle im Außenbereich.

Der GR 10 behält am Abzweig seine Richtung bei. Relativ eben verläuft der Weg durch herrliche Wälder. Wir gehen durch ein Felstor und erreichen das **Refuge de l'Estanyol** 4, 1479 m. Hier befinden sich ebenfalls Picknickbänke sowie eine Quelle. Kurz danach gibt es auf einer Waldlichtung gute freie Zeltmöglichkeiten. Der Pfad führt weiter zum **Col de la Cirère** 5, 1731 m, und wechselt zur rechten Bergflanke, behält seine Richtung jedoch bei. Wir wandern unterhalb von Felswänden, die weitere, sehr geschützte Zeltmöglichkeiten bieten. Im grasigen Gelände wendet sich der Pfad nach rechts unten. Hier gilt es, auf die markierten Stangen zu achten. An einem kleinen Betonhäuschen biegt der Pfad nach links ab. Wir treffen auf einen eingewachsenen Schotterweg, auf dem wir nach rechts absteigen. Wir passieren eine Ruine, bei der es sich ebenfalls gut zelten lässt. Bei einer Quelle wendet sich der Schotterweg nach rechts. Am zweiten Gebäude treffen wir auf die Straße D43, der wir bergab zum **Refuge de Batère** 6, 1465 m, folgen.

Refuge de l'Estanyol mit Picknicktischen.

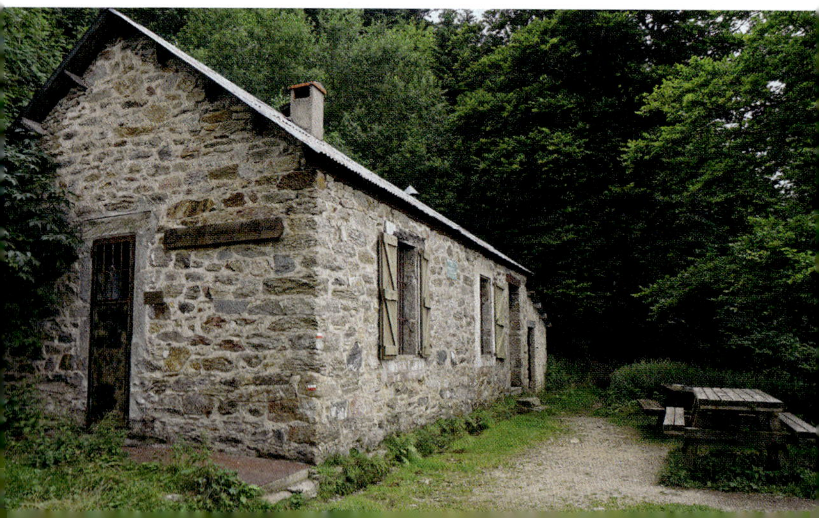

7.30 h	20,5 km
↗730 m	↘1560 m

Refuge de Batère – Mas de la Fargassa

50

Auf den Spuren der Bergbauvergangenheit des Vallespir

Diese Etappe beginnt mit einem langen Abstieg nach Arles-sur-Tech. Auf dem Weg werden wir mit der Station de Jacouty erneut Zeugen der Bergbauvergangenheit des Gebiets. Das Städtchen Arles-sur-Tech besticht besonders mit seinem historischen Kern und der Abbaye Sainte Marie. Nach einem Besuch der Benediktinerabtei lässt sich eine längere Mittagspause im Ort einlegen, um der Hitze am weitgehend schattenlosen Anstieg zum Col de Paracolls zu entgehen. Das Mas de la Fargassa empfängt uns schließlich mit einem kleinen Biobauernhof, auf dem wir fernab des Mobilfunknetzes oder einer WLAN-Verbindung die Natur genießen dürfen.

Ausgangspunkt: Refuge de Batère, 1465 m.
Anforderungen: Teilweise steile Pfade über Fels und loses Geröll. Schattenloser Aufstieg im zweiten Teil der Etappe; üppige, schnell nachwachsende Vegetation, Vorankommen teils deutlich erschwert.
Einkehr: In Arles-sur-Tech mehrere Möglichkeiten.
Unterkunft: Gîte d'étape du Mas Bigourrats d'Abaix (1 km südlich des GR 10), Tel. +33 (0)4 68 98 28 99, April–Dez., ehemaliges katalanisches Bauernhaus, Schlafsaal/Tipi, Zeltstellplatz, warme Mahlzeiten nach Reservierung.
Arles-sur-Tech: Camping du Riuferrer (vor dem Ort am GR 10), Tel. +33 (0)4 68 39 11 06 oder +33 (0)7 75 21 49 58, campingriuferrer.com, März–Okt., 143 SP, Snack-Bar, Waschmaschine, Trockner; freier Eintritt im nahe gelegenen städtischen Freibad, Baden im Fluss. – Im Ort u. a. Centre Sud Canigó (600 m nördlich des GR 10), Tel. +33 (0)4 68 39 37 82, centresudcanigo.com, separate Gîte d'étape für Wandernde mit 36 B in 9 Schlafsälen sowie 68 B in EZ/DZ/MBZ, Restaurant, Waschmaschine, Trockner.
Mas de la Fargassa: Tel. +33 (0)4 68 39 01 15 oder +33 (0)9 78 04 91 31, lafargassa.com, ganzjährig, 14 B im Schlafsaal (Gîte d'étape), Gîtes für 2–10 Personen (Juli/Aug. nur wochenweise Vermietung), Platz für Zelte, Abendessen (vegetarisch, auf Wunsch auch vegan), Frühstück, LP, Bioladen; Zugang zum Fluss mit kleiner Badestelle.
Cabanes: Abri des Vigourats, 6 P, kein Wasser, Feuerstelle.
Zeltmöglichkeit: Mehrere gute Möglichkeiten am Abstieg nach Arles-sur-Tech. Nach dem Col de Paracolls.
Einkauf: In Arles-sur-Tech Spar-Supermarkt mit Verkauf von Campinggas. Im Mas de la Fargassa Verkauf von Bioprodukten.
Wasser: In Arles-sur-Tech WC beim Rathaus.
ÖPNV: Buslinie 531: bis zu 6x tgl. ab Arles-sur-Tech nach Perpignan, dort Zuganschluss; Infos: Tel. +33 (0)8 06 80 80 90, lio.laregion.fr.
Information: Arles-sur-Tech, Tel. +33 (0)4 68 39 11 99, tourisme-haut-vallespir.com.
Hinweis: Die in vielen Wanderführern noch erwähnte Ecogîte du moulin de la Palette existiert nicht mehr.
Tipp: In Arles-sur-Tech Besuch der Abbaye Sainte Marie. Das Benediktinerkloster wurde im Jahr 778, zur Zeit Karls des Großen und unter dem Schutz des Grafen von Barcelona, gegründet; es gilt damit als älteste Abtei Kataloniens, Tel. +33 (0)4 68 83 90 66, tourisme-haut-vallespir.com.
Karte: IGN 10 Canigou und IGN 11 Roussillon.

Ab dem **Refuge de Batère** ❶, 1465 m, folgen wir dem Sträßchen D43 bergab zum Col de la Descarga, 1393 m. Hier schlagen wir den nach links unten führenden Wiesenpfad ein. Nach 45 Min. überquert er einen Schotterweg, passiert ein »Hippie-Camp« und trifft kurz danach auf den Wegweiser »Collada del Ruore«. Wir gehen geradeaus und wandern 30 Min. auf dem schlecht markierten Schotterweg durch zwei Serpentinen. In der dritten Kehre nehmen wir den Pfad geradeaus und gelangen nach ca. 200 m zum **Abri des Vigourats** ❷, 884 m, mit Platz für ein kleines Zelt.
Nach ca. 300 m treffen wir erneut auf eine Schotterpiste. Diese führt nach rechts zur ca. 1 km entfernten Gîte d'étape du Mas Bigourrats d'Abaix. Der

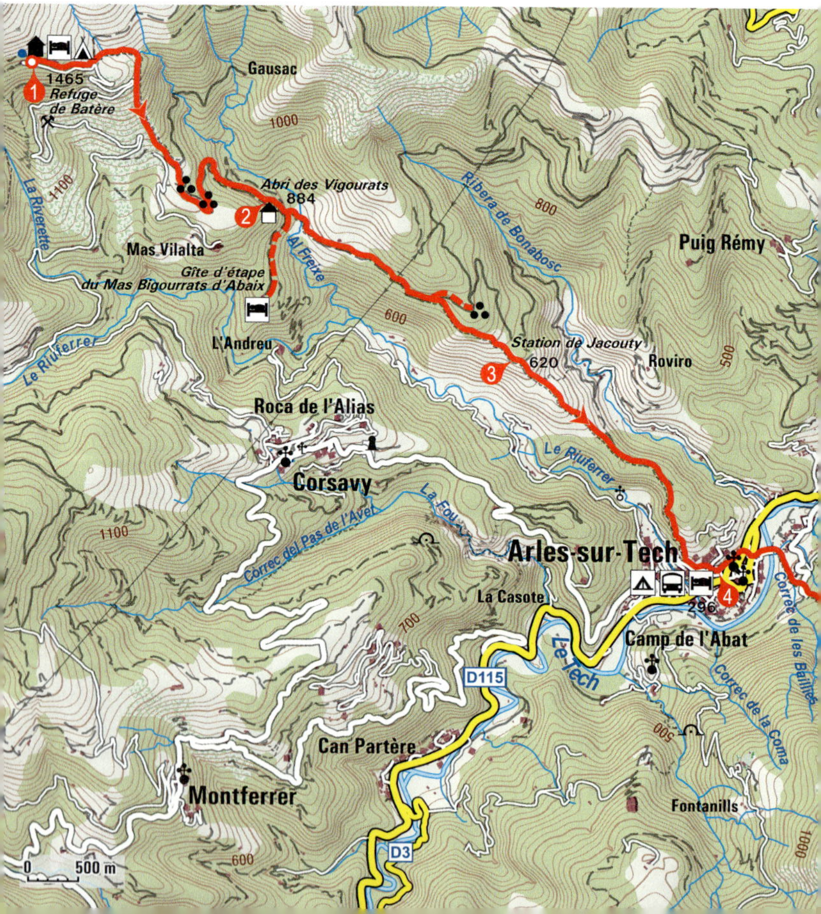

GR 10 jedoch überquert den Schotterfahrweg und gelangt zu einem Bach mit herrlichen Felsbecken und viel Platz zum Zelten am anderen Ufer. Auf dem schmalen Pfad erschweren immer wieder üppiges Gestrüpp und Dornen das Vorankommen. Schließlich kommen wir zu einem breiteren Forstweg, dem wir halb links bergan folgen. An der nächsten Gabelung wählen wir den rechten Weg und treffen auf eine Forststraße, auf der wir nach rechts bergab gehen. An der folgenden Abzweigung nehmen wir wieder den nach rechts absteigenden breiten Schotterpfad. Nach einen kleinen Zwischenanstieg führt der Pfad rechts haltend bergab (auch hier gibt es geradeaus weitere gute Zeltmöglichkeiten). Der Pfad weist immer wieder felsige und geröllige Passagen auf, auf denen bei Nässe Rutschgefahr besteht. Bei einem markierten Abzweig kann man nach links oben einen Abstecher zu Dolmen machen (hin und zurück knapp 45 Min.). Weiter auf unserem Weg gelangen wir zu einer Lichtung. Hier befindet sich links des Weges die **Station de Jacouty** 3, 620 m.

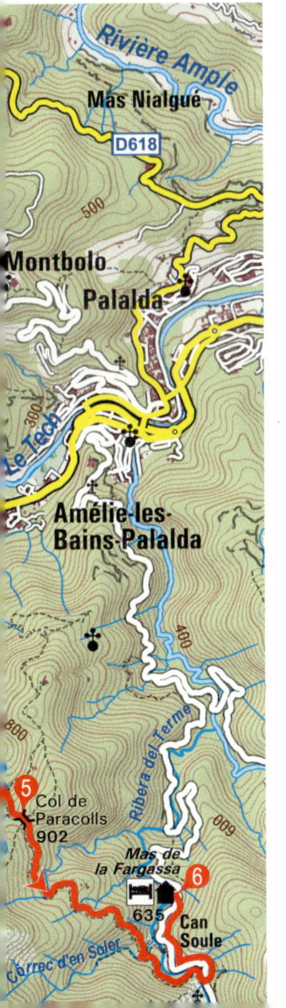

i *Die Ruinen der* ***Station de Jacouty*** *zeugen von der Bergbauvergangenheit der Dörfer des Vallespir. Sie war eine der beiden Mittelstationen der Seilbahn, die die Minen von* ***Batera*** *mit* ***Arles-sur-Tech*** *verband. Ihren Höhepunkt erreichte die Förderung von Eisenerz im 19. Jh. mit der Industriellen Revolution. In diese Zeit fällt auch die Inbetriebnahme der Seilbahn. Im Jahr 1899 erbaut, sollte sie den Transport des Eisenerzes zwischen den Minen und dem Ort beschleunigen. Auf einer Länge von 9 km hatte die Bahn mehr als 1000 Höhenmeter zu überwinden. Dabei konnten in nur 1 Std. ganze 60 Tonnen des abgebauten Rohstoffes befördert werden. Als die Minen in den 1980er-Jahren geschlossen wurden, wurde auch die Seilbahn nicht mehr benötigt. Ein Stück Industriegeschichte ging damit zu Ende.*

Wir steigen ab der Lichtung auf dem Schotterweg in Richtung Arles-sur-Tech ab. Vorbei an einer Ruine wandern wir über einen aussichtsreichen Rücken. Arles-sur-Tech liegt bereits gut sichtbar unter uns. Der Pfad trifft auf einen Schotterweg, dem wir nach rechts folgen. Sobald der Schotterweg beginnt, schmaler zu werden, zweigt nach rechts ein

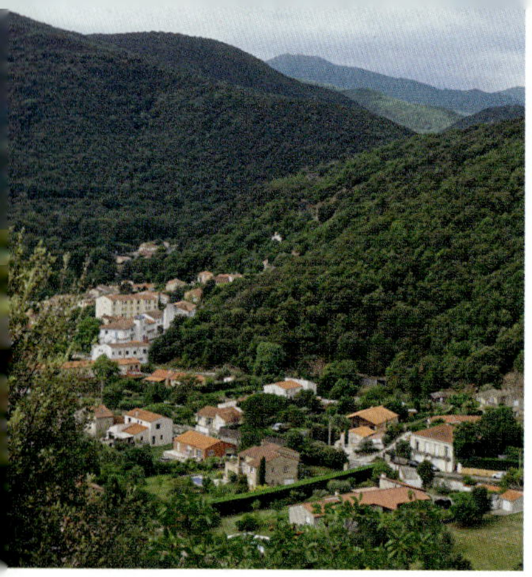
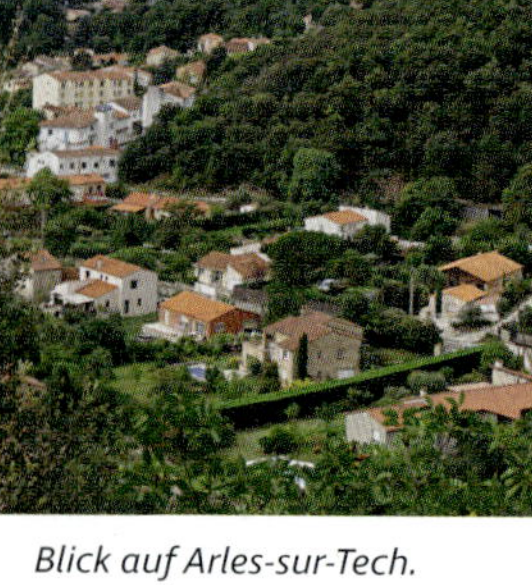

Blick auf Arles-sur-Tech.

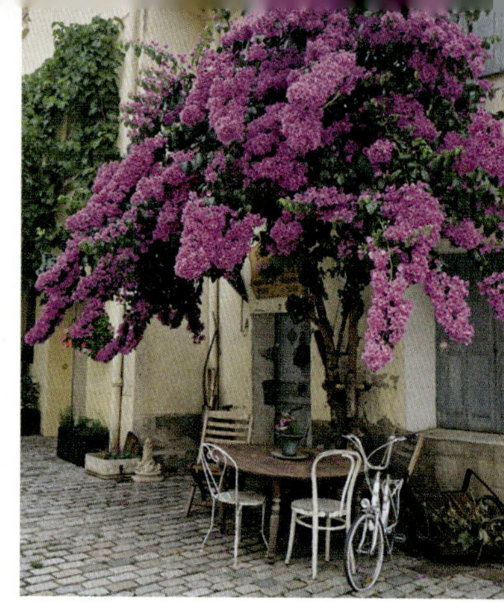

Gasse in Arles-sur-Tech.

steil abwärtsführender Pfad ab. Dieser bringt uns zu einem betonierten Zufahrtsweg am Ortseingang, auf dem wir nach links hinunter zur Straße gelangen (hier rund 150 m nach rechts: Camping Riuferrer). Der GR 10 führt nach links weiter in Richtung Zentrum. An einem Zebrastreifen schlagen wir nach links den Fußweg »Rue des Écoles« ein. Nach einem größeren Schulkomplex kurz vor dem Ortskern von **Arles-sur-Tech** 4, 296 m, biegt der GR 10 nach links ab. Hier weiter geradeaus geht es zur Ringstraße, an dieser nach rechts zur Tourist-Info und zum Supermarkt.

Wir gehen aber mit dem GR 10 wenige Meter nach links und anschließend nach rechts auf dem Fußgängerweg weiter. An einem Abzweig beim Friedhof bleiben wir geradeaus auf dem Fußweg, bis wir nach links in die Rue Barri d'Avall einbiegen. An einem Zebrastreifen verlassen wir sie nach rechts, treffen auf die Hauptstraße und überqueren sie über einen Zebrastreifen. Links befindet sich die Bushaltestelle, von der aus die Busse nach Perpignan abfahren. Wir gehen geradeaus weiter und schlagen nach wenigen Metern am Ende der Straße nach links einen Schotterweg ein.

Dieser bringt uns zu einer Fußgängerbrücke über den Fluss Tech (nach der Brücke 600 m links: Centre Sud Canigó). Am Abzweig danach geht es wenige Meter geradeaus weiter. Am nächsten Abzweig folgen wir dem schmalen Pfad nach rechts. Wir passieren ein Viehgatter und setzen unseren Weg nach links auf einem Wiesenpfad fort. Am Ende des Pfades biegen wir nach links ab und gehen erneut durch ein Viehgatter hindurch. Wir durchqueren ein ausgetrocknetes Bachbett und steigen weiter aufwärts. Wir treffen auf eine Straße, der wir ca. 20 m nach rechts folgen, um dann wieder nach links auf einen Pfad abzubiegen. Der Pfad trifft wenig später erneut auf die Straße, der wir links aufwärts folgen.

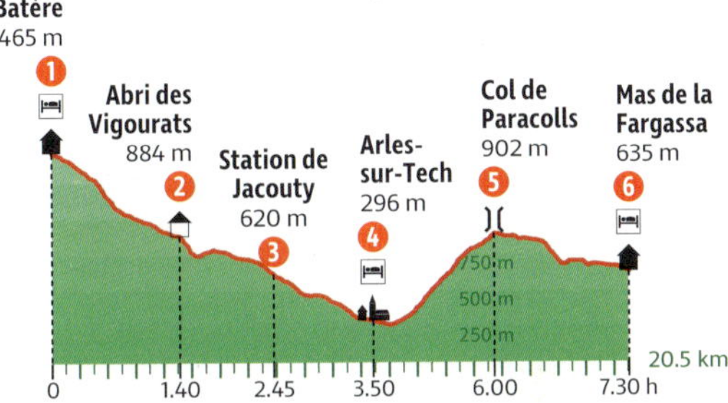

Einige Meter nach der Kehre biegen wir nach links auf einen Pfad ab. Am nächsten Abzweig wählen wir den rechten Pfad, der steil bergan über Felsen und loses Geröll verläuft. Am darauffolgenden Abzweig folgen wir ebenfalls dem aufsteigenden rechten Pfad. Über den Waldpfad gelangen wir hinauf zum **Col de Paracolls** 5, 902 m.

Am Sattel wendet sich der Weg nach rechts und führt in leichtem Auf und Ab aus dem Wald hinaus. Hier befinden sich gute Zeltmöglichkeiten. Wir folgen dem in Serpentinen verlaufenden Pfad und überqueren einen Bach über eine Hängebrücke. Der Pfad trifft auf eine Straße, an der wir nach links gehen. Wir passieren die mittlerweile geschlossene Ecogîte du moulin de la Palette. Nach etwas mehr als 1 km zweigen wir am Hinweisschild nach links ab und gelangen über den Bach zum **Mas de la Fargassa** 6, 635 m.

Pfad nach dem Col de Paracolls.

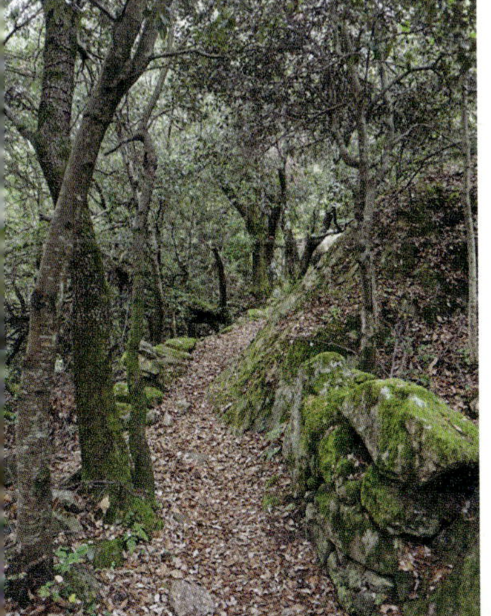

Hängebrücke über den Ribera del Terme.

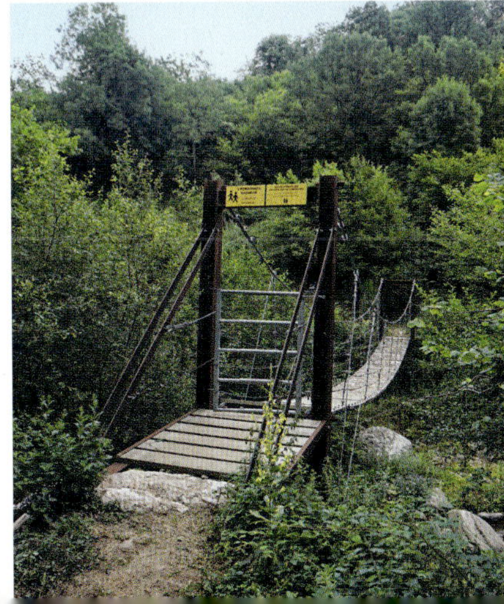

51 Mas de la Fargassa – Las Illas

7.30 h | 20,0 km
↗1050 m | ↘1140 m

Schattige Mittelgebirgsetappe auf den Spuren der Geschichte

Der GR 10 verwandelt sich mehr und mehr in eine Mittelgebirgswanderung, bei der die Berge nicht mehr so hoch und die Anstiege nicht mehr so lang sind. Viele Passübergänge liegen versteckt unter Bäumen und es sind eher Felsen, die herausragen. Dennoch bleiben die Wege weiterhin steil, weshalb die Etappe auch nicht auf die leichte Schulter genommen werden sollte. Glücklich schätzen können wir uns angesichts der angenehm schattigen Wälder, die gemeinsam mit dem felsigen Grenzkamm rund um den Roc de Frausa das Bild prägen. Am Coll de Saint Martí, 1426 m, kehren wir heute nach langer Zeit wieder zurück zur Landesgrenze. Die geschichtsträchtige Vergangenheit der Pyrenäen als französisch-spanisches Grenzgebirge wird uns auch am Etappenziel Las Illas bewusst. Das dortige Hostal dels Trabucayres diente während des Zweiten Weltkriegs zahlreichen Flüchtlingen auf dem Chemin de la Liberté als Schutz vor den Verfolgern.

Ausgangspunkt: Mas de la Fargassa, 635 m.
Anforderungen: Teils steile Pfade, die nicht unterschätzt werden sollten; überwiegend angenehm schattiges Gelände.
Einkehr: Unterwegs keine.
Unterkunft: Gîte d'étape Mas de la Griffe (1,4 km südlich des GR 10), Tel. +33 (0)6 11 81 16 94, sejour-nature-yourte.fr, 25 B in Jurten und Hütten, Solardusche, vegetarisches Abendessen, Frühstück. **Las Illas:** Gîte d'étape Las Illas (beim Rathaus), Tel. +33 (0)4 68 66 55 38, maureillas.fr unter »Tourisme – Hébergements«, ganzjährig, 14 B in Schlafsaal, Aufenthaltsraum mit SV-Küche; die Gîte gehört zum Hostal dels Trabucayres (am südlichen Ortsausgang), dort meldet man sich auch an und die Verpflegung im dortigen Restaurant ist möglich: Hostal dels Trabucayres, Tel. +33 (0)4 68 66 55 38, 11 B in 5 Zi., HP, Rest./Bar.
Cabanes: Keine.
Zeltmöglichkeit: Bei Montalba. Am Coll Cerda, am Coll del Pou de la Neu und kurz nach dem Coll dels Cirerers. In Las Illas kostenlose Zeltwiese (50 m rechts der D13) mit WC, Außendusche, Picknickbänken und Grillmöglichkeit.
Einkauf: Keine Möglichkeit.
Wasser: In Montalba Brunnen. In Las Illas WC, Duschen und Wasserhahn bei der Zeltwiese.
ÖPNV: Keine Möglichkeit.
Information: Keine.
Karte: IGN 11 Roussillon.

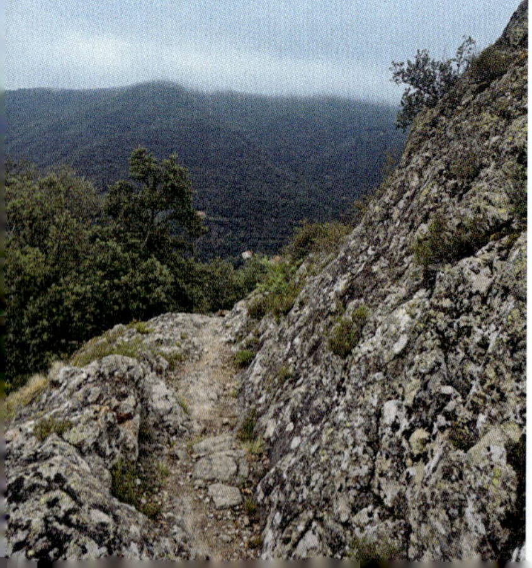

Felsige Passage gleich zu Beginn.

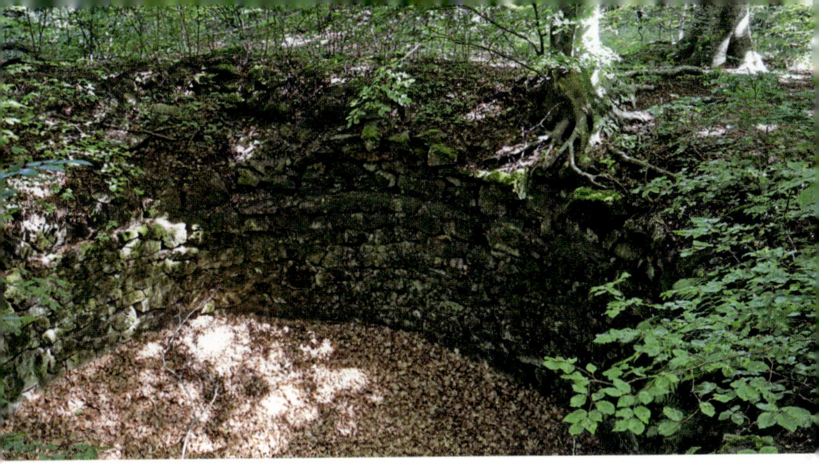

Reste eines Pou de Neu, eines »Eisbrunnens« zum Sammeln von Schnee.

Vom **Mas de la Fargassa** ❶, 635 m, gehen wir zurück zur Straße und gehen wenige Meter nach links, bis rechts ein Pfad abzweigt. Dieser bringt uns nach **Montalba** ❷, 543 m, einer kleinen Häuseransammlung mit Kirche. Hier befindet sich auch ein Brunnen, bei dem auf nicht ganz ebenem Grund gezeltet werden könnte. Der Pfad führt nach rechts in den Wald hinein. Nach gut 30 Min. treffen wir auf einen Schotterweg, dem wir nach rechts aufwärts folgen. Nach ca. 15 Min. biegen wir in einen rechts abzweigenden Pfad ein. Wir passieren die Ruinen der Mouli Serradou und steigen über den teils steilen und gerölligen Pfad hinauf zum **Coll Cerda** ❸, 1057 m, an dem auch gezeltet werden kann. Geradeaus geht es zur ca. 1,4 km entfernten Gîte d'étape Mas de la Griffe. Der GR 10 biegt jedoch nach links auf einen grasigen Pfad ab. An einer etwas unübersichtlichen Kreuzung im Wald behalten wir unsere Richtung geradeaus bei. Der Pfad verlässt den Wald für kurze Zeit. An der nächsten, unauffälligen **Gabelung** ❹, 1370 m, unterhalb des **Coll de Saint Martí**, 1426 m, kurz bevor der Pfad wieder in den Wald ge-

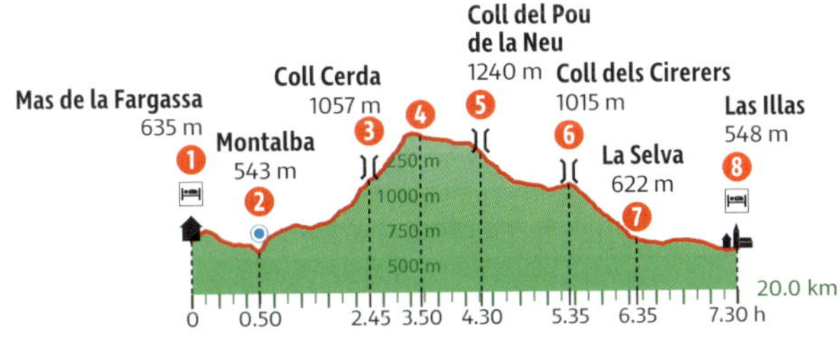

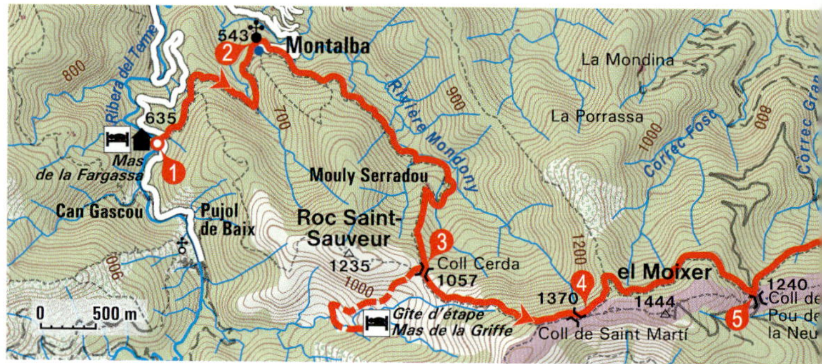

langt, wählen wir den unteren linken Pfad (auf dem rechten Pfad führt der HRP auf schwierigerem Steig direkt über den Roc de Frausa). Auf einer kleinen Lichtung wendet sich unser Pfad in einer 180°-Kurve nach rechts und steigt nördlich des Roc de Frausa kurzzeitig an. Dann wandern wir hinunter zum **Coll del Pou de la Neu** 5, 1240 m, der auch mit dem Auto erreichbar ist. An einer Lichtung finden sich hier gute freie Zeltmöglichkeiten.
Der nun folgende Abstieg nach Las Illas hat viele Abzweige und Kreuzungen, weshalb von nun an besonders aufmerksam auf die Markierungen geachtet werden muss. Der steinige Pfad führt links des Felsens steil bergab. Kurz darauf liegt links der Pou de la Neu (wörtlich: Schneebrunnen): In der zylinderförmigen Grube wurde Schnee gesammelt. Das daraus entstandene Eis brachte man ins Tal und verwendete es zum Kühlen von Lebensmitteln.

Von nun an bewegen wir uns eher in einer Mittelgebirgslandschaft.

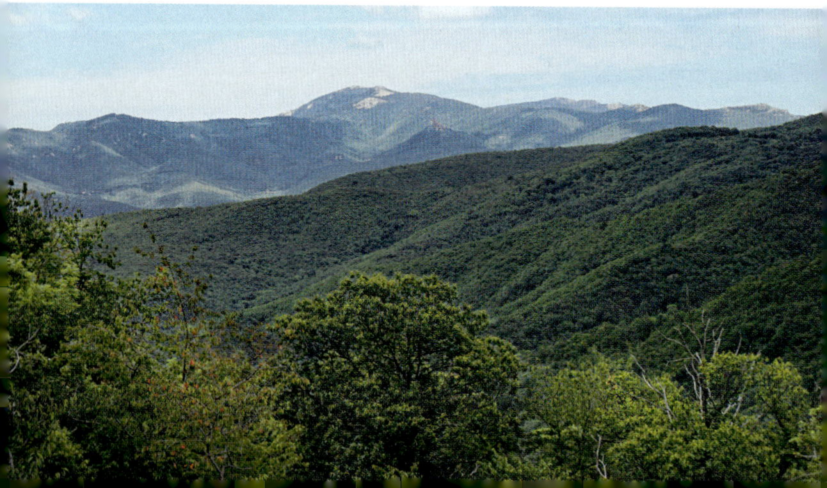

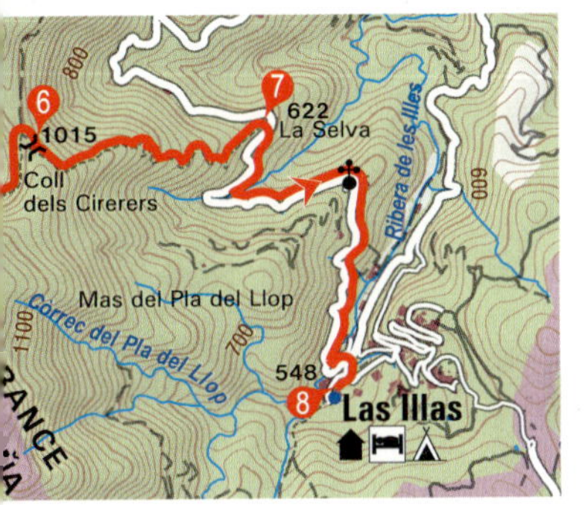

Wir gehen wenige Meter einen verwachsenen Schotterweg hinab, um dann auf einen Pfad nach rechts abzuzweigen. Der Pfad führt über eine anspruchsvolle Traverse im Auf und Ab an Felswänden vorbei und über Geröllhalden, von denen wir bei klarem Wetter die Sicht bis zum Meer genießen. Bei einer Gabelung bei Felsbrocken, wo sich auch ein Steinmännchen befindet, wählen wir den rechten Pfad. So gelangen wir auf 1010 m zu einer Gabelung im Wald, an der wir rechts auf einen Waldpfad abbiegen. Kurz darauf erreichen wir den **Coll dels Cirerers** 6, 1015 m, und halten uns links. Beim dritten Abzweig in kurzer Zeit (998 m) könnte man zelten. Hier gehen wir erneut links und steigen nun steiler ab. Der Pfad trifft auf einen erdigen Forstweg, dem wir bergab folgen bzw. stellenweise die Serpentinen abkürzen, um nach **La Selva** 7, 622 m, zu gelangen. Bei einer Bank vor dem ersten Haus biegt der GR 10 nach rechts ab und erreicht die D13f. Der Rest des Weges verläuft nun nach rechts auf der wenig befahrenen Straße. An der Kreuzung von D13f und D13 biegen wir nach rechts zu den Unterkünften ab und erblicken sogleich die kostenlose Aire de bivouac mit öffentlichen Toiletten. An der Zeltwiese gehen wir nach rechts und erreichen die Gîte d'étape beim Rathaus von **Las Illas** 8, 548 m. Ein Stück weiter befindet sich am südlichen Ortsende das Hostal dels Trabucayres.

i *Die während des 19. Jh. entstandenen Schmugglerpfade zwischen Spanien und Frankreich tragen heute gleich aufgrund zweier Ereignisse den Namen* ***Chemins de la Liberté*** *(Wege der Freiheit). Nach dem Spanischen Bürgerkrieg und dem Beginn der Diktatur unter Francisco Franco Anfang 1939 wurden die Wege zur Flucht von Spanien nach Frankreich genutzt. Während des Zweiten Weltkriegs dienten die alten Schmugglerpfade zwischen 1940 und 1944 als Wege der Freiheit in die entgegengesetzte Richtung. Während dieser Zeit flohen mehrere Zehntausend Menschen, darunter überwiegend Juden, vor dem Vichy-Regime und den deutschen Besatzern nach Spanien. Einer der bekannteren Wege führte von* ***Las Illas*** *in Frankreich über den Grenzkamm nach La Vajol in Spanien. Auf der Flucht wurden die Menschen von zahlreichen Helfern unterstützt, die sich dadurch ebenfalls in große Gefahr brachten. Dabei wurden die Flüchtenden oft über längere Zeit in Herbergen versteckt, wie beispielsweise im* ***Hostal dels Trabucayres****.*

52 Las Illas – Col de l'Ouillat

7.45 h | 24,9 km
↗1010 m | ↘620 m

In den Fußstapfen Hannibals

Der GR 10 verläuft heute weitgehend unspektakulär über breitere Schotterwege durch nun schon sehr mediterran anmutenden Wald. Auf dem Weg nach Le Perthus kommen wir an mehreren militärischen Festungen vorbei, die uns die Nähe zur spanischen Grenze spüren lassen. Im Grenzort Le Perthus erwartet uns eine quirlige Menge von Franzosen mit vollen Einkaufswagen, die sich im spanischen Teil mit allem, was das Herz begehrt, eindecken. Hannibal, der den Col du Perthus der Legende nach im Jahr 218 v. Chr. mit seinen Elefanten überquert haben soll, hat davon freilich noch nichts mitbekommen.

Ausgangspunkt: Las Illas, Rathaus, 548 m.
Anforderungen: Großteils breitere Schotterwege oder Asphaltstraßen, ansonsten gut begehbare Pfade.
Einkehr: In Le Perthus Bars und Restaurants mit spanischen Preisen.
Unterkunft: Le Perthus: u. a. Chambres-d'hôtes-Restaurant Chez Grand'Mère, Tel. +33 (0)4 68 67 35 77, chezgrandmere-leperthus.com, ganzjährig, 14 B in DZ/MBZ, Frühstück inklusive, Restaurant. **Col de l'Ouillat:** Chalet de l'Albère, Tel. +33 (0)4 68 83 62 20, www.chalet-de-lalbere.fr, im Jan. geschlossen, 22 B in 7 Zi., HP, LP, Restaurant, kostenloses Zelten möglich (aber Benutzung der Duschen gegen kleine Gebühr), Picknickbänke.
Cabanes: Keine.
Zeltmöglichkeit: Mehrere Möglichkeiten zwischen Mas Nou und dem Col del Priorat. Beim Chalet de l'Albère am Col de l'Ouillat kostenloser Zeltstellplatz.
Einkauf: In Le Perthus auf spanischer Seite: Supermärkte, Verkauf von Kleidung, Elektrogeräten usw.
Wasser: In Le Perthus WC beim Parkplatz und Wasserhahn gegenüber der Tourist-Info. Am Col de l'Ouillat an der Straße 150 m nach rechts Brunnen.
ÖPNV: Keine Möglichkeit.
Information: Le Perthus, Tel. +33 (0)4 68 54 27 53, vallespir-tourisme.fr.
Tipp: Besuch des Fort de Bellegarde (Information: Tourist-Info von Le Perthus).
Karte: IGN 11 Roussillon.

Vom Rathaus in **Las Illas** ❶, 548 m, gehen wir zurück zur Kreuzung der beiden Straßen D13f und D13. Wir folgen der D13, bis nach fast 3 km rechts eine Schotterpiste abzweigt. Auf dieser steigen wir bergan, bis wir nach ca. 1 Std. auf eine T-Kreuzung treffen. Hier biegen wir nach links auf einen abfallenden Schotterweg ab. Schilder von Anhängern der Freikörperkultur weisen darauf hin, dass das Fotografieren sowie das Verlassen des Weges nicht gestattet ist.
Wir passieren das große Bauernhaus **Mas Nou** ❷, 670 m, und treffen auf eine Kreuzung am Coll de Portells, 679 m. Hier biegen wir rechts ab. An mehreren Abzweigungen halten wir uns geradeaus und folgen dem Verlauf des Schotterwegs hinunter zum **Col del Priorat** ❸, 458 m. Wir gehen geradeaus auf einem Waldpfad weiter, der links eines alten Tankfasses

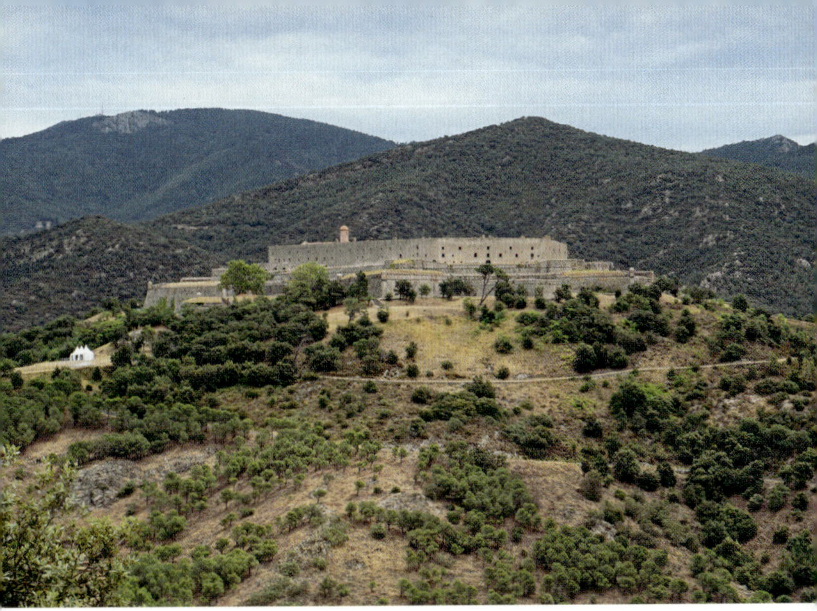

Fort de Bellegarde oberhalb von Le Perthus.

vorbeiführt und dann durch lichten Wald absteigt. Kurz nachdem wir den Wald verlassen haben, passieren wir linker Hand die römische Festung von **Panissas** 4, 320 m. Rechts eröffnet sich ein freier Blick auf das unter uns liegende Tal.

Der Pfad verläuft leicht links haltend geradeaus weiter und trifft bei einem Friedhof am Coll de Panissas auf ein Sträßchen. Dieses überqueren wir und folgen auf der gegenüberliegenden Seite dem nach links abzweigenden Schotterweg in großen Schleifen zurück zur Straße. Dabei haben wir immer wieder gute Sicht auf das Fort de Bellegarde.

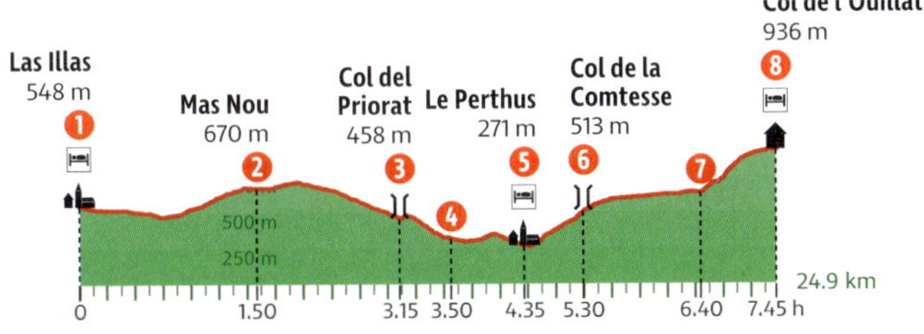

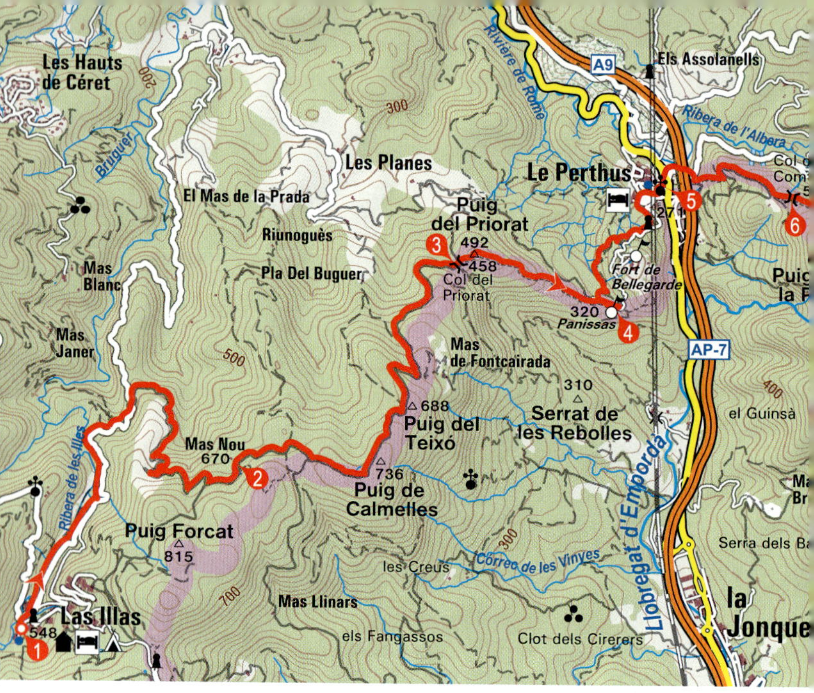

Als mit dem Pyrenäenfrieden 1659 das Gebiet um Le Perthus an Frankreich fiel, verlor die ursprünglich spanische Befestigungsanlage, die den wichtigen Passübergang beschützte, an Bedeutung. Sie wurde zunächst sich selbst überlassen, bis Vauban, Festungsbaumeister unter Ludwig XIV., sie im Jahr 1674 niederreißen ließ, um an ihrer Stelle das heutige ***Fort de Bellegarde*** *zu errichten. Bemerkenswert ist auch der im Keller liegende 62 m tiefe Brunnen mit einem Durchmesser von sechs Metern.*

Wir gehen ca. 1 km auf der Straße bergab. Bei einer geschotterten Parkbucht folgen wir dem nach links aufwärts führenden Pfad. Wir erreichen einen Parkplatz (mit WC), überqueren ihn geradeaus und biegen am Ende in die Straße nach rechts ein. Sie bringt uns zur N9/D900 nahe der Tourist-Info im Zentrum von **Le Perthus** 5, 271 m. Nach rechts gelangt man zu einigen kleinen Geschäften und Restaurants sowie über die Grenze nach Spanien. Dort befinden sich ein Supermarkt und viele weitere Restaurants mit spanischen Preisen. Der GR 10 setzt sich jedoch nach links fort. Bevor wir einen weiteren Parkplatz erreichen, biegen wir nach rechts ab, tref-

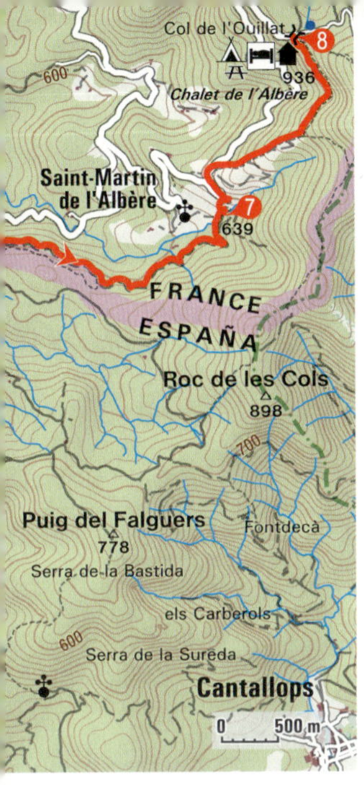

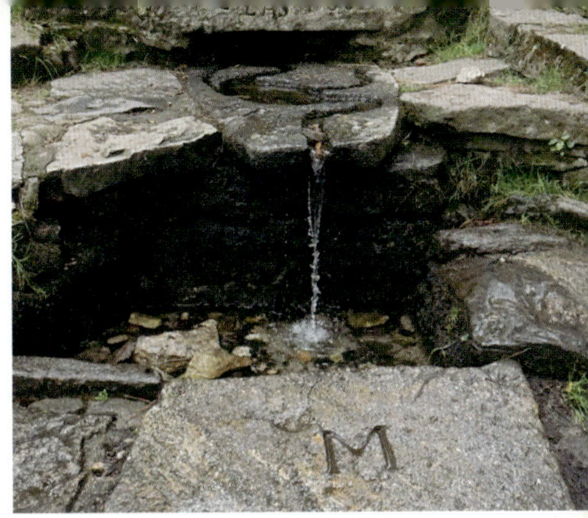

Am Col de l'Ouillat: Brunnen von Manel, einem Schäfer aus l'Albère.

fen auf die D71 und folgen dieser unter der Autobahn hindurch; direkt danach geht es auf einem rechts abzweigenden befestigten Weg weiter. Am Col de Latour, 327 m, treten wir nach Spanien ein. Kurz vor einem Viehgatter zweigen wir nach links auf einen felsigen Pfad ab. Über diesen gelangen wir zu einem Schotterweg, auf dem wir nach links gehen. An der nächsten T-Kreuzung mit Wegweiser biegen wir wiederum links ab. Dem Schotterweg folgen wir, bis nach links ein aufwärtsführender Pfad abbiegt. Dieser bringt uns zum **Col de la Comtesse** 6, 513 m, hinauf, wo wir wieder nach Frankreich zurückkehren.

Der Pfad wendet sich leicht nach rechts und führt weiter zu einem Schotterweg, dem wir nach rechts bergab folgen. Nach fast 3 km treffen wir auf einen **Abzweig** 7, 639 m, östlich von **Saint-Martin de l'Albère**. Auf der anderen Seite des Bachlaufs gehen wir auf dem nach rechts aufsteigenden Wiesenpfad weiter. Der Pfad verläuft ein Stück oberhalb der D71a und biegt dann auf einen nach rechts steil ansteigenden Pfad ab. Wir überqueren einen Schotterweg und gelangen an einem weiteren Schotterweg zur Roca Corba, 798 m. Nun auf einem steil ansteigenden, grasigen Pfad behalten wir unsere Richtung bei. An der nächsten Gabelung gehen wir ebenfalls geradeaus weiter und halten uns erst an der übernächsten Gabelung nach links. Wir passieren das direkt am Weg gelegene Chalet de l'Albère und erreichen wenige Meter weiter den **Col de l'Oulliat** 8, 936 m, an der D71a. Hier befinden sich Picknickbänke, bei denen gezeltet werden kann; 150 m nach rechts gibt es eine Quelle.

53 Col de l'Ouillat – Banyuls-sur Mer

8.15 h | 23,1 km
↗680 m | ↘1610 m

Packendes Finale: entlang des Grenzkamms an die Côte Vermeille

Im ersten Teil der Etappe erwartet uns ein Pass- und Gipfelhopping vom Feinsten. Da sich die Gipfel hier im Allgemeinen jedoch nur noch etwa 100 Höhenmeter über die jeweiligen Cols erheben, sind die zwei Gipfelchen heute gut zu schaffen. Bis zur letzten Erhebung am Puig de Sallfort wandern wir zumeist auf der linken Seite des Hauptkamms, dicht an der französisch-spanischen Grenze. Am Puig de Sallfort verlässt uns die Grenze schließlich nach Süden und wir machen uns an den finalen Abstieg, der mit gut 1000 Höhenmetern und steigenden Temperaturen an unsere letzten Reserven geht. Zuletzt durch die sonnenverwöhnten Weinberge erreichen wir Banyuls-sur-Mer, das Ziel unserer Pyrenäendurchquerung. Das obligatorische Bad im Mittelmeer wäscht Schweiß (und Tränen) ab. Auch wenn wir vielleicht noch etwas Zeit brauchen, um das hinter uns Liegende zu begreifen und um im Trubel der Strandurlauber anzukommen …

Ausgangspunkt: Col de l'Ouillat, 936 m.
Anforderungen: Lange Etappe auf teils sehr steilen Pfaden, bei Nässe Rutschgefahr. Teils enorme Hitzebelastung, besonders im Hochsommer.
Einkehr: In Banyuls-sur-Mer zahlreiche Restaurants, Bars und Cafés; oft werden Fisch und Meeresfrüchte sowie Wein aus den umliegenden Anbaugebieten angeboten.
Unterkunft: Banyuls-sur-Mer: mehrere, eher höherpreisige Hotels, die in der Hochsaison komplett ausgebucht sein können; u. a. Hôtel Les Pêcheurs (direkt am Meer, 150 m vom Rathaus entfernt), Tel. +33 (0)4 68 88 02 10, hotel-les-pecheurs-maison-olmo.eatbu.com, ganzjährig, 15 Zi. (DZ/MBZ), Restaurant. – Hôtel Le Manoir (Richtung Bhf.), Tel. +33 (0)4 68 88 32 98, lemanoirbanyuls.com, 20 B in EZ/DZ/MBZ, Aufenthaltsraum, SV-Küche, Frühstück. – Camping Municipal La Pinède (1,2 km vom Strand entfernt, ab Rathaus auf die Av. du Général du Gaulle, dann rechts bis hinter den Kreisverkehr), Tel. +33 (0)4 68 88 32 13, campinglapinede-banyuls.com, ganzjährig außer Nov. und Jan., 177 SP, Waschmaschine, Trockner, Aufenthaltsraum, Schnellrestaurant.
Cabanes: Refuge de la Tagnarède, ca. 8 P auf Holzplattform, Tisch, Bänke. **Refuge Tomy** (200 m nordwestlich des Puig de Sallfort), gläsern in die Felsen gebauter reiner Notunterstand für 2–3 P, Bretter als Sitzgelegenheit.
Zeltmöglichkeit: Mehrere gute Stellen bis zum Puig de Sallfort. Gut 2 Std. nach dem Puig de Sallfort am Abstieg bei der Quelle zwischen 8 und 9.
Einkauf: In Banyuls-sur-Mer mehrere kleine Supermärkte im Bereich des Rathauses und großer Carrefour beim Campingplatz.
Wasser: Quelle Font de la Tagnarède (im Hochsommer oft ausgetrocknet). Danach drei weitere markierte Quellen, die jedoch ebenfalls nicht immer Wasser führen. Quelle Font del Falgueràs zwischen 8 und 9. In Banyuls-sur-Mer u. a. Brunnen und WC beim Rathaus.
ÖPNV: Buslinie 540: stdl. von Banyuls-sur-Mer in Richtung Cerbère im Süden und Perpignan im Norden; Infos: lio.laregion.fr, Tel. +33 (0)8 06 80 80 90. Ab Bhf. Banyuls-sur-Mer Züge in Rich-

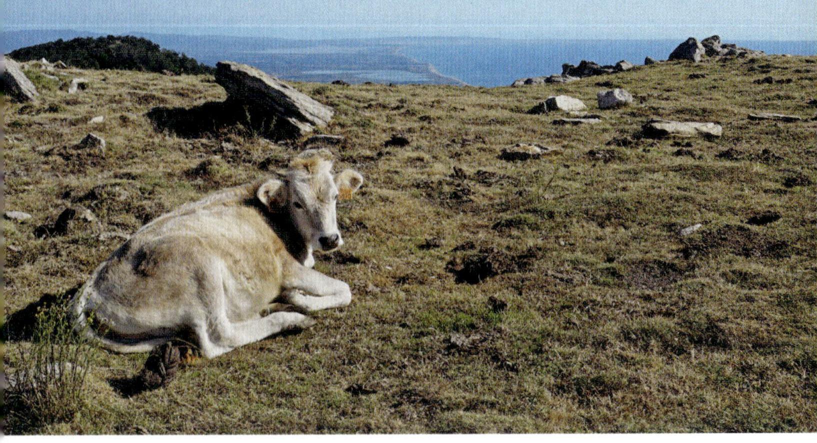

Könnte es eine schönere Kombination geben als Berg und Meer?

tung Cerbère und über Portbou weiter nach Spanien (Barcelona, Madrid) sowie in Richtung Perpignan, ab dort weiter nach Toulouse und Paris; Infos: sncf.com, Tel. +33 (0)8 00 31 31 31.
Information: Banyuls-sur-Mer, Tel. +33 (0)4 68 88 31 58, www.banyuls-sur-mer.com.
Tipps: 1. Besuch einer Weinkellerei in Banyuls-sur-Mer, u. a. le Domaine Madeloc, Tel. +33 (0)4 68 88 38 29.
2. Baden am schönen Kiesstrand von Banyuls-sur-Mer.
Karte: IGN 11 Roussillon.

Am **Col de l'Ouillat** ❶, 936 m, biegen wir vom Chalet de l'Albère kommend scharf rechts auf einen Pfad ab und steigen durch den Wald bergan. Bei guter Sicht öffnet sich unterwegs immer wieder der Blick auf das Meer. Der Pfad leitet uns auf einen aussichtsreichen Rücken hinauf. Hier zweigen wir an einer Gabelung nach links ab und gelangen wieder in den Wald. Knapp unterhalb des 1129 m hohen Roc des Trois-Termes lassen wir ein Asphaltsträßchen links liegen und gehen auf dem Wiesenpfad halb rechts bergan. Der Pfad schwenkt sogleich nach links und führt entlang von Grenzzäunen bis kurz vor den **Puig Néulos** ❷, 1239 m; der eigentliche Gipfel selbst ist mit 1256 m nur wenig höher.
Wir halten uns links, überqueren die Straße und steigen auf einem Schotterweg ab. Der Weg geht in einen Pfad über. Wir passieren ein Betonhäuschen und folgen weiter dem steilen Pfad über stellenweise loses Geröll. Nach Erreichen des Weidelands ist der Pfad stellenweise schwach ausgeprägt, behält seine Richtung jedoch bei. Ca. 500 m nach der im Sommer oft ausgetrockneten Font de la Tagnarède erreichen wir das **Refuge de la Tagnarède** ❸, 1052 m.

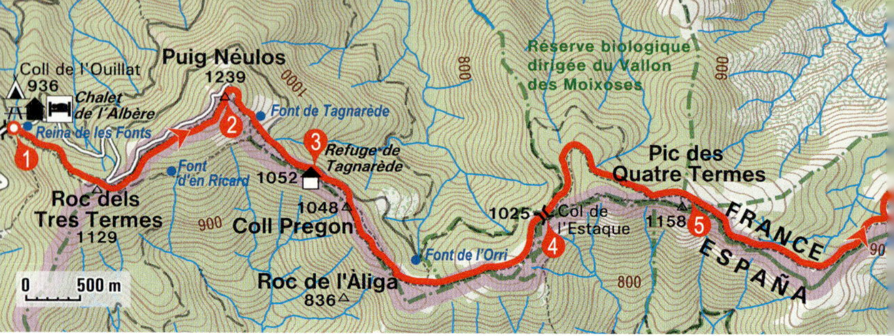

An der nächsten Gabelung wählen wir den rechten Pfad entlang des Weidezauns und gelangen zum Col del Faig, 985 m. Der teils schwer erkennbare Wegverlauf schwenkt hier etwas nach links; wir lassen also den Puig de l'Orri, 1010 m, rechts von uns liegen. Im Anschluss folgen wir dem grasigen Pfad auf der linken Seite des Grenzkamms. Dabei weisen Markierungen den Weg. So erreichen wir den **Col de l'Estaque** 4, 1025 m, der direkt auf der Grenze liegt. Ab dem Sattel entfernt sich der Wiesenpfad wieder halb links haltend vom Grenzkamm. Auf dem ansteigenden Weg gelangen wir in den Wald und überqueren einen Bach. Wir halten uns rechts, bis wir am Coll dels Emigrants, 1125 m, wieder auf den Hauptkamm treffen. Links der Weidezäune führt uns der Pfad an die Nordseite des **Pic des Quatre-Termes** 5, 1156 m; der eigentliche Gipfel, 1158 m, liegt etwas weiter südlich.
Wir steigen ein Stück ab und halten uns an der Gabelung im etwas flacheren Gelände auf einen Pfad rechts abwärts. Wir passieren einen markierten

Blick vom Puig de Sallfort auf die Bucht von Banyuls-sur-Mer.

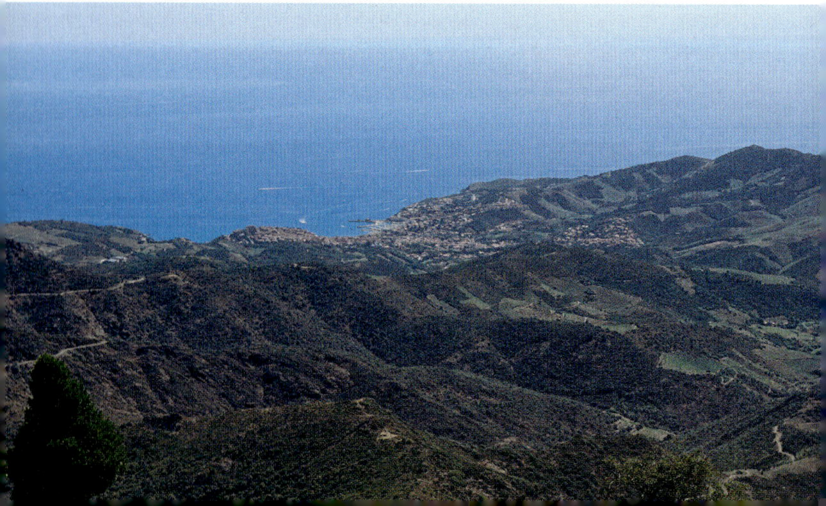

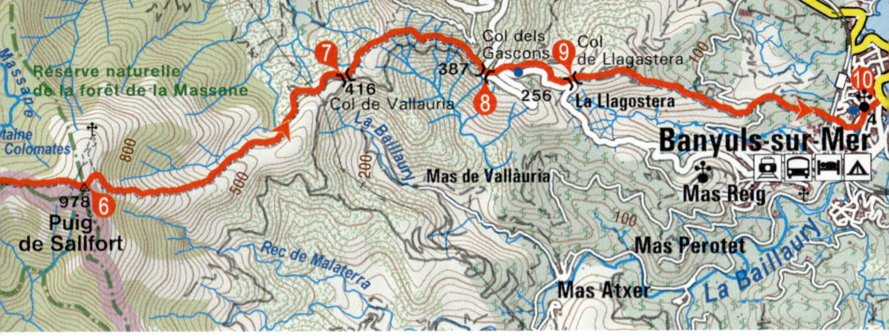

Abzweig zur Quelle Font de la Maçana, die jedoch im Sommer zumeist ausgetrocknet ist. 300 m später halten wir uns links, passieren den Coll dels Terres, 910 m, und erreichen über einen felsigen Weg absteigend den Coll del Pal, 888 m. Hier behalten wir unsere Richtung bei und steigen in etwa 20 Min. hinauf zum **Puig de Sallfort** ❻, 978 m. Dann führt der Weg nach links zu einem Sattel hinab. Von dort aus können wir erstmals Banyuls-sur-Mer in der rechten der beiden Buchten erkennen.

Wir gehen durch ein Felstor und steigen auf dem felsigen Pfad weiter ab. An einem markierten Abzweig wird abermals auf eine ca. 150 m entfernte Quelle hingewiesen (es empfiehlt sich, das Wasser aus dem Auffangbehälter zu behandeln). Der Steig wendet sich kurz darauf nach links und wir erreichen den Wegweiser »Serrat de Castell Serradillo«, 554 m. Hier biegen wir nach rechts ab. Der absteigende Pfad trifft auf eine Schotterstraße, die uns geradeaus zum **Col de Vallauria** ❼, 416 m, bringt.

Die Schotterstraße am Pass ist gesperrt und so biegen wir nach links auf einen Pfad ab. Nach ca. 500 m erreichen wir am Coll de Formigó, 488 m, eine Gabelung, wo wir uns erneut rechts halten. Wir passieren eine Ruine und kommen zu einer weiteren Gabelung, an der wir den rechten absteigenden Pfad wählen. Wir gelangen zu einem Parkplatz am **Col dels Gascons** ❽, 387 m, und folgen der Straße nach rechts bergab. Nach ca. 50 m verlassen wir die Straße nach links über einen steilen Pfad. (Bei Nässe ist es

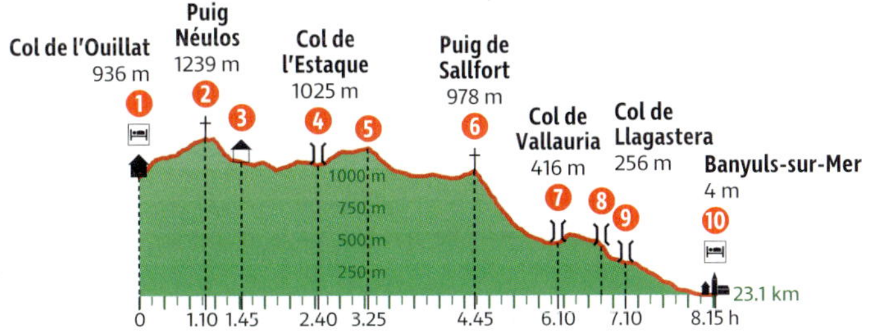

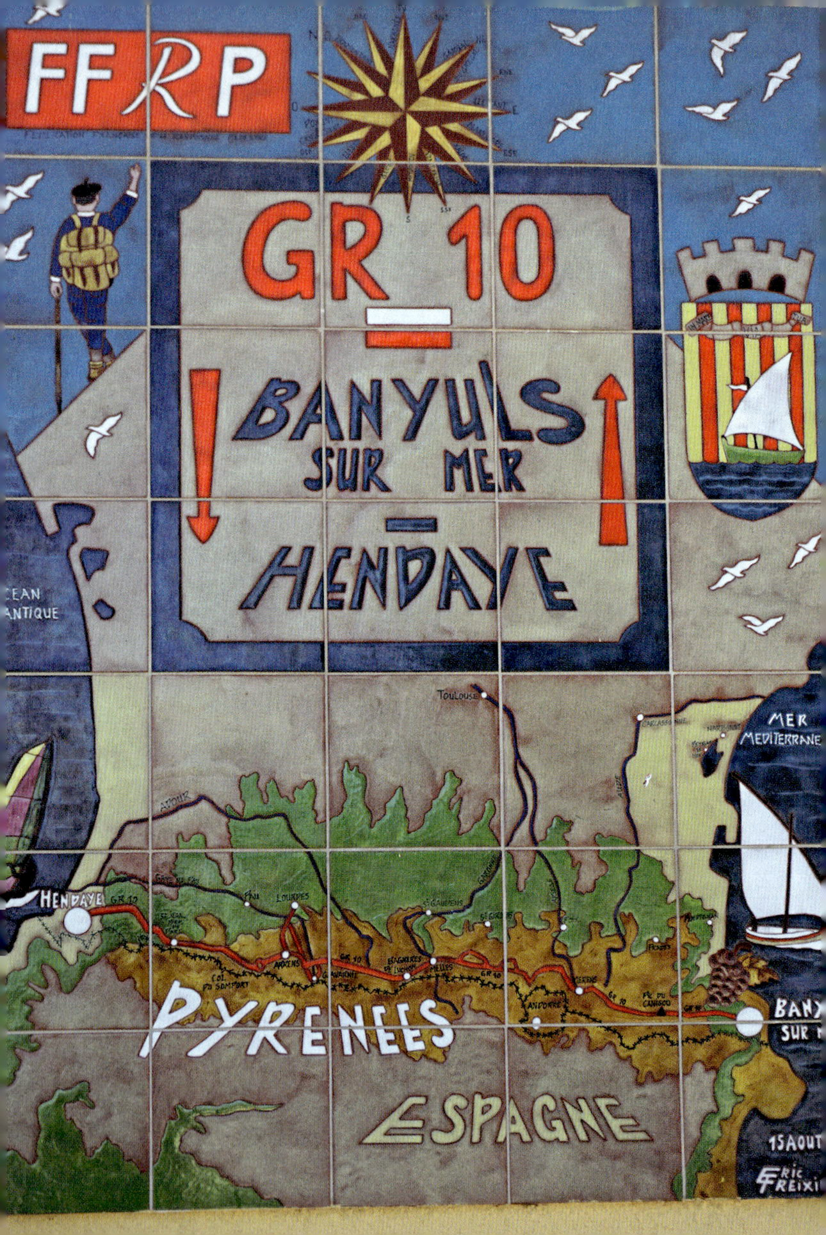
FFRP
GR 10
BANYULS
SUR MER
HENDAYE
MER
MEDITERRANEE
TOULOUSE
HENDAYE
LOURDES
PYRENEES
ESPAGNE
15 AOUT
Eric
Freixi

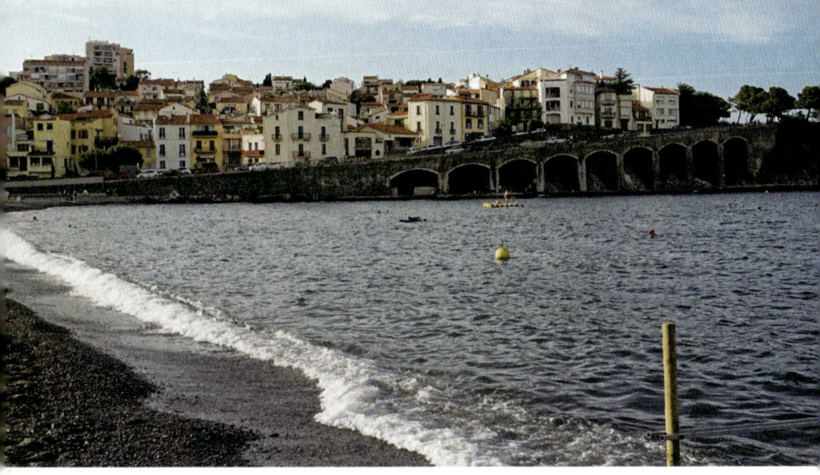

Angekommen am Mittelmeer: Kiesstrand von Banyuls-sur-Mer.

empfehlenswert, auf der Straße zu bleiben.) Der Pfad überquert die Straße zweimal, passiert eine Quelle mit Zeltmöglichkeit und trifft wieder auf die schmale Straße. Nun wandern wir auf ihr durch die Weinberge bergab. Kurz nachdem wir einige Orientierungstafeln passiert haben, folgen wir in einer Straßenkehre am **Col de Llagastera** 9, 256 m, der unteren geradeaus weiterführenden Schotterpiste einige Meter aufwärts zu einer Kreuzung, an der wir halbrechts abbiegen. An den nächsten beiden Gabelungen halten wir uns jeweils rechts. Der Pfad führt uns anschließend wieder auf die eben abgekürzte Schotterpiste; wir gehen nach rechts und biegen am nächsten Abzweig wiederum nach rechts ab. So erreichen wir den Col de les Vinyes, 57 m. Wir überqueren die Straße und folgen dem asphaltierten Fahrweg. An der Gabelung kurz danach nehmen wir den rechten Schotterweg. Wir passieren die ersten Häuser des Ortes. Rechts können wir den Campingplatz erkennen. Am Ortseingang treffen wir auf eine schmale Straße, an der wir nach links gehen (600 m nach rechts: besagter Campingplatz).
Wir unterqueren die Bahngleise. Um zum Bahnhof zu gelangen, biegt man hier nach links ab. Der GR10 führt hingegen geradeaus weiter und biegt nach ca. 200 m nach links in die Avenue du Puig del Mas ab. Am Ende der Straße erreichen wir die Strandpromenade und biegen nach rechts in Richtung Zentrum ab. Nach ca. 60 m wenden wir uns abermals nach rechts und gelangen zu unserem Ziel, dem Rathaus von **Banyuls-sur-Mer** 10, 4 m. Hier dürfen wir uns an einem GR-10-Mosaik zu unserer Pyrenäendurchquerung beglückwünschen.

GR-10-Mosaik am Rathaus in Banyuls sur-Mer.

STICHWORTVERZEICHNIS

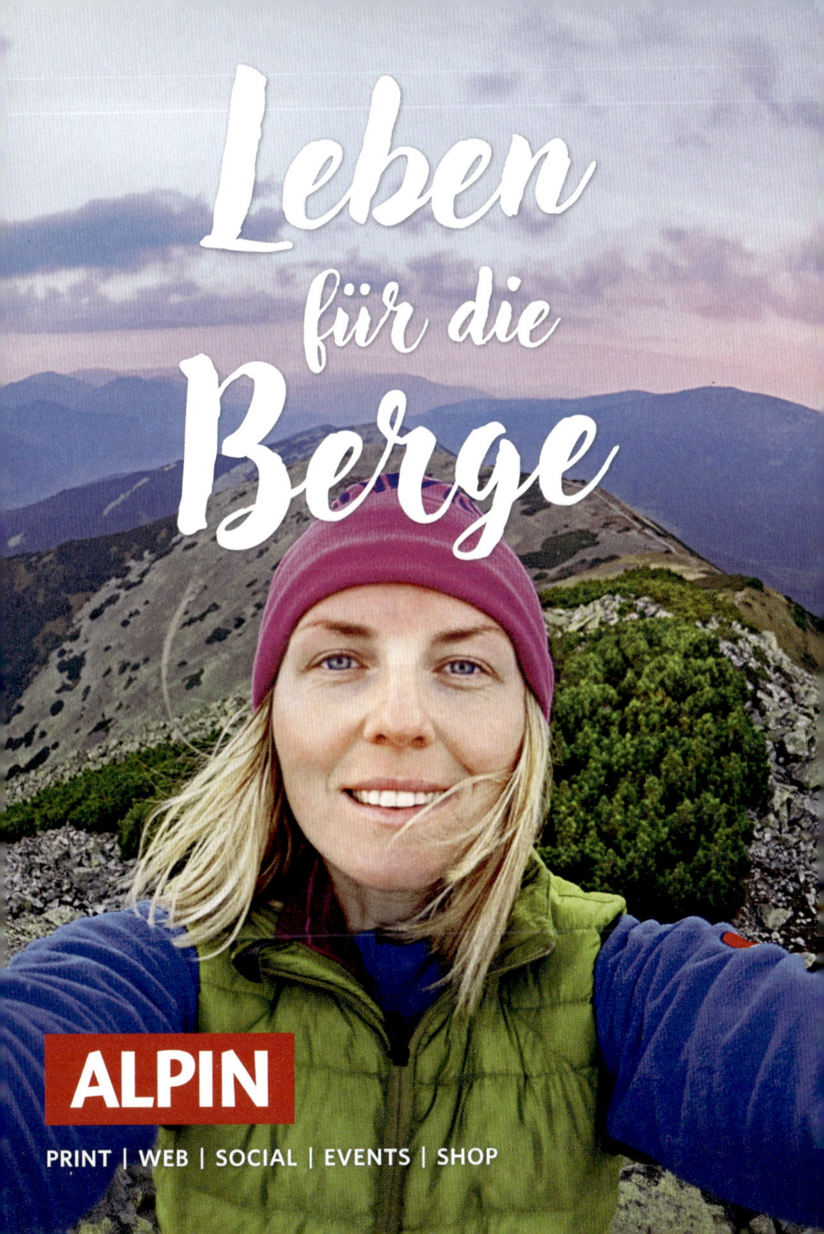
Leben
für die
Berge
ALPIN
PRINT | WEB | SOCIAL | EVENTS | SHOP

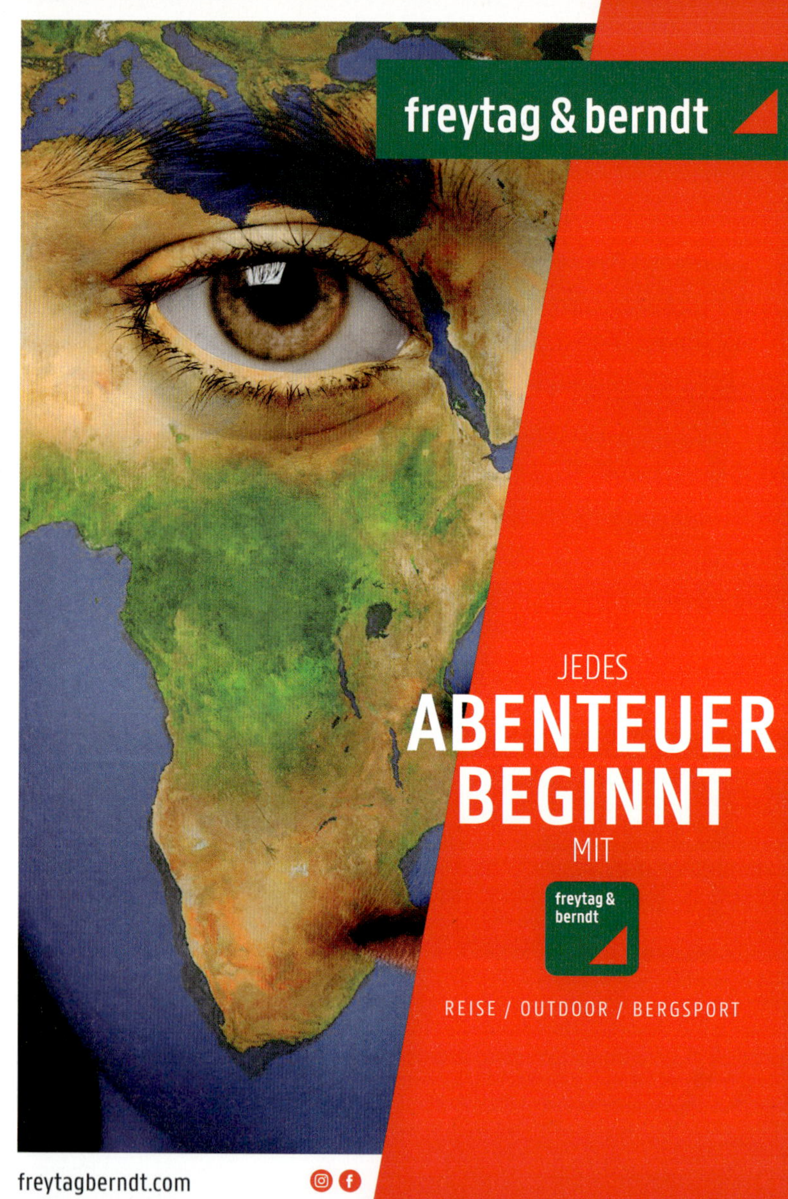
freytag & berndt
JEDES
ABENTEUER
BEGINNT
MIT
freytag & berndt
REISE / OUTDOOR / BERGSPORT
freytagberndt.com

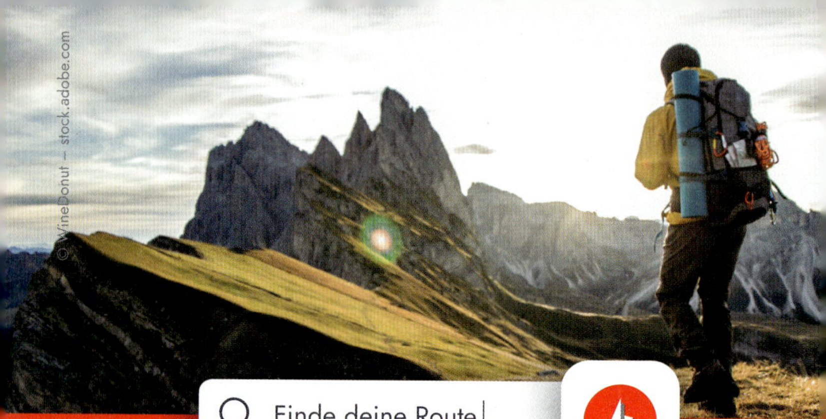

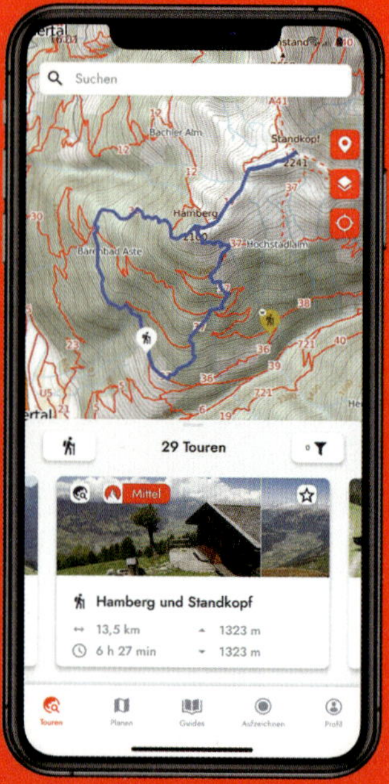

EIN PAAR FRANZÖSISCH-DEUTSCHE VOKABELN

abri	Unterstand (z. T. auch unbewirtschaftete Hütte)
aire de bivouac	Biwakplatz, kostenloser Zeltplatz
barrage	(Stau-)Damm
berger	Hirte, Schäfer
bivouac	Biwak
cabane	Hütte (unbewirtschaftet)
cascade	Wasserfall
chapelle	Kapelle
château	Schloss
chemin	Weg
col	(Gebirgs-)Pass
croix	Kreuz
église	Kirche
étang	Teich
étape	Etappe
épicerie	Lebensmittelgeschäft
ferme	Bauernhof
fontaine	Brunnen
fort	Fort/Trutzburg
gare	Bahnhof
lac	See
mairie	Rathaus
mont	Berg
office de tourisme	Tourist-Information
orage	Gewitter
point de vue	Aussichtspunkt
pont	Brücke
randonnée	Wanderung
refuge	Berghütte (meist bewirtschaftet)
route	Straße (außerorts), Fahrt, Weg, Route
rue	Straße (innerorts)
sentier	Fußweg, Pfad
source	Quelle
train	Zug
village	Dorf
ville	Stadt

Umschlagbild: Eine unvergleichliche, im Lac de Gaube gespiegelte Wanderkulisse (Etappe 18).

Bild im Innentitel: Cabane d'Aygues-Cluses, nahe dem neugebauten gleichnamigen Refuge (Etappe 21).

Bild Seite 40/41: Einer schöner als der andere: Lac d'Aumar links und Lac d'Aubert rechts (Etappe 21).

205 Fotos von den Autoren, Foto Seite 98 Copyright OTHB (Office de Tourisme du Haut Béarn), Foto Seite 140 von Manon Vallin.

Kartografie:
59 Wanderkärtchen im Maßstab 1:75.000
Geodaten © OpenStreetMap und Mitwirkende, kartografisches Design: Freytag & Berndt Prag, freytagberndt.cz;
2 Übersichtskärtchen im Maßstab 1:2.000.000 und 1:5.000.000
© Freytag & Berndt, Wien

Werk-Nr.: 4629

Die Ausarbeitung aller in diesem Führer beschriebenen Wanderungen erfolgte nach bestem Wissen und Gewissen der Autoren. Die Benützung dieses Führers geschieht auf eigenes Risiko. Soweit gesetzlich zulässig, wird eine Haftung für etwaige Unfälle und Schäden jeder Art aus keinem Rechtsgrund übernommen.

1. Auflage 2023

ISBN 978-3-7633-4629-5

Wir freuen uns über jeden Korrekturhinweis zu diesem Wanderführer!
Bitte per E-Mail an: **leserzuschrift@rother.de**

ROTHER BERGVERLAG · Keltenring 17 · D-82041 Oberhaching
Tel. +49 89 608669-0 ·rother.de